"十三五"江苏省高等学校重点教材(编号2020-2-061)

创新创业营销实战

主　编　沈建红　王万竹
副主编　张　弘　许伟华
参　编　韩春玲　杜　斌
吴　玲　刘　颖

扫码申请更多资源

南京大学出版社

图书在版编目(CIP)数据

创新创业营销实战/沈建红,王万竹主编. —南京:南京大学出版社,2021.1

ISBN 978-7-305-24199-4

Ⅰ.①创… Ⅱ.①沈… ②王… Ⅲ.①大学生—创业—高等学校—教材 ②市场营销学—高等学校—教材 Ⅳ.①G647.38 ②F713.50

中国版本图书馆 CIP 数据核字(2021)第 023493 号

出版发行 南京大学出版社
社　　址 南京市汉口路 22 号　　邮编 210093
出 版 人 金鑫荣

书　　名 创新创业营销实战
主　　编 沈建红　王万竹
责任编辑 武　坦　　编辑热线 025-83592315

照　　排 南京开卷文化传媒有限公司
印　　刷 南京人民印刷厂有限责任公司
开　　本 787×1092 1/16 印张 17 字数 435 千
版　　次 2021 年 1 月第 1 版　2021 年 1 月第 1 次印刷
ISBN 978-7-305-24199-4
定　　价 45.00 元

网　　址:http://www.njupco.com
官方微博:http://weibo.com/njupco
微信服务号:njuyuexue
销售咨询热线:(025)83594756

前　言
Foreword

建设创新型国家是党的十九大做出的重大战略部署，而创新驱动的本质是创新人才的培养。2015年，国务院办公厅发布《关于深化高等学校创新创业教育改革的实施意见》，之后，教育部多次发文，就各高等院校深化创新创业教育改革工作做出部署。2018年，教育部发布本科教学质量国家标准，在管理学科门类各专业类人才培养目标中，明确将应用型、复合型、创新型人才作为培养目标，强调学生具备知识获取能力、知识应用能力和创新创业能力。

本教材紧密围绕党和国家事业发展对创新型人才的要求，以教育部发布的本科教学质量国家标准为指导，有机融合创新创业和市场营销教育，在体现较为完整的创新创业营销理论的基础上，通过"创新创业营销视角""创新创业营销案例"和"创新创业营销实战训练"模块，加深学生对创新创业背景下市场营销特点的认识，达成学生能够理解创新创业营销基础理论、分析创新创业营销实践应用、创新性地制定和设计创新创业营销方案的目标，培养社会发展和国家建设所需的应用型、复合型和创新型人才。

本教材主要特色和创新如下：

(1) 将创新创业营销理论与中国实践有机结合，引导学生树立正确的世界观、人生观和价值观。

教材紧密围绕党和国家事业发展对人才的要求，在全面阐述创新创业营销理论的同时，融入了大量中国企业创新创业营销案例，让学生了解我国政治经济、企业发展的成就与趋势，帮助学生建立民族自豪感和文化自信，唤起学生的主体意识，发展学生的主动精神，帮助学生树立正确的人生观、价值观和世界观，引导学生运用正确的价值观在创新创业实践中实施市场营销的各项职能。

(2) 系统梳理新时代背景下创新创业营销理论，确保教材能够反映创新创业营销发展的最新前沿。

教材吸收了大量国内外学术界和企业界的前沿观点，以当前最新营销视角——顾客价值为主线安排内容，围绕理解顾客价值、选择价值主张、创造顾客价值、传播顾客价值、交付顾客价值和提升顾客价值的逻辑展开论述，全书共分七篇14章。教材特别强调当前互联化、移动化、智能化和数字化时代背景下创新创业营销理论的最新发展和实践应用，确保教材能够与时俱进，适应经济社会发展和科学技术进步的要求。

(3) 研究总结创新创业实践中市场营销活动的特点，为创新创业营销活动的开展提供新视角。

教材全面阐述创新创业和市场营销的相互联系，在每一章基础内容结束后，以“创新创业营销视角”的方式，分析新时代创新创业实践中市场营销活动的特点，以新颖的角度和广阔的视野为创新创业营销活动的开展提供指导，深化和拓展学生对创新创业营销活动的认识。

(4) 筛选分析创新创业营销案例，综合培养学生创新创业营销分析和应用能力。

教材特别注重学生对创新创业营销的深刻理解和实践应用，在核心概念、关键理论、难以理解的知识点后面以增值阅读、补充案例的形式，补充了大量新时代背景下的实践案例，帮助学生加深对创新创业营销理论的理解；在每一章基础内容结束后，提供与该章内容相配套的创新创业营销案例，培养学生创新创业营销的分析和应用能力。

(5) 设计安排创新创业营销实战训练，全面提高学生创新创业营销综合素质。

教材体系化地设计了基于创新创业项目的市场营销实战训练环节，从发现创新创业机会、评估创新创业项目、制定创新创业营销战略到设计创新创业营销策略，要求学生在课程学习过程中完成一个完整的创新创业项目营销运行计划，培养学生在动态的、充满机会与挑战的新环境下把握创新创业机会、开展创新创业营销实践和创新的能力。

本教材是南京工程学院、南京工业大学和江苏汇鼎光学眼镜有限公司合作编写的成果，由南京工程学院沈建红教授、南京工业大学王万竹副教授担任主编。其中第一章、第五章和第六章由南京工程学院沈建红教授编写，第二章、第三章、第十章、第十一章由南京工程学院张弘副教授编写，第四章由南京工程学院沈建红教授和韩春玲副教授合作编写，第七章由南京工程学院沈建红教授和杜斌副教授、刘颖副教授合作编写，第八章、第九章、第十三章由南京工业大学王万竹副教授编写，第十二章由江苏汇鼎光学眼镜有限公司许伟华编写，第十四章由南京工业大学王万竹副教授和南京工程学院吴玲副教授合作编写。

本教材可作为各类高等院校，特别是以实践应用和创新创业能力培养为导向的应用型本科院校经济与管理类专业学生的课程教材，也适用于在创新创业过程中认识到市场营销重要作用及未来发展的各类商界人士培训或自学使用。

在教材的编写过程中，我们直接或间接地参阅了大量国内外学者的论著、教材和研究成果，得到了南京大学出版社有关部门和编辑的大力帮助和支持，在此一并表示真挚的感谢。

创新创业营销理论和实践仍在不断地发展和完善中，研究的问题会随着时代的发展不断地更新，加之编者水平和时间的限制，书中难免有错误或不足之处，恳请广大学者和读者批评指正，以便再版时加以修正。

编　者

2020 年 11 月

目　录
Contents

第一篇　理解市场营销

第一章　市场营销学概述 …… 1
　第一节　市场营销与市场营销学 …… 1
　第二节　市场营销哲学及其演进 …… 6
　第三节　市场营销范式 …… 8
　创新创业营销视角 …… 11
　创新创业营销案例 …… 12
　创新创业营销实战训练 …… 13
　思考题 …… 14

第二篇　理解顾客价值

第二章　市场营销环境 …… 15
　第一节　市场营销环境概述 …… 15
　第二节　宏观营销环境 …… 16
　第三节　微观营销环境 …… 23
　第四节　市场营销环境分析方法 …… 25
　创新创业营销视角 …… 28
　创新创业营销案例 …… 29
　创新创业营销实战训练 …… 30
　思考题 …… 31
第三章　顾客需求分析 …… 32
　第一节　消费者市场顾客需求分析 …… 32
　第二节　组织市场顾客需求分析 …… 43
　创新创业营销视角 …… 51
　创新创业营销案例 …… 52
　创新创业营销实战训练 …… 54

思考题 …… 54
第四章　市场竞争分析 …… 56
第一节　行业竞争分析 …… 56
第二节　识别竞争者 …… 60
第三节　深入分析竞争者 …… 63
创新创业营销视角 …… 66
创新创业营销案例 …… 67
创新创业营销实战训练 …… 69
思考题 …… 70
第五章　市场营销调研与预测 …… 71
第一节　市场营销信息系统 …… 71
第二节　市场营销调研 …… 74
第三节　市场需求的测量与预测 …… 78
创新创业营销视角 …… 83
创新创业营销案例 …… 85
创新创业营销实战训练 …… 87
思考题 …… 87

第三篇　选择价值主张

第六章　目标市场营销战略 …… 88
第一节　市场细分 …… 88
第二节　目标市场选择 …… 95
第三节　市场定位 …… 97
创新创业营销视角 …… 102
创新创业营销案例 …… 103
创新创业营销实战训练 …… 105
思考题 …… 106
第七章　竞争性市场营销战略 …… 107
第一节　一般竞争性市场营销战略 …… 107
第二节　市场地位竞争战略 …… 111
第三节　市场竞争新战略——战略联盟 …… 115
创新创业营销视角 …… 118
创新创业营销案例 …… 119
创新创业营销实战训练 …… 121
思考题 …… 122

第四篇　创造顾客价值

第八章　产品和服务策略 …… 123
第一节　产品及产品组合策略 …… 123
第二节　产品生命周期及其营销策略 …… 129
第三节　服务和服务质量 …… 134
第四节　新产品开发策略 …… 139
创新创业营销视角 …… 142
创新创业营销案例 …… 143
创新创业营销实战训练 …… 145
思考题 …… 146
第九章　价格策略 …… 147
第一节　影响产品定价的基本因素 …… 147
第二节　产品定价的方法 …… 150
第三节　产品定价策略 …… 154
第四节　价格调整及应对策略 …… 158
创新创业营销视角 …… 162
创新创业营销案例 …… 163
创新创业营销实战训练 …… 164
思考题 …… 165

第五篇　传播顾客价值

第十章　品牌与包装策略 …… 166
第一节　品牌与品牌资产 …… 166
第二节　品牌定位与品牌设计 …… 169
第三节　品牌策略选择 …… 174
第四节　包装策略 …… 179
创新创业营销视角 …… 181
创新创业营销案例 …… 182
创新创业营销实战训练 …… 184
思考题 …… 185
第十一章　整合营销传播 …… 186
第一节　整合营销传播概述 …… 186
第二节　整合营销传播的工具 …… 191
创新创业营销视角 …… 203

创新创业营销案例 …… 204
创新创业营销实战训练 …… 205
思考题 …… 205

第六篇　交付顾客价值

第十二章　分销策略 …… 206
第一节　分销渠道概述 …… 206
第二节　分销渠道策略 …… 211
第三节　分销渠道成员 …… 216
第四节　网络分销渠道 …… 220
创新创业营销视角 …… 223
创新创业营销案例 …… 224
创新创业营销实战训练 …… 227
思考题 …… 228

第七篇　提升顾客价值

第十三章　市场营销计划、组织与控制 …… 229
第一节　市场营销计划 …… 229
第二节　市场营销组织 …… 232
第三节　市场营销控制 …… 236
创新创业营销视角 …… 240
创新创业营销案例 …… 241
创新创业营销实战训练 …… 243
思考题 …… 244
第十四章　市场营销创新 …… 245
第一节　关系营销与顾客关系 …… 245
第二节　大数据营销 …… 250
第三节　社会化媒体营销 …… 253
创新创业营销视角 …… 257
创新创业营销案例 …… 259
创新创业营销实战训练 …… 261
思考题 …… 262

参考文献 …… 263

第一篇　理解市场营销

第一章

市场营销学概述

学习目标

1. 掌握市场营销及其相关概念，理解以顾客价值为导向的市场营销学的核心内容。
2. 理解不同类型的营销观念及其演变过程，掌握现代营销观念的核心思想。
3. 掌握经典市场营销范式，理解市场营销范式的发展。
4. 理解市场营销与创新创业的关系及其在创新创业中的重要作用。

引　言

市场营销学是一门建立在经济学、管理学、行为学、人类学、数学等多学科基础上的应用科学，在社会和经济生活的各个领域得到了广泛的应用，尤其对创新创业企业，市场营销已和创新一起，成为驱动企业发展的“两驾马车”。正确把握市场营销内涵，有效地实施营销变革，对于增强企业核心竞争力，尤其是促进创新创业企业的发展具有十分重要的意义。

第一节　市场营销与市场营销学

一、市场与市场营销

(一) 市场的含义

美国著名的营销学家菲利普·科特勒(Philip Kotler)指出：“市场营销是与市场有关的人类活动，市场营销意味着和市场打交道，为了满足人类的需要和欲望，去实现潜在交易。”因此，市场营销与市场息息相关，学习市场营销，我们首先从了解市场开始。

在不同时期、从不同角度，市场的含义是不同的。早期的市场是指商品集聚、买卖的场所，如菜市场、商品批发市场等，它突出的是“地点”。随着经济和科学技术的发展，这种有形的市场已越来越多地发展成无形的市场。从经济学角度，市场是社会分工和商品生产的产物，著名经济学家保罗·萨缪尔森认为“市场是买者和卖者相互作用、共同决定商品和服务的交易价格与数量的机制”，在这个界定中，市场被看作是一种组织经济运行的机制，市场参与者通过这种机制调节自身行为，最终形成市场的均衡。在经济学中，它强调的是“机制”。

市场营销学主要研究企业如何通过市场营销活动，适应并满足买方的需求和欲望，以实现企业经营目标。因此，市场营销学侧重从卖方（即企业）角度理解市场，市场被定义为：某种商品实际购买者和潜在购买者的集合，这些购买者具有特定的需求和欲望，并且能够通过交换得到满足。例如，我们说"某地区家用汽车市场很大"，这里的市场指的就是家用汽车实际需求和潜在需求的总和。

因此，市场营销学中的市场可以看作是由人口、购买力和购买欲望所构成的函数。用公式表示就是：

$$市场 = f(人口，购买力，购买欲望)$$

人口、购买力和购买欲望组成了市场的影响因素，三者相互制约、缺一不可，只有共同具备时，才能构成现实的市场，进而决定市场的规模和容量。例如，一个国家人口众多，但收入很低，购买力有限，即使这个国家的人口有很强的购买欲望，也不能构成巨大的市场。

（二）市场营销的含义

不同阶段、不同的营销学者对市场营销的界定有所不同，对市场营销的认识也呈现出不断发展变化的过程。菲利普·科特勒教授将市场营销定义为：企业为顾客创造价值并建立牢固的顾客关系，进而从顾客那里获得价值作为回报的过程。他将市场营销创造和获取顾客关系的过程归纳为五个步骤，如图 1－1 所示，前四个阶段，企业致力于了解消费者、创造顾客价值和建立牢固的顾客关系，在最后一个阶段，企业收获创造卓越顾客价值的回报，这些回报以销售额、利润和长期顾客资产的形式出现。

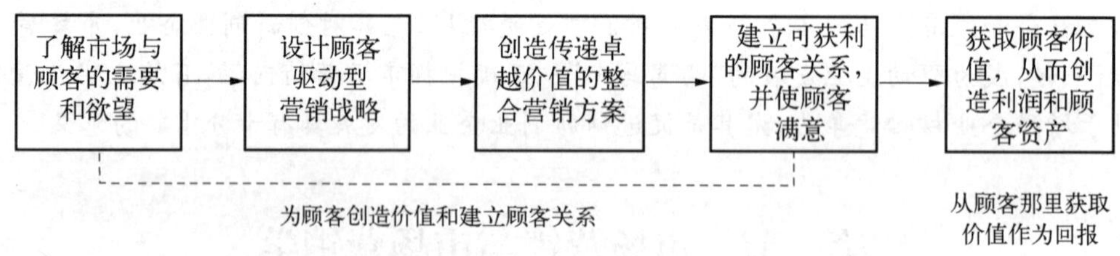

图 1－1　市场营销过程：创造和获取顾客价值

从菲利普·科特勒对市场营销的定义可以看出：市场营销早已不再只是"劝说和推销"，而是从满足顾客需要的角度出发，了解顾客的需要，开发具有较高价值的产品，进行合理的定价、分销和促销。在数字化、社交化时代，如果能够让顾客有效参与，将企业产品和顾客深度融合，那么，产品销售就会变得非常容易。因此，现代市场营销的核心是通过创造顾客价值和顾客满意，建立和管理可获利的顾客关系。

（三）市场营销的核心概念

为了更好地理解市场营销的概念，我们应该对包含其中的核心概念有一个清楚的认识。

1. 需要、欲望和需求

人的需要和欲望是市场营销活动的前提和基础。所谓需要（Needs）是人感到某种缺乏而力求获得满足的心理倾向，例如，饿了需要食物、冷了需要衣服、累了需要休息，除了这些基本的生理需要外，人为了在社会生活中更好地生存和发展，还会产生安全、归属感、尊重和自我实现等高级的精神需要。需要是促成人们各种行为动机的基础和源泉。

欲望(Wants)是由需要激发的对某种具体物的愿望。个人受不同文化及社会环境影响,对于同样的需要会产生不同的欲望,例如,同样需要食物,中国人想吃大米饭,日本人想吃寿司,美国人则想吃汉堡包。

需求(Demands)是指人们有能力购买并且愿意购买的对某个具体产品的欲望。可见,欲望只有在具备购买能力时才能够转变为需求。例如,许多人想购买奥迪牌轿车,但只有具有支付能力的人才能购买。

2. 产品、服务和体验

产品、服务和体验是企业提供给消费者以满足他们的需要和欲望的供给物。产品(Product)是指能够用以满足人类某种需要或欲望的任何东西。随着市场营销学的发展,产品概念的外延已扩大到有形产品(传统意义上的产品)、无形产品(服务、商誉、管理体系等)及智力性的创意(知识、智慧、创造力等)。

产品是为顾客提供服务的载体,其重要性不仅在于拥有它们,更在于通过它们满足消费者的欲望。例如,人们购买小汽车不是为了得到铁皮、方向盘和轮胎,而是因为它可以提供一种叫作交通的服务。企业如果忘记了产品只是消费者解决问题的一个工具,就有可能会患"营销短视症"(Marketing Myopia),当市场上出现一种能更好满足顾客需要或者价格更便宜的产品时,企业就会陷入困境。

因此,市场营销者在销售产品时,应更多地向市场展示产品中所包含的利益和服务,创造品牌体验,让消费者获得成就感和满足感。

增值阅读

营销的对象

营销的对象有十大项:有形的商品(Goods)、无形的服务(Service)、事件(Events)、体验(Experiences)、人物(Persons)、地点(Places)、财产权(Properties)、组织(Organizations)、信息(Information)和理念(Ideas)。

• 商品。传统意义上的彩电、汽车、手机等都是有形的商品。

• 服务。服务业包括航空、酒店、汽车租赁、理发、美容、维修等。如今,服务业在中国经济中比重已超过50%,而在美国经济构成中服务和商品的比例为7∶3。

• 事件。奥运会或世界杯等全球体育盛事、大型商业展览、艺术表演和公司周年庆典等都是可供营销者进行推广的事件。

• 体验。迪士尼(Walt Disney World)的梦幻王国就是向顾客提供一种身临其境的体验。

• 人物。艺术家、音乐家、CEO、医生、知名律师和金融家以及其他专业人士都是重视名人效应的营销者所关注的对象。

• 地点。城市、州、地区和国家之间相互竞争,以吸引游客、工厂、公司总部和新的居民。地点营销者包括经济发展专家、房地产代理商、商业银行、当地商业协会以及广告和公共关系代理机构。

• 财产权。个人和组织通过房地产代理商、投资公司及银行的营销活动,买卖财产权。

• 组织。组织通过各类营销活动,在公众心目中树立良好、受人欢迎的独特形象。

- 信息。信息的生产、加工者(如报纸、杂志)以一定的价格向公众传播信息。
- 理念。某些理念的推广对消费者的消费会产生重大影响,如一瓶牛奶强壮一个民族。

3. 交换、交易和关系

交换是市场营销最核心的要素。所谓交换(Exchange)是指通过提供某种东西作为回报,从别人那里取得所需物的行为。当人们决定以交换方式来满足需要或欲望时,就存在市场营销了。

交易(Transaction)是交换的基本组成部分。交易是买卖双方价值的交换,它是以货币为媒介的,而交换不一定以货币为媒介,它可以是物物交换。

关系(Relationship)是交换过程中形成的社会和经济的联系,它包括市场营销者与顾客、分销商、经销商、供应商甚至竞争者之间的联系。市场营销学的发展,使得市场营销者正在从追求每一笔交易的最大化向追求长期各方利益的最大化转换,交易各方通过互利交换及共同履行诺言,建立长期的互信互利关系,使各利益相关者能得到长期利益的最大化。

4. 顾客价值、顾客满意和顾客忠诚

建立持续顾客关系的关键是创造卓越的顾客价值和顾客满意,建立高度的顾客忠诚。顾客感知价值(Customer Perceived Value,CPV)是顾客对产品及其已知的替代品的总价值与总成本评价的差额。顾客总价值(Total Customer Value)是指顾客购买某一产品与服务所期望获得的一组利益,包括产品价值、服务价值、人员价值和形象价值等;顾客总成本(Total Customer Cost)是指顾客为购买某一产品所耗费的货币成本、时间成本、精神成本和体力成本等。在产品供大于求的情况下,顾客往往从价值与成本两个方面进行比较分析,选择购买使他们的价值最大化的产品和服务,顾客感知价值是衡量顾客价值的重要指标。

顾客满意(Customer Satisfaction,CS)是指顾客对一个组织所提供的全部产品(包括服务、活动、情况、过程等)的可感知效果(Perceived Performance)与其期望值(Expectation)比较后所形成的愉悦或失望的感受状态。可感知效果是企业通过营销努力,传递给顾客的感知价值;顾客期望的形成,取决于顾客以往的购买经验、朋友和同事的影响以及营销者和竞争者的信息与承诺。当顾客感知效果超出期望时,顾客就会高度满意或欣喜,当感知效果与期望相当时,顾客也会感到满意,而当感知效果低于期望时,就会导致顾客不满意。

顾客忠诚(Customer Loyalty)是指客户对企业产品或服务的依赖和认可、坚持长期购买和使用该企业产品或服务所表现出的在思想和情感上的一种高度信任和忠诚的程度,是客户对企业产品在长期竞争中所表现出的优势的综合评价。顾客满意是顾客忠诚的重要前提。但是,满意的顾客往往不一定是忠诚的顾客。顾客满意是一种态度,而顾客忠诚却关系到购买行为。好的顾客忠诚可以带来可观的经济效益,研究表明,获得一位新顾客的成本是保留一位老顾客的5倍,因此,企业市场营销的关键是通过顾客满意,取得顾客忠诚,获取顾客终身价值(Customer Lifetime Value)。

5. 市场份额、顾客份额和顾客资产

良好的顾客关系,不仅可以帮助企业提高市场份额,还可以帮助企业增加顾客份额,产生高顾客资产。

市场份额(Share of Market)也称市场占有率,是指某企业某一产品的销售量(或销售额)在市场同类产品中所占比重。市场份额反映企业在市场上的地位,通常市场份额越高,竞争力越强。以市场份额为标准衡量企业的经营,容易使企业将经营的焦点放在对竞争对手市场行为的关注上，而忽略对顾客需求的满足，造成顾客流失。

顾客份额(Share of Customer)是唐·佩伯斯和马莎·罗杰斯博士在20世纪90年代提出的，是指顾客在一家企业的消费额占顾客的同类消费总支出的百分比。与市场份额强调顾客数量、注重利用大规模的促销/广告获取新顾客的粗放式营销模式不同，顾客份额注重从现有顾客手中不断获取更多的业务，把顾客的每一次购买行为看作是双方关系中的一部分，关注顾客的长期价值甚至终身价值，并且注重不同顾客的不同价值区分，是一种集约化营销模式。

顾客资产(Customer Equity)是企业所有现有和潜在顾客的终身价值总和。因此，它是对企业顾客基础的未来价值的衡量。企业可获利的顾客越忠诚，顾客资产越高。顾客资产可能是比销售额和市场份额更好的衡量企业绩效的指标，销售额和市场份额反映的是过去，而顾客资产显示的是未来。

二、市场营销学

市场营销学的构建是从微观开始的，是从个体(个人或组织)交换层面来研究营销问题的，即站在卖方营销的立场上，研究企业如何以顾客的需求为出发点来组织企业的整体营销活动。以顾客价值为导向的市场营销认为：市场营销是在市场调查的基础上，分析影响和制约企业营销活动的各种环境因素，了解市场与顾客的需要与欲望，发现市场营销机会，研究和选择目标市场，设计顾客驱动型的营销战略和策略组合，建立可获利的顾客关系，通过满足顾客需求，获取顾客价值，从而创造利润和顾客资产。以顾客价值为导向的市场营销学的核心内容可以由图1-2加以概括。

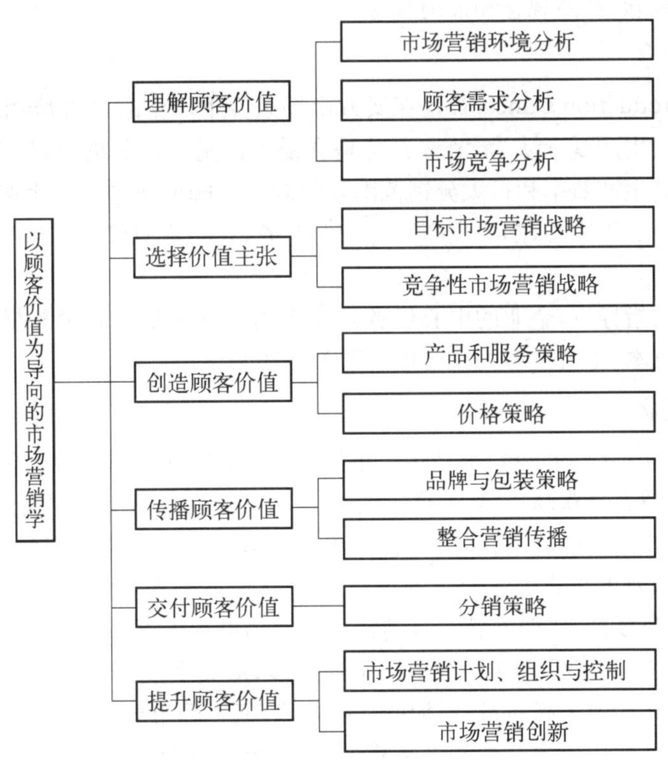

图1-2　以顾客价值为导向的市场营销学的核心内容

第二节　市场营销哲学及其演进

市场营销哲学是企业开展营销活动的指导思想和行为准则，体现出企业在开展营销活动过程中，处理企业、顾客和社会三者利益关系时的根本态度，其核心是如何正确处理三者之间的利益关系。营销哲学观念随着社会、经济与市场环境的变迁而演进，图 1－3 显示了西方企业在处理三者利益关系时营销管理观念的变化趋势。

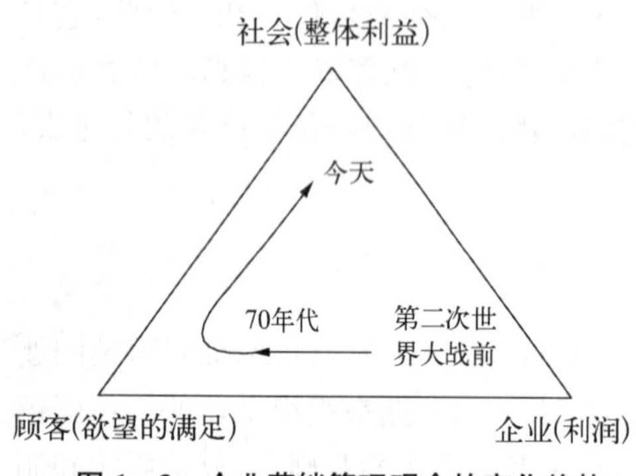

图 1－3　企业营销管理观念的变化趋势

理论界一般将其划分为生产观念、产品观念、推销观念、市场营销观念和全方位营销观念等五个阶段。前三个观念是以企业为中心的，一般称为旧观念；后两个观念是以消费者、利益相关者和社会整体利益为中心的，一般称为现代市场营销观念。

一、以企业为中心的观念

以企业为中心的市场营销哲学，就是以企业利益为根本取向和最高目标来指导营销活动。它包括生产观念、产品观念和推销观念。

(一) 生产观念

生产观念(Production Concept)是在卖方市场条件下产生的，是指导市场营销活动的最古老的观念之一。生产观念认为，消费者总是喜爱可以随处买到的、价格低廉的产品，企业应当集中精力提高生产效率和扩大分销范围，增加产量，降低成本。以生产观念指导的企业一切经营活动以生产为中心，围绕生产安排一切业务，它的典型口号是“我生产什么，就卖什么”。

在生产观念的指导下，企业的中心任务是集中力量通过扩大规模和提高劳动生产率以增加产量和降低成本，不必过多关注市场需求差异和变化。

(二) 产品观念

产品观念(Product Concept)也是卖方市场条件下的产物，与生产观念几乎在同一时期流行。它认为，消费者喜欢高质量、高性能的产品，企业应致力于制造质量优良、功能卓越的产品，并不断加以改进，使其尽善尽美，同时，单纯强调以产品本身吸引顾客，排斥其他营销手段。以产品观念为指导的企业经营的重点在于追求最好质量的产品，强调“以质取胜”。它的典型口号是“只要产品好，不愁没有销路”“酒香不怕巷子深”。

产品观念虽然相对于生产观念有了一定的进步，但其实质仍是以企业为中心的。如果过分重视产品，一味地追求高质量、增加产品的功能，而不顾市场的需要和竞争的变化，就会出现“市场营销近视症”，忽视对消费者需求的满足，在营销活动中缺乏远见，致使产品不受市场欢迎，导致企业经营陷入困境。

（三）推销观念

推销观念(Selling Concept)也称为销售观念，产生于由卖方市场向买方市场过渡的阶段，它认为，消费者通常有一种购买惰性或抗拒心理，不会大量购买本企业的产品，需要企业通过一系列的推销和促销工具去刺激消费者大量购买。在推销观念指导下，企业市场营销活动的中心是产品的推广和广告活动，以求说服甚至强制消费者购买。它的典型口号是“企业卖什么，人们就买什么”。

与前两种观念相比，推销观念在市场营销指导思想上是一个大的进步，它开始关注顾客，致力于寻找潜在顾客，并开始研究吸引顾客的方法与手段。但推销观念仍是建立在以企业为中心、“以产定销”的基础上的，对产品是否符合消费者的需要、是否让顾客满意等重视不够，在实际运用过程中，容易使消费者受到潜在的损害，对企业拓展市场具有一定的局限性。

二、以消费者为中心的观念

以消费者为中心的观念也称为市场营销观念(Marketing Concept)，产生于20世纪50年代，它认为，消费者的需求是企业生产和经营活动的起点，实现企业各项目标的关键在于正确确定目标市场的需要和欲望，而且比竞争者更有效地传递满足目标市场需要和欲望的产品和服务。市场营销观念的典型口号是“顾客需要什么，我们就生产什么”。由推销观念到市场营销观念是市场营销哲学的根本性转变，它要求企业将传统的“生产—市场”观念颠倒过来，以市场为企业生产和经营的起点，将满足顾客的要求贯穿企业活动的全过程，渗透企业的各个部门，成为各部门工作的准则。

市场营销观念的核心思想包括目标市场、整体营销、顾客满意和盈利率。它要求企业在市场细分的基础上，根据市场竞争和企业资源状况，正确选择合适的目标市场，确定目标市场顾客的需求和欲望，协调运用产品、价格、渠道、促销等营销策略组合，满足顾客需要，使顾客满意，为顾客创造价值，从而实现企业包括盈利在内的目标。

市场营销观念在强调企业适应市场需求的同时，更要求企业注重挖掘消费者的“潜意识需求”，在科学技术进步的带动下，积极进行产品和服务创新，主动地去创造需求，引导需求，达到顾客的真正满意。

三、以利益相关者和社会整体利益为中心的观念

全方位营销观念(Holistic Marketing Concept)产生于20世纪70年代，随着经济全球化、相关群体利益多元化、环境破坏、资源短缺、人口爆炸、通货膨胀和忽视社会服务等问题日益突出，要求企业在满足消费者的需求和欲望的同时考虑利益相关者和整个社会的长远利益，即社会整体利益的呼声越来越高。这时，西方市场营销学界提出了一系列新的观念，其共同点是认为企业生产经营不仅要考虑消费者需要，而且要考虑消费者、利益相关者和整个社会的长远利益。

全方位营销观念认为，所有事物都与营销相关，企业和组织应该以对营销项目、过程和活动的开发、设计及实施的范围与相关关系的了解为基础，实施更加整体化、更具一致性的策略，以维护与增进顾客和社会的福利。

全方位营销主要包括关系营销、整合营销、内部营销和绩效营销四个部分。其中，关系营销要求企业与重要团体——顾客、供应商、分销商和其他营销伙伴建立长期、互惠的满意关系，形成营销网络，以获得并保持长期的业绩和业务。整合营销要求通过设计营销活动并整合营销项目，使为顾客创造、传播和传递价值的能力最大化。内部营销要求成功地雇用、培训和激励有能力的员工，使之更好地为顾客服务。绩效营销要求审视营销获得的商业回报，并更广泛地关注营销对法律、伦理、社会和环境的影响和效应。

全方位营销观念是对市场营销观念的深化与发展，强调以实现消费者满意以及企业内外经营者和社会公众的长期福利作为企业的根本目的与责任。

TCL 集团的营销管理哲学

TCL 集团创立于 1981 年，经过近四十年的发展，已从广东惠州生产磁带的小合资企业发展到布局电话、电视、手机、冰箱、洗衣机、空调、液晶面板等领域、在全球拥有 28 个研发机构、10 家联合实验室、22 个制造基地、业务遍及全球 160 多个国家和地区的集团公司。在《2019 胡润中国 500 强民营企业》中，TCL 集团以市值 520 亿元位列第 129 位。

为顾客创造价值是 TCL 集团的营销管理观念。他们认为，顾客(消费者)就是市场，只有为顾客创造价值，赢得顾客的信赖和拥戴，企业才有生存和发展的空间。为此，公司明确提出“为顾客创造价值，为员工创造机会，为社会创造效益”的宗旨，将顾客利益摆在首位，同时兼顾员工和社会整体利益。每上一个项目，他们都要求准确把握消费者需求特征及其变化趋势，紧紧抓住四个环节：不断推出适合顾客需要的新款式产品；严格为顾客把好每个部件、每种产品的质量关；建立覆盖全国市场的销售服务网络，为顾客提供产品终身保修；坚持薄利多销，让利于消费者。

第三节　市场营销范式

在市场营销发展的上百年的历史中，其内涵和外延有了很大的扩展。但就理论抽象的企业微观市场营销的内涵及范式，在 20 世纪 50 年代后相当长一段时期内，以菲利普·科特勒为代表的北美经典营销范式仍有一定的借鉴和指导意义。

一、经典市场营销范式

市场营销的经典范式可以用菲利普·科特勒有关营销管理的两个“4Ps”进行概括和表述，即营销战略(Marketing Strategy)的“4P”和营销战术(Marketing Tactic)的“4P”，如图 1-4 所示。

市场营销战略(Marketing Strategy)是指企业识别、分析、选择市场营销机会，以实现企业任务和目标的管理过程，即企业如何与其最佳的市场营销机会相适应的过程。市场营销战略的“4P”包括探查、分割、优先、定位。

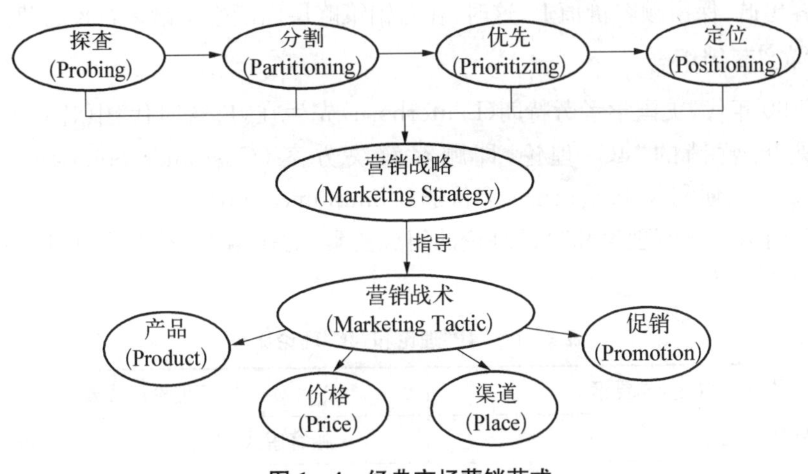

图 1-4 经典市场营销范式

探查(Probing)是一个借用的医学术语,指企业在进行市场营销活动时,要了解市场的脉搏,探测市场的各个重要部分的构成及其市场特点,这需要通过市场营销调研来完成,是市场营销的起点。分割(Partitioning)即在市场营销调研的基础上,把整体市场划分为若干个"子市场",分割的意义旨在区别不同类型的消费者,把具有相似消费欲望和需求的消费者划分为同一个子市场,即进行市场细分。优先(Prioritizing)是指在市场细分后选择主攻的目标市场,分析哪个细分市场与企业现有资源和条件能形成最佳匹配,满足哪一类消费群体能给企业带来最高的收益,不仅包括眼前收益,还包括长远收益。定位(Positioning)即根据顾客对某种产品属性的重视程度,给企业的产品规定一个特定的市场地位,为企业产品培养、创造一定的特色,树立某种形象,以赢得顾客的好感和偏好。前述四个步骤密切相关,共同完成企业市场营销战略的制定。企业一旦制定了战略,即可进入营销策略的设计和选择阶段。

营销战术的"4P",亦称市场营销组合(Marketing Mix),已经成为一个经典的营销公式,即产品(Product)、价格(Price)、渠道(Place)、促销(Promotion),它们作为企业可以控制的营销因素,按照目标市场需求所形成的最佳组合。即如果一个公司生产了适合顾客需要的"产品";制定出顾客愿意接受并富有竞争力的"价格";寻找到使产品尽快地接近和到达顾客可及的"地点"上市,并辅之以适当的"促销"活动,宣传并说服顾客购买产品,公司就会获得营销活动的成功。如何使产品、价格、渠道和促销策略最为"适当",需要通过企业的营销战术管理来解决。

显然,企业市场营销的战略、战术所涉及的营销管理职能已经完全超出了销售部门的职能,它必须在企业总体战略的指导下,通过企业各个部门的相互协调,才能制定出符合企业战略发展的营销战略、战术。

二、市场营销范式的发展

严格地说,两个"4P"的经典市场营销范式是卖方用于影响买方的市场营销工具,是以企业为中心的观点。第二次世界大战以后,以消费者为中心的营销观念逐步为市场接受,成为大部分企业指导市场营销实践的重要观念,企业开始将市场营销重点放在如何满足顾客需求、提高顾客忠诚、保留顾客价值上，这时，在营销策略层面诞生了诸多新兴的营销范式。

（一）“4C”营销组合

20 世纪 90 年代，美国学者劳特朗（Lauterborn）先生在《广告时代》中对应传统的 4P 提出了新的观点：营销的“4C”理论，即顾客解决方案（Customer Solution）、顾客成本（Customer Cost）、便利（Convenience）和沟通（Communication）。

表 1－1 列示了“4P”理论和“4C”理论的组成要素，对比两者，不难发现“4C”理论把追求顾客满意放在第一位。

表 1－1 “4P”理论和“4C”理论比较

“4P”理论组成要素	“4C”理论组成要素
产品（Product）	顾客解决方案（Customer Solution）
定价（Price）	顾客成本（Customer Cost）
渠道（Place）	便利（Convenience）
促销（Promotion）	沟通（Communication）

首先，它不仅考虑产品，还要考虑顾客的需求与期望。企业必须首先了解和研究顾客，如根据顾客的需求来生产，提供顾客所需的产品而不是企业自身所能制造的产品。同时，企业提供的不仅仅是产品和服务，更重要的是由此产生的顾客价值。

其次，它不仅考虑价格，还要考虑顾客为满足其需要愿意付出的成本。企业定价不是根据企业生产成本和利润要求，而是要研究顾客的收入状况、消费习惯及同类产品的市场价位。此外，顾客的购买成本不仅包括其货币支出，还包括为此耗费的时间、体力和精力及购买风险。

第三，它不仅考虑渠道，还要考虑如何为顾客提供方便，即为顾客提供最大的购物和使用便利。

第四，它不仅考虑促销，还要考虑如何与顾客进行双向沟通。企业应通过与顾客进行积极有效的双向沟通，建立基于共同利益的新型顾客关系。这不再是企业单向的促销和劝导顾客，而是在双向的沟通中找到能同时实现各自目标的途径。

“4C”营销组合从其出现的那天就受到普遍关注，有人甚至认为在新时期的营销活动中，应当用“4C”来取代“4P”。但许多学者仍然认为，“4C”的提出只是进一步明确了企业营销策略的基本前提和指导思想，从操作层面上讲，仍然必须通过“4P”为代表的营销活动来具体运作。所以“4C”只是深化了“4P”，而不是取代“4P”。

（二）“4R”营销组合

20 世纪 90 年代，美国营销学教授唐·舒尔茨（Don E. Schultz）提出了营销组合新理论“4R”理论，即关联（Relevancy）、反应（Reaction）、关系（Relation）、回报（Reward）。艾略特·艾登伯格（Elliott Ettenberg）在其《“4R”营销》一书中也提出了类似的“4R”理论，即关联（Relevancy）、节省（Retrenchment）、关系（Relation）、回报（Reward）。

“4R”理论强调企业和顾客之间的双赢原则：

首先，关联（Relevancy）强调企业与客户之间应当建立互利共赢的关系。企业应主动加强与客户关系的管理,强调客户关系的价值。在竞争性市场中,顾客具有动态性,可能会在不同企业所提供的产品和服务中选择与转移,要提高顾客的忠诚度,赢得长期而稳定的市场,在业务、需求等方面与顾客建立关联,建立一种互助、互求、互需的关系。

其次,反应(Reaction)强调企业应该迅速顺应客户需求的变化。当代企业已从过去的推测性商业模式转化为高度回应需求的商业模式,企业应重视客户反馈的相关信息,聆听客户的指导意见,迅速做出反应,不断开发新型产品与服务,不断提升自身产品与服务的质量。

第三,关系(Relation)强调企业与客户之间长期、稳固的关系。在企业与顾客关系发生本质性变化的市场环境中,抢占市场的关键已转变为与顾客建立长期而稳固的关系,从交易变成责任,从管理营销组合变成管理和顾客的互动关系。

第四,回报(Reward)强调回报的重要性。企业的终极目标是利润最大化,市场营销的最终价值在于为企业带来短期或长期的收入和利润的能力。一方面,追求回报是营销发展的动力;另一方面,回报是维持市场关系的必要条件,一切营销活动都必须以为顾客和股东创造价值为目的。

(三)"4I"营销组合

"4I"理论最早源于"网络整合营销",是在互联网快速发展的背景下,美国营销学教授唐·舒尔茨(Don Schultz)针对网络时代的信息传播提出的,"4I"的诞生,标志着从"以传播者为中心"到"以受众为中心"的传播模式的战略转移。

"4I"理论包括四个要素:个性原则(Individuality)、趣味原则(Interesting)、互动原则(Interaction)和利益原则(Interests)。

(1) 个性原则。其核心是个体识别,企业需要充分关注每位顾客的独一无二的个性,按照不同个体差异化需求对市场进行细分。企业可以针对不同的目标人群,开展特色的业务和服务,获得稳定的顾客群。

(2) 趣味原则。强调营销传播过程要有趣味性、有话题感,要尽量选择一些目标顾客群关心和感兴趣的话题,策划和构思要能激发消费者的想象力,要能激发其参与的冲动。

(3) 互动原则。互动的目的就是要吸引客户,找到双方的利益共同点。只有抓住了客户的兴趣点,才能引起关注、引发共鸣和参与,持续吸引客户。

(4) 利益原则。利益始终是贯通商业活动始末的重要元素,是商户进行经营活动的根本目的,也是用户进行消费活动的动因。而利益原则是连接营销活动中不同参与者的纽带和桥梁,只有当共同利益能真正促使各种要素参与到整合营销中时,利益才具有串联不同参与者的功能。

从以满足企业需求为中心的"4P"到以顾客满意为中心的"4C",到以客户关系为重点的"4R",再到以网络整合营销为中心的"4I",它们分别从不同的视角反映了营销活动的侧重点,代表了当代营销理论的发展。

创新创业营销视角

市场营销和创新创业的关系

现代管理学之父彼得·德鲁克认为企业只有两个基本功能:市场营销和创新,对于创业者来说，市场营销和创新更是带动企业发展的“两驾马车”。以“顾客价值”为导向的现代市场营销方法和手段，不仅可以帮助创新创业者找到合理的创新创业方向，还可以通过制定合理的市场营销战略和策略提高创新创业者适应市场的能力，增强企业参与市场竞争的核心竞争力。创新创业成功与否，很大程度上取决于企业的市场营销能力。

首先，卓越的市场营销能力有利于创新创业者捕捉市场机会。市场环境的变化为创新创业者提供了很多的市场机会，无论是国内还是海外创业，创新创业者都需要合理评估当地政治、法律、经济、文化、科学技术、自然等市场营销环境及其变化，敏锐地捕捉市场机会。纵观整个创新创业发展史，创新创业成功的案例无一不是准确把握了市场机会的。远到20世纪60年代，日本丰田公司进军北美小型轿车市场，近到我国新能源汽车的领导者比亚迪公司，无不是瞄准了社会经济发展变化给汽车企业带来的市场机遇。

其次，卓越的市场营销能力有利于创新创业者合理地选择目标市场。现代社会各行各业迅速崛起，市场分化更加细致，如何在众多市场中选择一个合适的创新创业市场是创新创业者必须关注的问题，可以说正确选择创业目标市场是整个创业过程中最为重要的第一步。创新创业者在选择创新创业市场时，往往需要根据宏观和微观的细分标准对市场进行有效的细分，估算细分市场现有的市场容量和未来的市场潜量，仔细评估各个细分市场存在的政治风险、经济风险和文化风险，经过多项评估后，才能确定该市场创业的可行性。“拼多多”的成功在很大程度上就是因为合理地选择了潜力巨大，却被淘宝、京东等众多电商忽视的三四线城市作为自己的目标市场。

第三，卓越的市场营销能力有利于创新创业者通过制定合理的市场营销策略提高自身的竞争能力。优秀的市场营销者都会在创新创业初期进行合理的市场调研，了解消费者需求特点，制定消费者需求导向的产品、品牌、价格、渠道、传播和服务策略，在满足消费者需求的同时，实现销售和利润的增长。市场营销帮助企业实现了商品到货币的惊险跳跃，尤其在市场竞争日益激烈的现代社会，卓越的市场营销能力将大大提高企业的竞争能力，保持企业的持续发展。

随着我国经济进入新常态，发展速度从高速向中高速换挡回落，创新创业已成为推动我国经济发展的主要动力之一。学习市场营销知识、掌握市场营销的基本理论和方法并付诸实践，可以帮助创新创业者在激烈的市场竞争中拨开迷雾、站稳脚跟，获得成功。

创新创业营销案例

拼多多，创新社交电商的拼购模式

拼多多成立于2015年9月，是一家专注于C2B拼团的第三方社交电商平台。用户通过发起和朋友、家人、邻居等的拼团，可以以更低的价格拼团购买优质商品。其中，通过沟通分享形成的社交理念形成了拼多多独特的新社交电商思维。上线一年时间，拼多多的单日成交额即突破1 000万，付费用户数突破1亿。用不到10个月的时间就走完了老牌电商三四年走的路，成立之后三年上市，在IPO上市的第一天市值高达288亿美元。

发现低端颠覆的市场机会

2015年以后，出于品牌考量，淘宝开始将流量向品牌商倾斜，原来低价低质的商品难以获取流量，低端用户在淘宝上难以再买到东西。京东的口号是“上京东，用点好的”，用户大多在一二线城市，是具备一定的经济实力的人群。电商平台低端业态出现巨大空白。

《2017 年国民经济和社会发展统计公报》数据表明：在中国，至少 90%的三口之家，年收入是达不到 20 万的，50%的三口之家年收入低于 6.6 万，最底层 20%的家庭平均收入不到 1.8 万。低价需求在当下依然为大多数。

“消费升级并不是让上海人去过巴黎人的生活，而是让安徽安庆的人有厨房纸用，有好水果吃。”拼多多创始人黄峥在接受《财经》采访时表示。在阿里和京东纷纷放弃低端市场的时候，拼多多成建制地接受了几十万被淘宝和京东抛弃的低端商家，选择聚集了 3 亿互联网用户的三四五线城市，开始了和淘宝、京东的错位竞争。

创新裂变传播的拼团模式

拼多多用户是真正的利基市场，是被阿里视为大盘的天猫没有服务好的人群，它把京东和天猫看不上的地摊货以人传人的形式搬到网络，充当了社交电商的拼团工具。

主动用户拼多多里开团，发微信群，被动用户参团。有一句经典的话是：微信的好友关系是拼多多起飞的燃料。

拼多多的货架上卖啥，则完全取决于社会分享，朋友买啥你就买啥。首先，熟人拼团便宜，还可以互相推荐；然后，邀请好友帮忙砍价还助力免单；再有，拼多多利用拼团折扣，鼓励消费者分享链接，消费者每次拼团的同时为平台拉得更多用户。拼单过程中，消费者为达到拼单人数，会形成一个自媒体，自觉帮助商家推广，形成裂变的传播效果。

问题讨论：

1. 拼多多是怎样抓住市场机会成为电商平台新秀的？
2. 拼多多作为电商平台的后来者，创新了怎样的商业模式？
3. 在互联化、社交化的时代，拼多多的成功对其他创新创业企业具有怎样的借鉴意义？

创新创业营销实战训练

【训练目的】

理解市场营销与创新创业的关系及其在创新创业中的重要作用。

【训练内容】

从网络或身边寻找三个成功的创新创业案例，分析其市场营销活动，研究市场营销在其创新创业中的重要作用，形成研究报告。教师也可以指定某一创新创业案例，要求学生做出分析并形成研究报告。

【训练步骤】

(1) 从网络或身边寻找资料，确定三个研究的创新创业案例；

(2) 从目标市场、竞争战略、产品、价格、渠道、促销、服务等角度研究其市场营销活动；

(3) 进行对比分析，从市场营销角度研究三个创新创业案例成功的共性原因；

(4) 总结提炼，理解市场营销在创新创业中的重要作用，形成研究报告。

【注意事项】

(1) 3～4 人一组，每组选出一位负责人，小组成员合理分工；

(2) 训练过程应结合本章所学理论知识，独立思考与小组讨论相结合；

(3) 条件许可的情况下可进行企业调研或实地走访；

(4) 研究报告以小组形式提交，注明每位同学承担的任务。

【成果与评价】

(1) 研究报告内容应包括但不限于：研究案例的企业名称及概况、研究案例的市场营销具体活动、从市场营销角度研究的三个案例成功的共性原因、市场营销在创新创业中的重要作用；

(2) 要求各部分内容充实，分析全面并重点突出；

(3) 文字流畅，符合规范化要求。

思考题

1. 简述菲利普·科特勒对市场营销的定义，该定义体现了现代市场营销怎样的核心思想。

2. 简述以顾客价值为导向的市场营销学的核心内容。

3. 市场营销管理哲学的核心是什么？它经历了怎样的发展历程？具有怎样的变化趋势？

4. 现代市场营销观念包括哪些？它们的核心思想是什么？

5. 经典市场营销范式的核心内容是什么？市场营销范式经历了怎样的发展？对企业制定市场营销策略有何借鉴意义？

6. 怎样理解市场营销与创新创业的关系？

第二篇　理解顾客价值

第二章

市场营销环境

学习目标

1. 了解市场营销环境的含义和特征。
2. 掌握宏观营销环境的构成及其对创新创业市场营销活动的影响。
3. 掌握微观营销环境的构成及其对创新创业市场营销活动的影响。
4. 掌握创新创业市场营销环境分析方法。

引　言

理解顾客价值是市场营销成功的基础，顾客价值因环境的不同而有所差异。企业创新创业中的营销活动要以营销环境为依据，识别环境中影响顾客价值改变的主要因素及其变动趋势，识别环境给企业带来的有利机会和可能威胁，制定并不断调整营销战略，使之与环境相适应，确保企业能主动随着客户价值的改变而改变，在竞争中立于不败之地。

第一节　市场营销环境概述

一、市场营销环境的含义

菲利普·科特勒将市场营销环境定义为：影响企业与目标顾客建立并保持互利关系等营销管理能力的参与者和影响力。因此，市场营销环境是企业营销职能外部的不可控制的因素和力量，这些因素和力量是影响企业营销活动及其目标实现的外部条件。

市场营销环境包括宏观环境（Macro-environment）和微观环境（Micro-environment）。宏观环境指通过影响微观环境来影响企业营销能力和效率的一系列巨大的社会力量，主要包括人口、经济、政治法律、科学技术、社会文化及自然生态等因素；微观环境指与企业紧密相连，直接影响企业营销能力的各种参与者，包括企业本身、渠道企业、顾客、竞争者以及社会公众。微观环境直接影响与制约企业的营销活动，也称直接营销环境。宏观环境一般以微观环境为媒介影响和制约企业的营销活动，故称作间接营销环境。宏观环境因素与微观环境因素共同构成多因素、多层次、多变的企业市场营销环境的综合体，如图 2－1 所示。

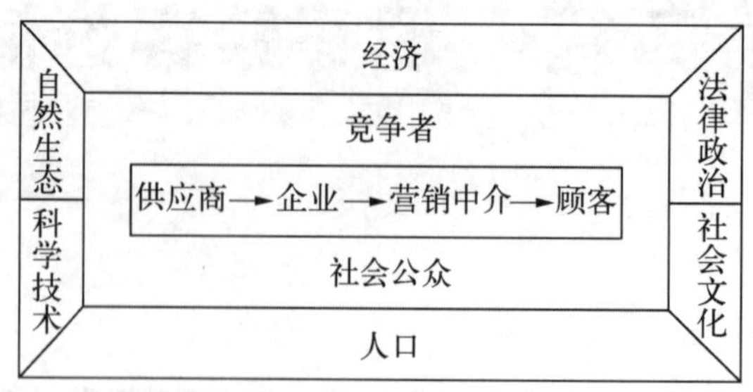

图 2-1 市场营销环境

二、市场营销环境的特点

(一) 客观性

市场营销环境作为一种客观存在，是不以企业的意志为转移的，有着自己的运行规律和发展趋势，对营销环境变化的主观臆断必然会导致营销决策的盲目与失误。营销管理者的任务在于适当安排营销组合，使之与客观存在的外部环境相适应。

(二) 关联性

构成营销环境的各种因素和力量是相互联系、相互依赖的，某一因素的变化，会带动其他因素的相互变化，形成新的营销环境。例如，经济因素不能脱离政治因素而单独存在，同样，政治因素也要通过经济因素来体现。

(三) 差异性

营销环境的差异主要是指企业所处的地理环境、生产经营的性质、政府管理制度等方面存在差异，不仅表现在不同企业受不同环境的影响，而且同样一种环境对不同企业的影响也不尽相同。

(四) 动态性

外界环境随着时间的推移经常处于变化之中。例如，20 世纪 60 年代，中国处于短缺经济状态，改革开放 40 余年后的今天，中国已经遭遇"过剩"经济，市场营销环境发生了重大的变化。营销环境的变化，既会给企业提供机会，也会给企业带来威胁。

(五) 可影响性

虽然影响市场营销环境的因素具有不可控性，但并不意味着企业对环境无能为力，只能消极地、被动地改变自己适应环境。企业应该积极运用自己的资源，影响和改变营销环境，为企业创造一个更有利的活动空间，谋求企业营销活动与营销环境在新的层次上的适应。

第二节 宏观营销环境

宏观营销环境指对企业营销活动造成市场机会和环境威胁的主要社会力量，主要包括人口环境、经济环境、政治法律环境、科学技术环境、社会文化环境及自然生态环境等因素。

一、人口环境

人口是构成市场的第一位因素。人口的多少直接决定市场的潜在容量,人口越多,市场规模就可能越大。而人口的年龄结构、地理分布、人口密度及其文化教育等人口特性,会对市场格局产生深刻影响。

(一) 人口数量与增长速度对企业营销的影响

众多的人口及人口的进一步增长,给企业带来了市场机会,也带来了威胁。首先,人口数量是决定市场规模和潜力的一个基本要素,人口越多,如果收入水平不变,则对食物、衣着、日用品的需要量也越多,市场也就越大。因此,按人口数目可大略推算出市场规模。其次,人口的迅速增长促进了市场规模的扩大。人口快速增加,意味着消费需求也会迅速增加,市场潜力也就会很大,将给企业带来更多的市场机会。但是,另一方面,人口的迅速增长,也会给企业营销带来不利的影响。例如,人口迅速增长对粮食、能源、交通、住房等各种资源的供应形成过大的压力,势必引起物价上涨,使企业生产成本上升、利润下降,并有可能进一步恶化企业的营销环境。

(二) 人口结构对企业营销的影响

人口结构主要包括人口的年龄结构、性别结构、家庭结构、社会结构以及民族结构。

1. 年龄结构

人口可以划分为六个年龄段:学龄前儿童、青少年、青年、中年和老年。不同的年龄阶段购买力和消费偏好是不同的,据此,形成了儿童市场、青年市场和老年市场等。中国人口年龄结构的显著特点是:现阶段,青少年人口比重约占总人口的一半,反映到市场上,在今后二十年内,婴幼儿和少年儿童用品及结婚用品的需求将明显增长。目前,中国已进入老龄化社会,在未来二十年,人口老龄化速度将大大高于西方发达国家,反映到市场上,老年人的需求将呈现高峰,老年人生活必需品、保健用品、营养品市场将会兴旺。

2. 性别结构

人口的性别不同,其购买习惯和购买行为也有明显的差别,反映到市场上就会出现男性用品市场和女性用品市场。一般情况下,女性是日用品、儿童产品和女性用品的购买者,而男性是房子、汽车等耐用消费品的决策者,企业应根据不同的消费群体,制定相适应的营销策略。

3. 家庭结构

家庭是购买、消费的基本单位。家庭的数量和结构将对市场需求的潜力和需求结构产生重大影响。目前,世界上普遍呈现家庭规模缩小的趋势,越是经济发达地区,家庭规模就越小。欧美国家的家庭规模基本上户均 3 人左右,亚非拉等发展中国家户均 5 人左右。在中国,随着二孩政策的放开,“四二二”结构形式的家庭越来越多,必然会对家庭商品(如住房、汽车、家用电器等)的需求数量和结构产生重大影响。

4. 社会结构

中国农村常住人口约有 3 亿,与城市相比,消费潜力远远没有被开发。中国农村是个广阔的市场,蕴含巨大的潜力。而农村人口一个明显的消费特点是青睐价廉物美的产品,因此,企业在开发国内市场时,应充分考虑农民的需要,开发价廉物美的商品以满足农民的需要。

5. 民族结构

不同的民族在各自传统民族文化的影响下,消费行为、消费内容有鲜明的民族性,具体表现在饮食、居住、服饰、礼仪等方面。这些不同的消费需求和风俗习惯会影响他们的消费特征和购买行为，形成独特的民族市场。

(三) 人口的地理分布及区间流动对企业营销的影响

地理分布指人口在不同地区的密集程度。不同的人口地理分布状况，会对市场的产品需求、促销方式、分销渠道和运输产生不同的影响。人口集中的地方，产品需求量大，促销能够收到良好的效果，运输也可以渠道规模经济；反之，人口稀少的地区，产品需求量少、促销较为困难，运输成本也会大大增加。在我国，人口主要集中在东南沿海一带，约占总人口的94%，而且人口密度逐渐由东南向西北递减；同时，城市的人口比较集中，而农村人口则相对分散。

人口的地理分布并不是一成不变的，它是一个动态的概念，这就是人口流动。人口流动对市场有两方面的影响：一方面由于劳动力增多，就业问题突出，从而加剧行业竞争；另一方面，人口增多也使当地基本需求量增加，消费结构也发生一定的变化，继而给当地企业带来较多的市场份额和营销机会。

二、经济环境

经济环境指企业营销活动所面临的外部经济条件，其运行状况及发展趋势会直接或间接地对企业营销活动产生影响。

(一) 直接影响营销活动的经济环境因素

市场不仅是由人口构成的，这些人还必须具备一定的购买力，一定的购买力水平是市场形成并影响其规模大小的决定因素，也是影响企业营销活动的直接经济环境。影响购买力的因素主要包括以下几个方面。

1. 消费者收入水平的变化

消费者收入是指消费者个人从各种来源中所得的全部收入，包括消费者个人的工资、退休金、红利、租金、赠予等收入。消费者的购买力来自消费者的收入，但消费者并不是把全部收入都用来购买商品或劳务，购买力只是收入的一部分。因此，在研究消费者收入时，要注意以下几点：

(1) 国民生产总值。它是衡量一个国家经济实力与购买力的重要指标。通过国民生产总值的增长幅度，可以了解一个国家经济发展的状况和速度。一般来说，工业品的营销与这个指标有关，而消费品的营销则与此关系不大。国民生产总值增长越快，对工业品的需求和购买力就越大；反之，就越小。

(2) 人均国民收入。这是用国民收入总量除以总人口的比值。这个指标大体反映了一个国家人民生活水平的高低，也在一定程度上决定商品需求的构成。一般来说，人均收入增长，对消费品的需求和购买力就大；反之就小。

(3) 个人可支配收入。这是在个人收入中扣除税款和非税性负担后所得的余额，它是个人收入中可以用于消费支出或储蓄的部分，它构成实际的购买力。

(4) 个人可任意支配收入。这是在个人可支配收入中减去用于维持个人与家庭生存不可缺少的费用(如房租、水电、食物、燃料、衣着等项开支)后剩余的部分。这部分收入是消费需求变化中最活跃的因素，也是企业开展营销活动时所要考虑的主要对象，因为这部分收入主要用于满足人们基本生活需要之外的开支，一般用于高档耐用消费品购买、旅游、储蓄等，它是影响非生活必需品和劳务销售的主要因素。

(5) 家庭收入。很多产品是以家庭为基本消费单位的,如冰箱、抽油烟机、空调等,因此,家庭收入的高低会影响很多产品的市场需求。一般来讲,家庭收入高,对消费品需求大,购买力也大;反之,需求小,购买力也小。

需要注意的是,企业营销人员在分析消费者收入时,还要区分货币收入和实际收入。货币收入是一种名义收入,没有考虑物价上涨的因素;实际收入是扣除物价变动因素后实际购买力的反映。实际收入和货币收入并不完全一致,由于通货膨胀、失业、税收等因素的影响,有时货币收入增加,而实际收入却可能下降。只有实际收入才影响实际购买力。

2. 消费者支出模式的变化

消费支出模式主要受消费者收入的影响,同时,还受到下面两个因素的影响:

(1) 家庭生命周期。据调查,没有孩子的年轻人家庭,往往把更多的收入用于购买冰箱、电视机、家具、陈设品等耐用消费品上;而有孩子的家庭,则在孩子的娱乐、教育等方面支出较多,用于购买家庭消费品的支出减少。当孩子长大独立生活后,家庭收支预算又会发生变化,用于保健、旅游、储蓄部分就会增加。

(2) 家庭所在地点。例如,住在农村与住在城市的消费者相比,前者用于交通方面的支出较少,用于住宅方面的支出较多,而后者用于衣食、交通、娱乐方面的支出较多。

3. 消费者储蓄和信贷情况的变化

消费者个人收入不可能全部花掉,总有一部分以各种形式储蓄起来,这是一种推迟了的、潜在的购买力。消费者储蓄一般有两种形式:一是银行存款,二是购买有价证券。当收入一定时,储蓄越多,现实消费量就越小,但潜在消费量愈大;反之,储蓄越少,现实消费量就越大,但潜在消费量愈小。

消费者信贷对购买力的影响也很大。所谓消费者信贷,就是消费者凭信用先取得商品使用权,然后按期归还贷款,以购买商品。这实际上就是消费者提前支取未来的收入,提前消费。信贷消费允许人们购买超过自己现实购买力的商品,从而创造了更多的就业机会、更多的收入以及更多的需求。

(二) 间接影响营销活动的经济环境因素

除了上述因素直接影响企业的市场营销活动外,还有一些经济环境因素也对企业的营销活动产生或多或少的影响。

1. 经济发展阶段

经济发展阶段不同,居民的收入不同,顾客对产品的需求也不一样,从而会在一定程度上影响企业的营销。例如,以消费者市场来说,经济发展水平比较高的地区,在市场营销方面,强调产品款式、性能及特色,品质竞争多于价格竞争。而在经济发展水平低的地区,则较侧重于产品的功能及实用性,价格因素比产品品质更为重要。在生产者市场方面,经济发展水平高的地区着重投入资金较大而能节省劳动力的先进、精密、自动化程度高、性能好的生产设备;在经济发展水平低的地区,其机器设备大多是一些投入资金少而耗劳动力多、简单易操作、较为落后的设备。因此,对于不同经济发展水平的地区,企业应采取不同的市场营销策略。

2. 经济形势

一个国家或地区的经济形势,对企业的投资方向、目标市场以及营销战略的制定都会带来巨大的影响。就中国国内的经济形势而言,整体经济一直保持较快的增长,综合实力得到极大提高,人们生活得到显著改善。同时,中国经济发展也还存在一些困难和问题,如地区经济发展不平衡、产业结构不尽合理、就业压力很大等。在经济全球化的今天,国际经济形势变化也会对企业市场营销活动产生影响。例如,2019 年年末以来新冠疫情引起的全球需求的下降,市场发展速度放缓,给包括中国在内的很多国家的企业带来了巨大的压力。市场营销人员要善于认识和判断国内外经济形势,制定相应的营销策略。

增值阅读

2035 年中国经济及金融发展预测

1. 经济总量和金融资产的爆发式增长。按 2018 年价格测算,到 2035 年,中国 GDP 将达到 210 万亿元,金融资产将达到 840 万亿元。

2. 产业结构巨大变迁。到 2035 年,我国三大产业的 GDP 占比分别是 3%的农业、32%的工业和 65%的第三产业。意味着我国就业人口将有 23%左右会发生重新配置,从农业迁向第二或者是第三产业。到 2035 年人均 GDP 将趋近 3.5 万国际元(按购买力平价),重新分配之后收入的 50%或可个人支配,大概 8 万甚至 9 万人民币。

3. 来自需求端的剧烈变化。2035 年,居民消费率将从现在的 38%增加到 58%;服务消费占总消费的比例将从目前的 44.2%增大到 60%以上。中国还将拥有超过 5 亿人口的"90 后",2.5～3 亿受过大学教育的劳动力人口。居民消费达到 122 万亿元,其中服务消费达到 73 万亿元;医疗大健康 GDP 达到 21 万亿元;金融行业 GDP 达到 16.8 万亿元……"为中国制造"将取代"中国制造",高质量的劳动力将为中国的产业升级提供创新和人力资本的保障。

(资料来源:刘俏.我们热爱的金融[M].北京:机械工业出版社,2020.1.有删减)

三、政治法律环境

政治法律环境包括政治环境和法律环境。政治环境引导着企业营销活动的方向,法律环境则为企业规定经营活动的行为准则。

(一) 政治环境分析

政治环境是指企业市场营销活动的外部政治形势。政治环境对企业营销活动的影响主要表现为国家政府所制定的方针政策,如人口政策、能源政策、物价政策、财政政策、货币政策等,对企业营销活动产生影响。例如,国家通过降低利率来刺激消费的增长;通过征收个人收入所得税调节消费者收入的差异,从而影响人们的购买;通过增加产品税,对香烟、酒等商品的增税来抑制人们的消费需求。

在国际贸易中,不同的国家也会制定一些相应的政策来干预外国企业在本国的营销活动,主要措施有进口限制、税收政策、价格管制、外汇管制、国有化政策等。

(二) 法律环境分析

法律环境是指国家或地方政府所颁布的各项法规、法令和条例等,它是企业营销活动的准则,企业只有依法进行各种营销活动,才能受到国家法律的有效保护。

对从事国际营销活动的企业来说,不仅要遵守本国的法律制度,还要了解和遵守国外的法律制度和有关的国际法规、惯例和准则。例如,欧洲国家规定禁止销售不带安全保护装置的打火机,无疑限制了中国低价打火机的出口市场;日本政府也曾规定,任何外国公司进入日本市场，必须要找一个日本公司同它合伙，以此来限制外国资本的进入。

四、科学技术环境

现代科学技术突飞猛进，科技发展对企业营销活动影响作用表现在以下几个方面。

（一）科技发展促进社会经济结构的调整

每一种新技术的发现、推广都会给有些企业带来新的市场机会，导致新行业的出现。同时，也会给某些行业、企业造成威胁，使这些行业、企业受到冲击甚至被淘汰。例如，电脑的运用代替了传统的打字机，复印机的发明排挤了复写纸，数码相机的出现夺走了感光胶卷的大部分市场等。

（二）科技发展促使消费者购买行为的改变

随着多媒体和网络技术的发展，出现了"手机购物""网上购物"等新型购买方式。人们还可以在家中通过网络系统、移动终端等订购车票、飞机票、戏票和球票。工商企业也可以利用这种系统进行广告宣传、营销调研和推销商品。随着新技术革命的进展，"在家便捷购买、享受服务"的方式还会继续发展。

增值阅读

截至 2020 年 3 月，我国网络用户规模达 7.1 亿，较 2018 年年底增长 16.4%，占网民整体的 78.6%。2019 年，全国网上零售额达 10.63 万亿元，其中，实物商品网上零售额达 8.52 万亿元，占社会消费品零售总额的比重为 20.7%。2020 年 1—2 月份，全国实物商品网上零售额同比增长 3%，实现逆增长，占社会消费品零售总额的比重为 21.5%，比上年同期提高 5 个百分点。网络消费作为数字经济的重要组成部分，在促进消费市场蓬勃发展方面正在发挥日趋重要的作用。

（资料来源：中国互联网络信息中心.第 45 次中国互联网络发展状况统计报告[R].2020.4.）

（三）科技发展影响企业营销组合策略的创新

科技发展使新产品不断涌现，产品寿命周期明显缩短，要求企业必须关注新产品的开发，加速产品的更新换代。科技发展降低了产品成本，使产品价格下降，并能快速掌握价格信息，要求企业及时做好价格调整工作。科技发展促进流通方式现代化，要求企业采用顾客自我服务和各种直销方式。科技发展使广告媒体多样化，信息传播快速化，市场范围扩大化，促销方式灵活化。因此，要求企业不断分析科技新发展，创新营销组合策略，适应市场营销的新变化。

（四）科技发展促进企业营销管理的现代化

科技发展为企业营销管理现代化提供了必要的装备，如电脑、传真机、电子扫描装置、光纤通信等设备的广泛运用，对改善企业营销管理、实现现代化起到了重要的作用。同时，科技发展对企业营销管理人员也提出了更高要求，促使其更新观念，掌握现代化管理理论和方法，不断提高营销管理水平。

五、社会文化环境

社会文化环境是指在一种社会形态下已经形成的价值观念、宗教信仰、风俗习惯、道德规范等的总和。任何企业都处于一定的社会文化环境中，企业营销活动必然受到所在社会文化环境的影响和制约。企业营销对社会文化环境的研究一般从以下几个方面入手。

(一) 教育状况

受教育程度的高低，影响到消费者对商品功能、款式、包装和服务要求的差异性。通常文化教育水平高的国家或地区的消费者要求商品包装典雅华贵，对附加功能也有一定的要求，喜欢具有丰富内涵的广告形式和内容。因此，企业开展市场开发、产品定价和促销等营销活动时要考虑到消费者所受教育程度的高低，采取不同的策略。

(二) 宗教信仰

宗教是构成社会文化的重要因素，宗教对人们消费需求和购买行为的影响很大。不同的宗教有自己独特的对节日礼仪、商品使用的要求和禁忌。某些宗教组织甚至在教徒购买决策中有决定性的影响。为此，企业可以把影响大的宗教组织作为自己的重要公共关系对象，在营销活动中也要注意到不同的宗教信仰，以避免由于矛盾和冲突给企业营销活动带来损失。

(三) 价值观念

价值观念是指人们对社会生活中各种事物的态度和看法。不同文化背景下，人们的价值观念往往有着很大的差异，消费者对商品的色彩、标识、式样以及促销方式都有自己褒贬不同的意见和态度。企业营销必须根据消费者不同的价值观念设计产品，提供服务。

(四) 消费习俗

消费习俗是指人们在长期经济与社会活动中所形成的一种消费方式与习惯。研究消费习俗，不但有利于组织好消费用品的生产与销售，而且有利于正确、主动地引导健康的消费。了解目标市场消费者的禁忌、习惯、避讳等是企业进行市场营销的重要前提。

六、自然生态环境

自然生态环境是指自然界提供给人类各种形式的物质资料，如阳光、空气、水、森林、土地等。随着人类社会进步和科学技术发展，世界各国都加速了工业化进程，这一方面创造了丰富的物质财富，满足了人们日益增长的需求，另一方面使人类面临资源短缺、环境污染等问题。对营销管理者来说，应该关注自然环境变化的趋势，并从中分析企业营销的机会和威胁，制定相应的对策。目前自然生态环境的问题主要体现在以下几个方面。

(一) 自然资源日益短缺

自然资源可分为两类，一类为可再生资源，如森林、农作物等，这类资源是有限的，可以被再次生产出来，但必须防止过度采伐森林和侵占耕地；另一类资源是不可再生资源，如石油、煤炭、银、锡、铀等，这种资源蕴藏量有限，随着人类的大量开采，有的矿产已经处于枯竭的边缘。自然资源短缺，使许多企业面临原材料价格大涨、生产成本大幅度上升的威胁；但另一方面又迫使企业研究更合理地利用资源的方法，开发新的资源和代用品，这些又为企业提供了新的市场机会。

(二) 环境污染日趋严重

工业化、城镇化的发展对自然环境造成了很大的影响，尤其是环境污染问题日趋严重，许多地区的污染已经严重影响到人们的身体健康和自然生态平衡。环境污染问题已引起各国政府和公众的密切关注，这对企业的发展是一种压力和约束，要求企业为治理环境污染付出一定的代价，但同时也为企业提供了新的营销机会，促使企业研究污染控制技术，兴建绿色工程，生产绿色产品，开发环保包装。

（三）政府干预不断加强

自然资源短缺和环境污染加重的问题，使各国政府加强了对环境保护的干预，颁布了一系列有关环保的政策法规，这将制约一些企业的营销活动。企业必须以大局为重，要对社会负责，对子孙后代负责，加强环保意识，在营销过程中自觉遵守环保法令，担负起环境保护的社会责任。同时，企业也要制定有效的营销策略，既要消化环境保护所支付的必要成本，还要在营销活动中挖掘潜力，保证营销目标的实现。

绿色营销

随着工业的发展，人类生存环境受到了越来越严重的破坏，生态的失衡使越来越多的人环保意识增强，引发了追求人与自然和谐共处的环保运动，促使了可持续发展道路的确立和可持续发展战略的实施，迫使企业彻底改变对自然界的传统态度和理念，而把保护环境纳入其发展过程中，从而产生了绿色营销的理念。绿色营销强调从更长远的生态环境角度来考虑社会可持续发展，强调企业在营销中要重视保护地球的生态环境，努力消除和减少生产经营对生态环境的破坏和影响。

第三节　微观营销环境

微观营销环境是直接影响和制约企业营销活动的力量和因素，主要包括企业内部环境、供应商、顾客、竞争者、营销中介、公众六大因素。

一、企业内部环境

企业是组织生产和经营的经济单位，是一个系统组织。除了高层管理部门以外，企业内部一般设立计划、技术、采购、生产、营销、质检、财务、后勤等部门。企业内部各职能部门的工作及其相互之间的协调关系，直接影响企业的整个营销活动。

企业的高层管理部门负责确定企业的任务、目标、方针政策和发展战略，营销部门在高层管理部门规定的职责范围内做出营销决策，市场营销战略从属于企业整体战略，营销部门制定的目标、计划也必须在高层管理部门批准后实施。营销部门与企业其他部门之间既有多方面的合作，也经常与生产、技术、财务等部门发生矛盾。由于各部门各自的工作重点不同，有些矛盾往往难以协调。例如，生产部门关注的是长期生产的定型产品，要求品种规格少、批量大、标准订单、较稳定的质量管理，而营销部门注重的是能适应市场变化、满足目标消费者需求的“短、平、快”产品，要求多品种规格、少批量、个性化订单、特殊的质量管理。所以，企业在制订营销计划、开展营销活动时，必须协调和处理好各部门之间的矛盾和关系。

二、供应商

供应商是指对企业进行生产所需而提供特定的原材料、辅助材料、设备、能源、劳务、资金等资源的供货单位。供应商主要从货物提供、货物价格以及供货质量等方面对企业市场营销产生影响。

原材料、零部件、能源及机器设备等货源的保证供应，是企业营销活动顺利进行的前提。同时，供应货物的价格、质量会直接影响企业产品的成本和质量。因此，企业必须和供应商保持良好的关系，密切关注和分析供应商的货物价格变动趋势和产品的质量标准，做到心中有数，应变自如。

在与供应商保持良好合作关系的同时，企业应避免过于依赖单一的供应商，注意开拓更多的供货渠道，甚至采取一体化战略，收购或兼并供应商，或以相互参股的方式建立利益共同体。对于某些特殊原材料的供应商，也可以通过签订长期协议的方式规避风险。

三、顾客

顾客是企业营销活动的最终目标市场，它对企业市场营销活动的影响程度远远超过前述的环境因素。现代营销强调把满足顾客需要作为企业市场营销活动的核心。

根据顾客购买目的不同，我们一般将市场划分为消费者市场、生产者市场、中间商市场、非营利组织市场和政府市场。这五类市场的顾客需求各不相同，本书第三章将对其需求特点和购买行为进行分析。顾客的需求规模、需求结构、需求心理以及购买特点是企业营销活动的起点和前提。

四、竞争者

在商品经济条件下，任何企业在目标市场进行营销活动时，都不可避免地会遇到竞争对手的挑战。企业竞争对手的状况将直接影响企业营销活动，本书第四章将就如何识别竞争者和对竞争者进行分析展开深入讨论。

五、营销中介

营销中介是指为企业营销活动提供各种服务的企业或部门的总称，只有通过有关营销中介所提供的服务，企业才能将产品顺利地送达到目标消费者手中。营销中介有效地解决了生产者与消费者在时间、空间、数量、资金和信息等方面的矛盾。营销中介主要包括以下几种。

（一）中间商

中间商指引导产品从生产商流向消费者的中间环节或渠道，它主要包括批发商和零售商两大类。本书第十二章将就中间商的类型和特点展开深入讨论。

（二）营销服务机构

营销服务机构指为企业营销提供专业服务的机构，包括广告公司、广告媒介经营公司、市场调研公司、营销咨询公司、财务公司等。它们的主要任务是协助企业确立市场定位，进行市场推广，提供活动方案。

（三）物流公司

物流公司指协助企业储存货物并将货物运送至目的地的物资储运公司。物流公司的主要任务是协助企业将产品实体运往销售目的地，完成产品空间位置的移动以及协助保管和储存。这些物流公司是否安全、便利、经济，将直接影响企业营销效果。

(四) 金融机构

金融机构指企业营销活动中进行资金融通的机构，包括银行、证券公司、信托公司、保险公司等。金融机构的主要功能是为企业营销活动提供融资及保险服务。金融机构业务活动的变化还会影响企业的营销活动，比如银行贷款利率上升，会使企业成本增加；信贷资金来源受到限制，会使企业经营陷入困境。

六、公众

社会公众是企业营销活动中与企业营销活动发生关系的各种群体的总称。公众既可以有助于企业树立良好的形象，也可能妨碍企业的形象。社会公众主要包括以下几种。

(一) 媒介公众

媒介公众主要包括报纸、杂志、电台、电视台等传播媒介，他们掌握传媒工具，有着广泛的社会联系，能直接影响社会舆论对企业的认识和评价。

(二) 政府公众

政府公众主要指与企业营销活动有关的各级政府机构部门，他们所制定的方针、政策，对企业营销活动或是限制，或是机遇。

(三) 社团公众

社团公众主要指与企业营销活动有关的非政府机构，如消费者组织、环境保护组织，以及其他群众团体。企业营销活动涉及社会各方面的利益，来自这些社团公众的意见、建议，往往对企业营销决策有着十分重要的影响作用。

(四) 社区公众

社区公众主要指企业所在地附近的居民和社区团体。社区是企业的邻里，企业保持与社区的良好关系，为社区的发展做一定的贡献，会受到社区居民的好评，他们的口碑能帮助企业在社会上树立良好形象。

(五) 一般公众

一般公众指除以上公众之外的社会公众。尽管他们并没有形成组织，但是企业的形象会影响其以后的购买行为。

(六) 内部公众

内部公众指企业内部的管理人员及一般员工，企业的营销活动离不开内部公众的支持，应该处理好与广大员工的关系，调动他们开展市场营销活动的积极性和创造性。

第四节　市场营销环境分析方法

企业应该运用科学的分析方法，加强对市场营销环境的分析，掌握其发展趋势，从中发现市场机会和威胁，有针对性地调整企业的战略和策略，及时把握营销机会，尽可能减少环境威胁带来的损失。

一、市场机会和环境威胁分析

（一）市场机会分析

市场机会是指由于环境变化形成的对企业营销富有吸引力的领域。在该市场领域里，企业将拥有竞争优势，可以将市场机会转为营销机会，利用营销机会获得营销成功。研究市场机会应从潜在的吸引力和成功的概率两方面进行分析。潜在的吸引力是指企业利用该市场机会可能创造的最大利益，它表明企业在理想条件下充分利用该市场机会的最大极限。成功的概率是指企业把握市场机会并将其转化为具体利益的可能性。市场机会分析矩阵如图 2－2 所示。

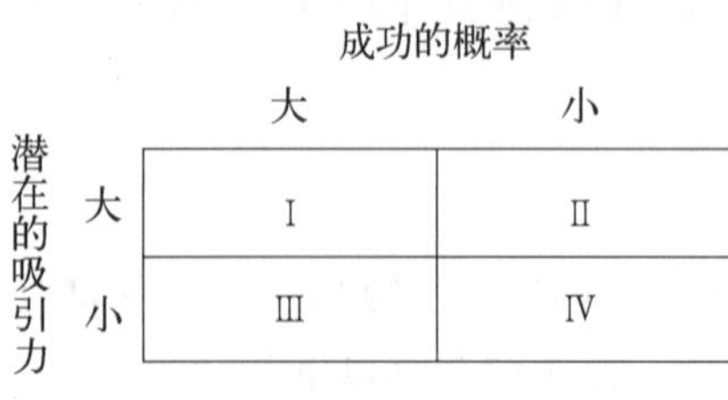

图 2－2　市场机会分析矩阵图

第Ⅰ象限区内，市场机会潜在吸引力和成功可能性都很大，表明对企业发展有利，企业也有能力利用市场机会，应采取积极的态度，加大投入，全力发展。

第Ⅱ象限区内，市场机会潜在吸引力很大，但成功可能性很小，说明企业暂时还不具备利用这些机会的条件，企业应根据自身的条件和能力进行决策，如果改善自身条件后可以达到，则应该利用此机会。

第Ⅲ象限区内，市场机会潜在吸引力很小，而成功可能性大，该类市场机会的风险小、获利能力不强，实力薄弱、追求稳健经营的企业应积极加以利用。

第Ⅳ象限区内，市场机会潜在吸引力很小，成功可能性也小，企业应当果断放弃。

（二）环境威胁分析

所谓营销环境威胁是指由于环境的变化形成的对企业营销的冲击和挑战。一般从两方面研究市场营销环境对企业的威胁，一方面是分析威胁对企业影响的严重程度，另一方面是分析威胁出现的概率。可用矩阵方法进行分析，如图 2－3 所示。

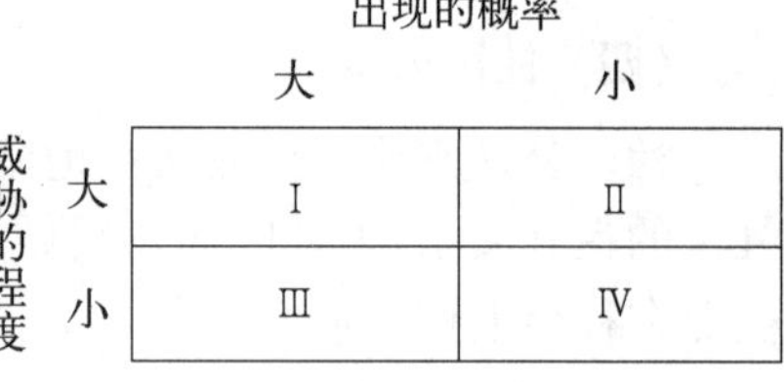

图 2－3　环境威胁分析矩阵图

第Ⅰ象限区内，环境威胁严重程度高，出现的概率也高，表明企业面临着严重的环境危机，企业应处于高度戒备状态，积极采取相应的对策，避免威胁造成的损失。

第Ⅱ象限区内，环境威胁严重程度高，但出现的概率低，企业不可忽视，必须密切注意其发展方向，并应制定相应的措施准备面对，力争避免威胁的危害。

第Ⅲ象限区内，环境威胁严重程度低，但出现的概率高，虽然企业面临的威胁不大，但是，由于出现的可能性大，企业也必须充分重视。

第Ⅳ象限区内，环境威胁严重程度低，出现的概率也低，在这种情况下，企业不必担心，但应该注意其发展动向。

面对环境威胁，根据不同的情况，企业可以采取以下策略：① 转移策略，即企业通过产品转移、市场转移、行业转移来避免环境变化对企业的威胁；② 减轻策略，即企业通过调整、改变自己的营销组合策略，尽量降低环境威胁对企业的负面影响程度；③ 对抗策略，即企业通过自己的努力限制或扭转环境中不利因素的发展。

(三) 市场机会和环境威胁综合分析

市场营销环境带来的对企业的威胁和机会是并存的,威胁中有机会,机会中也有挑战。在一定条件下,两者可相互转化,从而增加了环境分析的复杂性。企业可以运用机会—威胁矩阵加以综合分析和评价,如图 2-4 所示。

机会水平 \ 威胁水平	高	低
高	冒险业务	理想业务
低	困难业务	成熟业务

图 2-4 机会—威胁综合评价矩阵图

图 2-4 中,威胁水平低而机会水平高的业务属于理想业务,是企业最佳的机会,企业必须抓住机会,迅速行动;威胁水平和机会水平均高的业务属于冒险业务,高利润和高风险共存,企业应结合自身的条件、目标和抗风险能力,仔细权衡,加以抉择;威胁水平高而机会水平低的业务属于困难业务,企业可采取转移、减轻、放弃等策略;威胁水平和机会水平都低的业务属于成熟业务,企业一般应采取维持策略。

二、SWOT 系统分析

SWOT 分析方法是一种简单易用的市场营销环境综合分析方法。SWOT 四个英文字母分别为 Strength、Weakness、Opportunity、Threat 单词的首写字母。Strength(优势)是企业在竞争中拥有明显优势的方面,如产品质量优势、品牌优势、市场优势等;Weakness(弱势)是企业在竞争中相对弱势的方面,如薄弱的研发能力、较低的品牌知名度等,一个公司具备相当的优势并不代表它就没有弱点,厂商只有客观评价自己的弱势,所采取的对策才会对企业发展真正有利;Opportunity(机会)指外部环境(通常指宏观环境)提供的比竞争对手更容易获得的机会,而这种机会往往可以比较轻松地换来收益;Threat(风险)指外部环境变化给企业带来的不利影响。SWOT 分析就是在对外部环境和内部条件分析的基础上,对各种可能战略方案进行匹配和分析,并调整企业资源及市场营销战略,达到企业的目标。

SWOT 分析通常采用矩阵表的形式,如图 2-5 所示。

各种类型战略 / 优势—劣势 / 机会—威胁	优势—S (列出优势) 1. 2. 3. ……	劣势—W (列出优势) 1. 2. 3. ……
机会—O (列出机会) 1. 2. 3. ……	SO 战略 发挥优势 利用机会	WO 战略 利用机会 克服弱点
威胁—T (列出威胁) 1. 2. 3. ……	ST 战略 利用优势 回避威胁	WT 战略 减小弱点 回避威胁

图 2-5 SWOT 矩阵分析表

利用以上SWOT矩阵分析表,企业可以对内外部环境所存在的机会、威胁、优势、劣势进行战略匹配,从而形成SO、WO、ST、WT四种不同类型的成长战略。在每一种战略类型中,都有各种具体不同的战略方案,这些就是企业未来可行的备选战略方案。企业应根据自己的具体情况来选择适合自己的战略方案。

创新创业营销视角

提升营销环境感知力,辨识创新创业新机会

社会发展日新月异,每个企业都面临着来自宏观、微观营销环境的各种影响,创新创业者要时刻关注营销环境的变化。雷军在2020年小米十周年演讲中讲道:“成功往往不是规划出来的,危机是你想不到的机会。”毋庸置疑,小米的成功离不开雷军创业团队对创新创业风险与机遇的敏锐分析。在后疫情时代,对创新创业项目而言,营销环境分析要注重以下几点。

一、风险与机遇并存,不要因畏惧风险而丧失机会

正如许多意见领袖所指出的,世界无法回到疫情之前了,具体到商业世界里,疫情最大的影响是,企业必须拥抱科技了,无论是否愿意。当科技越来越多地介入商业世界中,必然会产生这样一个结果:新生市场的蓬勃发展。哈佛商学院副教授罗里·麦克唐纳和斯坦福大学教授卡特勒恩·艾森哈特认为,科技重新定义了整个产业,在可预见的未来,将会有一段市场创造时期。对于创新创业项目而言,不能因惧怕环境中的风险而在机遇面前止步不前,我们必须看到,危机常常预示着新的机会。在后疫情时代,不同国家与地区纷纷出台了促进经济恢复的各项政策与措施,消费者的消费需求也发生了显著改变,在种种新的机遇面前,创新创业者要更努力地拥抱机会,而非害怕失败。

二、重视企业营销能力提升,内外结合,努力将外部机遇转变为企业发展良机

市场营销能力包括了研究市场、管理营销渠道和顾客关系、识别并对竞争对手的行动快速反应、获取顾客知识与获取顾客等能力,它不同于营销资源,是企业通过有效而快速的流程和活动配置组织资源以满足顾客需要的潜能,反映了生成和整合市场信息的能力。这种能力与环境息息相关,是对环境进行积极反应的能力。鉴于企业所处营销环境的动态性,企业必须发展和培养自身应对环境动态性的营销能力,如在感知市场机会方面,企业要随时在市场机会和企业实力两者间寻找平衡点。对于创业创新期的企业来说,意味着能有效地将内在资源的优势进行突出并与环境相匹配,从而内外结合,把握发展良机。

三、借助科学的分析技术与工具,全面提升知识吸收能力、环境监控和感知能力

在激烈的市场竞争中,企业对市场营销环境的监控和感知能力是企业应对环境变化的必要条件。对于创新创业项目来说,市场营销环境的感知力更是关系到项目能否顺利开展的重要能力。知识已成为当前企业发展的关键资源,为了获取和保持竞争优势,企业需要不断地调整、更新和创造知识。吸收能力是企业识别、评价、消化和应用外部新知识的能力。在营销活动中,吸收能力表现在从营销环境中获取有价值的信息,在全面考虑企业的组织结构、企业文化等资源后,将其与企业的营销计划相匹配的能力上。企业可以通过借助现代化的信息收集及分析技术,利用各种环境分析工具,有效地把握前瞻性的市场动向,找准区域性的环境利好要素,辨识并有效防范环境隐藏风险,由此,全面提升企业的环境监控和感知能力。

创新创业营销案例

汽车市场回暖，比亚迪该怎么做？

2020年5月，我国汽车产销分别完成218.7万辆和219.4万辆，环比增长4%和5.9%，同比分别增长18.2%和14.5%，增幅比上个月分别扩大15.9和10.1个百分点。

“这表明，中央和地方出台的稳定和扩大汽车消费的政策效果逐步显现，汽车企业加快复工复产，居民消费信心有所增强，汽车消费需求得到有效释放和回补。”商务部新闻发言人高峰说。新冠肺炎疫情发生以来，我国汽车行业受到较大冲击，随着国内生产生活秩序全面恢复，各项援企解困政策进一步落地见效，我国汽车消费市场仍将保持平稳回升的态势。

一、新能源汽车销量增速明显，政策的积极作用显现了

不久前，“90”后王女士花费约28万元购买了一辆国产特斯拉Model 3新能源汽车。专家认为，特斯拉国产化会带来“鲇鱼效应”，促进我国众多新能源汽车品牌积极参与竞争。

工业和信息化部部长苗圩介绍，疫情发生以来，新能源汽车和传统汽车一样，产销受到很大影响。我国制定了一系列促进新能源汽车发展的政策措施，如新能源汽车购置补贴政策延长两年的政策、购买新能源汽车每辆奖励1万元等。从目前情况看，相关政策的积极作用正在显现。5月，我国新能源汽车产销分别完成8.4万辆和8.2万辆，环比增长3.5%和12.2%，同比下降25.8%和23.5%。与上月相比，纯电动汽车产销均实现增长。尽管5月份新能源汽车产销环比延续了增长势头，但新能源汽车市场形势仍十分严峻。中国汽车工业协会总工程师、副秘书长叶盛基分析，我国新能源汽车成本过高，电池成本占整车的成本超过40%，加之充电桩等基础设施不够完善，市场消费受到影响。另外，在高端产品方面，我国不少企业技术准备不足，与市场有些脱节。

二、5月份新能源车销量榜单中特斯拉依旧强势

从新出炉的5月份新能源车销量榜单中可以看出此次的销量排名和此前几个月的差别不大，但是还是有几个值得一提的亮点。

No.	新能源·当月	2020.5	2019.5	同　比
1	Model 3	11 095	—	—
2	埃安(Aion S)	3 892	1 035	276.0%
3	北汽EU系列(估)	3 500	7 079	−50.6%
4	全新秦EV	3 201	—	—
5	蔚来ES6	2 685	—	—
6	奇瑞eQ	2 563	3 818	−32.9%
7	宝马5系PHEV	2 477	2 141	15.7%
8	欧拉R1	2 326	3 790	−38.6%
9	宝骏E100	2 209	546	304.6%
10	理想ONE	2 148	—	—

高居榜首的特斯拉Model 3纯电动汽车，是5月新能源车中唯一销量破万的车型，相比

上个月的 4 312 辆的成绩有着成倍的增长，彰显了特斯拉在新能源市场中恐怖的统治力，我们推断主要原因是因为长续航后驱版的提前下线交付。目前长续航电动汽车市场供不应求，Model 3 车型未来仍有持续的增长空间，接下来的几个月各位竞争对手恐怕要做好目睹 Model 3 月销两万台的心理准备。特斯拉 Model3 车型已实现在中国生产和交付，价格已探于 30 万左右，远低于其 Model S 和 Model X 车型 80 万元左右的价格。

比亚迪的“秦 EV”纯电动车排名第四，和位于第二、第三的广汽“Aion S”、北汽“EU”一样，“秦 EV”不仅面向一线、二线城市的刚需出行市场，同时在专车市场、出租车市场也有着一定的需求，月销量通常稳定在两三千到四千台左右。比亚迪是我国新能源汽车引领者，有西安、北京、深圳、上海四大汽车产业基地，生产纯电动和插电式混合动力新能源汽车，同时也生产部分燃油汽车。比亚迪在整车制造、模具研发、车型开发等方面具备较高的水平，特别在纯电动汽车最核心的部分——电池续航能力方面，是国内电动汽车行业的领军企业。目前，比亚迪新能源汽车主要有“e”和“王朝家族”两个品牌。“e”主要提供两厢普通车型，价格在 6～11 万元之间。“王朝家族”聚焦三厢中级车，分唐、宋、秦、元四个子品牌，主要价格在 15～26 万元之间。“秦 EV”纯电动车价格在 15 万元左右。

三、国际供应链风险总体可控，世界合作的机遇更多了

2020 年 5 月，中国品牌乘用车共销售 57.1 万辆，同比增长 0.4%，占乘用车销售总量的 34.1%，比上年同期下降 2.2 个百分点。专家称，受疫情影响，汽车市场需求还未恢复，中国品牌汽车的市场份额在下降，且降幅不小，但一些国际知名车企的产品销量在较快增长，这说明我们的品牌力和产品力是不够的，中国汽车品牌需要持续培育和积淀。大数据时代，培育一个品牌的周期可能会大大缩短，只要产品过硬、性能过硬，质量和可靠性过硬，消费者的认知就会很快形成。我国各有关企业应苦练内功，多向国际知名品牌车企学习，在突破关键核心技术上下功夫，在质量和可靠性上下功夫，不断提升品牌影响力和产品竞争力。

目前，疫情仍在全球蔓延，需要进一步关注全球疫情防控和产业发展形势的变化。叶盛基说，从目前跟踪的情况来看，国际供应链的风险总体上还是可控的。汽车产业是典型的国际化、市场化行业，疫情不分国界，全球汽车供应链也无国界，行业企业应该齐心协力、加强合作，共同应对疫情挑战。中国政府将坚定不移扩大开放，持续优化营商环境，推动经济高质量发展，为世界提供更多合作机遇。

问题讨论：

1. 结合我国汽车行业的发展背景，谈谈影响我国汽车企业创新发展的宏观营销环境因素有哪些。

2. 结合案例，以比亚迪为例，谈谈我国新能源汽车企业在创新发展中所面临的环境机会和威胁。

3. 面对当前的宏观营销环境，谈谈比亚迪等国产新能源汽车企业如何在市场营销战略或策略方面实现创新。

创新创业营销实战训练

【训练目的】

掌握创新创业项目市场营销环境分析方法。

【训练内容】

选择一个拟自主创业或从身边(网络)寻找一个创新创业项目，以小组为单位，利用本章学习的市场营销环境分析方法，分析其市场营销环境的构成因素，研究其所受到的市场营销环境的影响，总结该创新创业项目的优势、劣势以及面临的机会、威胁，形成研究报告。教师也可以指定某一创新创业项目，要求学生做出市场营销环境影响分析并形成研究报告。(特别说明：本章训练侧重于宏观营销环境因素的影响分析，第三章和第四章的训练，则分别侧重于消费者和竞争者的影响分析)

【训练步骤】

(1) 选择一个拟自主创业或从身边(网络)寻找一个创新创业项目，确定一个研究的创新创业项目；

(2) 研究企业的宏观营销环境影响因素；

(3) 研究企业的微观营销环境影响因素；(侧重于企业内部因素研究)

(4) 应用市场营销环境分析的相关方法，进行项目营销环境分析；

(5) 总结提炼，形成市场营销环境分析研究报告。

【注意事项】

(1) 3～4 人一组，每组选出一位负责人，小组成员合理分工；

(2) 训练过程应结合本章所学理论知识，独立思考与小组讨论相结合；

(3) 条件许可的情况下可进行企业调研或实地走访；

(4) 研究报告以小组形式提交，注明每位同学承担的任务。

【成果与评价】

(1) 研究报告内容应包括但不限于：研究项目的企业名称及概况、研究项目的市场营销环境构成，市场营销环境影响因素对本研究项目的影响，本研究项目的优势、劣势以及面临的营销环境机会和威胁；

(2) 要求各部分内容充实，分析全面并重点突出；

(3) 文字流畅，符合规范化要求。

思考题

1. 什么是市场营销环境？它具有什么样的特点？

2. 市场营销的宏观环境由哪些因素构成？各有何特点？

3. 市场营销的微观环境由哪些因素构成？如何对企业创新发展中的市场营销活动产生影响？

4. 企业创新发展中应如何分析和利用不同类型的市场机会？

5. 面对环境威胁，企业营销创新应采取什么样的措施？

6. 试用 SWOT 分析方法分析一个创新创业营销实例。

第三章

顾客需求分析

学习目标

1. 理解消费者市场的含义、特征,顾客购买行为模式和购买行为类型。
2. 掌握消费者市场顾客购买行为的影响因素及购买决策的参与者。
3. 理解消费者市场顾客购买决策的主要步骤及各个阶段应采取的市场营销对策。
4. 掌握组织市场的含义、构成和特征。
5. 了解组织市场各类顾客的购买行为类型及购买行为的影响因素。
6. 掌握创新创业项目的顾客消费需求分析方法。

引　言

身处快速发展的营销环境,深入解析顾客购买行为需求特征是企业创造顾客价值的前提。根据顾客购买目的不同,市场划分为消费者市场、生产者市场、中间商市场、非营利组织市场和政府市场,后四者通常合称为组织市场。创新创业营销实战要分析、了解顾客需求特点及购买行为规律,从而更好地细分和选择目标市场,创造满足顾客需求的顾客价值。

第一节　消费者市场顾客需求分析

一、消费者市场的含义及需求特征

消费者市场是个人或家庭为了生活消费而购买(或租赁)产品和服务的市场。生活消费是产品和服务流通的终点,因而消费者市场也称为最终产品市场,可以说,消费者市场是一切市场的基础,是最终起决定作用的市场。消费者市场具有以下基本需求特征:

(1) 广泛性。

消费者购买涉及每一个人和每个家庭,购买者人数众多,范围广泛。同时,消费者的需求品种繁多,包括衣、食、住、行等各种各样的产品。因此,消费者市场潜力巨大,前景广阔。

(2) 分散性。

消费者购买是以个人和家庭为购买和消费单位的,由于受到消费人数、需要量、购买力、储藏地点、商品保质期等诸多因素的影响,往往购买批量小、批次多,购买频繁,呈现分散性的特点。

(3) 差异性。

消费者购买受年龄、性别、职业、收入、文化程度、民族、宗教信仰等影响,其需求有很大的差异性。随着社会经济的发展，消费者的购买力不断提高，人们更加注重个性选择、个性消费，需求差异有不断扩大的趋势。

(4) 周期性。

有些商品消费者需要常年购买、均衡消费，如食品、副食品、牛奶、蔬菜等生活必需商品；有些商品消费者需要季节购买或节日购买，如一些时令服装、节日消费品；有些商品消费者需要等商品的使用价值基本消费完毕才重新购买，如家用电器。这就表现出消费者购买有一定的周期性可循。

(5) 非专业性。

消费者市场的购买者大多缺乏相应的产品知识和市场知识，尤其是对某些技术性较强、操作比较复杂的商品，更显得缺乏专业性。消费者往往根据自己的了解和感觉做出购买决策。因此，很容易受广告宣传、商品包装、装潢以及其他促销方式的影响，产生购买冲动。

(6) 非营利性。

消费者为生活消费而购买商品和服务，其目的是直接消费，因而注重的是消费品本身能给其带来的利益和满足，讲究商品的实用价值，如商品功能的强弱、使用方便与否等。

(7) 替代性。

消费者市场不同品牌、不同品种的产品之间由于功能和效用相同或相近，往往具有很强的可替代性，如可口可乐和百事可乐可相互替代，饼干和方便面虽是不同种类的产品，但替代性也很强。消费者经常在替代品之间进行比较和选择，导致购买力在不同产品和品牌间波动。

(8) 发展性。

随着社会的发展和人民生活水平的提高，消费需求也在不断向前推进。过去只要能买到商品就行了，现在追求名牌；过去不敢问津的高档商品(如汽车等)，现在有人消费了；过去自己承担的劳务现在由劳务从业人员承担了等。这种新的需要不断产生，使消费者市场具有发展性的特点。

二、消费者市场顾客购买行为模式与购买行为类型

(一) 购买行为模式

经济学家、心理学家、社会学家分别从不同的学科领域进行研究，提出了各具特色的购买行为模式，其中最常见和较简单的有以下两种模式。

1. 6W1H 模式

消费者市场涉及的内容千头万绪，市场营销学家通常从以下 7 个问题入手，如表 3－1 所示。

表 3－1　消费者购买行为的 6W1H 模式

消费者市场由谁构成？(Who)	购买者(Occupants)
消费者市场顾客购买什么？(What)	购买对象(Objects)
消费者市场顾客为何购买？(Why)	购买目的(Objectives)
消费者市场顾客购买活动有谁参与？(Who)	购买组织(Organizations)
消费者市场顾客怎样购买？(How)	购买方式(Operations)

续 表

消费者市场顾客何时购买？(When)	购买时间(Occasions)
消费者市场顾客何地购买？(Where)	购买地点(Outlets)

(1) 消费者市场顾客由谁构成？(Who)

即实施消费行为的人，一般是有消费需求和消费能力的人。

(2) 消费者市场顾客购买什么？(What)

消费者购买什么通常由消费者的需求决定。消费品按消费者的选择程度和购买特点，可以分为便利品、选购品和特殊品三类。便利品是指消费者经常需要、价值较低、不用花过多的时间和精力购买的商品，如日用小百货；选购品是指价值较高、质量、价格、款式等方面差异性较大、消费者需要反复比较和挑选才能决定购买的商品，如家具、时装等；特殊品是指使用价值特殊、能满足消费者某种特殊需求、价格独特、消费者愿意花更多时间和精力选购的商品，如高档奢侈品。另外，按消费品的质量和档次，可以分为高档、中档和低档商品。按商品本身存在的状态，可以分为有形商品和无形商品。

(3) 消费者市场顾客为何购买？(Why)

即消费者购买的目的和动机。消费者的购买动机很复杂，受消费者价值观念、消费期望水平和企业营销活动的影响，消费者会产生各种各样的购买动机。

(4) 消费者市场顾客的购买活动有谁参与？(Who)

除了购买者本人以外，一项购买活动往往还有其他参与者，包括发起者、影响者、决策者、使用者等，他们同样会对购买决策产生影响。

(5) 消费者市场顾客怎样购买？(How)

即消费者采用什么样的行为进行购买。不同的人对同一种商品采取的购买行为是不同的，如有的人不喜欢挑剔，看到合适的商品就买，有的人则喜欢挑三拣四，货比三家才能决策；有的人喜欢付现金，有的人喜欢分期付款或赊欠；有的人喜欢零星购买，有的人喜欢集中购买。

(6) 消费者市场顾客何时购买？(When)

即消费者购买的时间。一般来讲，日用消费品是用完时随时购买；季节性商品是当季或换季时购买；重要的大件商品是换代或报废之时购买。

(7) 消费者市场顾客何地购买？(Where)

即消费者购买的地点，一般来讲，在就近的商店购买日用品；到规模较大的超市或大型商场购买选购品；通过特殊的渠道或到特殊的专业市场购买特殊品。

以上七个因素包含在每一次消费者购买行为中，市场营销者在制定针对消费者市场的营销组合之前，必须先研究这些因素。

2. 刺激—反应模式

研究消费者购买行为的理论中最有代表性的是刺激—反应模式。行为心理学的创始人约翰·沃森(John B. Watson)建立的“刺激—反应”原理指出，人类的复杂行为可以被分解为两个部分，即刺激、反应，人的行为是受到刺激的反应。刺激来自两个方面：身体内部的刺激和体外环境的刺激，而反应总是随着刺激而呈现的。按照这一原理分析，企业的市场营销活动都可以视为是对购买者行为的刺激，如产品、价格、销售地点、各种促销方式等，称之为

"营销刺激",是企业有意安排的。此外,购买者还受到其他方面的外部刺激,如经济的、技术的、政治的和文化的刺激等,称之为"环境刺激"。所有这些外部刺激,进入购买者的"暗箱"后,经过一系列的心理活动,产生了人们看得到的购买者反应:购买、拒绝购买,或是表现出犹豫观望。如果购买者决定购买,就会经过一系列的购买决策过程,对产品、品牌、购买时间、购买地点和购买数量等做出选择,如图 3-1 所示。

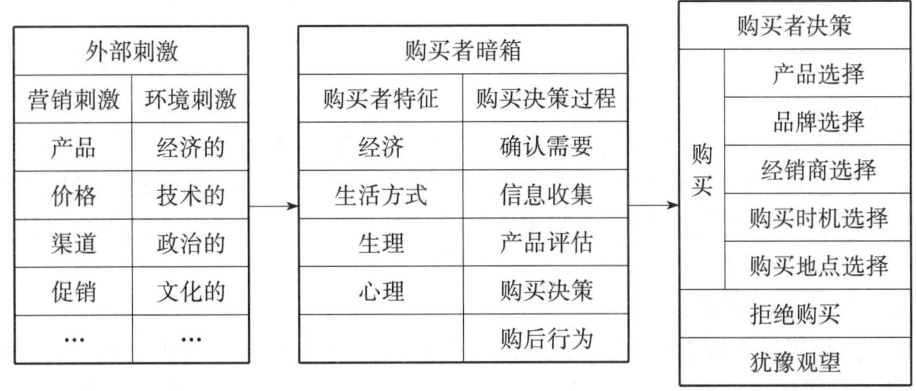

图 3-1 消费者购买行为的刺激—反应模式

(二) 购买行为类型

消费者的购买条件与动机纷繁复杂,因而其购买行为也多种多样,根据不同依据可划分不同的购买类型,如根据消费者的购买目标不同可划分为全确定型、半确定型、不确定型,根据购买态度不同可划分为习惯型、理智型、经济型、冲动型、疑虑型等。美国著名消费者行为研究专家亨利·阿塞尔(Henry Assael)根据消费者的参与程度和产品品牌差异程度不同将消费者的购买行为分为四种类型,如表 3-2 所示。

表 3-2 消费者购买行为的类型

		购买者的参与程度	
		高	低
品牌差异程度	大	复杂的购买行为	寻求多样性的购买行为
	小	减少失调感的购买行为	习惯性的购买行为

参与程度是指消费者对某一产品、事物、事件或行为的重要性或与自我的相关性的认识,可分为高参与和低参与两种不同的情况。在产品价格昂贵、消费者缺乏产品知识和购买经验、购买具有较大风险的情况下,消费者往往对购买活动表现出较高的关注程度,这类购买行为称为高度参与购买行为;反之,称为低参与购买行为。同类产品不同品牌之间的差异大小也决定着消费者购买行为的复杂性。

1. 复杂的购买行为

复杂的购买行为指消费者购买决策过程完整,要经历大量的信息收集、全面的产品评估、慎重的购买决策和认真的购后评价等各个阶段。对这类购买行为,营销者必须了解消费者信息收集与评估过程,帮助购买者掌握产品知识,宣传本品牌的性能特点和优势,影响消费者最终购买决定。

2. 减少失调感的购买行为

减少失调感的购买行为指消费者并不广泛收集产品信息，并不精心挑选品牌，购买决策过程迅速而简单，但是购买以后会认为自己所买产品具有某些缺陷或其他同类产品有更多的优点，进而产生失调感，怀疑原先购买决策的正确性。对此类购买行为，营销者要提供完善的售后服务，提供有利于本企业和产品的信息，使顾客相信自己的购买决策是正确的。

3. 寻求多样化的购买行为

寻求多样化的购买行为指消费者购买产品有很大的随意性，并不深入收集信息和评估比较就决定购买某一品牌，在消费时才加以评估，但是在下次购买时又转换其他品牌。品牌转换是因为寻求多样性，而不是有什么不满意之处。对此类购买行为，市场领导者力图通过占有货架、避免脱销和提醒购买的广告来鼓励消费者形成习惯性购买；而挑战者则以较低的价格、折扣、赠券、免费赠送样品和强调实用新品牌的广告来鼓励消费者改变原习惯性购买行为。

4. 习惯性的购买行为

习惯性的购买行为指消费者并不深入收集信息和评估品牌，只是习惯于购买自己熟悉的品牌，在购买后可能评价也可能不评价产品。对大多数价格低并且经常购买的产品，消费者往往采取习惯性的购买行为。对于此类购买行为，利用价格与销售促进作为产品试用的诱因是一种很有效的方法；企业也可以通过大量重复性广告，使消费者产生对品牌的熟悉并经常购买；增加消费者购买参与程度和品牌差异也可以促使消费者改变原先的习惯性购买行为。

三、消费者市场顾客购买行为的影响因素

消费者购买行为"刺激—反应"模式反映了消费者购买决策受到的影响因素和购买决策过程，从这一模式中可以看出消费者购买行为的影响因素非常多样。这其中，除了企业可以控制的营销刺激这一类影响因素，还主要包括消费者所生活的国家（地区）的文化因素和社会因素，以及消费者的个体因素及心理因素（见图 3－2 所示），它们分别属于不同的影响层级，对消费者行为的影响程度和作用也不尽相同。

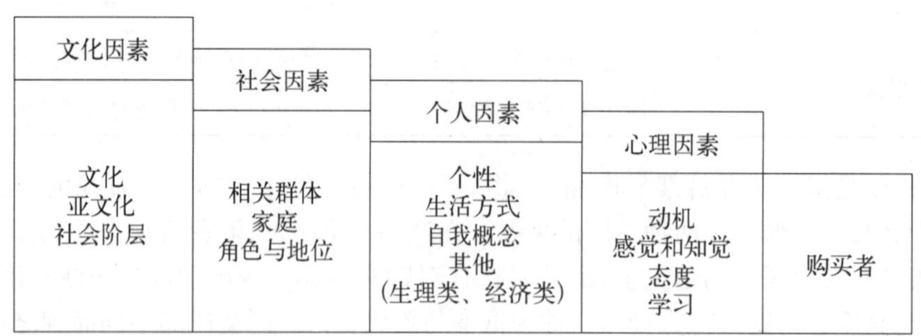

图 3－2　消费者购买行为影响因素

（一）文化因素

1. 文化

文化(Culture)是决定人们欲望、需求和行为的最基本动因，是区分一个社会群体与另一个社会群体的主要因素。文化可以定义为"通过学习获得的，用以指导消费者行为的信

念、习惯和价值观等的总和”。一个人的成长受到家庭、社会潜移默化的影响，习得基本的价值观、风俗习惯和审美情趣，形成一定的偏好和行为模式。其中，价值观是人们认定事务、辨明是非的一种价值取向。学者德尔·L.霍金斯将影响消费者行为的文化价值观分为三种类型：他人导向型、环境导向型和自我导向型。

2. 亚文化

亚文化(Subcultures)又称小文化、集体文化或副文化，指某一文化群体所属次级群体成员共有的独特信念、价值观、生活习惯等。一种亚文化不仅包含着与主文化相通的价值与观念，也有属于自己的独特的价值与观念。许多亚文化形成了重要的细分市场。

(1) 民族亚文化。

民族亚文化是指由于民族信仰或生活方式不同而形成的特定文化群体，每个民族在其漫长的发展历史过程中形成了独特的风俗习惯和文化传统。例如，中国的少数民族在饮食、服饰、建筑、宗教信仰等方面表示出明显的不同。

(2) 种族亚文化。

通常，各种族都有自己独特的文化传统、文化审美和生活态度等。例如，在美国，拉美裔消费者往往注重以家庭为导向，认为购物是整个家庭的事情——孩子们在购买什么品牌的决策上有很大的发言权。拉美裔消费者比其他消费群体在移动和社交网络上更加活跃。

(3) 宗教亚文化。

不同的宗教有不同的文化倾向，世界上有很多种宗教，如基督教、佛教等，它们影响着不同教徒认识事物的方式、看待客观世界的态度、行为准则及价值观等。同样，宗教亚文化也在一定程度上影响着消费者的购买需求。

(4) 地域亚文化。

地域亚文化是指同一个民族由于居住在不同地区，各方面环境背景不同，所形成的特定文化群体。例如，我国的西南和北方人喜欢吃辣，江南人偏爱甜，广东人对食品特别讲究新鲜。

3. 社会阶层

社会阶层是指一个社会中由具有相同或类似社会地位的社会成员组成的相对持久的群体。同一阶层的成员具有类似的价值观、兴趣和行为，在消费行为上相互影响并趋于一致。不同社会阶层的消费者由于职业、收入、教育等方面存在明显差异，其消费支出模式、休闲活动、信息接收和处理、购物方式等方面都有很大的不同。不同社会阶层的消费者即使购买同一产品，其趣味、偏好和动机也会不同。

(二) 社会因素

消费者行为同样受到社会因素的影响，这些社会因素通常包括消费者所处的相关群体、家庭、社会角色和地位等。

1. 相关群体

相关群体(Reference Groups)又称参照群体、参考群体，是个人在形成其购买或消费决策时用以作为参考、比较的个人或群体。学者维布雷宁将相关群体划分为三类。第一类是主要群体，包括家庭、朋友、同事、邻居等接触频繁的群体，对购买者产生直接影响的非正式群体；第二类是次要群体，包括消费者归属的职业团体、教会、学术组织、贸易协会等正式但接触相对较少的群体；第三类是渴望群体，包括影视歌星、体育明星、社会名流、达官显贵等，消费者虽不属于该团体，但崇拜、期望归属其中，并效仿其生活方式和消费行为。

2. 家庭

家庭是由婚姻、血缘或收养而产生的亲属间的共同生活组织。家庭是社会组织中的基本单位，是消费者最基本的参照群体。家庭对消费者的价值观、审美意识、生活方式及消费观念影响很大。

(1) 家庭权威中心。

家庭权威中心表明在家庭中谁是权威的主体和重心。通常，家庭权威中心有四种类型：① 各自做主型，又叫自治型，指家庭成员对自己需要的商品独立做出购买决策；② 丈夫支配型，指丈夫是家庭权威中心，购买决策权掌握在丈夫手中；③ 妻子支配型，指妻子是家庭权威中心，购买决策权掌握在妻子手中；④ 共同支配型，则是指家庭无固定的单一权威中心，大部分购买决策由家庭成员共同协商做出。

(2) 家庭寿命周期。

家庭寿命周期是指一个家庭从产生到消亡的全过程。根据传统的家庭寿命周期理论，可以将家庭发展大致划分为五个阶段：单身阶段、新婚阶段、满巢阶段、空巢阶段及解体阶段。在单身阶段，可自由支配收入相对较多，收入大部分用于支付房租、购买个人护理产品及度假等方面，消费者较关心时尚和休闲；在新婚阶段，建立新家庭需购买诸如家具、床上用品等家用产品；在满巢阶段，家庭消费的重心随孩子的年龄递增而有所改变；在空巢阶段，可能会进行一些不同于前一阶段的消费活动，消费倾向更加关注健康和安全；在解体阶段，家庭对更多关爱和照看等的特殊需要会增加。需要指出的是，随着时代的发展和进步，各种新型的家庭形式大量涌现，最明显的例子就是非家庭型住户，即由独身者或没有血缘关系和婚姻关系的个体所组成的住户。因此，传统的家庭寿命周期理论正面临很大的挑战。

3. 社会角色和地位

通常，社会角色是指与人们的某种社会地位、身份相一致的一整套权利、义务的规范与行为模式，它呈现了个体在群体、组织或社会中的地位与作用，个体消费者要与各种类型的群体打交道，从而形成了不同类别的社会角色。每种社会角色都伴随着一种社会地位，反映社会对他的总评价。因此，消费者社会角色的差异必然会对其购买行为产生一定影响，消费者往往会购买与其社会角色和地位相符的消费品，以获得群体和社会的认同。市场营销者如果能把自己的产品和品牌变成某种角色或地位的标志或象征，就会吸引大量特定目标市场的顾客。

(三) 个人因素

1. 个性

个性是心理学领域的一个常用名词，这里我们借鉴施契夫曼和卡努克(Schiffman & Kanuk)的定义：个性是指决定和折射个体如何对环境做出反应的内在心理特征。在营销学中，就消费者个性来说，我们更多地关注消费者个性差异会对其购买行为产生怎样的影响。这些影响包括个性与品牌选择。由于品牌是从某个具体角度反映商品与众不同的一面，因而具有不同个性的消费者必然会根据自身偏好和利益来选择不同品牌的同类商品，从而形成独特的品牌个性。根据普卢默(Plummer)的观点，品牌个性是品牌形象的一部分，是指产品或品牌特性的传播以及在此基础上消费者对这些特性的感知。根据消费心理学的研究，可以从消费者所拥有的品牌、他们对不同产品品牌的态度及品牌对他们的意义和重要性等方面来判断其个性。

2. 生活方式

生活方式是人们在一定的社会条件制约和价值观念指导下，所形成的满足自身需要的生活活动形式和行为特征的总和，它包括消费者的活动（工作、消费活动、运动和社会活动等）、兴趣领域（食品、服装、休闲）和看法（关于自身、社会事物、商业和产品）。每个人都有自己认同和向往的生活方式。消费者的生活方式与其购买行为有着密切的联系，营销者在产品设计和广告时应明确针对某一特定生活方式群体进行诉求。针对生活方式的营销要求营销人员对生活方式趋势有敏锐的洞察力，成为新生活方式的创造者和推动者。营销人员可通过举办活动、利用偶像、改变或诉诸社会典范，而为顾客塑造一种不同凡响的生活方式体验。

被中年大叔“抢占”了的微信视频号

中年大叔似乎已经抢占了微信视频号这个阵地，不少人在视频中还自嘲“感谢关注我们这种油腻大叔”。为什么大叔们选择了这个根据地呢？这与微信视频号的生态不无关系。微信视频号是基于熟人的社交模式拓展的视频功能，愿意抛头露脸的中年大叔在各自的领域内大多小有所成，所以视频号成了他们更直接展示业务能力的地方，也成了微信社交功能的放大器，从社交关系上来说，属于一种只有存在感而不打扰的模式，并且使用起来更方便，不失为一个好选择。这种情况与微信本身的使用人群也有关系。微信是一个广谱式的App，老少皆宜，但终究还是以中年群体为主。值得注意的是“90后”也逐渐步入中年，Z世代在社交软件上喜欢QQ胜过微信，喜欢B站超过爱奇艺，微信的“老态”和接地气并不能让他们产生认同感。短短两个月，视频号就可能被这样定性了，不知道这与腾讯的初衷是否相符。

3. 自我概念

自我概念是个体对自身一切的知觉、了解和感受的总和。通常情况下，在自身经验和外部环境的综合作用下，个体会形成关于自身美和丑、胖和瘦、能力一般和突出等方面的看法，即自我概念回答的是“我是谁”和“我是什么样的人”等问题。消费者的自我概念主要包括五种类型：第一，实际的自我概念，这是指消费者实际上如何看待自己；第二，理想的自我概念，这是指消费者希望如何看待自己；第三，社会的自我概念，这是指消费者所感知到的他人对自己的态度；第四，理想的社会自我概念，这是指消费者希望他人如何看待自己；第五，期待的自我概念，这是指消费者期望在将来如何看待自己，它是介于实际的自我概念与理想的自我概念之间的一种状态。一般来说，消费者总是会选择那些与自我概念一致的产品或服务，避免选择那些与自我概念相违背的产品或服务。

4. 其他个体性因素

一是生理类因素，指消费者的年龄、性别、体征（高矮胖瘦）、健康状况和嗜好（如饮食口味）等生理特征的差别。生理因素决定着消费者对产品款式、构造和细微功能有不同需求。二是经济类因素，指消费者可支配收入、储蓄、资产和借贷能力。经济因素是决定购买行为的首要因素，决定着能否发生购买行为以及发生何种规模的购买行为，决定着购买商品的种类和档次。

（四）心理因素

心理因素包含的内容较多，这里主要讨论消费者的动机、感觉和知觉、态度、学习。

1. 动机

动机是为了使个人需要满足的一种驱动和冲动。消费者购买动机是指消费者为了满足某种需要，产生购买商品的欲望和意念。需要产生动机，美国社会心理学家亚伯拉罕·马斯洛认为：人的需要分为生理需要、安全需要、社交需要、尊重需要、自我实现需要五个层次，五种需要由低到高排成一个阶梯，当低层次的需要基本得到满足后，就会产生高一层次的需要，同一时期人的行为由主导需要决定，已满足的需要不再产生激励作用，未满足的需要才能影响人的行为。就消费者而言，需要表现为获取各种物质需要和精神需要，购买动机是消费者内在需要与外界刺激相结合使主体产生一种动力而形成的。消费者购买动机不同，购买行为必然是多样的、多变的。

2. 感觉和知觉

消费者如何进行购买，还要看他对外界刺激物或情境的反应，这就是感觉和知觉对消费者购买行为的影响。从心理学角度来看，感觉是人们通过感官对外界的刺激物或情境的反应或印象，是人脑对直接作用于感觉器官的客观事物个别属性的反应。消费者对商品的认识都是从感觉开始的。例如，消费者选购商品时，往往先用眼睛观看商品的外表，用手触摸商品的质地，用鼻子嗅商品的气味，用耳朵听商品的声音，用嘴品尝商品的味道等。不同的感觉会引起消费者的不同情绪体验。例如，消费者走进宽敞、明亮的购物大厅，看到琳琅满目、新颖漂亮的商品和营业员优雅的谈吐、热情周到的服务，就会对商店产生良好的第一印象，从而产生惠顾心理。知觉是人脑对直接作用于感觉器官的客观事物进行综合分析后形成的对事物的整体反应，对消费者的购买决策、购买行为具有重大影响。知觉是一个有选择性的心理过程，消费者会有选择地注意、曲解和保留与自己的态度和信念相符合的信息。因此，在刺激物或情境相同的情况下，由于知觉不同，消费者的购买决策、购买行为也会截然不同。

企业营销者应努力掌握消费者的感受对其购买行为的影响规律，充分利用企业营销策略，形成有利于本企业的感觉和知觉过程，引起消费者的注意，加深消费者的记忆，使本企业的产品和服务更容易为消费者所接受。

3. 态度

态度通常指个人对事物所持有的喜欢与否的评价、情感感受和行动倾向。消费者的态度来源于与商品的直接接触、他人直接或间接的影响以及家庭教育与本人经历，包括信念、情感和意向三个方面。信念是指一个人对事物持有的确定性看法。在实际生活中，消费者不是根据知识，而常常是根据见解和信念作为他们购买的依据。情感是指商品和服务在消费者情绪上的反应，如对商品或广告喜欢还是厌恶。情感往往受消费者本人的心理特征与社会规范影响。意向是指消费者采取某种方式行动的倾向，是倾向于采取购买行动，还是倾向于拒绝购买。消费者态度最终落实在购买的意向上。

研究消费者态度的目的在于企业充分利用营销策略，让消费者了解企业的商品，帮助消费者建立对本企业的正确信念，培养对企业商品和服务的情感，让本企业产品和服务尽可能适应消费者的意向，使消费者的态度向着有利于企业的方面转变。

4. 学习

学习是指在社会生活中，个体由于经验引起的个人行为的比较持久的改变。即消费者在购买和使用商品的实践中，逐步获得和积累经验，并根据经验调整自己购买行为的过程。通过学习活动，消费者可以形成对某种产品或服务的信念和态度，并影响自身的购后评价。关于学习的理论有经典条件反射理论、操作性条件反射理论、认知学习理论和社会学习理论。概括来看，学习是通过驱使力、刺激物、诱因、反应和强化(减弱)的相互影响、相互作用而进行的，如图 3-3 所示。

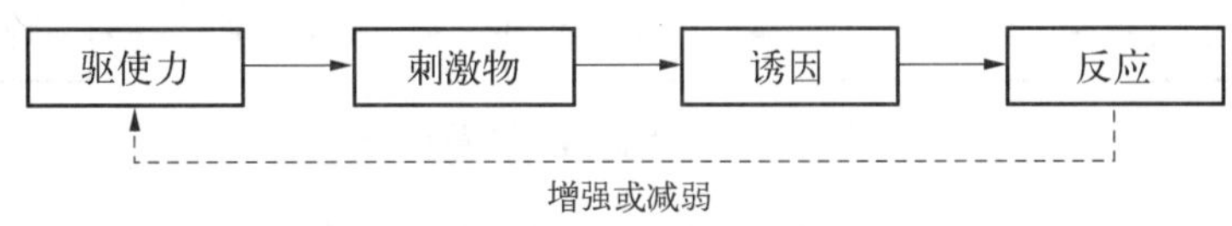

图 3-3 消费者学习的模式

“驱使力”是诱发人们行动的内在刺激力量。例如，某消费者重视身份地位，尊重需要就是一种驱使力。这种驱使力被引向某种刺激物——高级名牌西服时，驱使力就变为动机。在动机支配下，消费者需要做出购买名牌西服的反应。但购买行为发生往往取决于周围“诱因”的刺激，如看了有关电视广告、商品陈列，他就会完成购买。如果穿得很满意，他对这一商品的反应就会加强，以后如果再遇到相同诱因时，就会产生相同的反应，即采取购买行为。如反应被反复强化，久而久之，就成为购买习惯了。这就是消费者的学习过程。

企业营销要注重消费者购买行为中“学习”这一因素的作用，通过各种途径给消费者提供信息，如重复广告，目的是达到加强诱因，激发驱使力，将人们的驱使力激发到马上行动的地步。同时，企业商品和提供服务要始终保持优质，消费者才有可能通过学习建立起对企业品牌的偏爱，形成其购买本企业商品的习惯。

四、消费者市场顾客的购买决策

(一) 购买决策的参与者

消费者在以一个家庭为单位进行消费时，参与购买决策的通常并非是一个家庭的全体成员，许多时候是一个家庭的某个或某几个成员，而且由几个家庭成员组成的购买决策层，其各自扮演的角色也是有区别的。人们在一项购买决策过程中可能充当以下角色：

(1) 发起者。首先想到或提议购买某种产品或劳务的人。

(2) 影响者。其看法或意见对最终决策具有直接或间接影响的人。

(3) 决定者。能够对买不买、买什么、买多少、何时买、何处买等问题做出全部或部分最后决定的人。

(4) 购买者。实际采购的人。

(5) 使用者。直接消费或使用所购商品或劳务的人。

只有了解每一个购买参与者在购买决策中扮演的角色，并针对其角色地位与特性，采取有针对性的营销策略，企业才能够制订出有效的生产计划和营销计划，较好地实现企业目标。例如，家庭购买空调，提出要求的是孩子，是否购买由夫妻共同决定，丈夫对空调的品牌做出决定，由妻子进行实际采购。这样，空调公司就可以对丈夫做更多有关品牌方面的宣传，引起丈夫对本企业空调的注意和兴趣，同时，公司可设计一些在造型、色调等方面受妻子喜爱的产品，因为妻子在实际采购过程中，对空调的造型、色调方面有较大的决定权。

（二）购买决策的主要过程

不同购买类型反映了消费者购买过程的差异性或特殊性，但是消费者的购买过程也有其共同性或一般性。西方营销学者对消费者购买决策的一般过程做了深入研究，提出若干模式，采用较多的是五阶段模式，如图 3－4 所示。

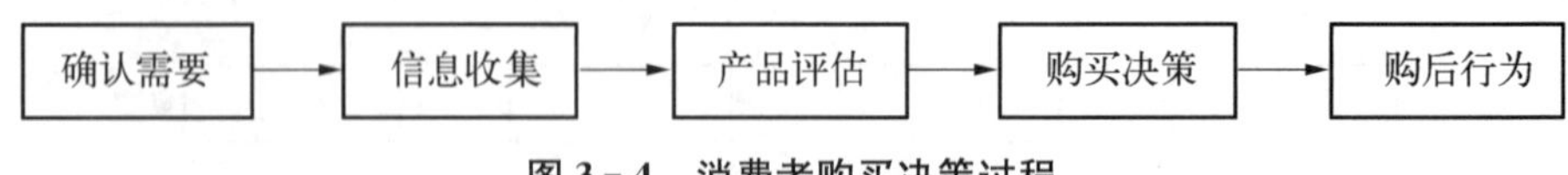

图 3－4　消费者购买决策过程

这个决策过程模式适用于分析复杂的购买行为，因为复杂的购买行为是最完整、最具代表性的购买行为。其他几种购买类型是越过其中某些阶段后形成的，是复杂购买行为的简化形式。

1. 确认需要

确认需要是消费者确认自己需要什么来满足自己的需求。消费者的需要一般由两种刺激引起：一是内部刺激，如饥饿感；二是外部刺激，如广告宣传等。

确认需要阶段的营销任务是：

（1）了解引起与本企业产品有关的现实需求和潜在需求的驱使力，即是什么原因引起消费者购买本企业产品。

（2）设计引起需求的诱因，促使消费者增强刺激，唤起需要，引发购买行为。

2. 信息收集

在多数情况下，确认了需要以后，消费者还要考虑买什么品牌的商品，花多少钱在哪儿购买等问题，需要寻求信息，了解商品情况。消费者的信息来源通常有经验来源、个人来源、公共来源、商业来源等四个方面。经验来源是消费者直接使用产品过程中获得的信息；个人来源是指来自亲朋好友的信息；公共来源是从网络、电视等大众传播媒体、社会组织中获取的信息；商业来源是指从企业营销中获取的信息，如从广告、推销员、展览会等获得的信息。个人来源和经验来源信息对消费者购买行为影响最直接，公共来源和商业来源的影响比较间接，但诱导性强。

收集信息阶段的营销任务是：

（1）了解不同信息来源对消费者购买行为的影响程度。

（2）注意不同文化背景下收集信息的差异性。

（3）有针对性地设计恰当的信息传播策略。

3. 产品评估

消费者进行产品评估的目的是能够识别哪一种类型、品牌的产品最适合自己的需要。消费者对产品的评估，是根据收集的信息，对商品属性做出的价值判断。消费者对商品属性的评价因人因时因地而异，有的评价注重价格，有的注重质量，有的注重品牌或式样等。

产品评估阶段的营销任务是：

（1）注意了解并努力提高本企业产品的知名度，使其列入消费者评估的范围之内。

（2）调查研究人们评估某类商品时所考虑的主要方面，并突出进行这方面的宣传，以对消费者购买选择产生最大影响。

4. 购买决策

消费者通过对可供选择的商品进行评估，就会对备选的某种品牌产品形成偏爱，形成购买意图，引起实际购买行为。消费者的购买决策主要有产品种类决策、产品属性决策、品牌决策、购买时间及地点决策等。消费者的购买意向是否转化为购买行动受他人态度和意外因素（如预期的收入没有得到、商品突然调高价格、购买时服务人员态度不令人满意等）的影响，也受可察觉风险的影响。可察觉风险的大小，由购买金额大小、产品性能优劣程度以及购买者自信心强弱决定。企业营销应尽可能设法减少这种风险，以推动消费者购买。

购买决策阶段的营销任务是：

（1）消除或减少引起可察觉风险的因素。

（2）向消费者提供真实可靠的产品信息，增强其购买信心。

5. 购后行为

购后行为是指消费者在购买产品以后产生的某种程度的满意或不满意所带来的一系列行为表现，包括信赖产品，重复购买同一产品；推荐产品给周围人群；抱怨索赔，个人不再购买该产品；劝阻他人购买该产品等。企业营销者必须充分重视消费者的购后行为，因为它关系到产品今后的市场和企业的信誉。

顾客满意理论认为，顾客满意是消费者对所购产品可感知效果与其期望值比较后所形成的愉悦或失望的感受状态。消费者对产品的期望值越高，不满意的可能性越大。因此，企业在采取促销措施时，如果盲目地增强消费者的期望值，虽然在短期内可能扩大产品的销售量，但一旦产品不能提供给消费者预期的效果，就会引起消费者的心理失衡，使顾客不满意，影响消费者以后的购买行为。这从长期来看有损企业形象。

购后行为阶段的营销任务是：

（1）广告宣传等促销手段要实事求是，以提高消费者的满意度。

（2）采取有效措施减少或消除消费者的购后失调感，及时处理消费者的意见，给消费者提供多种解除不满情绪的渠道。

（3）建立与消费者长期沟通机制，如定期与顾客联系，感谢购买，指导使用，提供维修保养，征询改进意见等。

第二节　组织市场顾客需求分析

一、组织市场概述

（一）组织市场的含义和构成

组织市场指工商企业为从事生产、销售等业务活动以及政府部门和非营利组织为履行职责而购买产品和服务所构成的市场。在组织市场上，商品购买者都是组织单位，购买的目的是用于生产过程创造利润，或转售以谋利，或开展公益事业，提高社会福利等。

根据购买目的不同，组织市场可分为：

(1) 生产者市场它是指购买产品或服务用于制造其他产品或服务,然后销售或租赁给他人以获取利润的单位和个人。组成生产者市场的主要产业有制造业、农业、林业及水产业、矿业、建筑业、通信业、运输业、公用事业、银行、金融及保险业和服务业等。

(2) 中间商市场,也称为转卖者市场它是指购买产品用于转售或租赁以获取利润的单位和个人,包括批发商和零售商。

(3) 非营利组织市场。非营利组织泛指所有不以营利为目的、不从事营利性活动的组织。我国通常把非营利组织称为"机关团体、事业单位"。非营利组织市场指为了维持正常运作和履行职能而购买产品和服务的各类非营利组织所构成的市场。

(4) 政府市场它是指为了执行政府职能而购买或租用产品的各级政府及其下属各部门。各国政府通过税收、财政预算掌握了相当部分的国民收入,形成潜力极大的政府采购市场。

(二) 组织市场的特征

1. 市场结构与需求方面

① 购买者数目较少、一次性购买数量大。生产企业是生产者市场的基本购买单位,其购买者通常比消费者市场少得多,交易次数也较少,但一次购买的批量大。② 购买者的地理位置较为集中,使得这些区域的产业用品购买量占据全国市场的很大比重。③ 派生需求。生产者市场需求最终是由消费者对消费品的需求衍生出来的。④ 需求价格弹性小。生产者市场对产品和服务的需求总量受价格变动的影响较小,并不会因价格的影响而大起大落。⑤ 需求波动大。生产者市场需求的波动幅度大于消费者市场需求的波动幅度,一些新企业和新设备尤其如此。

2. 购买单位性质方面

生产者市场购买属于组织购买行为,与消费者市场购买相比,生产者购买中参与采购的人数更多,且更专业化。大多数企业有专门的采购组织,购买重要商品时,往往由技术人员以及高级管理人员组成"采购委员会"共同做出决策。购买越复杂,参与购买决策者越多。同时,生产者市场购买者通常由受过采购专业训练的人员担任,具有丰富的专业知识,清楚地了解产品的性能、质量、规格等有关技术问题。

3. 决策类型与决策过程方面

生产者市场购买通常涉及较大的金额,技术上和经济上的考虑也更复杂。因此,购买者的决策时间较长,购买过程更正规化。大多数企业购买有详细的产品规格要求、书面的采购申请单、严谨的寻求供应商过程和正规的批准手续。另外,购买者和销售者的关系密切。

二、生产者市场顾客分析

(一) 生产者市场顾客购买行为类型

生产者市场顾客购买大体有三种类型,其购买的特点如表 3-3 所示。

表 3-3 生产者市场顾客三种购买类型的特点

特 征	直接重购	修正重购	全新采购
决策参与者	少	较多	多
决策过程	简单	中等	复杂

续 表

特 征	直接重购	修正重购	全新采购
决策内容	少	较少	多
决策时间	短	中等	长
信息需要量	较少	较大	大
信任度	高	较高	低
风险	低	较低	高
频率	高	中等	低

1. 直接重购

直接重购是一种在供应者、购买对象、购买方式都不变的情况下，购买以前购买过的产品的购买类型，企业采购部门根据过去的经验，从供应商名单中选择供货企业，并连续订购采购过的同类产品。面对这种采购类型，原有的供应者应努力使产品的质量和服务保持一定的水平，减少购买者时间，维护与客户的良好关系。新的供应商应致力于提供新产品和满意的服务，以促使采购者转移或部分转移购买，逐步扩大采购份额。

2. 修正重购

修正重购是指企业的采购人员为了更好地完成采购任务，改变供应商或采购产品的规格、价格、交货时间等交易条件的购买行为。这类购买情况较复杂，因而参与购买决策过程的人数较多。对于这样的购买类型，原有的供应者要积极改进产品规格和服务质量，大力提高生产率，降低成本以保持现有的客户；新的供应者要开发新的品种规格，满足修正重购的需要，争取更多的业务。

3. 全新采购

全新采购是指企业为了增加新的生产项目或更新设备而第一次采购某一产品或服务的购买行为。首次购买的成本和风险越大，需收集的信息就越多，参加购买决策的人员也就越多，完成决策所需时间也越长。这种采购类型对企业营销来说是最大的挑战，同时也是最好的机会。全新采购的生产者对供应商尚无明确选择，市场营销者应积极采取措施，影响决策的中心人物，通过公共关系、广告宣传等手段，赢得采购者信任并采取行动。

（二）影响生产者市场顾客购买的因素

1. 环境因素

环境因素是指生产者无法控制的宏观环境因素，包括市场供需状况、经济发展前景、资金利率水平、科技发展状况、市场竞争形势以及政治法律环境等。其中，国家的经济发展前景对购买者的影响最为深刻直接。当国家经济前景看好或国家扶持某一产业的发展时，购买者就会增加投资；当经济发展前景不佳，购买者会减少投资，减少原材料的采购和库存。

2. 组织因素

组织因素是指企业自身的经营目标、采购政策、购买程序、组织结构、管理机制和企业文化等对购买行为的影响。上述因素从不同的侧面对生产者的购买行为产生更为直接和具体的影响，涉及购买的具体对象、评价的标准与要求、参加购买决策过程的人员构成、决策权限、采购人员的购买活动受到的具体约束等。

3. 人际因素

人际因素是指企业中人事关系对购买行为的影响。生产者市场顾客的购买常常受企业内人际关系，尤其是负责采购工作的“采购中心”人员之间的关系影响。“采购中心”一般由使用者、影响者、采购者、决策者及控制者组成，这些参与者在企业中的地位、职权、影响力、说服力不同，对购买活动的意见和看法也不尽相同，相互之间的关系各有特点，这些都会影响生产者市场顾客的购买行为。

4. 个人因素

个人因素是指采购活动参与者的年龄、受教育程度、个性特点、认识能力、风险偏好和道德水平对购买行为的影响。生产者市场顾客的购买行为是一种组织行为，但这种组织行为最终是由若干个人做出决策并执行购买的，这难免要受到参与采购决策的个人因素的影响。因此，生产资料营销活动的对象应当是具体决策的参加者，而不是抽象的企业。

（三）生产者市场顾客的购买决策

1. 购买决策的参与者

生产者市场顾客的购买决策组织称为采购中心，是围绕同一目标而直接或间接参与采购决策并共同承担决策风险的所有个人和群体，通常由来自不同部门和执行不同职能的人员所组成。采购中心的成员在购买决策中分别扮演着以下六种不同的角色：

① 使用者。使用者指企业中实际使用采购的产品或服务的成员，他们往往首先提出购买某种所需产品的建议，并提出购买产品的品种、规格和数量。② 影响者。影响者指企业内部和外部直接或间接影响购买决策的人员，他们通常协助决策者决定购买产品的品牌、品种、规格。企业技术人员通常是最主要的影响者。③ 信息控制者。信息控制者指企业外部或内部能够控制市场信息流入采购中心的人员，如采购代理商、企业内部的技术员等。他们有可能从自身利益考虑，有意阻止供应商的信息流入企业。④ 信息评估者。信息评估者指对流入采购中心的供应商及其产品信息进行分析、评估、筛选和加工的人员，如企业内部的质检人员，企业外部的信息咨询机构。⑤ 决策者。决策者指企业中有权决定买或不买以及购买产品的品种、规格、数量和供应商等的人员。在标准品的例行采购中采购者常常是决策者，而在较复杂的采购中，决策者往往是企业高层管理人员。⑥ 采购者。采购者指被赋予权力按照采购方案选择供应商、进行常规洽谈、执行采购协议并管理和供应商关系的人员。在重要的采购业务中，采购者可能包括参与谈判的企业高层管理者。

并不是任何企业购买任何产品和服务都必然会有上述六种人员参与决策过程，购买类型不同，购买参与者的数量和参与程度也不同。一般来说，直接重购时，采购部门负责人起决定作用；新购时，企业高层管理者起决定作用。在确定产品的性能、质量、规格、服务等标准时，技术人员起决定作用；而在供应商的选择方面，采购人员起决定作用。

2. 购买决策的主要阶段

由于生产者市场顾客购买类型不同，购买决策过程也有所不同。直接重购的决策阶段最少，修正采购的决策阶段多些，全新采购的决策阶段最长，要经过八个阶段。

（1）认识需要。认识需要是由两种刺激引起的。一是内部需要，如企业决定推出一种新产品，需要购买新设备和原材料；二是外部刺激，如采购人员通过广告、商品展销会等途径了解到更好的供应商，决定更换新的供应商。

(2) 确定需要。即确定所需产品的总特征和数量。对标准品按要求采购;对复杂品,采购人员要与使用者、技术人员乃至高层经营管理人员共同研究确定。

(3) 说明需要。即说明所需产品的品种、性能、特征、数量和服务,写出详细的技术说明书,作为采购人员的采购依据。

(4) 物色供应商。全新采购或购买复杂品需要花较多时间物色供应商。采购人员通常通过参加贸易展览会、查询"工商企业名录"、利用互联网搜索等方法物色供应商,他们也经常向其他企业了解供应商的信誉。

(5) 征求建议。即企业邀请合格的供应商提出建议或提出报价单。如果采购复杂的、价值高的产品,企业会要求每个受邀请的供应商都提交详细的书面建议或报价单。

(6) 选择供应商。即对供应商的建议书加以评价分析,确定最具吸引力的供应商。评价内容包括供应商的产品质量、性能、产量、技术、价格、信誉、服务、交货能力等。生产者市场顾客通常会保持几条供应商渠道,以免受制于人,并促使卖方展开竞争。

(7) 正式订货。即通过商务谈判达成协议,给选定的供应商发出最后采购订单,写明所需产品的规格、数量、交货时间、退款政策、担保条款、保修条件等。为降低库存成本,许多生产者顾客愿意采用长期有效合同的形式,即买方在需要产品时通知供应商随时按约定的条件供货,而不是定期采购订单。

(8) 绩效评价。即采购经理向使用者征求意见,了解他们对购进产品是否满意,检查和评价各个供应商履行合同的情况,根据检查和评价,决定以后是否继续向某个供应商采购。

数字化背景下组织购买行为的变化

信息技术的进步改变了B2B市场营销的面貌。电子采购,通常称为E采购(e-Procurement)在十年前还鲜有人知,今天却已经成为大多数公司的标准程序。电子采购可以使购买者接触到更多供应商,降低采购成本,加快订货过程和缩短交货期。反过来,组织市场营销者可以在网上联系客户,分享市场营销信息,销售产品和服务,提供客户支持服务,以及维持现有的客户关系。

公司可以用下列任何一种方式开展电子采购。它们可以进行反向拍卖(Reverse Auctions),在网上发布自己的采购要求,邀请供应商投标,或者从事网上贸易交换(Trading Exchange),以集中地促进交易过程,还可以通过建设自己的公司采购网站(Company Buying Sites)专门执行电子采购。例如,通用电气公司运营了一个公司交易网站,在上面发布其采购需求并邀请供应商投标,就相关条件进行谈判以及下订单。公司还可以创造与关键供应商的外部链接(Extranet Links)。例如,与诸如戴尔、史泰博(Staple)等供应商建立直接采购账户,从而直接采购设备、原材料和办公用品。

三、中间商市场顾客分析

(一) 中间商市场的特点

1. 更直接地反映消费者需求

中间商离最终消费者更近,中间商的需求更为直接地反映了消费者的需求。

2. 购买商品讲究组合配置

中间商进货时，要求品种齐全、花色丰富，以满足消费者的多样化需求，提高他们的购买效益。

3. 对价格更为敏感

中间商的职能主要是买进卖出，购买价格的高低往往直接影响最终消费者的购买量，因而他们对购买价格更为重视。

4. 对交货期、信贷条件等要求较高

中间商购买商品的目的是再销售并从中获利，为了抓住有利的销售时机、减少商品滞销积压的风险、加快资金周转，对交货期限和信贷条件等要求较严。

5. 需要供应商的售后服务支持

中间商不擅长技术，往往需要供应商为其顾客提供售后服务。

（二）中间商市场顾客购买行为影响因素

中间商的购买行为同生产者市场一样，也受到环境因素、组织因素、人际因素和个人因素的影响。这里重点讨论采购人员个人的采购风格对购买行为的影响，美国学者狄克森（Roger A. Dickinson）将中间商的采购人员分为如下几种类型：

（1）忠实型采购者。

忠实型采购者指长期忠实地从某一供应商处进货的采购者。他们对供应商是最有利的，供应商应采取有效措施使现有的忠实采购者保持忠实，将其他采购者转变为忠实的采购者。

（2）随机型采购者。

随机型采购者事先选择若干符合采购要求、满足自己长期利益的供应商，然后随机地确定交易对象并经常更换。对于这类采购者，供应商应在保证产品质量的前提下，提供理想的交易条件，同时增进交流，加强感情投资，使之成为忠实的采购者。

（3）理想型采购者。

理想型采购者指力图在一定时间和场合中实现最佳交易条件的采购者。他们一旦发现产品或交易条件更佳的供应商，就立刻转换供应商。其购买行为理智性强，关注的焦点是交易所带来的实际利益。供应商应密切关注竞争者的动向和市场需求的变化，随时调整营销策略和交易条件，提供比竞争者更多的利益。

（4）创造型采购者。

创造型采购者指经常对交易条件提出一些创造性的想法并要求供应商接受的采购者。这类采购者有思想、喜创新，对于交易中的矛盾分歧能提出多种解决方案以使双方接受，如果实在无法调和，则更换供应商。对于这类采购者，供应商要给予充分尊重，在不损害自己根本利益的前提下，尽可能地接受其意见和想法。

（5）追求广告支持型采购者。

追求广告支持型采购者指把获得广告补贴作为每笔交易的一个组成部分，甚至是首要目标的采购者。这类采购者重视产品购进后的销售状况，希望供应商给予广告支持，以扩大影响、刺激需求。这种要求符合买卖双方的利益，供应商可考虑给予满足。

（6）价格敏感型采购者。

价格敏感型采购者指每笔交易都反复地讨价还价，力图得到最大折扣的采购者。他们非常精明，只选择价格最低或折扣最大的供应商。与他们打交道是比较困难的，供应商在谈判中要有耐心和忍让的态度,以事实和数据说明自己做出了最大限度的让步,争取达成交易。

(7) 琐碎型采购者。

琐碎型采购者每次购买的总量不大,但品种繁多,重视不同品种的搭配,力图实现最佳产品组合。供应商应提供细致周到的服务,不能有厌烦之意。

(三) 中间商市场顾客购买决策分析

1. 购买决策的内容

中间商主要购买决策包括配货决策、供应商组合决策和供货条件决策。配货决策是指决定拟经营的花色品种,即中间商的产品组合。供应商组合决策是指决定拟与之从事交换活动的各有关供应商。供货条件决策是指决定具体采购时所要求的价格、交货期、相关服务及其他交易条件。在以上所有决策中,最基本、最重要的购买决策是配货决策。中间商配货策略主要有四种:

① 独家配货。即中间商决定只经营某一家制造商的产品。比如,某空调商店专门经营海尔系列空调。② 深度配货。即中间商决定经营多家制造商生产的同类产品的各种型号规格。例如,某空调经销商经营海尔、美的、格力等多个品牌的空调。③ 广度配货。即中间商决定经营种类繁多、范围广泛但尚未超出行业界限的产品。例如,电器商店经营电视机、电冰箱、洗衣机等。④ 杂混合配货。即跨行业经营多种互不相关的产品。例如,某商店经营电器、服装、食品、鞋帽、文具、体育器材等。

2. 购买过程的参与者

中间商购买过程的参与者在一定程度上受到业态、规模两个因素的影响。以连锁超市为例,参与购买决策过程的人员和组织主要有以下几类:

(1) 总部专职采购人员。

一般大型连锁超市都采取集中进货的采购方式,由专职采购人员分别负责各类商品的信息收集、品牌筛选、采购和购后评估。采购人员对拟购商品决策权力的大小取决于公司组织结构、授权大小和购买商品的种类及数量。

(2) 采购委员会。

采购委员会包括公司总部的专职采购经理和公司总部的其他各个部门经理,主要负责审查由采购人员或各商品经理提出的采购建议,做出购买与否的决策,起着平衡各种意见的作用。

(3) 分店经理。

分店经理是连锁超市下属各分店的负责人,掌握着分店一级的采购决策权。分店经理可以选择自行采购商品,也可以接受公司总部的统一送货。具体采用何种方式,取决于分店经理对商品的质量性能、进价高低和销售情况的判断。

3. 购买决策过程

中间商的购买决策过程同生产者购买决策过程一样,也可以分为认识需要、确定需要、说明需要、物色供应商、征求建议、选择供应商、正式订货和绩效评价等八个阶段。

四、非营利性组织和政府市场顾客分析

(一) 非营利性组织市场顾客分析

1. 非营利性组织市场顾客的购买特点

第一,经费预算受到限制。其日常运转活动经费主要来自政府财政拨款和社会捐助,经

费预算与支出受到严格的控制。第二,采购程序更加规范和复杂。非营利性组织的采购是为了满足其服务对象的需要,要受到公众的监督及许多规章制度的制约,必须遵守规范的采购程序。第三,高质量和低价格是影响购买决策的最关键因素。由于受到经费预算的限制,大多数非营利性组织在采购时往往更倾向于选择报价更低的供应商。但是,同时对产品或服务的质量也要有着很高的要求。

2. 非营利性组织市场顾客的购买方式

(1) 公开招标选购。

非营利性组织的采购部门通过传媒发布广告或发出信函,公布拟定采购的目标商品、规格、数量和有关具体要求,要求供应商在规定的期限内进行投标。通过招标,非营利性组织会选择报价最低的符合要求的投标者来供货。

(2) 合同谈判选购。

非营利性组织的采购部门可以同时和初选出来的若干供应商就某一采购项目的价格和有关交易条件进行谈判,从中选择符合要求的供应商签订采购合同。这种方式主要适用于复杂的采购工程项目中,因为它们需要巨大的研究开发费用,也面临着巨大的风险。

(3) 日常性采购。

非营利性组织为了维持日常办公和组织运行的需要而进行的采购,这类采购所需资金较少,购买者对商品也比较熟悉。政府购买者通常采取现金支付的方式进行采购,如购买办公桌椅、小型办公设备和文具等。

(二) 政府市场与政府采购

1. 影响政府购买行为的因素

与生产者市场和中间商市场一样,政府市场也要受到环境因素、组织因素、人际因素和个人因素的影响。监督政府购买活动的公众主要有:① 国家的权力机关和政治协商会议,即国会、议会或人民代表大会、政治协商会议。政府的重大预算项目必须提交国家权力机关审查批准,使用过程中和使用后还要经常接受审查和评估。② 行政管理和预算办公室。③ 传播媒体。传播媒体密切关注政府经费的使用动向,对于不合理之处会及时予以披露,行使舆论监督的权利。④ 公民和民间团体。他们要求了解和监督自己所缴纳的税赋的使用情况,这是法律赋予的权利。

国际国内政治经济形势对政府购买的影响也很大。在战争时期或者国家安全受到严重威胁时,一个国家往往会增加军备预算,扩大购买武器等军需品的支出;在和平发展时期用于公共设施和社会福利建设的支出比例就会更大;经济萧条时期,政府可能会缩减支出;经济高涨时期则可能增加支出;国内需求不足时,国家可能通过提高政府支出达到刺激需求的目的;遇到地震、洪涝等自然灾害时,政府用于购买救灾物资的资金则会大幅度增加。

2. 政府购买的方式

政府购买方式与其他非营利组织一样,有公开招标选购、议价合约选购和日常性采购三种,其中以公开招标为最主要方式。采用公开招标方式时,政府要制定文件说明对所需产品的要求和对供应商能力与信誉的要求。议价合约的采购方式常发生在复杂的购买项目中,往往涉及巨大的研究开发费用与风险;有时也发生在缺乏有效竞争的情况下。

由于政府支出受到公众的关注，为确保采购的正确性，政府采购组织会要求供应商准备大量的说明产品质量与性能的书面文件，决策过程可能涉及繁多的规章制度、复杂的决策程序、较长的时间及采购人员更换。政府机构也会经常地采取改革措施简化采购过程，并把采购系统、采购程序和注意事项提供给各供应商。供应商必须了解这个系统并投入相当的时间、资金和其他资源来制定有竞争力的标书。政府采购比较重视价格，供应商应当尽量通过降低成本来降低价格。有实力的供应商常常预测政府需求，设计适当的产品和服务，以争取中标。

创新创业营销视角

洞察消费需求痛点，解锁创新创业起点

一、洞察消费需求分类，催生创新制胜秘诀

洞察就是找痛点，核心是发现并挖掘出消费者心中的渴望、习惯、价值认同。它的价值在于找到、给到消费者一个无法拒绝的理由。需求是推动消费者进行各种购买行为的内在原因和根本动力。营销的过程就是不断创造需求、满足需求的过程。消费需求具有多重特征，且分类标准丰富多样。企业不仅要从品牌和产品上来满足消费者的功能需求、体验需求、消费升级的需求，同时还要满足其追求社交价值呈现的需求，以此赢得客户认同。

二、瞄准消费需求变化，切准品牌营销脉搏

成功的品牌营销需要从消费者的观点来看待产品，要使用一种真实、新奇的表现方式，来表达消费者的品牌经验，塑造品牌价值，明确品牌定位。品牌价值既有以产品和服务为主的理性价值，又有以形象和联想为主的感性价值。在现代消费习惯中，在提供同等理性价值的条件下，品牌所提供的感性价值将对品牌整体价值起到决定性作用。以短视频社交平台的消费者行为为例，其中的消费者呈现出不同的消费需求特点，当前消费需求和形态也从以往的趋同逐渐转变为如今的追求个性化，因此短视频社交平台所承载的内容密度更高，并且实现了更精准的内容匹配及推广，更加注重其转化的有效性。很多新锐品牌依托大数据，从消费者洞察出发反向驱动供应链，这是他们获得源源不断活力的途径，也是他们走向成功的标配。

三、掌握消费洞察创建的步骤、方法，提升洞察创新能效

简单地说，创建消费洞察可以实施四个步骤：**第一步，找到你的目标消费者**；首先要明确谁才是你的消费者，找出目标消费人群，用更多的精力为筛选出的消费者创造价值，提供更准确贴合他们需求的产品。**第二步，找到他们感兴趣的话题。**从目标消费者感兴趣的话题和方向中，更容易寻找引发共鸣的洞察，缩小获得洞察的范围，会让创意和策略有一针见血的穿透力。**第三步，寻找线索。**这些线索主要来源于社会现象、热点事件及日常生活。因为社会现象是覆盖最广泛人群阶层的洞察原点，其包容性与延展性展现了无穷的创造力，而热点事件是短时间内的全民意志集中体现，大众心灵渴求的最佳样本，日常的生活往往更真实和具有穿透力。**第四步，建立关联。**洞察的线索，必须是目标消费者在功能上尚未被完全满足的需求，继而建立与产品功能之间的触动点，同时找到消费者的精神渴望，输出品牌精神，

达到高度共识，令目标消费者产生对品牌的好感。概括来看，消费者洞察主要有两类：**“消费者与产品可能相关的需求”**和**“消费者使用产品的场景”**。

营销是一场心智的战争，营销的核心目标是为顾客创造价值，创新创业活动需要更好地了解消费者的思想、动机和决策。以互联网为代表的新消费时代，中国的消费群体更加理性成熟，在哪里买、买什么、为何而买、购买之后的反思等考量越来越全面。在这种消费特征的影响下，深刻洞察消费需求将有助于创新创业项目快速解锁其创造客户价值的起点。

创新创业营销案例

如何抓住消费“群像”中的机会？

麦肯锡在2019年对中国市场研究的报告中，提出了五大值得关注的消费趋势。

趋势一：中低线城市消费新生代成为增长新引擎。

调研发现，中低线城市“年轻购物达人”对于中国消费支出的持续大幅增长功不可没，二线及以下城市“年轻购物达人”仅占受访者的25%，但却为2018年消费支出增长贡献了近60%。这些年轻消费者都是“数字化原住民”，他们对未来保持乐观并充满希望，入手最新一代的手机、拔草美妆博主推荐的护肤品或化妆品、外出旅行并去他们关注的vlogger视频中的网红地点打卡，已经是这个群体普遍的生活方式。这一群体拥有更多空闲时间外出就餐、追逐最新潮流趋势、购买高档产品，提高生活品质和社会地位。“年轻购物达人”在购物时相信“一分钱一分货”，他们也不太关心为未来提前储蓄。这赋予了他们强大的购买力，在鲜奶、婴儿护肤品、酸奶、果汁等多个品类的净支出都大幅增长。

趋势二：多数消费者出现消费分级，在升级的同时有的更关注品质，有的更关注性价比等。

绝大多数受访者在支出方面都表现得更加谨慎，消费者应对经济紧缩的方式不尽相同，有的人仍在增加支出，会为高档商品支付更高价格；但也有的调整了消费方向，开始努力省钱。其中包括**“品位中产”**：这一群体以忙碌而富有的中年人为代表，他们更加看重品质，愿意为高品质商品付出更昂贵的价钱，但并不愿意单单为了凸显自己的社会地位而买单。“品位中产”在我们调研的25个品类中的23个增加了支出，为2018年消费支出增长贡献了23%。**“精明买家”**：这一群体也更青睐高品质的产品，但由于其收入略低于“品位中产”和“购物达人”，因此，他们时刻追求最高的性价比，既要品质过关又要价格合理。事实上，他们减少支出的品类已经超过了增加支出的品类。**“奋斗青年”**则是另一类消费群体，占受访者的10%，他们全面缩减了支出，其中缩减幅度最大的是非必需消费品，如能量饮料、碳酸饮料、瓶装水和白酒。这一消费群体的收入低于其他消费群体，他们主要居住在一二线城市，因此对他们而言，低价和省钱比品质和品牌更具吸引力。这一消费群体以年轻单身人群为主，他们忙忙碌碌、工作努力、对未来抱有信心，但这并未转化为日常支出的增长，因为他们倾向于为未来重要的人生事件做准备，如购房、结婚等。

趋势三：健康生活理念继续升温。

面对城市生活中的压力、拥堵和污染，受访者表示将会增加与健康生活方式相关的支出。有健康意识的消费者也更关注自己的食品选择，而这并不仅仅出于食品安全的考虑。

今年更多消费者表示会有意识地选择更健康的食品,这点在各级城市受访者中都有所体现,但在一线城市最为明显。在大城市中,60%的消费者表示会经常查看包装食品的成分表,会购买看起来更健康的产品。在被追踪的25个商品品类中,鲜奶是2018年中国消费者同比支出增长最多的一项。半数受访者表示,他们会购买更多酸奶。"年轻购物达人"则对天然原料制作的酸奶情有独钟。55%的受访者表示"健康和天然原料"是他们购买产品时的首选因素,此外"无糖""有机"等概念也比较重要。有趣的是,高线城市和低线城市消费者的健康理念有着微妙差别。低线城市消费者也崇尚健康生活方式,但他们支出增长最多的品类中却包括碳酸饮料和果汁,可见他们对健康生活方式的理解不同于高线城市消费者。

趋势四:旅游消费更注重体验。

2014年至2018年,中国城市消费者旅行支出的年复合增长率为14%,超过GDP增长率(7%)。随着中国消费者旅行次数增加、旅行经验丰富,他们在行程规划时更加成熟和有辨别力。在国内游方面,超过60%的受访者表示,他们现在更偏爱自助游,而非10年前流行的大型团队游,这在一线城市尤其明显(80%的受访者更青睐)。如果选择团队游,越来越多的中国旅行者会选择小型、高端旅行团,45岁及以上年龄的消费者更喜欢小型团队游(32%的受访者偏爱这种方式)。中国消费者出行仍以国内游为主。云南和四川是最受欢迎的两大旅游胜地。相比低线城市消费者,一线城市旅行者出境游和长线游(时间超过8天)的比例更高。在出境游方面,中国旅行者仍然青睐中国香港、台湾、澳门地区以及大中华区以外其他亚洲旅游胜地,比如日本、韩国和东南亚。不过长线游(如欧洲和北美)以及小众游(如冰岛)也都显示出增长趋势。

趋势五:本土高端品牌崛起。

最近几年很多中国企业不在着眼于生产低价产品,而是努力升级产品的品质、性能和价值。本次调研中共涉及19个品类,受访者在其中13个品类中偏好本土品牌,其中包括面巾纸、家庭清洁用品、乳制品和生鲜食品等生活用品,以及与身份和生活方式息息相关的产品,如手机、平板电脑、啤酒及冰箱等家用电器。今年的新趋势在于,许多消费者还会在高端产品上选择本土品牌。中国是高端数码产品、护肤品、化妆品和红酒的主要原产地之一。消费者甚至开始对中国时装感兴趣——这里所说的并非普通服装,而是制作精良的设计师品牌,如中国设计师刘旻、马明和陈安琪等设计的品牌服装。这些时装品牌如今与西方顶尖品牌一同现身于中国奢侈品百货商场。

与此同时,中国消费者依然容易混淆品牌原产地。许多人会把很早以前进入中国市场的国际品牌误当成本土品牌。半数消费者认为七喜(7-Up)是中国品牌,还有49%的消费者认为日本的养乐多(Yakult)是中国品牌。另一方面,一些走国际范儿路线的本土品牌也经常被误认为是国外品牌,如42%的受访者认为金帝巧克力和贝因美婴儿奶粉是国外品牌。

(资料来源:199IT数据中心.有删改)

问题讨论:

1. 分析不同城市的消费者群体其消费行为出现差异的原因。

2. 结合资料和本章知识,分析在不同品类的消费中消费者的购买类型,举例说明某种购买类型有何特点。

3. 报告中关于中国城市消费者的消费趋势分析对乳制品企业创新营销活动有何启示?

4. 如果你是一家服装品牌的营销经理,在消费新趋势的影响下,该如何进行市场营销策略创新?

创新创业营销实战训练

【训练目的】

掌握创新创业项目的顾客消费需求分析内容及方法,从消费需求角度研究创新创业项目的创新起点。

【训练内容】

选择一个拟自主创业或从身边(网络)寻找一个创新创业项目将其作为研究项目,以小组为单位,利用本章学习的顾客需求分析方法,研究消费者消费需求特征和发展趋势,以及消费需求痛点对创新创业项目的价值,形成研究报告。教师也可以指定某一个创新创业项目,要求学生做出相关分析并形成研究报告。

【训练步骤】

(1) 选择一个拟自主创业或从身边(网络)寻找一个创新创业项目,确定一个研究的创新创业项目;

(2) 从消费需求特征、消费者购买行为类型、消费者购买行为影响因素、消费者购买行为决策过程等方面进行该项目的消费需求整体研究,深度挖掘、洞察消费需求痛点;

(3) 从消费需求角度探寻该创新创业项目可以尝试的若干创新机会;

(4) 总结提炼,形成研究报告。

【注意事项】

(1) 可沿用第二章选择的创新创业项目;

(2) 3~4 人一组,每组选出一位负责人,小组成员合理分工(人员分组可沿用第一次的分组);

(3) 注意对消费者群体进行分类研究,注重文献收集的深度和广度;

(4) 训练过程应结合本章所学理论知识,独立思考与小组讨论相结合;

(5) 研究报告以小组形式提交,注明每位同学承担的任务。

【成果与评价】

(1) 研究报告内容应包括但不限于:研究项目的顾客消费需求规律特征分析、从顾客消费需求角度研究出的该项目可以尝试的创新机会;

(2) 要求各部分内容充实,分析全面并重点突出;

(3) 文字流畅,符合规范化要求。

思考题

1. 消费者市场和组织市场各有哪些特征?

2. 根据消费者的参与程度和产品品牌差异程度不同,创新创业营销应如何对消费者的购买行为进行分类？分别应采取怎样的营销策略？

3. 影响消费者市场顾客购买的环境因素和个体因素有哪些？如何运用这些因素开展创新创业营销活动？

4. 影响生产者市场顾客购买的因素有哪些？如何运用这些因素开展创新创业营销活动？

5. 影响中间商市场顾客购买的因素有哪些？如何运用这些因素开展创新创业营销活动？

6. 绘制一张家用汽车潜在购买者的购买决策过程分析图，说明汽车销售商应如何根据该过程实现营销创新。

第四章

市场竞争分析

学习目标

1. 理解行业竞争结构的类型。
2. 掌握影响行业竞争结构五种力量模型的分析方法。
3. 理解竞争者的类别，掌握识别主要竞争者和深入分析竞争者的方法。
4. 掌握创新创业项目市场竞争分析方法。

引　言

在高度发达的市场经济条件下，企业(尤其是处于劣势地位的创新创业企业)要想谋求生存和发展，除了了解顾客需求、理解顾客价值以外，还必须深入分析竞争对手的优势、劣势及其为顾客提供的价值，判断竞争对手对本企业采取的营销策略可能做出的反应和对策，以己之长击彼所短，通过提供差异化的顾客价值，保持在市场竞争中的优势地位。

第一节　行业竞争分析

任何企业都处于特定的行业之中，行业整体的竞争态势是企业分析研究市场竞争问题首先需要了解的内容。行业竞争分析的方法很多，这里介绍基于行业竞争结构和五种力量竞争模型的分析方法。

一、行业竞争结构

行业竞争结构是指行业内企业的数量和规模的分布。理论上，可以分为完全竞争、垄断竞争、寡头垄断和完全垄断四种类型，四种竞争结构从市场集中程度、进入和退出障碍、产品差异和信息完全程度方面有不同的特征。

完全竞争是指在市场中存在着许多销售同质产品的卖者，而消费者能够无成本地获得充分信息，因此，市场价格由市场中所有的购买者和供应者的相互作用决定，任何一个厂商都不能控制市场价格，每个企业都只能按市场既定的价格销售产品。在完全竞争的条件下，企业要想获得不同的利润率，只有通过低成本生产或分销来实现。现实生活中，完全竞争市场是罕见的，比较接近的是农产品市场和部分销售同质产品的市场，如煤、木材、粮食、棉花等。

完全垄断又称“独家垄断”，是整个行业的市场供给完全为独家企业所控制的状态。在完全垄断的条件下，整个行业中只有一个厂商可以提供所需要的全部产品，其产品没有替代品，新企业不可能进入该行业，企业不受任何竞争的威胁，可以控制和操纵价格，获得垄断利润。在市场导向型经济中，完全垄断是很少见的，但出于保证国家安全、保障税收收入、提高资源使用效率和保护创新等方面考虑，国家会给予部分行业（如武器、弹药、铁路等）和产品、劳务、技术的创新者合法的垄断权力。但通常，国家会对垄断经营的行业做出价格和供给数量的规定，以尽可能减少由于垄断而造成的生产效率降低、消费者福利受损等。

垄断竞争是指一个市场中有许多厂商生产和销售有差别的同种产品，是一种介于完全竞争和完全垄断两个极端市场结构的市场组织形式，在这种市场中，既存在着激烈的竞争，又具有垄断的因素。一方面，由于市场中存在着较多数目的厂商，有差别的产品之间相互又是非常相似的替代品，每一种产品都会遇到其他大量的相似产品的竞争。另一方面，企业生产的产品之间存在差别，这种差别不仅包括质量、构造、外观、销售服务，还包括广告、品牌、消费者的偏好等，因此每个厂商对自己产品的生产销售和价格都有一定的垄断力量，从而使得市场中带有垄断的因素。现实生活中，垄断竞争是常见的一种市场结构，如零售业市场、服务业市场等。

寡头垄断是一种由少数卖方（寡头）主导市场的市场状态，它的显著特点是少数几家厂商垄断某一行业的市场，这些厂商的产量占全行业总产量中很高的比例，从而控制着该行业的产品供给。相互依存是寡头垄断市场的基本特征，由于厂商数目少而且占据市场份额大，一个厂商的行为都会影响对手的行为，从而影响整个市场。例如，某一家企业降低价格或扩大销售量，其他企业都会受到显著影响，从而做出相应的对策。因此，任何一家企业做出某项决策的时候，都必须考虑其竞争对手的反应，并对这种反应做出估计。在现实生活中，寡头垄断行业往往是生产高度集中的行业，如钢铁、汽车、石油等。

二、影响行业竞争结构的五种力量

五力分析模型是美国著名学者迈克尔·波特（Michael E. Porter）在 20 世纪 80 年代初提出的，他认为，行业中存在着决定竞争结构的五种主要力量，这五种主要力量综合起来影响着产业的吸引力以及现有企业的竞争战略决策。这五种主要力量是：供应商的议价能力、购买者的议价能力、新进入者威胁、替代品威胁、现有竞争者的竞争能力。这种分析方法通常被称为五力分析或波特竞争力分析，如图 4－1 所示。

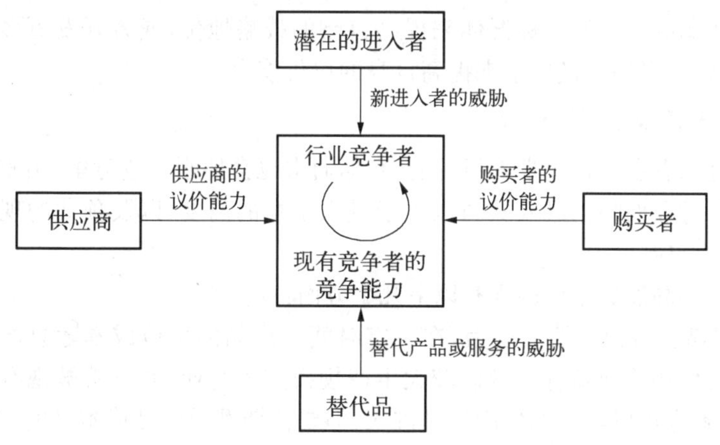

图 4－1　迈克尔·波特五力分析模型

(一) 供应商的议价能力

供应商主要通过提高其投入要素价格、降低单位价值质量和服务标准、增加一次性付款和货物自提等附加条件,发挥自己的议价能力,从而影响行业中现有企业的盈利能力与产品竞争力。一般来说,满足如下条件的供应商会具有比较强大的议价能力:

(1) 供方行业集中度很高。在一定市场范围内,供应商数量不多,其产品的买主很多,每一个买主都不可能成为供应商的重要客户。

(2) 企业所在的行业并不是供应商群体的重要客户。

(3) 供应商的产品具有一定特色,买主难以转换或转换成本太高,或者很难找到可与其产品相竞争的替代品。

(4) 供应商提供的产品是买方业务的重要投入要素。供应商提供的产品对企业生产流程很重要,或对企业产品质量的影响很大。

(5) 供应商有前向一体化的战略意图,或能够方便地实行前向联合或一体化,而买主难以进行后向联合或一体化。

在这种情况下,企业可以通过采用多种供应渠道、加强开展后向一体化威胁、努力摆脱转换成本或者与供应商建立双赢关系等措施来改变供应商的议价能力。

(二) 购买者的议价能力

购买者主要通过压低价格、要求提供更好的产品或服务、增加送货上门等附加条款以及挑起竞争企业之间的相互竞争等来影响行业中现有企业的盈利能力。一般来说,满足如下条件的购买者可能具有较强的议价能力:

(1) 购买者的总数较少,而每个购买者的购买量较大,占了卖方销售量的很大比例。

(2) 卖方行业由大量相对来说规模较小的企业所组成,行业集中度低。

(3) 购买者所购买的是标准化产品或非差异化产品,面临的转换成本不高,同时向多个卖主购买产品在经济上也完全可行。

(4) 购买者盈利状况堪忧或利润空间较小,对采购价格敏感度较高。

(5) 购买者拥有全面的市场信息,包括市场需求、市场价格甚至供应商成本。

(6) 购买者有能力实现后向一体化,而卖主不可能实现前向一体化。

如果市场中购买者的议价能力很强,那么该市场就会缺乏吸引力。通常,企业可以通过选择议价能力较弱的合适的目标群体来提高自己的战略地位,或者开发更多的差异化的产品和服务,提高购买者的转换成本来提高自身的议价能力。

(三) 新进入者威胁

行业的新进入者会给行业带来新的能力,但通常也会加剧行业竞争,给整个行业带来新的挑战和冲击。行业面临的进入威胁取决于进入壁垒的高度,以及预期的现有企业对新进入者进入做出的反应。

决定进入壁垒高度的主要因素有以下几个方面:

(1) 规模经济。规模经济表现为,在一定时间内产品的单位成本随总产量的增加而降低。规模经济的作用迫使新进入者以较大生产规模进入行业,并冒着被现有企业强烈反击的风险;新进入者也可以较小的生产规模进入,但要长期忍受产品成本高的劣势。这两者都不是新进入者所期望的。

(2) 产品差异化。产品差异化表明行业内现有企业已经通过广告、客户服务、产品差异化等抢先进入,拥有了一定的品牌认同和顾客忠诚度。差异化促使新进入企业大量投资,以克服市场上对行业内现有企业顾客忠诚度带来的问题,从而创造了进入壁垒。

(3) 资本要求。有些行业(如制药行业和科技行业)要求投入大量的资金来建立公司并进行研究和开发,因而与资金投入相关的投资风险就会阻碍新公司进入该行业。

(4) 转换成本。转换成本是指买方从某个供应商转到另一个供应商处购买产品所需要一次性承担的成本,包括员工培训成本、新的附属设备成本、测试和验证新的供货源的成本以及产品重新设计成本等。如果转换成本较高,新进入的企业就必须在成本或性能方面有较大的改善,否则就无法吸引消费者放弃现有的供应商。

(5) 分销渠道的获取。现有的产品分销渠道也许已经被行业内的企业占领,新进入的企业必须说服渠道商接受自己,为此要做出价格让步、提高合作性广告补贴等,这就减少了新进入者的利润。例如,新进入企业为说服零售商腾出竞争激烈的货架销售自己的产品,往往需要开展促销、集中销售等活动,或者在其他方面做出让步。

(6) 政府政策。政府可以限制甚至禁止新进入者的进入,比如,政府可能会通过限制执照发放(如通信和电视广播行业)和限制外资的方式来限制某些公司进入某行业;或者通过污染标准、产品安全和效能限制等隐晦的手段建立进入壁垒。

(7) 现有企业拥有的与规模无关的成本优势。行业内现有企业拥有的大量与规模无关的成本优势,如专有产品技术、优先获得原材料、有利的地理位置、政府补贴、学习或者经验曲线等,都会是新进入者进入的壁垒,使新进入者无论具有什么样的规模经济,都很难在市场中获得一席之地。

现有企业对新进入者进入行业做何反应,对于这个情况的预期也会影响进入威胁。如果新进入者认为行业内现有企业会采取强硬的打击报复措施,就有可能会延迟进入时间,从而降低进入威胁。通常,以下情况会阻止或延缓新进入者进入:

① 现有企业有强烈打击报复新进入者的历史。

② 现有企业拥有雄厚的反击实力,包括资金、技术、生产、营销、市场等方面的优势和实力。

③ 现有企业非常专注自身在该行业的发展,并在其中投入了大量流动性不强的固定资产。

④ 行业增长缓慢,这限制了行业吸收新进入企业的能力,除非以牺牲现有企业的销售额和财务指标为代价。

(四) 替代品威胁

替代品是指与现有产品具有相同功能的产品,替代品一方面会造成消费者的分流,另一方面会限制现有企业产品的价格,从而压缩行业利润空间。替代品对行业的影响通常可以从以下几个方面进行分析:

(1) 替代能力。替代品的功能特性和行业产品的功能特性之间的相似程度越高,则替代品的威胁就越强。

(2) 转换成本。替代品的使用需要顾客额外付出的转换成本越低,则替代品的威胁就越强。

(3) 替代品所在行业的获利能力。如果替代品所在行业具有很强的获利能力,则其通过降低价格提高竞争能力的可能性越强,替代品的威胁就越强。

企业通常可以通过降低成本降低售价或通过提高产品质量使产品更具特色等,提高市场竞争力。但是,应对替代品的全面侵袭通常需要整个行业的努力,包括全行业持续的广告投入、产品质量的改善、产品供应便捷性的提高、对顾客响应速度的加快等。

(五) 现有竞争者的竞争能力

现有竞争者是指行业内生产同类产品的企业,特别是同处于一个战略群体内的竞争者。行业内现有竞争者的竞争强度与许多因素有关,主要包括:

(1) 行业增长速度。增长速度缓慢的行业,企业间的竞争通常比较激烈。

(2) 行业内企业的数量和规模。行业内企业数量越多,实力相近的企业越多,通常竞争越激烈。

(3) 行业内企业产品差别化程度。行业内企业提供的产品或服务相似,会使企业间缺乏足够的非价格竞争手段,从而导致行业竞争的加剧。

(4) 固定成本和库存成本。高固定成本和高库存成本会给企业带来较大的销售压力,从而引发激烈的竞争。

(5) 转换成本。消费者购买不同企业产品需要的额外成本越低,则行业竞争压力越大。

(6) 退出壁垒。如果企业面临较高的退出壁垒,包括专用型资产的处理、企业战略安排、员工安置、政府限制等,企业通常会选择留在行业继续参与竞争,从而导致行业竞争的加剧。

分析行业内现有竞争者,通常从竞争对手的目标、战略、实力入手,确定主要竞争者,分析竞争者的优劣势、估计竞争者的反击方法。这部分内容将在本章第二、第三节展开论述。

值得一提的是,行业内的企业并不都是竞争对手,通常的情况是既有竞争又有合作,价格战、广告战、服务战等竞争方式比比皆是,但技术合作、委托制造、合作营销等战略联盟也随处可见。理解行业内企业既竞争又合作的关系非常重要。

第二节　识别竞争者

战略竞争的观点认为:企业在选择环境和竞争对手时具有一定的自主性,一方面,企业可以能动、自主地选择对自己有利的竞争环境;另一方面,行业内企业并非在任何时候都是排他性的。例如,在新产品市场开拓早期,由于顾客对产品还缺乏认识,需要行业内企业共同努力,扩展销售渠道。因此,企业在制定竞争战略前,首先要明确竞争对手,分清敌友,合纵连横。

一、竞争者的类别

竞争者是指对本企业的发展可能造成威胁的任何企业。在最狭义的层面上,竞争者是指为同样的顾客提供相似产品和服务的企业;在广义的层面上,那些与本企业就顾客、渠道、供应商、人力资源、资金等多方面进行争夺的都是企业的竞争者。菲利普·科特勒从产品替代性的角度出发,将企业的竞争者划分为四个层次:

(1) 品牌竞争者(Brand Competitors),是指满足顾客相同需求,生产规格、型号、款式相同或相似的产品和服务,以接近的价格进行销售,但品牌不同的竞争者。例如,“奥迪”轿车制造厂商可以将“丰田”“本田”等目标顾客相同、实力相当、价格相似的汽车企业视为竞争者。这是狭义竞争者的范畴。

(2) 产品形式竞争者(Product Competitors),是指生产同类但规格、型号、款式不同的产品和服务的竞争者。这类竞争者在顾客同一种需求的具体满足上存在差异,购买者可以根据自己的偏好进行选择。例如,“奥迪”轿车制造厂商可以将所有汽车制造厂商视为竞争者,包括价格昂贵的“劳斯莱斯”汽车和廉价的“QQ”等微型汽车制造厂商。

(3) 属类竞争者(Generic Competitors),也称普通竞争者或一般竞争者,是指提供不同的产品和服务以满足消费者相同需求的竞争者。例如,“奥迪”轿车制造厂商可以将竞争者的范围扩大至包括轿车、面包车、摩托车、自行车,甚至高铁等所有能满足顾客交通出行需求的企业。

(4) 愿望竞争者(Desired Competitors),是指提供不同产品和服务以满足不同需求的竞争者。这里竞争者争取的是消费者的消费愿望,竞争对象是所有争取同一消费群体消费愿望的其他企业。例如,“奥迪”轿车制造厂商可以将提供房屋的房地产商、提供旅游度假的游轮公司视为竞争者。

四种竞争者所涉及的竞争范围逐渐扩大,前两类竞争者一般被视为企业的直接竞争者,后两类被视为间接竞争者,虽然来自直接竞争的竞争更为显著,但来自间接竞争者的竞争威胁往往更大,甚至超过直接竞争者。

补充案例

随着我国高速铁路网的扩张,高铁和民航对客源的争夺战愈演愈烈。调查显示,在中短途运输方面(200～1 000 公里),高速铁路较民航拥有诸多明显优势:一是旅途全程时间短;二是受气候变化影响小,正点率高、安全性好;三是高铁车站往往更靠近市中心,地面交通接驳更便捷。

在 2019 年 4 月 1 日石太高铁开通后,太原飞北京的早晚航班被迫取消。同样,在合武高铁客运专线开通后,武汉至上海的民航客座率下降 5.5%,武汉至南京的民航客座率下降了 11.9%。

二、识别主要竞争者的方法

随着竞争者内涵的丰富和外延的拓展,竞争者的数量和竞争程度也出现复杂性和多样性。在实际操作过程中,企业可根据外部环境变化和自身资源情况,对主要竞争者进行识别,从而有的放矢地建立市场竞争优势。

迈克尔·波特认为识别战略集团有助于企业确定自己将同谁竞争,并提出了基于战略集团的竞争对手识别方法。战略集团是指以战略维度为基础,行业中实施相同或者类似战略的企业组成的集团。战略维度通常包括专业化程度、品牌识别、促销方式(推拉政策)、渠道选择、产品质量、技术领先程度、垂直一体化程度、成本领先、服务、价格策略、杠杆(经验杠杆、金融杠杆)、与母公司关系、与母公司政府或东道主政府的关系等。各战略维度之间彼此关联,如价格较低的企业通常具有低成本优势,提供的产品质量不错,但不是最优的。

图 4-2 是以品牌识别度和技术能力为关键战略维度绘制的某行业战略集团图。一般来说,在一个行业中,通常会出现几个战略集团,不同的战略集团采取性质完全不同的战略。处在同一战略集团的企业,由于使用的战略相似,往往有类似的市场份额,会对外部环境做出类似的反应,采取类似的竞争行动。迈克尔·波特认为公司的主要竞争者是那些为相同或相似的目标市场推行相同或相似战略的企业。

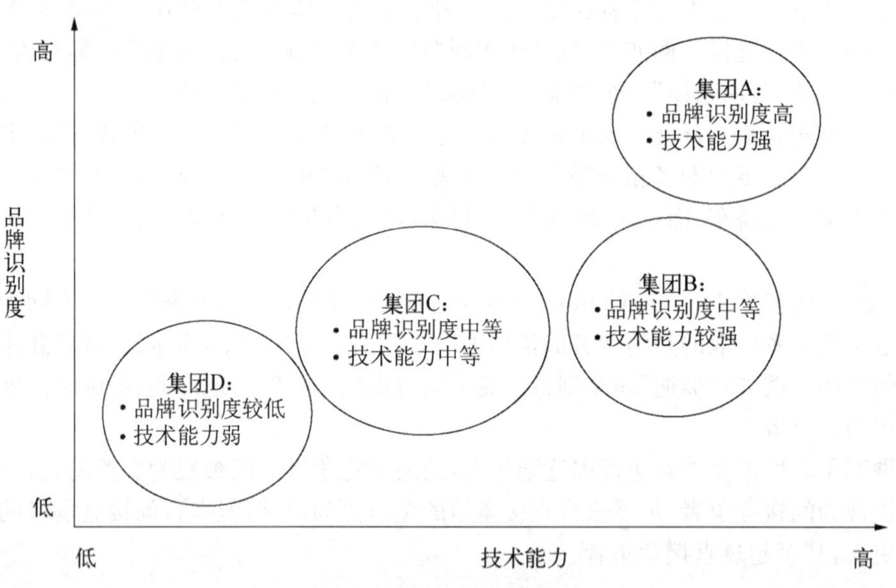

图 4-2　某行业战略集团图

我国学者杨青山提出了识别主要竞争者的"三近四同"模型,如图 4-3 所示。

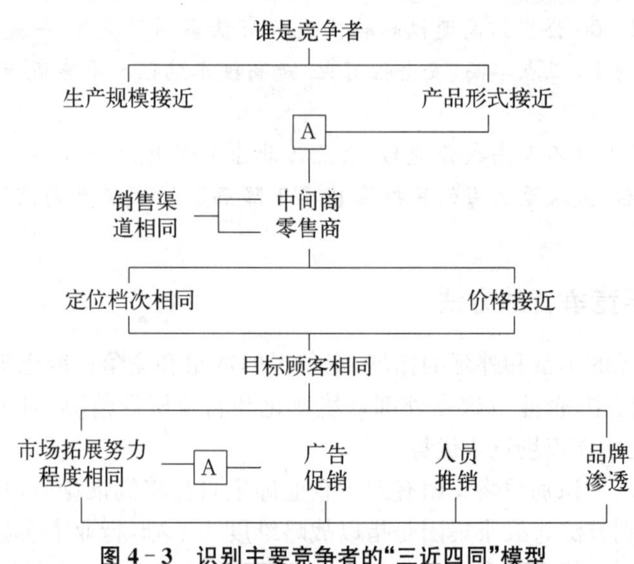

图 4-3　识别主要竞争者的"三近四同"模型

在该模型中,杨青山列出了识别主要竞争者的七项条件,只要一个企业在七项条件对比中达到"三近四同",它就是企业的主要竞争者。

"三近"是指生产规模、产品形式、价格接近,即企业以接近的生产规模,生产基本效用、品质、式样、特征、品牌、包装等接近的产品，并以相似的零售价格向市场销售。

“四同”是指目标顾客、定位档次、销售渠道和市场拓展努力程度相同，即企业为相同的消费群体提供产品和服务，在消费者心目中企业提供的产品和服务无明显特色，满足顾客需要的程度相同，企业通过相同的销售渠道销售产品，且在广告促销、人员推销、市场推广和品牌策略等方面的投入和方法相同。

通过对比，我们可以发现，根据“三近四同”模型识别的竞争者一定是我们前面“竞争者分类”中讲的品牌竞争者，甚至它的限制条件比品牌竞争者还要严格。因此，“三近四同”模型识别的是最为直接的竞争者。

第三节　深入分析竞争者

确定了企业的主要竞争者以后，企业需要对每一个竞争对手做出尽可能深入、详尽的分析，搞清楚每一个竞争对手在市场上追求的目标、实施的战略、目前的市场地位，分析每一个竞争对手的优势和劣势，并判断其对行业变化、市场竞争有可能做出的反应，从而有效地制定战略方向及战略措施。

一、分析竞争者的目标和战略

(一) 确定竞争者的目标

每个竞争者都有侧重点不同的目标组合，如获利能力、市场占有率、现金流量、技术领先和服务领先等。企业要了解每个竞争者的重点目标是什么，才能正确估计他们对不同的竞争行为将如何反应。例如，一个以“低成本领先”为主要目标的竞争者，对其他企业在降低成本方面的技术突破的反应，要比对增加广告预算的反应强烈得多。企业还必须注意监视和分析竞争者的行为，如果发现竞争者开拓了一个新的细分市场，那么，这可能是一个营销机会；或者发觉竞争者正试图打入属于自己的细分市场，那么，就应抢先下手，予以回击。

竞争者目标是由多种因素确定的，其中包括企业规模、发展历史、经营管理现状、所有者和管理者的偏好、市场环境等。

(二) 判断竞争者的战略

不同的企业通常会采取不同的经营战略，战略的差别主要体现在目标市场、发展方式、竞争方式的选择上。这部分的具体内容我们将在第六章和第七章展开深入讨论。

各企业采取的战略越相似，它们之间的竞争就越激烈。在多数行业中，根据所采取的主要战略不同，可将竞争者划分为不同的战略集团。例如，在美国的主要电器行业中，通用电器公司、惠普公司和施乐公司都提供中等价格的各种电器，因此可将它们划分为同一战略群体。

二、分析竞争者的市场地位

竞争者的市场地位不同，采取的竞争策略往往不同，对竞争做出的反应也是不一样的。

菲利普·科特勒根据企业占市场份额的大小，将行业内的竞争者分为四类(见图4-4)。

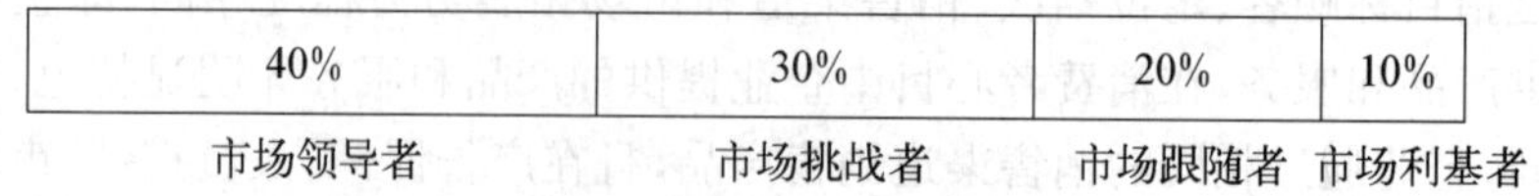

图4-4 行业中的四类竞争者

(1) 市场领导者(Market Leader)。所谓市场领导者，是指在相关产品的市场上市场占有率最高的企业。一般来说，大多数行业都有一家企业被公认为市场领导者，它在价格调整、新产品开发、分销渠道建设和促销力度等方面均处于主导地位。根据兰契斯特法则，市场领导者的市场份额应该在41.7%～73.88%之间。例如，国际市场中，软饮料行业的可口可乐、快餐行业的麦当劳、日用消费品行业的宝洁，国内市场中，电商平台的淘宝、房地产行业的万科、手机行业的华为等都是著名的市场领导者。

(2) 市场挑战者(Market Challenger)。市场挑战者是指在行业中处于次要市场地位(第二位、第三位，甚至更低地位)的企业，在参与市场竞争的过程中，主动向市场领导者和其他竞争者发动进攻，以取得更大的市场占有率，夺取市场领导者的地位。根据兰契斯特法则，市场挑战者的市场份额应该在12.0%～41.7%之间。例如，国际市场软饮料行业的百事可乐公司、国内电商平台京东等。

(3) 市场跟随者(Market Follower)。并非所有在行业中处于次要地位的公司都会向市场领导者挑战。因为这种挑战会遭到领导者的激烈报复，最后可能无功而返，甚至一败涂地。有时它们会成为市场跟随者，并不频频向竞争者发动正面攻击，而是通过模仿等手段改进产品或服务，以获取高额利润。它们的市场份额一般在9.33%～26.12%之间。市场跟随者在资本密集且产品同质性高的行业(如钢铁、化工等)中是很普遍的现象。在这些行业中，产品差异化的机会很小，而价格敏感度却很高，很容易爆发价格竞争，最终导致两败俱伤。因此，这些行业中的企业通常形成一种默契，彼此自觉地不互相争夺客户，不以短期市场占有率为目标，以免引起对手的报复。

(4) 市场利基者(Market Nicher)。几乎每个行业都有些小企业，它们专心致力于市场中被大企业忽略的某些细分市场，在这些小市场上通过专业化经营来获取最大限度的收益。这种有利的市场位置就称为“利基(Niche)”，而所谓市场利基者，就是指占据这种位置的企业，它们的市场份额一般在1%～9.33%之间。

不同市场竞争地位的企业采取的竞争策略，我们将在第七章第三节展开深入讨论。

三、评价竞争者的优势和劣势

在分析研究了竞争对手的目标、战略、地位之后，还要深入研究竞争对手的优势和劣势，以判断自身在哪些方面、哪些领域具有差别优势，在具有差别优势的领域把文章做足，以己之长攻彼之短。

分析竞争者的优势及劣势，需要收集过去几年中关于竞争者的情报，如销售额、市场占有率、毛利率、投资报酬率、现金流量、新投资等。通常，企业可以从网络公开资料、行业出版物、竞争产品的文献资料、竞争对手的年度报告、内部报纸和杂志、广告、公司官员的论文和演讲、销售人员的报告等途径获得，也可以向顾客和供应商进行调查。

企业通常可以从产品、分销渠道、营销和销售、运营、研发和工程、总成本、财力优势、组织、总经理管理能力、公司组合等关键领域分析竞争对手的优势和劣势。

了解竞争对手信息的常用工具

云计算、大数据等信息技术的快速发展催生了一批可以帮助我们从不同侧面了解竞争对手信息的应用工具。常用的工具有：

(1) 百度文库。它是一个供网友在线分享文档的平台，文库内容包罗万象，专注于教育、PPT、专业文献、应用文书四大领域。

(2) 百度指数。它是用来反映关键词在过去一段时间内网络曝光率和用户关注度的指标，竞争对手的公司名称、品牌名称、产品名称、产品品类、关键人物、关键事件等都是情报收集的关键词。由于百度指数来源于用户主动搜索，因此具有很高的参考价值。

(3) 新浪微指数。它是通过对新浪微博中关键词的热议情况，以及行业/类别的平均影响力，来反映微博舆情或账号的发展走势。可以通过搜索品牌名、企业名称、商品类别等关键词来分析自己及竞争对手在微博上的热议度、热议走势、用户属性、地区分布等。

(4) 淘宝指数。它是淘宝官方免费的数据分享平台，可以根据关键词了解淘宝购物额长周期走势、人群特征、成交排行和市场细分等数据，分析淘宝购物趋势。

(5) 中国网络视频指数。它是以优酷、土豆两大视频网站数据为基础，基于视频技术手段获取的视频播放数、搜索量、评论、站外引用等多维度进行的数据统计。

四、估计竞争者对竞争的反应模式

概括起来，竞争对手对竞争的反应无非有三种情况：不采取反击行动、防御性反击和进攻性反击。这取决于竞争对手对目前位置是否满意，它是否处在战略转变之中，它所具有的战略能力，以及竞争对手对它的刺激程度。具体说来，可以分为四种反击模式。

(1) 从容型竞争者。一个竞争者对某一特定竞争者的行动没有迅速反应或反应不强烈，其原因是多方面的。例如，他可能感到其顾客很忠诚；他的业务需要收割榨取；他可能生性反应迟钝；他可能没有做出反应所需要的资金。

(2) 选择型竞争者。竞争者可能只对某些类型的攻击做出反应，而对其他类型的攻击则无动于衷。例如，竞争者可能经常对削价做出反应，为的是说明削价是枉费心机的；但他对广告费用的增加可能不做任何反应，认为这些并不构成威胁。

(3) 凶狠型竞争者。竞争者对向其所拥有的领域发动的任何进攻都会做出迅速而强烈的反应。这类公司意在向另一家公司表明，最好不要发起任何攻击，防卫者如受到攻击将奋战到底。

(4) 随机型竞争者。有些竞争者并不表露可预知的反应模式。他们在任何特定情况下可能会也可能不会做出反击，而且无论根据其经济、历史或其他方面的情况，都无法预见他们会做什么事。许多小公司都是如此，他们发现能够受得了时就站在前沿竞争，而当竞争成本太高时就躲到后面去。他们的反应是不确定的。

创新创业营销视角

把握趋势寻商机　直面竞争找差异
——创新创业企业市场竞争分析的要点

创新创业活动涉及各行各业，除了技术前沿性很强的高新技术性创业能够开辟一个全新的市场，大部分创新创业企业都是在新兴或传统行业通过局部创新谋求生存，遭遇竞争在所难免。因此，创新创业企业市场竞争分析的要点是把握市场发展趋势、发现市场空白和寻找差异化的切入点，以尽可能地在一个具有发展潜力的局部市场避开正面竞争或建立相对的竞争优势。

一、分析行业格局，全面了解行业发展趋势

本章学习的行业竞争结构和五种力量竞争模型是行业现有格局分析的重要方法。此外，创新创业者还可以通过分析行业的生命周期，判断行业未来可能的发展趋势。

行业的生命周期指行业从出现到完全退出社会经济活动所经历的时间，通常划分为幼稚期、成长期、成熟期和衰退期四个发展阶段。处于幼稚期的行业市场需求增长较快、市场增长潜力大，在开辟新用户、占领新市场、进行产品和服务创新等方面都有很大的空间，但往往也存在市场不稳定、产品和服务提供方式不确定等问题。在这个阶段，如果企业能够克服进入行业所需的技术、资金、人才等资源壁垒，有能力承担由于市场变动带来的风险，那么，不失为创新创业者进入行业的好时期。

进入成长期的行业市场和技术都渐趋稳定，需求高速增长，市场增长速度很快，但往往也存在产品品种及竞争者数量快速增多的问题，资金、技术、人才开始大量涌入。成长期无疑是企业进入行业的最佳时期，由于利润可观，可以使创新创业者快速积累资金财富，为后期拓展市场和参与市场竞争奠定良好的基础。

成熟期是行业竞争最激烈的时期，这时需求增长开始放缓甚至出现负增长，行业盈利能力已稳定在社会平均利润水平，行业开始出现大调整，一些实力雄厚的企业通过收购兼并逐渐壮大，成为行业的领导者，市场进入壁垒大大提高。创新创业者如果想在进入成熟期的行业分得一杯羹，一般可通过创造新的商业模式、研发新品、创新营销方式或者进入新的细分市场等方式。

行业进入衰退期以后，由于市场需求迅速下降，导致行业利润率水平大大降低。创新创业者一般不应进入这类行业。

行业生命周期通常可以通过市场增长率、需求增长率、产品品种、竞争者数量、进入壁垒及退出壁垒等指标进行判断。

二、发现市场空白，挖掘新的市场机会

当创新创业者发现一个具有潜力的市场时，应该对该市场做一次全面的梳理，以发现市场空白，挖掘可能的市场机会。这里有两个思路可供参考：

一是寻找尚未充分开发的市场，发现市场空白，通过开发新市场，给自己创造创新创业空间。即了解现有市场中已开发的市场、已开发市场的开发程度、尚未开发的市场、未开发和已开发市场的发展潜力等，寻找开发不足、仍有较大发展空间的局部市场，与企业自身资源和发展目标进行对比，锁定与自身技术、资金、营销、人力等资源相匹配，与企业长期战略目标相一致的局部市场作为目标市场。这是大部分技术、资金等资源不足的企业通常采用的市场进入方式。在我国互联网 B to C 交易平台被天猫、淘宝、京东等几大电商巨头全面占领的背景下，唯品会、聚美优品、蘑菇街等仍以其独特的眼光，发现了网络交易中未被充分开发的女性消费品市场，在女性折扣品牌服装、女性时尚消费品方面占领了一席之地。

二是在已开发的市场中，发现没有被满足的需求，通过产品、服务、营销模式、商业模式的创新，满足顾客需求，开辟市场蓝海。即通过对现有行业中的领导者的全面梳理，了解现有企业的盈利模式，了解他们的产品、价格、渠道和传播方式，与消费者的需求进行对比，发现没有被满足的需求，通过顾客需求的满足，获得顾客价值。具备技术和资金实力的企业通常采用这种方式为自己创造市场蓝海。男装连锁零售企业海澜之家进入市场的时候，男装市场已充斥了金利来、罗蒙、杉杉、雅戈尔等诸多知名品牌，但他们在认真研究市场之后，发现除了少数面向年轻人的服饰品牌是以连锁零售方式进行销售以外，大部分男装、女装品牌都是制造商品牌，是以分销的方式进行销售的。于是，海澜之家率先创造了男装连锁零售模式，而且，与年轻人连锁服饰品牌不同的是，海澜之家推出的是一站式男装购买模式——在海澜之家，顾客可以一次性购买男性所需的西装、衬衫、T 恤、裤子、鞋子、皮带等各种配饰，是真正的“男人的衣柜”。与需求相匹配的商业模式创新，加上合理的产品、服务等市场营销手段的跟进，是海澜之家创业成功的关键。

赢得胜利的最佳方法是不战而胜，对于创新创业者来说，如何在进入市场之前做好市场竞争分析，挖掘新的市场机会，尽可能地避开正面冲突显得尤为重要。

三、识别主要竞争者，建立差异化竞争优势

在很多情况下，即使创新创业者努力回避，竞争仍会不可避免。在这种情况下，要注意识别主要竞争者。迈克尔·波特的战略集团分析法和我国学者杨青山的三近四同法是识别主要竞争者的重要方法。在识别主要竞争者的基础上，从资金、渠道、产品、技术、品牌、营销等角度分析自身优势，寻找合适的细分市场进入。在自身核心优势的基础上，建立差异化竞争优势，是创新创业者成功的关键。

在识别核心竞争者的时候，创新创业者要努力避免只将目光盯在行业领导者身上，事实上，对于绝大部分资源有限的创新创业者，几乎完全没有能力与行业领导者对抗。所谓主要竞争者，一定是和企业自身规模以及目标市场最为接近的企业。以近几年创新创业的热门领域——青少年教育培训行业为例，创新创业者不能只把目光聚焦在新东方、学而思等行业领导企业上。事实上，仅就培训内容和培训方式而言，就可以有学科教育、音乐、舞蹈、美术、体育、心理、行为、实践体验、线上培训、线下培训等多个细分领域。创新创业者应结合自身优势，选择合适的细分领域，通过差异化竞争优势的建立，使企业处于有利的市场地位。

创新创业营销案例

中国音乐市场发展趋势与竞争格局分析

音乐产业作为我国文化产业的重要组成部分，近年来受政策和资本的不断加持，呈现迅猛的发展态势。2018 年在全球音乐产业排名由 2017 年的全球第十上升至全球第七。

数字音乐成为市场主要增长点

2018年数字音乐产业规模达到609.5亿元,同比增长5.5%。其中包括下载、流媒体(在互联网上可以直接收听而无须下载的音乐)和电信音乐增值业务的产业核心层产值为129.2亿元,占总值的21%;由K歌平台、音乐直播类构成的泛数字音乐产业产值为480.3亿元,在总产值中占比79%。

数字音乐正式进入"付费时代",付费市场增量空间极大

与全球音乐相比,中国付费音乐模式多样性走在前列,音乐消费市场不断崛起,单曲付费下载在未来或逐渐被会员和流量包等功能所替代,用户对数字专辑/单曲、线上线下场景融合/音乐节/Live House等现场演出体验、音乐直播、粉丝周边和高质量硬件的娱乐消费需求和要求都在不断提升,这些模式对于音乐产业的贡献都会有强劲的增长趋势。

腾讯音乐奠定行业霸主地位

目前中国音乐主流媒体平台主要有四家:腾讯音乐娱乐、网易云音乐、阿里音乐以及太合音乐集团,各平台业务布局如表4-1所示。

表4-1 四大音乐平台的业务布局

平台名称	业务布局
腾讯音乐娱乐	旗下包括音乐流媒体、社交娱乐两大主要业务,涵盖"酷狗音乐、QQ音乐、酷我音乐、全民K歌"四大产品,将触角伸及看、听、唱、演、社交、发现等多个领域,业务涉猎广泛,功能齐全。 QQ音乐、酷我、酷狗平台形成多样化的变现方式,包括付费音乐包及会员业务、数字专辑售卖模式、在线分销;与电信运营商合作推出音乐流量包服务、营销推广及在线营销业务、游戏联运、直播间打赏分成、硬件及周边衍生、票务及在线演艺O2O
网易云音乐	网易云音乐以"音乐社交"为特色,主打发现和分享。作为音乐发现平台,UGC歌单在创造优质内容的同时打破了以歌手、专辑为标签的传统分类方式,形成基于情感、乐器、语种、风景等为主线的个性化歌单;其发达的乐评功能、私人音乐定制功能、短视频动态内容甚至AI系统的引进等一应俱全,多元化的欣赏与消费方式激发了用户的付费意愿
阿里音乐	阿里音乐是阿里大文娱战略的重要布局,打通线下线上布局。2018年3月,阿里全资收购票务平台大麦网,与阿里音乐实现业务联通,形成艺人、票务、粉丝三方联动的运营模式。发掘原创音乐人,形成对原创音乐和原创歌曲的挖掘、培养、包装、变现的一整条音乐产业链闭环,逐步建立起自己的音乐生态圈
太合音乐集团	太合音乐集团合并百度音乐,整合太合麦田、海蝶音乐和大石音乐版权后,逐渐拓展业务范围,涵盖经纪宣发、演出经济、娱乐营销以及影视音乐,还开发了自己的明星粉丝基地,一定程度上促进了粉丝经济的发展

优质丰厚的版权、广阔的市场覆盖、多样的服务品类使腾讯音乐成为行业翘首。2018年,腾讯音乐的音乐产值达53亿人民币,列行业之最。腾讯音乐2019年二季度财报显示,其在线音乐服务付费用户数量达创纪录的3 100万,位列全球前三。

版权方面,腾讯音乐先后获得全球三大唱片公司索尼、华纳、环球版权;阿里音乐获得华研、寰亚等版权;太合音乐获得滚石、海蝶、大石等版权。音乐版权市场呈现"一超多强"格局,腾讯音乐在版权数量及质量方面遥遥领先,而网易云音乐、阿里音乐分别以"社交"和"原创"为特色,跻身行业前列。

用户活跃度方面，从2019年一季度的数据来看，中国在线音乐App进入亿级活跃用户俱乐部的共有4个，前3个都属腾讯旗下，分别为酷狗音乐(2.94亿)、QQ音乐(2.70亿)、酷我音乐(1.57亿)，网易云音乐紧跟其后(1.40亿)。

网易云音乐"这边风景独好"

网易云音乐已经上线6年多，用户数在2018年11月突破6亿。建立起了包括付费音乐、广告以及音乐直播、演出票务、音乐周边等在内的多种商业模式，上线的社交功能凸显差异化战略。

Trustdata数据显示，2019年一季度的月活跃用户人数分别由酷狗音乐、QQ音乐和网易云音乐占据头三把交椅。而网易云音乐的用户黏性以33.5%的数值位居第一。这些数据直接证明了网易云音乐差异化战略的成功。另外，网易云音乐也正式开启IP授权的商业化探索之路，先后与国货品牌三枪、瑞幸咖啡达成跨界合作。当前互联网进入存量竞争时代，越发注重可持续的用户价值挖掘和商业探索，网易云音乐的差异化发展之路无疑也将帮助其在未来获得更大发展优势。

未来将从版权、内容的单点竞争转向多点的突破

在版权格局基本稳定的情况下，各平台都依靠股东强大的资源优势，在内容原创、跨界营销、泛娱乐化等方面展开差异化竞争，深度参与全产业链，更加适应用户的个性化需求。

各大数字音乐平台扩大音乐消费场景，多种盈利渠道共同创收，包括付费下载、音乐流量包、平台会员、数字单曲销售、数字专辑销售线上或线下演唱会票务、Live House演出票务、音乐节票务、音乐直播中的虚拟物品打赏及会员付费、耳机、音响、音乐周边在内的实体音乐衍生产品的销售等。此外，线上线下的广告投放收入、基于音乐作品IP开发的收入以及线下演出的活动赞助和宣发分成也成为数字音乐平台的发展重点。

(资料来源：前瞻产业研究院.2020—2025年中国移动音乐行业市场前瞻与投资规划分析报告.有删改)

问题讨论：

1. 结合案例，并查阅相关资料，谈谈中国音乐市场具备怎样的行业竞争结构，腾讯音乐娱乐、网易云音乐、阿里音乐以及太合音乐集团等四家中国音乐主流媒体平台分别处于什么样的市场地位。

2. 四家中国音乐主流媒体平台分别具有怎样的竞争优势和劣势？应如何结合各自的竞争优势制定有效的市场营销策略？

创新创业营销实战训练

【训练目的】

掌握创新创业项目市场竞争分析方法。

【训练内容】

选择一个拟自主创业或从身边(网络)寻找一个创新创业项目，以小组为单位，利用本章学习的市场竞争分析方法，分析创新创业项目所处行业的市场竞争格局，识别和分析主要竞争者，深度挖掘本创新创业项目的竞争优势，形成研究报告。教师也可以指定某一个创新创业项目，要求学生做出分析并形成研究报告。

【训练步骤】

(1) 利用行业竞争结构或五力分析模型,分析研究项目所处行业的市场竞争格局;

(2) 利用战略集团分析法或"三近四同"模型识别研究项目的主要竞争者;

(3) 从目标、战略和市场地位深入分析主要竞争者及其优势和劣势,深度挖掘本研究项目的竞争优势;

(4) 形成研究项目市场竞争分析研究报告。

【注意事项】

(1) 可沿用第二章选择的创新创业项目;

(2) 3～4 人一组,每组选出一位负责人,小组成员合理分工;

(3) 训练过程应结合本章所学理论知识,独立思考与小组讨论相结合;

(4) 条件许可的情况下可进行企业调研或实地走访;

(5) 研究报告以小组形式提交,注明每位同学承担的任务。

【成果与评价】

(1) 研究报告内容应包括但不限于:研究项目所处行业市场竞争格局分析,研究项目主要竞争者识别和分析,研究项目竞争优势分析;

(2) 要求结构完整、思路清晰,体现分析和判断能力,各部分内容充实,有详细数据支持;

(3) 文字流畅,符合规范化要求。

思考题

1. 完全竞争、垄断竞争、寡头垄断和完全垄断四种行业竞争结构分别具有怎样的竞争特点?

2. 根据迈克尔·波特的五力分析模型,影响一个行业竞争结构的五种主要力量是什么?它们是怎样影响一个行业的长期吸引力的?

3. 根据菲利普·科特勒的观点,从产品替代性的角度出发,如何对竞争者进行划分?

4. 识别主要竞争者的方法有哪些? 它们是如何识别主要竞争者的?

5. 企业应该从哪些角度对主要竞争者进行深入分析?

6. 创新创业企业开展市场竞争分析的要点是什么?

第五章

市场营销调研与预测

学习目标

1. 理解市场营销信息系统的含义和构成，了解大数据时代市场营销信息系统的特点。

2. 理解市场营销调研的含义、内容和步骤。

3. 理解市场需求和市场潜量的含义，理解市场需求的测量和预测的方法。

4. 初步掌握创新创业项目市场调研方法。

引　言

对创新创业企业来说，科学的市场调研和预测是企业发现市场机会、把握市场趋势的基础。实践证明，只有从市场出发，深入细致地进行调查研究，掌握大量信息，企业才能了解顾客需求，理解顾客价值，认识市场发展规律，在激烈的竞争环境中获得成功。

第一节　市场营销信息系统

一、市场营销信息系统的含义

市场信息是企业开展各种经济活动所需要并贯穿企业行为始终的各种情报、数据、资料和消息的总称。在世界已进入信息时代的今天，信息已成为企业资源中最重要的要素之一。

市场营销信息系统是指企业在营销管理过程中，系统地、连续地收集、分类、分析、评价与处理信息的程序和方法，它有效地为营销决策者提供有用信息，是人、机和程序有机组合相互作用的综合系统。如图 5－1 所示，市场营销信息系统开始并结束于信息使用者——市场营销经理、内部和外部的合作者及其他需要市场信息的人。首先，企业需要评估信息使用者的信息需求，在使用者想要的、实际需要的和公司有能力提供的信息之间找到一种平衡；然后，通过企业的内部报告、营销情报活动和营销调研过程，从宏观和微观营销环境各方面开发所需要的信息，并通过信息分析加以处理使其更为有用；最后，将信息以适当的方式、在适当的时间送达市场营销经理或其他做出营销决策的人，以协助其营销计划、执行和控制。

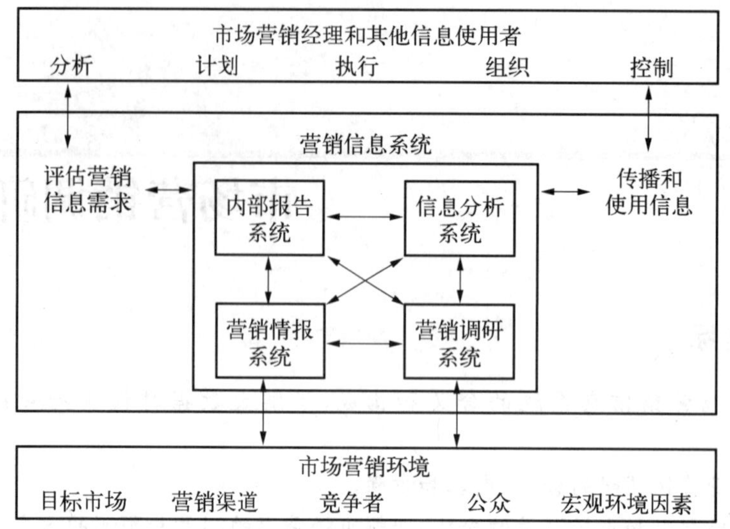

图 5-1　市场营销信息系统

优衣库：营销信息系统助力实现“零库存”

许多人认为，优衣库是为数不多的可以基本实现“零库存”的快时尚品牌之一，它的平均库存周转天数是 83.72 天，比我国服装行业平均值快一倍以上。

在“零库存”的成就下，其营销信息系统功不可没。作为世界五百强国际知名服装零售品牌，近年来该品牌正式将数字化转型作为顶层战略，其营销信息系统的核心是以多年来积累的海量的人货场数据为基础，针对具体的业务需求以及现有的数据技术，深挖客户数据，最终以数据驱动业务增长。

优衣库的员工在营销信息系统的使用方面非常熟练，通过对相关购买人群的属性、行为和偏好的分析，设计兼顾不同层面消费者的产品，通过实时监控、分析销售数据制定产量，调整销售方案，最终确保商品的顺利销售，降低浪费，实现“零库存”。

二、市场营销信息系统的构成

市场营销信息系统一般由内部报告系统、营销情报系统、营销调研系统和信息分析系统构成。

(一) 内部报告系统

内部报告系统以内部会计系统为主，以生产、仓储和销售报告系统为辅，提供企业内部信息，集中反映企业订单、销量、生产进度、存货、应收应付账款、现金流量、产品成本、销售费用、利润等方面的数据资料，通常用于企业日常营销活动的计划、管理和控制。

常见的内部报告系统由订单收款循环系统、销售信息系统和数据库系统等构成。

订单收款循环系统是内部报告系统的核心。销售人员将顾客的订单送至企业，负责管理订单的有关部门通过仓储报告系统了解有无存货，有存货的交由仓储部门及时发货，发票、运单和账单及时分送有关部门，没有存货的立即安排组织生产。销售信息系统主要为企业决策者提供全面、准确的销售信息，以便更好地处理进、销、存、运等环节的问题。数据库系统包括各种信息，如顾客信息、产品信息、销售人员信息等，供管理人员在制定决策时从不同的数据库获得不同的信息。

(二) 营销情报系统

营销情报系统是向市场营销决策部门提供外部环境发展变化的情报信息，它主要提供外部环境的变化信息，帮助营销管理者了解市场动态，发现市场机会和风险。

在众多的营销情报中，关于竞争者的情报信息无疑是最重要的。企业可以通过多种方法收集竞争者的情报信息。公开的网络信息、媒体报道、竞争者的年度报告、内部出版物、新闻广告片、企业网站等是获取竞争者情报信息的来源；参观公开的商场、参加贸易展销会、出席竞争者的股东大会等也是获取竞争者情报信息的途径；企业还可以通过与竞争者的雇员(如财务人员、工程师、销售人员)、合作伙伴(如供应商、分销商、运输代理公司)、主要顾客交谈获得重要的情报信息，甚至可以通过购买和分析竞争者的产品获得情报信息。

(三) 营销调研系统

营销调研系统是根据企业所面临的特定的营销问题或营销环境，系统地设计、收集、分析和提出数据资料及研究结果，为特定的营销决策提供依据。营销调研系统的针对性很强，是为解决特定问题而从事信息的收集、整理和分析。例如，开发新产品前，需要了解消费者的产品偏好，预测市场潜力和市场份额，评估定价、分销、促销行为的效果等，对这些具体问题的研究，就需要营销调研系统有针对性地进行研究。

企业可以有多种方法获得营销调研信息。大企业大多拥有自己专门的营销调研部门或专门的内部调研人员，他们和市场部门一起完成特定的项目调研；有的企业委托专业的营销调研公司进行专项调研或邀请他们参与调查研究或购买他们的专业调研结果；也有的公司针对具体问题，有目的地收集外部数据，并加以分析整理，以便制定决策。

(四) 信息分析系统

信息分析系统是利用一定的技术和方法对取得的市场营销信息进行统计、分析、模拟，解释内外部环境与企业营销活动之间的关系，以更好地进行营销决策。信息分析系统一般有资料库、统计工具库和模型库组成。

资料库中储存的是企业通过内部报告系统、营销情报系统和营销调研系统收集到的数据资料，包括顾客资料、企业生产销售资料、外部市场信息等。统计工具库汇集了一组汇总分析特定数据资料的统计程序，通过一系列的统计过程，帮助分析者了解一组数据彼此之间的相互关系及统计的可靠性。模型库集中了一组数学模型，通过模拟企业内外部环境和营销过程，得出模拟的营销结果，帮助营销管理者做出营销决策，如广告预算模型、媒体组合模型、位置选择模型和市场反应模型等。

三、大数据时代的市场营销信息系统

当今时代是一个数据爆炸的时代，互联网数据中心(Internet Data Center，IDC)研究显示，全球数据总量将从 2016 年的 16.1 ZB 增长到 2025 年的 163 ZB(约合 180 万亿 GB)，10 年 10 倍的增长，复合增长率 26%。

大数据(Big Data)是指无法在一定时间范围内用常规软件工具进行捕捉、管理和处理的数据集合，是需要新处理模式才能具有更强的决策力、洞察发现力和流程优化能力的海量、高增长率和多样化的信息资产。

首先，在信息的收集和共享手段上，近20年来已有互联网技术的帮助，使得营销信息的收集和共享达到了前所未有的效率和效果，实现个性化营销成为可能。例如，营销信息的收集可以通过各种网站及其内容板块，借助网络终端设备与顾客互动交流，或采集相关购买行为信息。互联网重塑了人类的交流方式，使人类的交流获得了更大的空间。

其次，在信息的处理上，大都借以计算机内存、高性能处理器硬件，利用基本统计工具和手段、智能算法、聪明软件等对这些数据加以处理，为信息数据的应用提供了更加广阔的空间。

虽然“大数据”可能帮助营销决策与管理者发现顾客购买行为背后的许多层面的随机性、不确定性秘密，但是也可能因为涉及顾客的私密信息而遭到限制。随着大数据营销活动范围的扩大，社会需要促进信任和提升责任的大数据。任何社会问题不能交与商业企业全权处理，需要制定相应的行为规范和行动准则加以约束。例如，北美医疗信息软件利用技术，将病人的信息在输入大数据库时自动除去姓名和身份信息。因此，呼吁和倡导基于消费者信任的营销策略，这是现代营销管理者的责任。

第二节　市场营销调研

一、市场营销调研的含义和内容

（一）市场营销调研的含义

市场营销调研（Marketing Research）是以营销管理和决策为目的，运用科学方法，对有关信息进行有系统、有计划、有步骤地收集、整理和分析，并提出解决问题的建议，供营销管理者了解营销环境，发现市场机会与问题，作为市场预测和营销决策的依据。与狭义的市场调查不同，市场营销调研是对市场营销活动全过程的分析和研究，涵盖了从生产领域、流通领域到消费领域的各个方面。

市场营销调研是企业营销活动的起点，有利于企业发现市场机会、确定未来发展方向；有利于企业开发新产品、开拓新市场，制定合理的市场营销组合策略，增强企业竞争能力，提高经济效益。

（二）市场营销调研的内容

市场营销调研包括市场营销活动的各个方面，常见的市场营销调研包括以下几个方面（见图5-2）。

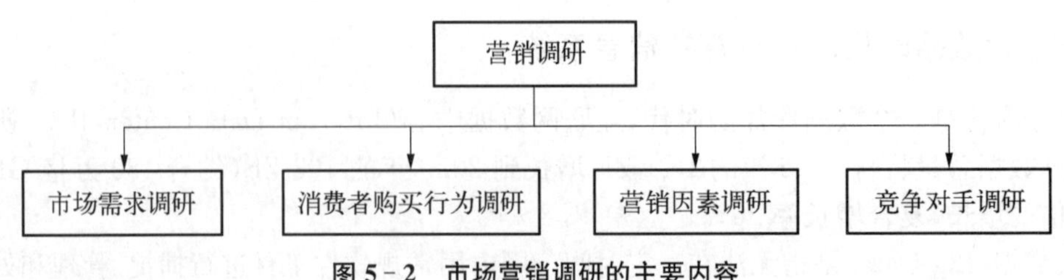

图5-2　市场营销调研的主要内容

1. 市场需求调研

内容主要包括调查和分析市场需求情况，预测市场规模、现有市场需求量和潜在市场需求量，分析不同的市场对某种产品的需求情况、本企业产品的市场占有率，研究如何运用有效的市场营销策略，把握最佳的市场进入时机，研究国内外市场的变化动态及未来的发展趋势等。

2. 消费者购买行为调研

内容主要包括研究社会、经济、文化等因素对消费者购买决策的影响，了解消费者的购买动机和购买习惯，研究产品设计、广告宣传及促销活动对消费者购买的影响，研究消费者对特定商标或特定商店产生偏爱的原因，了解本企业顾客对产品的满意度，掌握潜在顾客的需求情况等。

3. 营销因素调研

内容主要包括：① 产品调研。研究企业现有产品处在产品生命周期的哪个阶段，应采取的产品策略，如何进行新产品设计、开发和试销。② 价格调研。研究影响产品价格的因素，分析产品价格策略的合理性和竞争性。③ 分销渠道调研。调查企业现有销售渠道的合理性，研究如何正确地选择和扩大销售渠道。④ 促销策略调研。调查企业现有促销策略是否合理，效果如何，研究如何改进促销手段，达到刺激消费、创造需求的目的。

4. 竞争对手调研

内容主要包括调查和分析市场上的主要竞争对手及其市场占有率情况，竞争对手在产品、技术等方面的特点及发展情况，竞争者的市场营销策略、服务水平等。

二、市场营销调研的步骤

典型的市场营销调研一般包括五个步骤：确定问题和调研目标、拟定调研计划、收集信息、分析信息、提出研究结论，如图 5－3 所示。

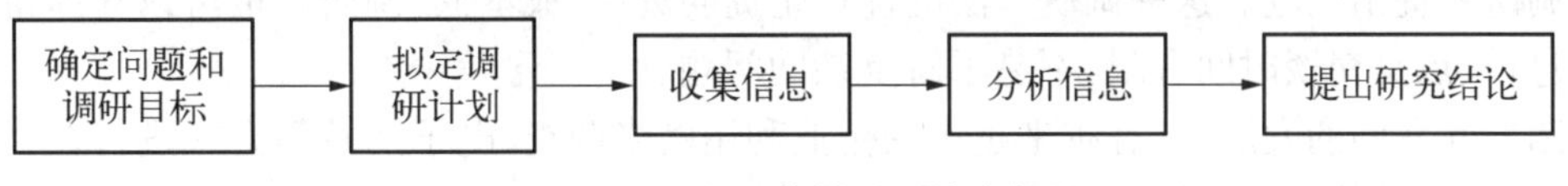

图 5－3　市场营销调研的步骤

（一）确定问题和调研目标

市场营销调研首先要确定需要调研的问题及调研所要达到的具体目的，明确为什么要进行此项调研、通过调研要了解哪些问题、调研结果的具体用途等。通过初步调研，找出市场的主要问题。例如，产品市场份额下降问题，可以通过探测性的初步调研，通过对所掌握资料的分析以及对部分有经验的专业人员的非正式调查，找出主要原因，进而确定要解决的主要问题和调研目标。

（二）拟定调研计划

调研人员需要在调研计划中明确所需要的信息、信息来源、调研方法、抽样计划、调研工具等内容。

1. 确定所需要的信息

即明确为达到调研目标所需要的确切信息。例如，某食品公司在研究是否推出新包装时，需要的信息可能包括该食品消费者的数量、经济状况、生活方式、性格特征；该食品的消费使用方式；零售商对新包装的反应；消费者对新包装的反应；新包装可能对销售额的影响等。

2. 信息来源

信息可分为一手资料和二手资料。一手资料又称原始资料，是调研人员直接从调研对象那里获得的信息；二手资料是由别人收集、整理且通常是已经发表过的信息，如企业内部资料库、公开出版物、各类咨询单位、信息公司和互联网都是很好的二手资料来源，特别是互联网的发展为企业收集二手资料提供了很大的方便。企业通常从收集二手资料开始收集信息，因为收集二手资料相对更快捷、成本更低，必要时再收集一手资料。

3. 调研方法

调研方法是指收集一手资料的方法，主要有观察法、实验法和询问法。

观察法是调研人员凭借自己的眼睛或借助照相器、摄像机等设备，直接到现场观察调研对象收集信息的方法，如电视机厂的调研人员在商场观察用户选购电视机的情况。观察法可以观察到调研对象真实的行为和状况，所获资料准确性高，但对行为和状况产生的原因和动机缺乏了解，存在观察深度不够的缺点。

实验法是从影响调研问题的可变因素中选出一个或两个因素，将它们置于同一条件下进行小规模的实验，然后对研究结果进行分析，以找出各因素之间的因果关系。实验法常常在真实或模拟环境下进行，结果一般具有客观性，但由于影响环境的因素是多种多样的，要比较准确地把握环境，需做多组实验，综合分析。

询问法有用户访谈、信函询问和电话询问等几种。用户访谈是调研人员直接向被调研者提出问题，获得所需要的调查资料。这种调研方法的优点是真实性强，具有一定的灵活性和直观性；缺点是调研费用高，能访问的人员有限，调研结果受调研人员态度影响较大。信函询问是通过信函方式向被调研者提出问题。这种调研方法的优点是调查范围广，被调研者有充分的时间回答问题；缺点是问卷回收率低、调研周期长。电话询问是通过电话的方式向被调研者提出问题。这种调研方法的优点是提问灵活、成本低，调研人员可以立即得到所需信息；缺点是交谈时间有限，不易了解复杂的问题。

随着互联网的发展，已有越来越多的企业利用网络调查、电子问卷等方式进行在线营销调研，收集原始数据，在线营销调研具有比其他调研方式效率高、成本低的优点，正在被越来越多的企业使用。

4. 抽样计划

在这部分内容中应明确抽样单位、抽样规模、抽样方法等内容。

明确抽样单位就是明确向什么人调研，即明确目标调研者。例如，在研究家庭电视机消费的决策制定过程中，应该明确抽样单位是丈夫、妻子、两者兼有，还是所有家庭成员。

明确抽样规模就是明确向多少人进行调研，大样本比小样本产生的结果更可靠，一般来说，大于1%的样本就可以得到较高的可信度。

明确抽样方法就是明确怎样选择被调研人，通常有概率抽样和非概率抽样两种类型（见表5-1）。概率抽样可以计算出抽样误差的置信限度，如在抽样调查后可以得出这样的结论："在我国家庭电视机消费中，95%的可能是夫妻共同协商后做出决策"。但是，由于概率抽样的成本太高、花费时间太长，因此，虽然非概率抽样无法测量抽样误差，营销调研人员也经常采用这种方法。

表 5－1　抽样的类型

抽样类型		描　述
概率抽样	简单随机抽样	总体中的每一个成员都有一个一致、均等的被选中的机会
	分层随机抽样	把总体分成彼此独立的层级(如按年龄分层),从每个层级中随机抽样
	聚类抽样	把总体分成彼此独立的小组(如按街区),调研人员选取一个小组整体进行访问
非概率抽样	方便抽样	调研人员从最容易获取信息的成员那里进行抽样
	判断抽样	调研人员根据自己的判断来选取那些最容易提供准确信息的成员作为样本。在某几个类别中,调研人员找到并采访特定数量的成员作为样本

5. 调研工具

营销调研人员在收集一手资料时,可以使用调查问卷和调查仪器(如照相机、摄像机等),其中,最常用的是调查问卷。

调查问卷由一组请被调查者回答的问题组成。在设计调查问卷时,要特别注意所选的问题、问题的用词、逻辑顺序和提问的方式。问题的设计要围绕调查目的展开,无关紧要的或不容易回答的问题一般不要列入;问题的用词应该简单明了、没有歧义;问题要按一定的逻辑顺序编排,如果可能的话,第一个问题应该引起人们的兴趣,私人性的问题应该列在最后;提问的方式主要分封闭式问题和开放式问题。封闭式问题指对问题事先设计出各种可能的答案,被调查者从中选择一个答案即可,比较容易回答;开放式问题允许被调查者用自己的语言回答,往往可以使调查者了解更多的信息,常常在探测研究阶段使用。

增值阅读

常用的网络问卷调查网址

问卷星(www.wjx.cn):专业的在线问卷调查、测评、投票平台,界面简单易用,成本低,被企业和个人广泛使用,尤其受学生群体的喜爱。

一调网(www.ldiaocha.com):专业且活跃的网络调查社区,顾客可以在此进行自由交流,为会员提供参与调查、发表意见并获得收益的机会。

爱调查(www.52survey.com):在线付费调查网,致力成为企业与消费者之间沟通的桥梁,会员可以通过填写网络问卷获得产品资讯,并能获得积分奖励,兑换礼品或现金。

Microsoft Forms (forms.microsoft.com):微软公司推出的在线问卷调查工具,功能强大,能自动收集和回复结果。

Surveymonkey(www.surveymonkey.com):美国著名的在线调查系统服务网站,功能强大,涵盖《财富》100 强公司,支持多种语言,也可以制作中文调查问卷。

调查仪器有时也在营销调研中使用,如收视器安装在接受调查的家庭电视机上,用于记录收看电视的时间和频道;交通流量计数器安装在交通路口,用以记录一定时间内过往车辆的数量。

除以上内容外,调查计划还应该包括时间安排、人力安排和成本预算等。

(三) 收集信息

在制订调研计划以后,可由本企业调研人员承担信息收集工作,也可以委托专业的调研机构收集。收集信息时要注意信息的准确性、可靠性和及时性。

(四) 分析信息

在这一阶段,调研人员对收集到的信息进行分析、制图或列表,运用统计方法和数学模型对数据进行处理,以充分发掘从现有数据中可推出的结果,在看似无关的信息之间建立起内在的联系。

(五) 提出研究结论

调研的目的显然不是向管理者提交大量的统计数字、表格和数学公式,而是要对决策者关心的问题提出结论性的建议。在提交的研究报告中,调研人员应详细说明调研目标、调研过程、调研结论,并为管理者决策提供建设性的意见和建议。

第三节　市场需求的测量与预测

企业在开展一系列营销活动前,必须对目前的市场规模和未来的市场发展潜力做出正确的评估和预测。高估或低估市场需求会导致企业生产能力过剩或使公司错过快速增长的机会。

一、市场需求及相关概念

(一) 市场需求

市场需求(Market Demand)是指在一定时期和一定区域内,在特定的营销环境和一定的营销努力水平下,特定消费者群体可能购买的某种产品或服务的总量。在这里,“一定时期”是指市场预测的时期,由于环境变化的不确定性,一般来说,预测时期越短,预测的准确性就越高;“一定区域”是指预测的地理范围,企业可根据具体情况,合理划分区域,预测各区域的市场需求;“特定的营销环境”是指预测区域内人口、政治、经济、法律、文化、技术、自然等特定的宏观环境;“一定的营销努力水平”是指企业(行业)在产品、价格、促销、分销等市场营销方式上所做的努力。

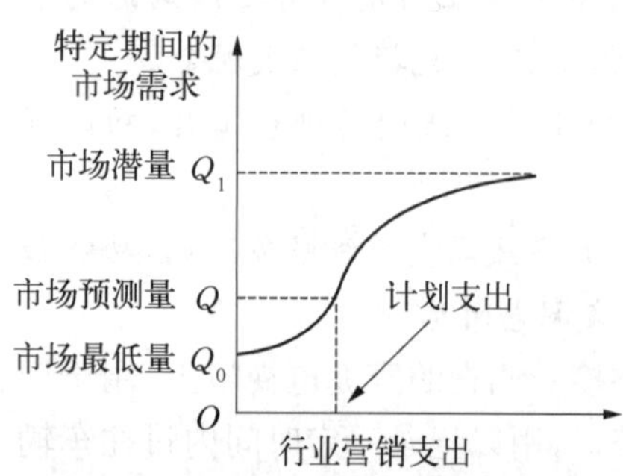

图 5-4　市场需求作为行业营销支出的函数(在特定营销环境下)

市场需求并不是一个确定的数字,而是一个在特定环境条件下的函数。例如,对某羽绒产品的市场需求取决于某区域的人口数量、天气情况、消费者的收入水平、该行业营销努力水平等。因此,市场需求也被称为市场需求函数(Market Demand Function)。

图 5-4 列示了市场需求与行业营销支出水平之间的关系。横轴表示在一定时期内可能的行业营销支出水平,纵轴表示对应的市场需求,曲线表示在各种不同的行业营销支出水平下的市场需求。

从图 5－4 中我们可以看出，在没有任何行业营销支出的情况下，也会有一定的基本销售量——市场最低量(Market Minimum)，市场需求随着行业营销支出水平的提高而上升，但边际报酬率随之递减，当行业营销支出超过一定水平后，市场需求不再上升。这个市场需求的上限就是市场潜量(Market Potential)。

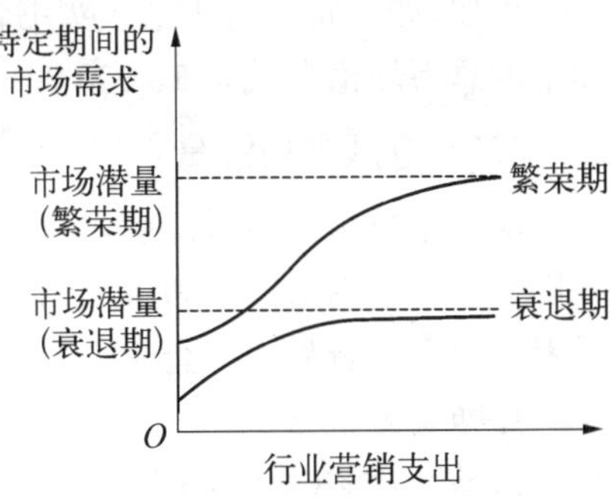

图 5－5　市场需求作为行业营销支出的函数(在不同的营销环境下)

(二) 市场潜量

市场潜量是在一定时期和一定区域内，在特定的营销环境和一定的营销努力水平下，所能达到的最大销售总量。市场潜量受宏观营销环境的影响非常大(见图 5－5)，一般来说，繁荣期的市场潜量高于衰退期的市场潜量。因此，营销管理者在测量市场潜量、制定营销策略时要充分考虑宏观环境因素。

(三) 企业需求

企业需求是指企业在市场需求总量中所占的份额。可用公式表示为：

$$Q_i = S_i Q \tag{5-1}$$

式中：Q_i——企业需求；

S_i——企业的市场占有率；

Q——市场需求总量。

从式(5－1)中可以看出，企业需求的大小不仅受到市场需求总量的影响，而且还受到企业市场占有率的影响。在激烈的市场竞争中，企业的市场占有率取决于企业的产品、服务、价格、传播等营销策略与竞争者的关系。在其他因素相同的情况下，企业的市场占有率取决于它的营销费用在规模与效益上与竞争者的关系。

(四) 企业潜量

企业潜量是指企业的营销努力相对于竞争者不断增大时，企业需求所能达到的最大极限。在特殊情况下，企业潜量可能与市场潜量相等，但在绝大多数情况下，企业潜量低于市场潜量。

二、目前市场需求测量

营销管理者在测量目前市场需求时应考虑总市场潜量、区域市场潜量、行业实际销售量和本企业市场份额等内容。

(一) 总市场潜量

总市场潜量是在一定时期内，在特定的营销环境和一定的行业营销努力水平下，一个行业全部企业所能达到的最大销售总量。我们通常用以下方法估计总市场潜量：

$$Q = n \times q \times p \tag{5-2}$$

式中：Q——总市场潜量；

n——市场上全部购买者的数量；

q——一定时期内每位购买者的平均购买数量；

p——单位产品平均售价。

例如，如果每年有1亿人买书，平均每人每年买6本，平均每本书的售价是20元，那么，图书的总市场潜量就是12 000 000 000元(=100 000 000×6×20)。

(二) 地区市场潜量

测量了总市场潜量以后，企业还应测量不同地区的市场潜量，以寻找最佳的进入区域。我们通常用市场组合法和市场因素指数法测量地区市场潜量，前者常用于工业品生产企业，后者常用于消费品生产企业。

1. 市场组合法

市场组合法(Market Buildup Method)是通过测量不同地区市场的潜在购买者以及每个购买者的潜在购买量测量该地区市场潜量的方法。

在利用市场组合法测量地区市场潜量时，最重要的是准确测量该地区的潜在购买者数量和每个购买者的潜在购买量。通常，我们首先利用国家标准行业分类体系，了解可能对产品感兴趣的行业，然后了解这些行业的企业数量，再确定一定标准，估算不同企业对产品的需求数量，并计算该地区市场潜量。

表5-2列示了某机床企业利用市场组合法测量某地区对该企业木料机床的市场潜量的过程。

表5-2 利用市场组合法测量地区市场潜量的过程

标准行业分析	(a) 年销售额(百万元)	(b) 厂家数	(c) 每百万元销售额可能需要车床数	市场潜量 ($a×b×c$)
木制家用家具企业	1	6	10	60
	5	2	10	100
木制办公用家具企业	1	3	5	15
	5	1	5	25
合 计				200(台)

表中，企业首先利用国家标准行业分类体系，了解到木制家用家具行业和木制办公用家具行业对产品感兴趣，然后通过调查，了解到该地区木制家用家具行业和木制办公用家具行业的企业数量和年销售额，并确定以企业年销售额为估算潜在需要量的标准(木制家用家具企业每100万元年销售额需要10台机床，木制办公用家具企业每100万元年销售额需要5台机床)，最后计算该地区市场潜量。

在利用市场组合法测量地区市场潜量时，也可以用总资产、税前利润、员工数量等标准估算企业对产品的潜在需求量。

2. 市场因素指数法

因为消费者顾客数量过多，一一列出顾客名单是不可能的，因此，通常用市场因素指数法测量消费品的地区市场潜量。

市场因素指数法是通过分析与区域购买力相关的因素，并对每个因素赋予一定的权数以测量地区市场潜量的方法。购买力指数法是其中最常用的方法之一。美国《销售与市场营销管理》杂志每年都会公布全美各地和大城市的购买力指数。该指数计算公式如下：

$$B_i = 0.2P_i + 0.5Y_i + 0.3R_i \tag{5-3}$$

式中，B_i——i 地区的购买力指数，即 i 地区的购买力占全国的比例；

P_i——i 地区人口占全国的比例；

Y_i——i 地区个人可支配收入占全国的比例；

R_i——i 地区零售业销售额占全国的比例。

(三) 行业实际销售量和本企业市场份额

除了估计总市场潜量和地区市场潜量外，企业还需要知道所在市场的行业实际销售量和本企业的市场占有情况，以利于在竞争中知己知彼，正确制定相应的市场营销策略。

企业一般通过国家统计部门、行业主管部门、行业协会、新闻媒介统计和公布的数据了解全行业的实际销售量，并据此计算本企业的市场份额，了解本企业相对于整个市场的表现情况；也可以将本企业的市场份额与主要竞争对手的市场份额比较，了解本企业的相对市场地位。

另外，企业还可以通过购买专业市场调研机构的调查报告了解全行业销售总量、主要竞争对手和主要品牌的销售状况。

三、未来市场需求预测方法

市场需求预测是在营销调研的基础上，借助一定的历史资料，采用科学的预测方法，对未来一定时期市场供需变化及其发展趋势进行估计、分析和推断的过程，它是企业制订生产经营计划和市场营销决策的依据。

表 5-3 列示了常用的市场需求预测方法。

表 5-3 常用的市场需求预测方法

预测方法	信息基础
购买者意向调查法	购买者意见
销售人员意见综合法	
专业人士意见法	
市场试销法	购买者行为
时间序列分析法	购买者过去的行为
直线趋势法	
统计需求分析法	

从表 5-3 中我们可以看出，市场需求预测的信息基础是购买者意见、购买者行为或购买者过去的行为。购买者意见包括对购买者或接近购买者的人(如销售人员或专业人士)的意见调查；购买者行为调查是把产品投入市场，通过小规模的试验销售，来观察和评估购买者的反应；购买者过去的行为是指利用时间序列分析、直线趋势分析或统计需求分析等方法对购买者过去行为记录进行分析。

(一) 购买者意向调查法

购买者意向调查法是直接向购买者询问购买意向、购买意见,从而预测市场需求变化趋势的方法。如果购买者的购买意向明确,能够转化为现实的购买行为,并且愿意向调查者透露,那么这种市场预测的方法特别有效。由于购买者的购买意向在转化为现实的购买行为之前,通常会受到很多因素的影响,因此这种方法多用于预测短期内的、需求比较稳定的工业用品和耐用消费品的发展变化。同时,由于潜在购买者数量较多,企业通常采用抽样调查的方法或重点对企业的大客户进行调查。购买意向概率调查表常常用来对消费者的购买意向进行调查(见表 5 - 4)。

表 5 - 4 购买意向概率调查表

请问您打算在未来的六个月里购买一辆小汽车吗?					
0	0.2	0.4	0.6	0.8	1.0
不可能	有些可能	可能	很可能	非常可能	肯定

(二) 销售人员意见综合法

在无法直接对购买者进行询问的情况下,企业通常会召集销售人员进行市场需求预测。由于销售人员最熟悉市场,最接近顾客,因而也更能把握未来销售的发展趋势。而且,通过参与预测过程,销售人员可以对他们的销售定额充满信心,从而激励他们达到销售目标。但是,有时候,受个性、能力及近期销售情况的影响,销售人员的市场预测会带有一定的片面性,需要对他们的预测结果进行一定的综合和修正,使之更趋向于合理(见表 5 - 5)。

表 5 - 5 销售人员市场需求预测意见综合表

销售人员	相对重要度	预测项目	销售额(万元)	概　率	销售额×概率(万元)
甲	1.0	最高值	4 000	0.2	800
		最可能值	3 000	0.6	1 800
		最低值	2 100	0.2	420
		期望值			3 020
乙	1.5	最高值	3 500	0.3	1 050
		最可能值	2 900	0.6	1 740
		最低值	2 700	0.1	270
		期望值			3 060
丙	2.5	最高值	3 050	0.2	610
		最可能值	2 700	0.5	1 350
		最低值	2 500	0.3	750
		期望值			2 710

经过修正,销售人员对销售额的预测值为:

$$E=\frac{1.0\times 3\,020+1.5\times 3\,060+2.5\times 2\,710}{1.0+1.5+2.5}=2\,877(\text{万元})$$

（三）专业人士意见法

专业人士意见法是通过征求有关专业人士的意见来预测市场需求的方法，专业人士包括经销商、分销商、供应商、营销顾问和贸易协会等。这种方法有三种具体形式：① 小组讨论法。专业人士经过集体讨论，得到一个小组预测结果。② 单独预测集中法。由每位专业人士单独提出预测值，然后由专项负责人将各位专业人士的意见综合起来得出结论。③ 德尔菲法。通过匿名函询的方式向专家们征求意见。首先由专项负责人将所要预测的问题及有关背景资料寄给专家，请他们提出个人的预测意见，寄回给负责人，然后由负责人综合、整理和归纳后，再寄给专家进行个人预测，如此循环往复多次，得出比较一致的意见，作为预测结论。这种方法的特点是各个专家不发生横向联系，可以避免受个人意见特别是权威人士意见的影响，有利于集思广益，发挥集体智慧。

（四）市场试销法

在购买者不准备仔细地做购买计划，或他们的购买行为非常无规则，或专业人士的意见不十分可靠的情况下，有必要进行直接的市场试销。通过选择有代表性的城市或商店，或模拟一定的购物环境，观察消费者的反应，从而做出市场需求预测。

企业在进行市场试销时，要考虑消耗的费用和时间，过于高昂的费用和过长的耗时都有可能让竞争对手占据优势。因此，当开发和推广新产品的成本不高，或管理层对新产品充满信心时，企业可以少做甚至不做市场试销；当导入新产品需要的投资额巨大，或者当管理层对产品或营销计划没有把握时，企业就需要做大量的市场试销。

时间序列分析法、直线趋势法、统计需求分析法在“市场调查与预测”课程中会详细展开，这里不做介绍。

创新创业营销视角

创新创业企业消费者调研，如何获得需求真相

对处于创业初期的企业，调查和研究顾客的真实需求和消费行为特征，对决定企业的战略方向和营销策略有着重要的影响。但在调研过程中，调研人员经常会遇到这样一个问题：调查对象会隐瞒和掩盖一些真相，调研人员无法了解消费者的真实想法。

很多研究者从心理学角度展开研究，发现了消费者“说谎”的四个原因：

一、消费者本身不知道真相

很多消费者并不能准确地表达他们的动机、需求和其他思想活动，有些是消费者没有意识到，有些是他们自己根本无从知晓。虽然他们也努力想要告知调查者他们心中所想，但其实很多时候他们也不完全了解自己的真正需要。

二、消费者故意撒谎

被调查者撒谎的原因是多方面的，有时是因为问题涉及的内容过于敏感，有时是因为答案会导致被调查者外在形象受损。这些情况下消费者自然选择保护自己而不透露真相。

三、行为发生时刻和调查时刻的区别

消费者发生行为和处于调查阶段的状态是不同的。在调研过程中，受调查者往往受到

心理学上已知影响的干扰。当其意识到调查正在进行、自己正处于旁人的观测之中时,受调查者的反应和做出的选择往往会与真实情况产生偏差,这一现象被称为“霍桑效应”。这种效应结果会导致行为的不一致性。

四、样本不具有代表性

传统的“实地调研+问卷发放”的市场调研方法,是一种基于样本的统计分析方法,即通过局部样本特性去判断总体特性。这时必须让样本具有一般意义的典型性才具有参考价值。不然即使抽取样本量很大,也具有较大的误差性。

那么,究竟如何才能更好地洞察消费者,不被消费者的谎言“欺骗”呢?通常,我们应该注意三个方面的问题:

一、观察消费者的决策行为,洞察其隐性需求

消费者会撒谎,但行为就是决策结果,具有可参考性。因此,关注消费者的购买决策,将行为结果与消费者的回答进行对比。如果两者相同,则证明消费者做出了诚实的回答;如果不一致,则以消费者的决策行为为准。

日本电通传播中心的策划总监山口千秋曾为三得利公司的罐装咖啡 WEST 品牌做市场调研,通过前期市场销售数据将 WEST 咖啡的目标人群定位于中年劳工(如出租车司机、卡车司机,底层业务员等)。当时品牌方对咖啡口味拿捏不准,他们按一般调研公司的做法,请一批劳工到电通公司办公室,把微苦、微甜两种咖啡放在同样的包装里,请他们试饮,大部分人都表示喜欢微苦的。

但山口千秋是一个心思缜密的人,他发现办公室并不是顾客日常饮用的场所。于是,他把两种口味的咖啡放在出租车站点、工厂等劳工真实接触咖啡的场景,发现微甜味咖啡被拿走的更多!真相是:“害怕承认自己喜欢甜味后,会被别人嘲笑不会品味正宗咖啡。”这让很多劳工在办公室说了谎。

二、找准消费者烦恼,戳中其痛点

人们对痛点往往很敏感,戳到“痛点”离真相就不远了。心理学研究表明,痛点、抱怨往往能够反映消费者真实的想法。因此,不管是直接问消费者还是找资料,都不要问正面的问题,你需要询问他对于产品和服务的不满。当你这样问时,他们就会开始抱怨,而这种抱怨,最终会让你找到你想要的答案。

举个例子,如果你是海飞丝市场部工作人员,直接问消费者,没头屑有什么好处,消费者会冷眼无语地看着你,因为即使他知道也很难表达出来。但是如果你问消费者,有头屑会有什么痛苦和烦恼,消费者自然就会告诉你,最大的问题就是尴尬,特别是别人靠近你的时候,你会感到特别尴尬,同时也从不敢穿黑衣服。所以,海飞丝早期的广告就戳中了消费者的心声——去除头屑和尴尬。这也是海飞丝许多广告的创意来源。

三、以消费者视角,将自己带入与消费者相同的情境中

有的时候,调研人员自己就可以充当被调研者,将自己带入消费者角色去看待问题,这样也能挖掘到消费者的心声。

举个例子,负责某二锅头品牌策划的创作经理曾遇到一个难题,究竟如何将二锅头的品牌植入受众身上。他没有急着去调研,而是将自己带入,自己去亲身尝试产品,最后他发现二锅头这种烈酒喝起来就是痛快,作践自己的感受在那一刹是快活的。因此就有了“没有痛苦,不算痛快”的文案。

因此,市场调研不是纸上谈兵,也不是发个调查问卷这么简单,而是要走出去,去接触消费者和目标顾客,模拟真实的使用场景,实际感受用户对项目的反应,在用户完全不知情的情况下,用其真实的行为反馈来投票。只有这样,才能把握消费者的需求“真相”。

(资料来源:市场调研:如何轻易地拆穿消费者的谎言. 微信公众号“营销界的007”. 2017.1.29. 有删改)

创新创业营销案例

消费者需求调研,助创业企业“优品优+”定位

江苏汇鼎光学眼镜有限公司(以下简称汇鼎公司)是一家成立于2017年1月的创业企业,位于中国眼镜产业集聚地——江苏丹阳,注册资金3 000万元,是一家专门提供眼镜及配件生产、加工、服务和信息咨询的工业制造企业。目前,旗下拥有及代理汇鼎、启澄、玉品堂等三十个品牌。

公司成立之时,仅丹阳市就有注册的眼镜及相关企业数千家,眼镜生产制造企业近600家,其中销售亿元以上企业8家,五亿元以上企业2家。在全国范围,仅2017年注册的眼镜及相关企业就有12.21万家之多,行业竞争非常激烈。

一、“危”中之“机”

但是,具有近二十年眼镜行业从业经验的汇鼎公司董事长兼总经理焦飞宏在危机中看到了巨大的商机:

首先,中国是眼镜消费大国,世界卫生组织2018研究报告显示,中国近视人群比例达47%,也就是有6亿多国人需要眼镜;其次,中国约有2.3亿老年人口,80%以上需要眼镜,《2018—2023年中国眼镜市场前景调查及投融资战略研究报告》预测,至2020年,中国眼镜行业的市场规模将达850亿元;再次,随着中国经济的快速发展和中产阶级数量的迅速攀升,眼镜行业也和其他行业一样,面临着消费升级的压力和机会;最后,眼镜行业集中度低,小型企业数量众多,随着企业间收购兼并的加剧,眼镜行业将面临重新洗牌,一批优秀的眼镜品牌企业将脱颖而出,成为行业新秀。

二、消费者需求调研

汇鼎公司管理层深刻地意识到,作为一家创业企业,要想在激烈的市场竞争中赢得一席之地,必须从一开始就打好市场和管理基础。2018年,公司与求之品牌管理公司达成合作,希望通过市场调研,了解市场竞争和消费者需求状况,为企业营销战略的制定提供决策依据。

求之品牌管理公司一方面对汇鼎公司自身的资源情况和主要竞争对手的信息进行收集和研究;另一方面,对眼镜市场的普通消费者进行了大量的问卷调查。同时,组织汇鼎公司的一线员工、产品经销商以及零售端的相关人员,开展深入的访谈工作,以深入了解消费者的消费心理、行为特征和经销商的合作需求。

经调研后发现:目前,用眼强度高、全天戴镜的重度用户主要分布在沿海及内地二三线发达城市,除了6~18岁青少年/学生群体以外,他们大多是28~45岁的私营企业主、公务员、职场精英、部门管理者,文化、教育等高素质职业工作者。这类群体生活状态总体比较富足,喜欢时尚、精致、有品位的生活,他们热爱阅读、社交、购物、美食、旅游、美容、健身,互联

网/手机移动互联网是他们获取信息的主要途径，总体呈现感性与理性融合、注重形象、关注品质、对价格不太敏感的消费特点，希望购买的眼镜不仅能够矫正视力，而且能够有效地保护眼睛，避免环境给眼睛带来的伤害。

三、锁定目标消费群体

在深入了解消费者需求的基础上，汇鼎公司将主要的目标消费群体锁定在了追求高品质生活的眼镜佩戴者、部分回归理性消费的进口品牌消费者和中高端消费的中老年人群。同时，确定了镜片产品“优品优+”的品牌价值定位：高端品质、特色功能、高端形象、个性服务。

高端品质是指镜片产品的优秀品质，公司提供A级和超A级的高等级产品，提供防伪认证，原厂原货可追溯；特色功能是指除了标配防蓝光和耐磨以外，消费者可以选配高折、抗冲击、膜层易清洁、高清等特色功能；高端形象是指品牌形象高端国际化，品牌知名度高；个性服务是指多样的配镜解决方案和人性化的服务体验，满足个性化需求。

四、为合作零售商画像

在锁定顾客价值的基础上，汇鼎公司对与自身合作的零售商进行了画像：品牌营销意识强、追求高价值服务的卓越视光零售商。他们是各地眼科医院、眼视光中心以及年营业收入500万元以上的中型区域连锁企业。一般拥有5～30家连锁门店，500～5 000万元的年营业收入规模，拥有较强的零售品牌影响力，不做低价格竞争，对国产镜片品牌和有特色的镜片产品存在强烈需求。

五、确立和传播品牌价值

在锁定目标消费群体以后，汇鼎光学在强化创新研发力量、确保产品品质的基础上，开始了全方位的“优品优+”品牌价值打造和传播。

首先，与零售商合作传播产品定位。公司通过与视光零售商的精诚合作，共同打造“为追求高品质生活的眼镜佩戴者提供值得信赖、优品优价、超越期待、专业的视觉健康服务和多功能光学镜片解决方案”的形象。

再次，建立规范细致的“优品优+服务”体系。公司打造了一支训练有素的市场团队，为零售合作伙伴提供专业、系统的培训服务和营销咨询，公司将零售商当作自己的战略合作伙伴，实现双方的共同成长和进步。

最后，丰富品牌推广渠道。公司制订了线上线下联动的品牌推广计划，线上进行搜索优化，线下围绕“如何让终端卖得更好”这一主题，推出易演示、更直观、优品质的产品多功能演示道具及宣传物料，向消费者传递汇鼎镜片可感知的“优品优价”的品牌理念。

经过三年的发展，目前，汇鼎公司已成功进入国内视光产品及服务供应商第一梯队。公司与三井、莱宝、一成等全球顶级原料和设备供应商合作，打造了国内顶尖的镜片生产线，车间总面积达17 000平方米，镜片日总产量60 000副，拥有一万家以上高品质视光零售合作商，产品深受用户好评，获得“眼镜行业质量标杆企业”和“全国质量信得过产品奖”等荣誉。

问题讨论：

1. 汇鼎公司的营销调研对企业产品的合理定位起到了什么作用？
2. 如果你是汇鼎公司的销售经理，你将如何进一步开展营销调研以支持企业营销决策？
3. 结合案例，谈谈创新创业企业为支持营销决策应开展哪些方面的营销调研？

创新创业营销实战训练

【训练目的】

初步掌握创新创业项目市场调研方法。

【训练内容】

选择一个拟自主创业或从身边(网络)寻找一个创新创业项目,以小组为单位,利用本章学习的市场调研方法,调查创新创业项目目标消费群体消费需求的影响因素和消费行为特征,形成调研分析报告。教师也可以指定某一个创新创业项目,要求学生开展调查并形成研究分析报告。

【训练步骤】

(1) 根据创新创业项目具体情况,确定需要调研的问题及调研所要达到的具体目标;

(2) 拟定调研计划,包括达到调研目标所需要的确切信息、信息来源、调研方法、抽样计划和调研工具等;

(3) 开展调研,收集信息;

(4) 进行信息分析,提出调研结论;

(5) 形成创新创业项目目标消费群体消费需求影响因素和消费行为特征调研分析报告。

【注意事项】

(1) 可沿用第二章选择的创新创业项目;

(2) 3～4 人一组,每组选出一位负责人,小组成员合理分工;

(3) 消费者需求影响因素和消费行为特征错综复杂,应抓住主要影响因素和主要行为特征开展调查;

(4) 采取一手资料和二手资料相结合的方法开展调查;

(5) 调研过程和调研结论分析应独立思考与小组讨论相结合;

(6) 调研分析报告以小组形式提交,注明每位同学承担的任务。

【成果与评价】

(1) 研究报告内容应包括但不限于:调研目的和具体目标,达到调研目标所需信息和信息来源,调研方法,抽样计划,调研工具,调研过程,调研结果分析和调研结论;

(2) 要求结构完整、思路清晰,体现分析和判断能力,各部分内容充实,有详细数据支持;

(3) 文字流畅,符合规范化要求。

思考题

1. 什么是市场营销信息系统? 市场营销信息系统一般由哪些部分构成?
2. 互联网时代,企业有哪些在线收集信息的方法?
3. 市场营销调研一般包括哪些内容? 如何根据具体的调研问题和调研目标确定调研重点?
4. 市场营销调研一般包括哪些步骤? 如何根据调研目标拟定调研计划?
5. 创新创业企业进行市场调研时,如何才能了解到顾客的真实需求?
6. 市场预测的方法有哪些? 如何根据不同情况选择不同的市场预测方法?

第三篇　选择价值主张

第六章

目标市场营销战略

学习目标

1. 理解细分市场的含义和作用。

2. 掌握消费者市场细分的依据，理解组织市场细分的依据，掌握有效市场细分的标准。

3. 掌握影响目标市场选择的因素，理解不同目标市场选择模式的优缺点。

4. 理解市场定位的含义及影响市场定位的因素，掌握差异化定位的方式。

5. 掌握创新创业项目目标市场营销战略的制定。

引　言

企业面对的是庞大、复杂的消费群体，消费者的购买需求、购买习惯、购买能力各不相同。在企业资源有限的情况下，任何企业都无法满足整体市场的全部需求。因此，对企业，特别是创新创业企业来说，与其在整个市场展开竞争，不如对市场进行细分，选择具有某种消费共性的细分市场作为目标市场，在理解目标市场顾客价值的基础上，选择合适的价值主张，通过满足目标市场消费者的需求，实现自身利益。

第一节　市场细分

一、市场细分的含义和作用

(一) 市场细分的含义

市场细分的概念是美国市场学家温德尔·史密斯(Wendell R. Smith)于 1956 年提出来的。它是第二次世界大战结束后，美国众多产品市场由卖方市场转化为买方市场这一新的市场形势下，企业营销思想和营销战略的新发展，更是企业贯彻以消费者为中心的现代市场营销观念的必然产物。

市场细分(Market Segmentation)是企业根据消费者需求的不同，把整个市场划分成不同的消费者群的过程。每个顾客群构成一个细分市场，相同的细分市场内，消费者的欲望和需求相似，不同的细分市场之间，消费者的需求差别比较明显。市场细分的目的是在千差万别的大市场中，将具有相似消费特征的消费者划分出来，为企业选择适合自己的细分市场奠定基础。

市场细分的客观基础是消费者需求的异质性。实践证明，只有少数商品的市场，如食盐、大米、火柴等，消费者的需求差异极小，这类市场，称为同质市场。在同质市场上，企业的营销策略比较相似，竞争焦点集中在价格上。大多数商品的市场，消费者的需求是多元化的，属于异质市场，市场细分就是要在异质市场中寻找需求一致的顾客群，实质就是在异质市场中求同质。

（二）市场细分的作用

1. 有利于企业制定有针对性的市场营销策略

市场细分后的子市场比较具体，比较容易了解消费者的需求，企业可以根据自己的战略目标和资源条件，确定服务对象，即目标市场，制定有针对性的市场营销策略。

2. 有利于企业扬长避短，发挥竞争优势

企业通过市场细分，选择适合自己的目标市场，可以集中优势资源，使整体市场上的相对劣势转化为局部市场上的绝对优势，从而提高竞争能力。

3. 有利于发掘市场机会，开拓新市场

通过市场细分，企业可以对每一个细分市场的购买潜力、满足程度、竞争情况等进行分析对比，寻找尚未被满足的市场需求，探索出有利于本企业的市场机会。

二、市场细分的依据

市场细分的依据也就是市场细分选用的标准，由于市场细分的基础是顾客需求的异质性，因此，从理论上说，凡是使顾客需求产生差异的因素都可以作为市场细分的标准。由于各类市场的特点不同，因此市场细分的依据也有所不同。

（一）消费者市场细分的依据

常见的消费者市场细分标准可以概括为地理因素、人口统计因素、心理因素和行为因素四个方面，每个方面又包括一系列的细分变量，如表 6-1 所示。

表 6-1 消费者市场细分依据及变量一览表

细分依据	细分变量
地理因素	地理位置、城镇大小、地形、气候、交通状况、人口密集度等
人口统计因素	年龄、性别、职业、收入、民族、宗教、教育、家庭人口、家庭生命周期等
心理因素	个性、购买动机、态度等
行为因素	购买时间、购买数量、购买频率、对营销组合的敏感程度等

1. 按地理因素细分

按地理因素细分（Geographic Segmentation）就是按消费者所在的地理位置来细分市场，包括地理位置、城镇大小、地形、气候、交通状况、人口密集度等常用变量。地理细分比较稳定，也比较容易分析，是一种传统且经常被采用的市场细分方式。

(1) 地理位置。可以按照行政区划来进行细分,如在我国,可以划分为省、自治区,市、县等;也可以按照地理区域来进行细分,如划分为东北、华北、西北、西南、华东和华南几个地区或内地、沿海、城市、农村等。在不同地区,消费者的需求显然存在较大差异,如我国的白酒市场,高度白酒在北方市场较为畅销,而低度白酒和果酒则在南方市场较受欢迎。

(2) 城镇大小。按城镇大小一般可划分为大城市、中等城市、小城市和乡镇。处在不同规模城镇的消费者,在消费结构方面存在较大差异。

(3) 地形和气候。按地形可划分为平原、丘陵、山区、沙漠地带等;按气候可分为热带、亚热带、温带、寒带等。防暑降温、御寒保暖之类的消费品就可按不同气候带来划分。如在我国北方,冬天气候寒冷干燥,加湿器很有市场;但在江南,由于空气中湿度大,基本上不存在对加湿器的需求。

2. 按人口统计因素细分

按人口统计因素细分(Demographic Segmentation)就是按人口统计方面的因素来细分市场,包括年龄、性别、职业、收入、家庭人口、家庭生命周期、民族、宗教、国籍等常用变量。由于人口变量比其他变量更容易测量,且适用范围比较广,因而人口变量一直是细分消费者市场的重要依据。

(1) 年龄。不同年龄段的消费者,由于生理、性格、爱好、经济状况的不同,对消费品的需求往往存在很大的差异。因此,可按年龄将市场划分为许多各具特色的消费者群,如儿童市场、青年市场、中年市场、老年市场等。从事服装、食品、保健品、药品、健身器材、书刊等商品生产经营业务的企业,经常采用年龄变数来细分市场。

美国发展心理学家纽加顿(Neugarten)的研究指出,不要盲目地认为同一年龄段的需要差别不大。他认为今天的社会,同样是 70 岁的人,有的坐在轮椅上,有的活跃在高尔夫场上。同样是 40 岁的人,有的已经送子女上大学了,而有的刚刚迎接新生婴儿。所以在一个加速变化、日益多元化的世界,仅凭年龄来细分市场可能过于粗略了。现在更加有效的一种细分变量是生命阶段(Life Stage),它定义了一个人主要关注的事件,如上大学、毕业求职、结婚、生子、离婚、再婚、照顾年老父母等,通过帮助人们解决他们最关注的事情,营销者更容易找到合适的营销机会。

(2) 性别。按性别可将市场划分为男性市场和女性市场。不少商品在用途上有明显的性别特征,同时在购买行为、购买动机等方面,男女之间也有很大的差异,如女性是服装、化妆品、节省劳动力的家庭用具、小包装食品等市场的主要购买者,男士则是香烟、饮料、体育用品等市场的主要购买者。表 6 - 2 说明了男性和女性在做购买决策时的差别。美容美发、化妆品、珠宝首饰、服装等许多行业,长期以来按性别来细分市场。

(3) 收入。根据收入水平的高低,可将消费者划分为高收入、次高收入、中等收入、次低收入、低收入五个群体。收入高的消费者一般比收入低的消费者购买更高价的产品,如豪华汽车、珠宝首饰等,且喜欢到大百货公司或品牌专卖店购物;收入低的消费者则通常在住地附近的商店、仓储超市购物。汽车、旅游、房地产等行业一般按收入变量细分市场。

表 6-2 购买决策的性别差别

	女 性	男 性
决策速度	做决定时感到不确定，容易被说服，决策速度慢	确定自己想要什么，不易被说服，决策速度快
决策方式	在进行购买决策时考虑他人的因素，具有公共性	在进行购买决策时，更多考虑自己的目的，且只专注关键利益

(4) 民族。世界上大部分国家拥有多种民族，不同民族大多有各自的传统习俗、生活方式，从而呈现出各种不同的商品需求，如我国西北少数民族饮茶很多、回族不吃猪肉等。

(5) 职业。不同职业的消费者，由于知识水平、工作条件和生活方式等不同，其消费需求存在很大的差异，如教师比较注重书籍、报刊方面的需求，文艺工作者则比较注重美容、服装等方面的需求。

(6) 教育状况。受教育程度不同的消费者，在志趣、生活方式、文化素养、价值观念等方面都会有所不同，因而会影响他们的购买种类、购买行为、购买习惯。

(7) 家庭人口。据此可分为单身家庭(1 人)、单亲家庭(2 人)、小家庭(2～4 人)、大家庭(4 人以上)。家庭人口数量不同，在住宅、家具、家用电器乃至日常消费品的包装大小等方面都会出现需求差异。

3. 按心理因素细分

按心理因素细分(Psychographic Segmentation)就是将消费者按其个性、购买动机和态度等变量细分成不同的群体。

(1) 性格。心理学上把人的性格分为理智型和情绪型、外向型和内向型、顺从型和独立型等多种类型。具有不同性格特征的消费者，其行为特征、购买模式有很大不同，如性格外向、容易感情冲动的消费者往往好表现自己，因而他们喜欢购买能表现自己个性的产品；性格内向的消费者则喜欢大众化，往往购买比较朴素的产品；富于创造性和冒险心理的消费者，则对新奇、刺激性强的商品特别感兴趣。

(2) 购买动机，即按消费者购买产品追求的利益来进行细分。消费者对所购产品追求的利益主要有求实、求廉、求新、求美、求名、求安等。例如，购买服装，有人是为了遮体保暖，有人是为了美的追求，有人则为了体现自身的经济实力等。因此，企业可以消费者的购买动机为变量进行细分，确定目标市场。

(3) 态度。态度是人对客观外界对象全面而稳定的评价，具有持久性和广泛性。消费者的态度对购买行为的影响是直接的，因此，常被用来作为市场细分变量。

以消费者对品牌的忠诚度为例，通常可以据此将消费者划分为坚定品牌忠诚者、多品牌忠诚者、转移的忠诚者、无品牌忠诚者等。企业应该认真研究其顾客的忠诚度，坚定品牌忠诚的顾客是企业的重要资产，应该以更好的服务满足他们的需求。同时，通过观察转移品牌的顾客，可以使企业了解自身的不足，加以改进。通过分析低忠诚度的消费者，可以了解对自己产品构成威胁的品牌，积极行动，采取对策。

与地理因素和人口统计因素相比，心理因素比较隐性，不容易测量，但随着现代信息技术的发展，这些隐性的因素很容易通过购买行为显性化。因此，心理因素已被越来越多的企业用来作为细分市场的依据。很多企业也有意识地通过广告宣传树立品牌个性、品牌形象，以迎合和吸引相似个性的消费者，比如，耐克经典广告语“想做就做”体现出的品牌形象就紧贴年轻人追求自我、敢闯敢干的个性。

4. 按行为因素细分

按行为因素细分(Behavioral Segmentation)就是按照消费者购买或使用某种商品的时间、购买数量、购买频率等变量来细分市场。

(1) 购买时间。许多产品的消费具有时间性，企业可以根据消费者产生需要、购买或使用产品的时间进行市场细分，在适当的时候加大促销力度，采取优惠价格，以促进产品的销售。例如，航空公司、旅行社在寒暑假期间大做广告，实行优惠票价，以吸引师生乘坐飞机外出旅游；商家在酷热的夏季大做空调广告，以有效增加销量等。

(2) 购买数量。据此可分为大量用户、中量用户和少量用户。大量用户人数不一定多，但消费量大，许多企业以此为目标，可取得事半功倍的效果。例如，文化用品大量使用者是知识分子和学生，化妆品大量使用者是青年妇女等。

(3) 购买频率。据此可分为经常购买、一般购买、不常购买(潜在购买者)。例如，铅笔，小学生经常购买，高年级学生按正常方式购买，而工人、农民则不常买。

补充案例

有人曾经做过调查，我国总人口中32%是啤酒的使用者，68%是非使用者，使用者中小量使用者和大量使用者各占一半。大量使用者的购买量占总销量的88%，而小量使用者只占12%。又据调查，啤酒的大量饮用者多数是劳动阶层，年龄约在25～50岁之间。而年龄在25岁以下和50岁以上为少量饮用者。根据这个使用率的细分，然后进一步分析不同频次使用者的使用场合，将会有助于企业选择相应的营销对策。

(4) 对营销组合的敏感程度。这里的营销组合是指产品、品牌、价格、渠道、促销手段等策略。以价格为例，有的消费者对价格非常敏感，只要一降价，购买量马上增加；有的消费者却不太关心价格，价格对其购买决策的影响很小。

近年来，移动互联网、大数据、云计算等技术的发展为市场细分增添了更多活力，一方面海量数据的产生为企业提供了更多的消费者行为数据；另一方面，各类数据挖掘、数据分析工具的快速发展为企业进行市场细分创造了更多的细分依据，原来很难识别和测量的消费心理和消费行为通过数据分析被深入挖掘，为企业实施更加精准的市场营销提供了更多的依据。

(二) 组织市场细分的依据

上述消费者市场的细分标准有很多都适用于组织市场的细分，如地理环境、气候条件、交通运输、追求利益、使用频率、对品牌的忠诚度等。但由于组织市场有它自身的特点，企业还应采用其他一些依据和变量来进行细分，最常用的有行业类别、最终用途、地理位置、经营状况和购买行为等变量，如表6-3所示。

表 6-3 组织市场细分依据及变量一览表

细分依据	细分变量
行业类别	国际标准产业分类体系(ISIC)、国民经济行业分类
最终用途	购买产品的目的(用于制造其他产品或服务还是用于转售或租赁)
地理位置	自然条件、自然资源、企业地理位置、生产力布局、交通通信条件等
经营状况	经营规模、资金实力、技术实力、竞争能力、市场占有率、经营效益等
购买行为	购买数量、购买频率等

1. 按行业类别细分

行业分类是组织市场常用的细分依据,行业不同,对产品和服务的要求也不尽相同。例如,同样是购买钢材,有的用于生产机器,有的用于造船,有的用于建筑等,对质量和安全性的要求各不相同。

国际标准产业分类体系(International Standard Industrial Classification of All Economic Activities,ISIC)将行业分成了 10 个门类,99 个大类。我国 2017 年颁布的国民经济行业分类(GB/T 4754—2017)在国际标准产业分类体系的基础上,将行业分成了 20 个门类、97 个大类、473 个中类、1 380 个小类。

2. 按最终用途细分

产品最终用途是组织市场常用的细分依据。根据最终用途不同,组织市场通常可以细分为生产者市场和中间商市场。生产者市场购买产品或服务是用于制造自己的产品或服务,通常对产品和服务有较高的要求,但对品牌、价格一般不太敏感;中间商市场主要用于转售或租赁,除要求保证质量外,还对商品品牌、价格、交货期、付款方式等有较高的要求。

3. 按地理位置细分

组织市场往往比消费品市场在区域上更为集中,如我国江浙两省的丝绸工业区、以山西为中心的煤炭工业区、东南沿海的加工工业区等,地理位置因此成为细分组织市场的重要标准。企业按购买者的地理位置细分市场,选择客户较为集中的地区作为目标,有利于节省运输费用,更加充分地利用销售力量,降低推销成本。

4. 按经营状况细分

经营状况是指企业经营规模、资金实力、技术实力、竞争能力、市场占有率、经营效益等方面的情况。经营状况不同的企业客户,其市场需求的特点也不相同。

5. 按购买行为细分

根据购买者的购买数量划分,可分为大用户、中用户、小用户。大用户户数虽少,但其生产规模、购买数量大,注重质量、交货时间等;小用户数量多,分散面广,购买数量有限,注重信贷条件等。许多时候,和一个大用户的交易量相当于与许多小用户的交易量之和,因此,企业应按照用户经营规模建立相应联系机制和确定恰当的接待制度。

在营销实践中,和消费者市场的细分一样,对组织市场的细分也通常采用多重细分依据。例如,可同时采用行业类别、最终用途和顾客规模对市场进行细分,然后根据企业自身实力,选择合适的目标市场。

以上从消费者市场和组织市场两个方面介绍了具体的细分依据和变量。为了有效地进行市场细分，对于细分依据和变量，应注意以下几个方面的特性：

第一，动态性。细分的依据和变量不是固定不变的，如收入水平、城市大小、交通条件、年龄等，都会随着时间的推移而变化。因此，应树立动态观念，适时进行调整。

第二，适用性。各企业的实际情况各异，不同的企业在细分市场时采用的细分变量和依据不一定相同，究竟选择哪种变量，应视具体情况加以确定，切忌生搬硬套和盲目模仿。

第三，组合性。要注意细分变量的综合运用。在实际营销活动中，一个理想的目标市场是有层次或交错地运用上述各种因素的组合来确定的。例如，化妆品的经营者将18～45岁的网络购买女性确定为目标市场，就运用了年龄、性别、购买行为等三个变量。

三、有效市场细分的标准

企业进行市场细分的目的是企业根据自身的资源和能力情况，选取合适的目标市场，通过差异化的营销策略，满足目标市场顾客的需要，从而取得较大的经济效益。但是，差异化营销必然导致生产成本和营销费用的相应增长，所以，企业必须在市场细分所得收益与市场细分所增成本之间做一权衡。由此，有效的细分市场必须具备以下特征。

（一）可测量性

可测量性包括几层意义：首先，市场细分的变量必须清楚明确、容易辨认，即细分后的市场化有明显的区别，有合理的范围。其次，对细分后的市场规模、市场容量等要能够计量和测算，对于不能直接找到相关信息和统计数据的，必须通过科学的市场调研方法，对市场规模和容量进行量化。

（二）可盈利性

细分市场的规模要大到能够使企业足够获利的程度，使企业值得为它设计一套营销规划方案，以便顺利地实现其营销目标，并且有可拓展的潜力，以保证按计划能获得理想的经济效益和社会服务效益。

（三）可进入性

企业选择了细分市场以后，要考虑营销活动的可行性，即能够在细分市场建立分销网络，使产品能通过一定的销售渠道抵达该市场，同时能够进行有效的促销，使产品信息能够通过一定的广告媒体传递给消费者。

（四）可区分性

用某种特定方法细分出来的各个细分市场，其顾客的需求应该有较大的差异性，即顾客需求异质性应大于其同质性，否则，企业就不必费力对市场进行细分。

（五）相对稳定性

细分后的市场应在一定时间内保持相对稳定，这直接关系到企业生产营销的稳定性。当然，细分市场相对稳定，并不是说细分市场是一成不变的，随着企业市场营销环境的变化，企业也可以放弃现有的细分市场，选择更富有吸引力的细分市场。

第二节　目标市场选择

企业的一切营销活动都应该是围绕目标市场展开的。任何企业都要通过评估各个细分市场,根据自己的营销目标和资源条件选择和确定一个或几个最有利于企业经营、最能发挥企业资源优势的细分市场作为自己的目标市场,然后根据目标市场的特点,实施企业的营销战略和策略。

一、影响目标市场选择的因素

所谓目标市场,就是企业选定参与营销活动,以期达到营销目标的细分市场。影响目标市场选择的因素通常包括以下几个方面。

(一) 细分市场的规模和潜力

作为企业目标市场的细分市场必须具有适当的规模和未来一定的增长潜力。因此,企业应当运用市场调查与预测的方法,测算细分市场目前的规模(如购买数量、购买金额等)以及企业战略规划期内的增长潜力。

选择的细分市场规模必须适当,即与企业的实力相匹配。理想的细分市场还应该具有一定的增长潜力,即良好的销售和利润趋势,这样的细分市场可以给企业提供良好的发展机会。

(二) 细分市场的结构吸引力

细分市场可能具有适当的规模和增长潜力,但从盈利的角度来看,不一定具有吸引力。吸引力主要从获利的角度看细分市场长期获利率的大小。

迈克尔・波特认为有五种因素决定整个市场或其中任何一个细分市场的长期的内在吸引力:供应商的议价能力、购买者的议价能力、新进入者威胁、替代品威胁、现有竞争者的竞争能力等。因此,企业必须充分估计这五种因素对长期获利率所造成的影响,认真预测各细分市场的利润有多少。

(三) 企业的目标和资源

在评估细分市场的规模、潜力和吸引力以后,还要对这些细分市场与企业目标和资源的一致性进行检验。首先是细分市场是否与本企业的长期目标相一致;其次,即使某些细分市场与公司的长远目标相吻合,也还必须进一步考虑公司人力、物力、财力和生产、技术、营销等各种资源是否可以在这个细分市场中建立持久的竞争优势。只有选择那些企业有条件进入,并能充分发挥资源优势的市场作为目标市场,企业才能立于不败之地。

二、目标市场选择的模式

企业在对不同细分市场评估后,可以根据实际情况选择一个或几个细分市场作为自己的目标市场。通常,有五种目标市场选择模式供企业选择,如图 6－1 所示。

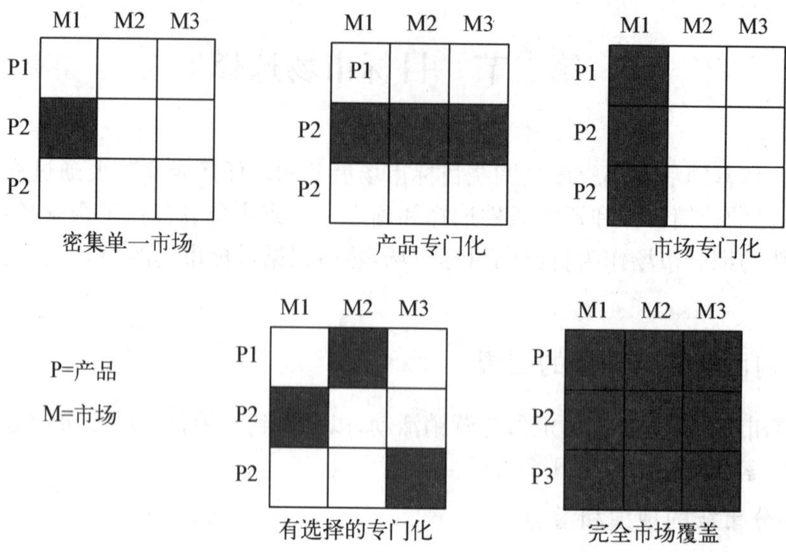

图 6-1　目标市场选择的五种模式

（一）密集单一市场

密集单一市场是指企业选择一个细分市场集中营销，即企业只选择一个细分市场，只生产一类产品，供应一个顾客群。选择密集单一市场通常基于这样的考虑：企业具备在该细分市场从事专业化经营并能取胜的优势条件；限于资金能力，只能经营一个细分市场；该细分市场中没有竞争对手；准备以此为出发点，取得成功后向更多的细分市场扩展。

密集单一市场选择模式的优势在于：公司通过密集营销，可以更加了解本细分市场的需要，树立特别的声誉，并依此在该细分市场建立巩固的市场地位；同时，公司通过生产、销售和促销的专业化分工，在单一的市场上建立较高的市场份额。但是，密集市场营销比一般情况风险更大，由于市场狭窄，细分市场可能出现不景气的情况，或者某个竞争者决定进入同一个细分市场，企业市场份额可能被挤占。因此，密集单一市场选择适用于资源和能力都比较有限或是初步进入市场的企业。

（二）产品专门化

产品专门化是指企业集中生产一种产品，并向各类顾客销售这种产品。例如，显微镜生产商向大学实验室、政府实验室和工商企业实验室销售显微镜，公司准备向不同的顾客群体销售不同种类的显微镜，而不去生产实验室可能需要的其他仪器。

产品专门化的优势在于：企业专注于某一种或某一类产品的生产，有利于形成和发展生产和技术上的优势，在该专业化产品领域树立较高的声誉；由于该市场的顾客类型较多，营销风险较选择密集单一市场小得多。产品专门化适用于有技术和生产优势的企业，但是，如果该产品被一种全新的技术或产品代替，就会发生危机。这样的例子很多，感光胶片企业柯达、翻盖手机制造商摩托罗拉、实体零售商店沃尔玛等，都是由于新技术的快速发展，原来的技术和生产优势不复存在，而被动退出市场的。

（三）市场专门化

市场专门化是指专门为满足某个顾客群体的各种需要服务，生产、经营他们需要的各种产品。例如，企业可为大学实验室提供一系列产品，包括显微镜、化学烧瓶等。

市场专门化的优势在于：企业提供一系列产品专门为某个顾客群体服务，可以在这个顾客群体中获得良好的声誉，并可能成为这个顾客群体所需各种新产品的销售代理商；由于经营的产品类型众多，能有效分散经营风险。但是，如果这个群体的购买力下降，企业就会遇到收益下降的风险。

（四）有选择的专门化

有选择的专门化是指企业有选择地生产几种产品，有目的地进入几个不同的细分市场，满足这些细分市场的不同需求。采用此法选择的细分市场，每个细分市场在客观上都有吸引力，并且符合公司的目标和资源，但在各细分市场之间很少有或者根本没有任何联系。

有选择的专门化的优势在于：可以有效地分散公司的风险，即使某个细分市场失去吸引力，公司仍可继续在其他细分市场获取利润。但是，由于资源在多个市场、多个产品分散，要求企业必须具有较强的资源和营销实力。这种选择方式本质上是一种不相关多元化，产品生产技术之间互不相关，细分市场之间也互不相关。一般来说，除非这些不相关的细分市场确实非常有吸引力，企业也确实有相应的目标和资源与之匹配，否则，企业一般在选择这种方式时会很谨慎。

（五）完全市场覆盖

完全市场覆盖是指企业在各个细分市场生产各种不同的产品，满足各种顾客群体的不同需求。只有实力雄厚的大公司才能采用这种模式。例如，国际商用机器公司在全球计算机市场、通用汽车公司在全球汽车市场、可口可乐公司在全球饮料市场均采取完全市场覆盖的目标市场选取模式。

在现实经济生活中，企业在运用这五种目标市场模式时，一般总是先进入最有利可图的细分市场，在条件和机会成熟时，才逐步扩大目标市场的覆盖范围，进入其他的细分市场。

第三节　市场定位

企业在选择了准备进入的目标市场以后，还必须提出价值主张——它如何为目标市场创造差异化的价值并在目标市场确定自己的位置。市场定位是企业营销活动的指示灯和方向盘，只有定位问题解决之后，企业才能确定营销组合与之匹配，整体满足消费者的需要，进而从顾客那里得到价值回报。

一、市场定位的含义

定位(Positioning)的概念最早是由两位广告人——阿尔·瑞斯(Al Ries)和杰克·罗特(Jack Trout)提出并推广开来的。早期主要是针对广告设计与制作中大量雷同而无特色提出的，提醒广告人在“信息爆炸”社会里，为增加人们对广告信息的接受性，必须要突出差别，建立独特形象。这种思想后来被不断丰富和提炼，已成为营销战略中的一个核心思想，并发展成为一系列市场定位竞争策略。

菲利普·科特勒对市场定位的概念是:企业对其所提供的产品及企业形象进行策划,并通过制定和实施有效的营销组合策略,使其能在目标市场的顾客心目中占据一个独特的、有价值的位置的行动。菲利普·科特勒的定义强调了定位的三个核心思想:

(1) 目标市场。定位是在选择目标市场以后,决定如何在目标市场中发挥竞争优势,将自己和竞争者区隔开来的营销战略。

(2) 差异化。差异化是实现市场定位目标的重要手段,是指本企业产品与竞争者完全不同的独特形象,是在分析企业自身优势和特点、竞争者的竞争优势以及消费者所关注的价值点的基础上确定的。

(3) 有效传播。定位的实质是对目标顾客认知的管理,是通过有效的传播,让目标顾客感知到企业产品的差异化,让顾客一提及某种产品时就能优先想到本企业。定位不是你是什么,而是目标顾客认为你是什么。

二、影响市场定位的因素

定位必须在考虑目标顾客对产品各种属性重视程度的基础上,分析企业自身优势以及竞争者的竞争优势确定。因此,影响市场定位的因素主要包括:

(1) 目标顾客所关注的价值点。不同的顾客,购买时关注的价值点是不一样的。比如消费者买笔记本电脑,有的关注内存,有的关注处理速度,有的关注重量,有的关注价格。企业在进行市场定位时,要通过市场调查,了解目标顾客更关注哪些价值点。

(2) 本企业的竞争优势。定位的差异化最终需要企业和产品的特色和优势做支撑,这就需要企业根据消费者对不同价值点的重视程度,去建立和挖掘自身的特色。

(3) 竞争者的竞争优势。定位时,要尽量避开针对同一目标顾客群的主要竞争对手的竞争优势。比如,在众多餐饮企业中,小厨娘以“最受欢迎的淮扬菜菜馆”定位,目标顾客和产品特色都非常明显,给消费者留下了深刻的印象。

增值阅读

品类定位

从市场定位角度看,品类是指在顾客眼中一组相互关联的产品或服务,它与消费者的感知有关,是基于对消费者需求驱动和购买行为的理解。

品类是一个不断被分化推动的动态概念。品类定位就是通过对原有品类的分化创造新品类,并成为新品类第一品牌的过程。例如,在饮用水行业,乐百氏以反渗透技术和“27道工序”创造了纯净水新品类,农夫山泉以“大自然的搬运工”推出了天然饮用水新品类。开创新品类只是手段,核心的目标是成为潜在消费者心智中品类的代表,让消费者想到品类时就首先想到你。

如果企业能创新性地构想出新品类,然后用一个独特的视角进行营销,就有了成为该品类强势品牌的先天机会。

三、市场定位的依据

市场定位就是要使企业与竞争对手区分开来,为顾客创造独特的价值。菲利普·科特勒认为顾客的总价值包括产品价值、服务价值、人员价值和形象价值，因此，企业可以从产品、服务、人员、形象等角度建立差异化，塑造不同的企业和产品形象以建立差别优势。

（一）产品差异化

产品差别化是指企业采取各种手段使自己生产的产品在质量、性能、价格、带给顾客的利益方面明显优于同类企业的产品，从而在市场竞争中占据有利位置。通过技术创新、管理创新和组织创新等，企业可以生产出具有创新性的产品，实现产品差别化，因而创新意识是产品差别化定位实施的根本。通常，企业可以从以下角度建立产品差异化。

1. 企业历史和产品属性

悠久的历史是消费者识别企业品牌的重要属性。消费者都有这样一种惯性思维，对于历史悠久的产品容易产生信任感，一个历史悠久的企业，其产品品质、服务质量应该是可靠的。泸州老窖公司拥有始建于明代万历年间（公元 1573 年）的老窖池群，所以总是用“您品味的历史，430 年，国窖 1573”的历史定位来突出品牌传承的历史与文明。

产品属性也能使消费者体会到它的定位。产品属性包括制造技术、设备、生产流程、产品功能，也包括产品的原料、产地等因素。实践中，很多企业采用按产品属性定位的策略，收到了良好效果。例如，强生婴儿洗发水的“无泪配方”、鲁花 5S 一级压榨工艺强调制造技术、农夫山泉的 “有点甜”、特仑苏的“专属有机牧场”强调原料产地，在向消费者强调其产品特色的同时，向消费者传达了产品的可信赖性。

2. 产品的功能和利益

产品的功能和利益差异化突出的是产品的功能特性和带给消费者的特殊利益和好处，包括产品的高效、快速、安全、节能等，使其在同类产品中有明显区别，以增加其竞争力。例如，洗发水中飘柔的承诺是“柔顺”，海飞丝是“去头屑”，潘婷是“健康亮泽”；舒肤佳香皂强调“有效去除细菌”；白加黑通过“白天吃白片不瞌睡，晚上吃黑片睡得香”强调其区别于普通感冒片的功能。

3. 产品的情感和个性

产品的情感和个性差异化是企业将消费者当作有感情的人加以对待，与消费者沟通产品带给他们的特殊情感体验和独特个性，从而打动和吸引消费者，以获得有利的市场地位。在产品属性和功能差异化越来越小的今天，情感和个性差异化已成为众多企业品牌沟通的重要诉求，通过与目标顾客的情感共鸣，达成长期的顾客关系。

4. 产品的质量和价格

这里的质量和价格是指两者之间的组合，质量是企业提供给消费者的利益，价格是消费者为获得该利益支付的成本。企业通过恰当的利益组合，满足消费者独特的需求。在实践中，企业常用的组合包括优质高价、优质中价、优质低价、中质低价和低质低价等五种，企业应根据竞争者提供的利益组合，结合自身资源优势，推出差异化的组合方式。

在产品属性和功能差异化越来越小、情感和个性差异化需要较长时间才能被消费者接受的情况下，差异化的质量和价格组合往往是简单而直接的利益表达方式，很容易被消费者接受。

（二）服务差异化

服务差异化是指向目标市场提供与竞争者不同的优异服务。服务差别化定位的适用范围很广，尤其适用于服务业（如银行、证券、保险、航空、零售、快递）和需求几近饱和的制造业（如家用电器）。瞄准目标市场的需求，提供合适的差异化服务，对目标市场就会有很大的吸引力。例如，在众多的快递企业中，顺丰强调“高效安全”、达达定位“一小时送达全城”，目标消费群体不同，提供的服务也不同，都能受到消费者的欢迎。

（三）人员差异化

人员差异化是指通过聘用和培训比竞争者更为优秀的人员以获取差别优势。可以帮助企业获得竞争优势的人员差异化包括专业知识和能力、热情周到、礼貌友善、诚信可靠、反应敏捷、易于交流等。例如，著名的迪士尼公司通过培训，使员工充分理解企业“为人们制造欢乐”的宗旨，从酒店前台到清洁工到单车司机，确保他们有能力，有激情并时时友善。迪士尼公司的成功与其人员差异化战略是密不可分的。

（四）形象差异化

形象差异化是指塑造不同的产品和企业形象以获取差别优势。企业形象是指人们通过企业的各种标志而建立起来的对企业的总体印象，包括品牌知名度、品牌美誉度、产品特点、人员风格等。麦当劳是实行形象差别化定位的成功代表。金色“M”标志不仅与其独特的企业文化相融合，而且使得消费者无论在美国的纽约、日本的东京还是中国的北京，只要一看到该标志，就会立刻联想到其整洁的就餐环境、热情优质的服务及美味可口的汉堡包和薯条等。鲜明、独特的形象，既是企业差异化的方式，也是企业定位传播的重要内容，是企业与目标顾客进行定位沟通的重要工具。

除了产品、服务、人员、形象之外，实际上，企业可以从每一个和顾客的接触点寻找差异化的方法。例如，唯品会以“在线品牌折扣商”从渠道和产品角度进行差异化，周黑鸭从食用场景进行差异化，以“会娱乐，更快乐”将自己定位为休闲鸭食品。差异点的寻找需要对企业自身优势的深刻理解，更需要对市场需求和竞争状况的敏锐洞察。

企业进行市场定位，可以只专注于推出一种产品差异，也可以依据两个或两个以上的差异属性进行定位。例如，高露洁加氟加钙牙膏，强调使牙齿“更坚固，更洁白”，推出了“坚固”“洁白”双重利益。较多利益的市场定位，可以帮助企业吸引更多的细分市场，但同时也会使市场定位变得模糊。因此，企业推出的差异属性不宜过多，否则会影响产品定位的明确性。

定位不是一成不变的，有时，随着市场环境的改变、消费者偏好的转移、企业战略的调整、企业产品的改进，企业需要对过去的定位做修正，这种定位修正叫重新定位。例如，加多宝公司 2002 年经过市场调查，将王老吉重新定位为一款“预防上火的饮料”，为消费者提供独特的价值——喝红罐王老吉能预防上火，让消费者尽情享受生活，将红罐、“怕上火”、凉茶与王老吉紧密联系在一起，给消费者留下了深刻的印象，取得了巨大的成功。

四、市场定位和竞争关系

市场定位是建立被消费者认可和感知的、与竞争者相区别的差异化的过程，企业要认真研究主要竞争者的竞争优势和定位方式，正确处理市场定位及其与竞争者的关系。

（一）与主要竞争者针锋相对的定位方式

与主要竞争者针锋相对的定位方式也叫迎头定位，是指企业选择靠近主要竞争者或与主要竞争者完全重合的市场位置，以夺取同样的目标消费者，在产品、价格、分销及促销等方面采取与主要竞争者相似的营销策略。这种定位实质上是直接同另一品牌竞争。例如,百事可乐与可口可乐、肯德基与麦当劳、奔驰与宝马的竞争。

与主要竞争者针锋相对的定位方式一旦成功就会取得巨大的市场优势,但同时,与实力相当的主要竞争者竞争也是一种风险很大的定位方式。采用这种方式,企业必须考虑:① 目标市场能否容纳两个或两个以上相互竞争的企业;② 企业是否拥有比竞争者更多的资源;③ 在研发、生产、营销、企业声誉等方面企业是否拥有独特的优势。通常,处于挑战者地位的企业会采取这种定位方式,与主要竞争者展开正面竞争。

(二) 依附主要竞争者的定位方式

依附主要竞争者的定位方式是指通过借助市场领导者的声望,强调自己是这一市场主导群体中的一员,从而提高自己的地位、形象和声望,赢得消费者的信赖。例如,美国克莱斯勒汽车公司宣布自己是美国"三大汽车公司之一",使消费者感到克莱斯勒和第一、第二汽车公司一样,都是知名轿车;我国内蒙古的宁城老窖酒业,宣称自己是"塞外茅台",通过比附市场主导者,很快提高了企业的品牌知名度。通常,处于跟随者地位的企业以及处于挑战者地位的企业早期会采取这种定位方式,以借助市场领导者的地位和优势,提高自身的知名度。

(三) 填补市场空缺的定位方式

填补市场空缺的定位方式也叫避强定位,是指企业避开与竞争者直接对抗,将其定位于某处市场的"空隙",发展当前市场上没有的某种特色产品,开拓新的市场领域。例如,1992年高露洁进入中国市场时,众多牙膏品牌没有一家对"防止蛀牙"概念进行抢占,于是,高露洁开始了十多年来单一而集中的传播诉求——防止蛀牙,成功占据了消费者这一认知位置。填补市场空缺的定位方式一般风险较小,成功率较高,常常为处于利基者地位的企业所采用。

五、市场定位的传播

企业一旦明确了它的定位,就必须坚定地向目标消费者传播这一定位,通过各种营销手段将其准确地传递给目标顾客,并在顾客脑海中留下深刻印象,这需要企业做好三个方面的工作:

(1) 建立与市场定位一致的形象。通过积极主动地联系沟通,将市场定位信息传递给目标顾客。只有企业通过多种渠道、综合运用多种手段,对目标顾客进行不断的有关企业产品品牌和企业形象的营销刺激,顾客才能从认知、认同、偏爱到最后购买企业的产品。

(2) 强化顾客对市场定位的信念。企业的市场定位在目标顾客心目中得以确认之后,还有一个变化发展的过程。当目标市场形势或外界其他因素发生变化时,顾客原先所建立的对企业产品形象的信念,有可能会受到冲击,甚至会被改变。所以,企业应千方百计不断强化顾客对企业产品市场定位的印象,使顾客对这一定位的认同在脑海中根深蒂固。

(3) 防止误导性信息传播。当企业营销组合运用不当时,可能会在顾客中造成误解,如传递给顾客的定位过低,不能充分显示自己的特色;定位过高,不符合企业实际情况等。上述各种误解都是由于定位传播失误造成的,应注意防止。

公司要以自始至终的表现和宣传才能维持这个定位,根据不断变化的市场环境紧密监控定位情况并随机应变,从而使公司的定位与消费者的需求和竞争者的策略相协调。

创新创业营销视角

破坏性创新：创业企业的市场选择之道

对创业企业来说，进入有巨头存在的主流市场是一件风险很大的事情，胜出的机会非常渺茫。比如在电商平台市场和搜索引擎市场，要做第二个天猫或者第二个百度都是非常困难的。

克莱顿·克里斯坦森在其著名的《创新者的窘境》一书中，曾创造性地提出了“破坏性创新”的概念，分析了大企业为什么会失败，并解释了创新企业胜出的原因。

克里斯坦森把技术和创新分为两类，一类技术叫作“延续性技术”(Sustaining Technologies)，由此类技术带来的创新叫作“延续性创新”；另一类技术叫作“破坏性技术”(Disruptive Technologies)，由此类技术带来的创新叫作“破坏性创新”。

“延续性技术”往往会推动产品性能的改善，使得产品“更高更快更强”。但是克里斯坦森也同时发现，技术进步的步伐可能会而且经常会超出市场的实际需求。如图 6-2 上面那条实线“连续性技术创新 1 带来的性能进步”所示。

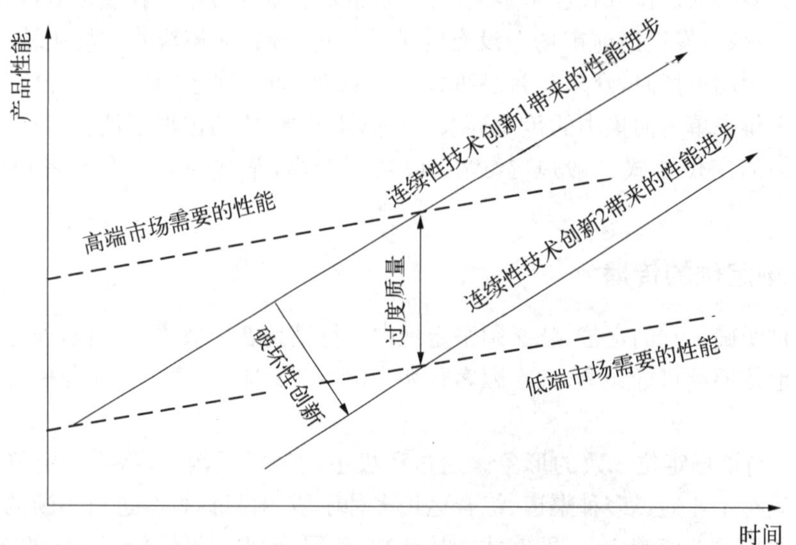

图 6-2　破坏性创新模型

而破坏性技术产品的性能一般要低于主流市场的成熟产品，但它们拥有一些边缘客户(通常也是新客户)所看重的其他特性。比较有意思的一个现象是，虽然破坏性技术并不是技术进步，而是“技术退步”，但经常是破坏性技术导致了领先大企业的失败。

在延续性技术的情形下，企业致力于开发比竞争对手更好的产品，以实现更高的价格，获取更大的利润率。但在这个过程中，企业经常会“过度满足”市场的需求，他们为用户提供的产品，超出了用户的实际需求或者用户最终愿意支付的价格。

破坏性技术的思路则不一样。破坏性技术不求提高原有的性能指标，而是进入新的性能改善曲线，如图 6-2 下面那条实线“连续性技术创新 2 带来的性能进步”。因此，破坏性技术，会使得产品或服务更加简单、更加便宜、更加方便，这样的产品会更好地满足某些边缘市场的边缘用户的需求。

在《创新者的窘境》一书中，克里斯坦森以硬盘行业的发展作为破坏性创新的典型例子。

1974 年，主流的硬盘企业（如 IBM）主要为大型计算机企业提供 14 英寸硬盘，中等价位的硬盘容量大约是 130 MB。1978 年到 1980 年，Shugart Associates、Micropolis、Priam，昆腾公司等几家新兴企业开发了 10～40 MB 容量的 8 英寸硬盘，这些硬盘主要提供给一个全新的应用领域——微型计算机市场。

在之后的 3～4 年，随着微型计算机市场的飞速发展，以及 8 英寸硬盘产品容量的快速提升，8 英寸硬盘开始蚕食更高端的市场，并取代了大部分 14 英寸硬盘的市场。之前那些生产 14 英寸硬盘的知名制造商开始陨落。在这些成熟企业中，有 2/3 从未推出过 8 英寸硬盘产品，还有 1/3 在新兴企业推出 8 英寸硬盘两年之后，才推出自己的同类产品。最终，14 英寸硬盘制造商全部被淘汰出硬盘行业。

在硬盘行业，类似的故事一直在重复。1980 年，希捷公司推出了 5.25 英寸硬盘，供给台式个人电脑制造商。1987 年，康诺公司推出 3.5 英寸硬盘，供给便携式计算机制造商。硬盘行业每一次推出更小的产品，都带来了行业的一次改朝换代，原有的领先企业大多失意地退出了市场。

为什么当时领先的硬盘制造商不能及时推出下一代更小的硬盘呢？那些生产 14 英寸硬盘的制造商，在技术上完全有能力生产 8 英寸的硬盘，但他们受制于现有的市场，受制于现有的客户的要求(8 英寸硬盘一开始不能满足大型计算机制造商的要求)，这就是大企业的劣势。

正如克里斯坦森指出的那样，“对于理性的管理者来说，他们很难找到充分的理由进入规模小、需求不明确，而且利润率更低的低端市场。”

但这个“规模小，需求不明确”的低端市场，往往就是创业企业的机会。

领先企业更喜欢持续性创新，把成熟产品销售给主流客户。而创业企业则应该在破坏性创新中找机会，把边缘产品销售给边缘客户，通过让大家“省心、省钱、省时间”，为市场推出“低价、功能简单、高性价比”的简单解决方案。

在过去的十几年中，因破坏性创新成功的例子屡见不鲜，经济型酒店 vs 传统酒店、连锁餐饮 vs 传统餐饮、微信 vs 运营商、滴滴打车 vs 传统出租车公司、亚马逊 vs 实体书店、微博 vs 博客……

因此，所谓“破坏性创新”，通常不是产品性能进步，而是创业企业在市场选择上的创新。创业企业要选择那些大公司难以顾及、难以深入的边缘市场，这些市场最好是新市场，这样胜出的可能性会更大。

（资料来源：葛英姿.创业公司的 99 种死法(九)：进入主流市场.微信公众号“英姿的天使圈”.2018.7.18.有删改）

创新创业营销案例

小红书的目标用户和产品设计

小红书是一款以“没有明确购买目标（用户不知道要买什么，但是愿意花时间去‘逛’）”

的用户为目标的App软件，2017年以月度活跃用户规模1 539.47万人列跨境电商App第一位。但随着电商行业的竞品越来越多，加上国货的兴起，小红书想要保持这个位置也不容易。

一、目标用户和市场定位

在转型做电商之前，小红书是一个UGC(User Generated Content，用户原创内容)分享社区，用户可以通过上传文字、图片分享自己的购物经验，UGC社区模式使小红书拥有了海量的内容和较强的社交属性。转型做电商后，小红书以80、90后消费能力相对较高的年轻群体为目标用户，将自己定位为基于UGC的购物笔记分享社区以及自营跨境电商，满足目标用户的以下需求：

(1) 对于无明确购买目标的用户，通过购物笔记推荐找到喜欢的商品；

(2) 对于有明确购买目标的用户，根据其他用户分享的笔记判断商品是否值得购买；

(3) 让用户更便利地通过平台商城购买海外保税仓直邮商品；

(4) 给予用户平台主动分享购物心得，满足其社交心理。

二、目标用户画像

从性别看，在所有搜索"小红书"的用户中，女性占主导，占到整个用户数的68%，因为小红书平台的商品以美妆个护为主，自然女性用户占多数。

从年龄层次看，30～39岁的用户最多，占到整体的53%。这部分群体更可能购买价格昂贵的商品，他们认为小红书是获取大牌产品的渠道，这与平台前期海淘形象树立有很大关系。

从地区看，排名前三位的分别是广东、上海和北京，并且前十位的地区大多集中在沿海经济较为发达的一二线城市，这些城市的用户更乐于接受新鲜事物，消费水平更高。

从用户偏好看，大部分下载了小红书App的用户也下载了与网购、社交、通信、金融理财、影音等相关的应用，其中最核心的偏好是网购。

三、产品设计

产品的核心功能板块主要有笔记社区和商城。

笔记社区提供给用户的功能包括浏览笔记和发布笔记，信息流推荐是用户浏览笔记最主要的方式，发布笔记包括普通笔记、视频笔记和长笔记，如图6-3所示。

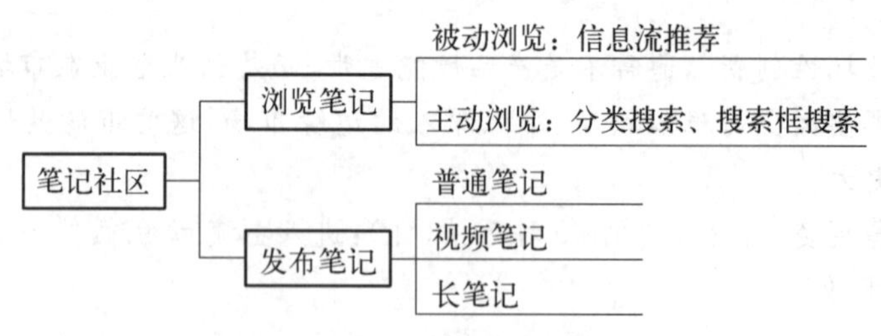

图6-3 小红书的笔记社区

小红书商城是在其社区内容运营一年，有了内容的铺垫后发展起来的，采取跨境电商"海外直采+自营保税仓"的模式，满足用户"能便利地购买到外海产品""确保购买到的产品是正品"的需求。随着国货的兴起，目前平台上架的国货产品也越来越多。

目前商城入驻店铺类型以自营为主。2014年上线自营福利社，2018年推出了独立品牌有光和线下体验店 Red Home，开始了线上商城与线下零售相结合的道路，如图 6－4 所示。自营品牌给人的感觉是线上版的“无印良品”，有自己的风格，适合 85 后、90 后年轻人，定价不算低，有较大的盈利空间。

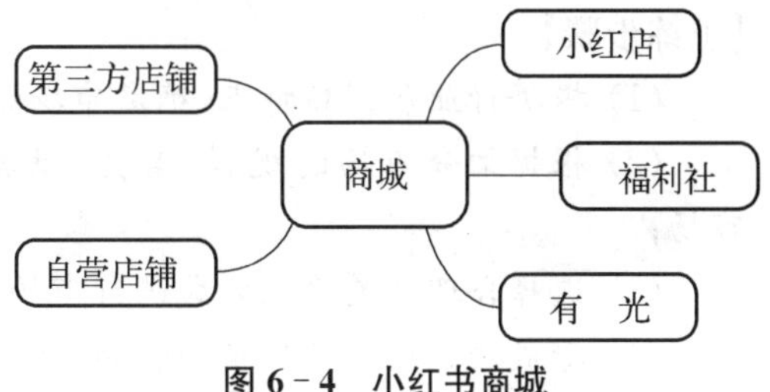

图 6－4　小红书商城

四、产品迭代

小红书从 UGC 社区到跨境电商，版本迭代已上百次，在 UGC 社区时期和跨境电商时期的版本迭代关注的重点是不一样的。

在社区运作时期，注重增强笔记社区的社交属性，比如增加话题功能让用户参与其中，增加地区频道满足同城社交等。这些功能的优化是为了营造兴趣社区的氛围，给购物爱好者平台去分享购物体验，鼓励越来越多的用户发布优质内容。

跨境电商阶段的产品迭代具有以下特点：① 内容和商品陈列重个性化智能推荐。平台实现根据用户喜好向其推荐感兴趣的达人、话题等内容。② 小视频成为内容中的主流。平台新增了配套的贴纸、背景音乐等功能，并且将录制时间延长至 1 分钟。③ 社交电商趋势更加明显。更注重将社交与电商结合，让内容带动电商发展。④ 注重用户成长体系。用户可通过完成相应“任务”获得平台称号，解锁相应特权。⑤ 成熟期通过一系列营销活动提高用户转化率。包括“红色星期五”“双十一”“年末盛典”“惊喜会场”等。

在转型跨境电商后，小红书的 slogan 从最初的“全世界的好东西”变成“标记我的生活”，可以看出笔记社区依旧是平台的核心功能。

随着越来越多的普通用户入驻，一些平价商品推荐越来越多，小红书的目标用户不再仅仅瞄准消费能力较高的白领阶层，就像他们自己说的“小红书用户达到 7 000 万，但 70%新增用户是 95 后”。这部分群体有巨大的消费潜力，只要能让这些年轻用户对产品产生黏性，未来小红书会有更多的盈利空间。

（资料来源：http://www.woshipm.com/evaluating/1283375.html，有删改）

问题讨论：

1. 查阅相关资料，分析小红书是如何选择目标市场并进行准确的市场定位的。
2. 查阅相关资料，分析小红书的产品设计和产品迭代是如何满足目标市场用户需求的。
3. 小红书的成功经验，对互联网创新创业企业进行目标市场选择和定位有什么启示？

创新创业营销实战训练

【训练目的】

掌握创新创业项目目标市场营销战略的制定。

【训练内容】

选择一个拟自主创业或从身边（网络）寻找一个创新创业项目，以小组为单位，利用本章学习的目标市场营销战略制定方法，确定市场细分依据，进行市场细分，选择目标市场，以合理的差异化方式进行市场定位，形成研究报告。教师也可以指定某一个创新创业项目，要求学生做出分析并形成研究报告。

【训练步骤】

(1) 根据行业和产品特点，确定市场细分依据，并细分市场；

(2) 根据细分市场的规模、潜力、结构吸引力和企业的目标与资源，选择合适的目标市场；

(3) 选择合理的差异化方式进行市场定位；

(4) 形成研究项目目标市场营销战略研究报告。

【注意事项】

(1) 可沿用第二章选择的创新创业项目；

(2) 3～4人一组，每组选出一位负责人，小组成员合理分工；

(3) 选择合适的市场细分变量的数目，确保细分市场的有效性；

(4) 训练过程应结合本章所学理论知识，独立思考与小组讨论相结合；

(5) 条件许可的情况下可进行企业调研或实地走访；

(6) 研究报告以小组形式提交，注明每位同学承担的任务。

【成果与评价】

(1) 研究报告内容应包括但不限于：研究项目所处行业市场细分研究，研究项目目标市场选择，研究项目市场定位确定；

(2) 要求结构完整、思路清晰，体现分析和判断能力，各部分内容充实，有详细数据支持；

(3) 文字流畅，符合规范化要求。

思考题

1. 什么是市场细分？为什么要对市场进行细分？
2. 对消费者市场进行细分的依据有哪些？它们是如何对消费者市场进行细分的？
3. 对组织市场进行细分的依据有哪些？它们是如何对组织市场进行细分的？
4. 有效的细分市场必须具备哪些特征？
5. 影响目标市场选择的因素有哪些？它们是如何影响目标市场的选择的？
6. 企业应如何根据实际情况选择目标市场？不同的目标市场选择模式有何优缺点？
7. 创新创业企业在进行目标市场选择时，应注意什么问题？
8. 什么是市场定位？影响市场定位的因素有哪些？
9. 企业可以从哪些角度进行差异化的市场定位？如何处理市场定位和竞争关系？

第七章

竞争性市场营销战略

学习目标

1. 理解三种一般性市场竞争战略的含义及实施的要点。
2. 理解不同市场地位企业市场地位竞争战略的差异。
3. 了解战略联盟的含义及形式。
4. 掌握创新创业项目竞争性市场营销战略的制定。

引　言

在发达的市场经济条件下，任何企业都面临着不可回避的竞争，尤其对创新创业企业，更是处于竞争者的重重包围之中。企业要想在激烈的市场竞争中立于不败之地，必须树立正确的竞争观念，在认真研究竞争者的战略、目标和优劣势的基础上，明确自己在竞争中的地位，在理解顾客价值的基础上，有的放矢地制定竞争性市场营销战略。

第一节　一般竞争性市场营销战略

在同一市场上竞争的企业，因营销目标、资源和实力不同，采取的市场竞争战略也不相同。美国著名竞争战略和竞争力问题研究专家迈克尔·波特提出，企业可以通过成本领先、差异化和重点集中三种一般性市场竞争战略获得竞争优势。

一、成本领先战略

(一) 成本领先战略的含义

成本领先战略(Overall Cost Leadership)也称为低成本战略，是指企业通过有效途径降低成本，使企业的全部成本低于竞争对手的成本，甚至是在同行业中最低的成本，从而获取竞争优势的一种战略。

成本领先战略取得竞争优势的机理在于：由于成本低，企业有能力在保证行业平均利润水平的情况下，为目标顾客提供更低价格的产品，如果目标顾客对价格敏感，就可以吸引更多的消费者，实现更多销售，获得更多利润，企业就有能力进一步扩大投资，更多生产，实现更低的成本，从而形成持续的竞争优势。如果市场上的很多购买者对价格很敏感，而且价格竞争很激烈，那么，低成本就是一种很强大的防御力量。

(二) 成本领先战略的优劣势

我们用迈克尔·波特的五力模型来分析成本领先战略的优势：

首先,企业处于低成本地位上,可以抵挡住现有竞争对手的对抗。在竞争对手由于低价格已经不能获利,只能保本的情况下,企业仍能获利;其次,面对强有力的购买者要求降低产品价格的压力,处于低成本地位的企业可以接受更低的价格,握有更大的主动权;第三,当强有力的供应商抬高企业所需资源的价格时,处于低成本地位的企业由于较大的购买数量,可以有更强的讨价还价的能力;第四,企业建立的巨大的生产规模和成本优势,可以使想要加入该行业的潜在进入者望而却步,形成进入障碍;第五,在与替代品竞争时,低成本的企业往往比本行业中的其他企业处于更有利的地位,比其他成本高的企业更经得起市场竞争。

当然,成本领先战略也有失灵的时候,它的主要劣势在于:

① 新技术的出现可能使过去的设备投资、规模优势和学习经验变得无效,比如,新零售的出现使得实体大型连锁超市失去规模经济优势;② 行业中新加入者通过模仿、总结前人经验或购买更先进的生产设备,或使用更低成本的人工,成本更低;③ 产品简单化是采用成本领先企业常用的方法之一,但是,产品简单化常常是以忽视个性化需求和附加利益为代价的,会使企业失去部分顾客;④ 当市场需求发生较大变化时,规模经济通常会造成企业退出或缩减障碍较大。

(三) 取得成本领先优势的方法

企业取得成本领先优势的方法很多,归纳起来可以包括以下几个方面。

1. 规模经济

规模经济是指企业由于扩大规模导致平均成本的降低。这里的规模不仅指生产规模,还包括销售规模,生产规模和销售规模的扩大都可以有效降低单位成本。

2. 经验曲线效应

经验曲线效应是美国著名的波士顿咨询集团公司在 1974 年提出来的,他们认为:在一定的生产量区间中,随着累计生产量的增加,单位产品的生产成本会以一定的比率逐步降低,经验越丰富,成本降低的可能性就越大,如图 7-1 所示。

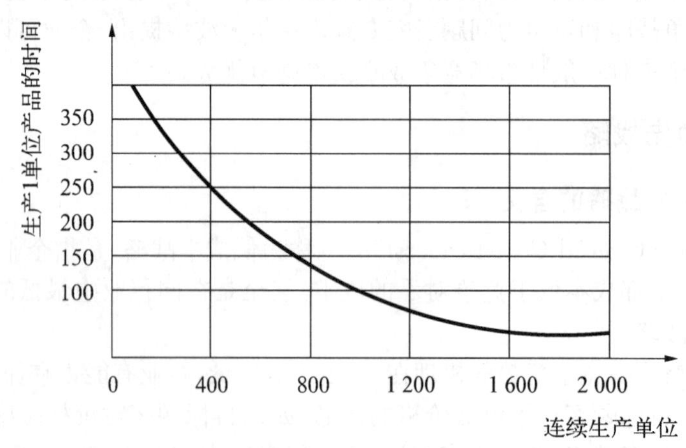

图 7-1 经验曲线

3. 良好的企业组织管理

企业的组织管理状况也直接影响企业的成本,这种组织管理主要体现在企业内部各部门及人员之间的相互关系上,包括合理的流程设计,减少或简化多余的环节;有序的生产组织,提高产品质量,建少废品损失;高效的组织结构,降低沟通成本等。

4. 一体化经营

一体化经营包括纵向一体化和横向一体化。

纵向一体化是指企业沿着产业链,向上游和下游扩展现有经营业务。例如,汽车制造商向上游扩展,自己开办轮胎厂或收购一个轮胎企业,向下游扩展,自建专卖店销售汽车。采用一体化经营的企业,向上游扩展能保证企业产品生产所需的原材料、零部件供应渠道的稳定,能获得原材料、零部件质量、价格和时间上的优惠,或可以通过统一的技术措施、价格政策和物资分配体系,降低产品成本;向下游可以向具有更高附加值的产品领域拓展,提高企业的盈利能力,或可以节省企业在销售渠道上的开支,减少促销、运输、仓储、包装等费用,从而降低成本。

横向一体化是指企业通过收购、兼并等方式,与同行业企业进行联合。例如,法国欧莱雅公司收购中国本土化妆品品牌小护士。横向一体化可以扩大企业规模,降低产品成本,吸收联合企业的技术和管理经验,减少竞争对手,避免无序竞争。

5. 低成本的地理环境

企业若所处于原料所在地,可以大大减少采购成本;若处于消费所在地,则可减少销售成本;企业总是希望建在经济比较发达、交通比较方便的地区,因为投资环境的选择决定了他们生产、销售产品的成本。同时,企业所处地方的人工成本高低、资金成本大小、市场需求状况也会影响企业的成本。

除了上面提到的这些方法之外,取得成本领先的方法还包括有效的成本约束机制、成本控制导向的企业文化等。

补充案例

美国沃尔玛连锁店公司是成功运用成本领先战略的典范。沃尔玛降低成本的具体举措包括以下几个方面:

(1) 通过直接向工厂购货、由总部统一购货和协助供应商减低成本,降低购货成本。

(2) 建立高效运转的物流配送中心,保持低成本存货。

(3) 建立自有车队,有效地降低运输成本。

(4) 对日常行政费用进行严格控制,降低管理成本。

二、差别化竞争战略

(一) 差别化竞争战略的含义

差别化竞争战略(Differentiation Strategy)也称别具一格战略、差异化战略,是指企业凭借自身的技术优势和管理优势,向市场提供与竞争对手相比具有独到之处的产品和服务。这些独到之处有很多表现方式,如设计或品牌形象、技术特点、外观特点、客户服务、经销网络等。

(二) 差别化竞争战略的优劣势

差别化战略是一种有效的竞争战略,它的优点主要体现在:首先,实行差别化战略是利用了消费者对其产品和服务特色的偏爱和忠诚,由此可以降低其对价格的敏感性;其次,消费者对企业或产品的忠诚性为竞争者的进入设置了较高的障碍，竞争者要进入该行业需要花很大的成本去克服这种忠诚性；另外，由于产品或服务具有特色，又赢得了顾客的信任，使企业在与替代品的竞争中也比其竞争对手处于更有利的市场地位。

但是，实施差别化战略也有一定的劣势。企业往往需要以高成本为代价保持产品的差异性，因为企业需要进行广泛的研究开发、产品设计、购买高质量原料、提供优质的客户服务等工作，但并不是所有的顾客都愿意或能够支付产品差异化所带来的较高的价格，同时，顾客对差异化所支付的额外的费用是有极限的，如果采取成本领先战略的企业所提供的产品价格远远低于差别化产品时，顾客就有可能放弃对差别化的追求。其次，企业要想实施差别化战略，往往需要放弃获得较高市场占有率的目标，因为产品差别化而带来的排他性与高市场占有率是矛盾的。此外，竞争对手的模仿行为常常使产品的差别化优势难以长久维系，因此，企业往往需要在若干方面建立差异化。

（三）实施差别化竞争战略的条件

有效实施差别化竞争战略必须具备一定的前提条件。

1. 顾客和市场竞争方面

顾客对产品的需求和使用要求是多种多样的，即顾客需求是有差异的；可以有很多途径创造企业与竞争对手产品之间的差异，并且这种差异被顾客认为是有价值的；采用类似差异化途径的竞争对手很少，即真正能够保证企业是“差异化”的。

2. 企业内部资源方面

除了上述外部条件之外，实施差别化竞争战略还需要企业在市场营销、研究开发、产品技术和工艺设计等方面具有强大的实力；在质量、技术和工艺等方面享有良好的声誉；进入行业的历史久远，或从事其他行业时积累的许多独特能力依然有用；可以取得来自销售渠道各个环节强有力的支持和合作。

（四）实施差别化竞争战略的方法

在第六章“目标市场营销战略”的“市场定位”部分已经详细讲过，企业可以从产品、服务、人员、形象四个角度以及任何一个与消费者的接触点去创造差异化，这里不再赘述。

实践中，大部分行业属于垄断竞争的市场结构，差别化战略是绝大部分企业获取竞争优势的主要选择。

三、重点集中战略

（一）重点集中战略的含义

重点集中战略（Focus Strategy）是指企业把经营战略的重点放在一个特定目标市场上，并为这个特定的目标市场提供特定的产品或服务，使企业避开在大范围内的竞争，增强相对竞争优势。

选择重点集中战略的企业，可以通过产品差别化或成本领先的方法取得竞争优势。如果企业要实现成本领先，则可以在专用品或复杂产品上建立自己的成本优势。这类产品难以进行标准化生产，也就不容易形成生产上的规模经济效益，因此也难以具有经验曲线的优势。如果企业要实现差别化，则可以运用所有差别化的方法去达到预期的目的。与差别化战略不同的是，采用重点集中战略的企业是在特定的目标市场中与实行差别化战略的企业进行竞争,而不在其他细分市场上与其竞争对手竞争。

(二) 重点集中战略的优劣势

重点集中战略的优点主要体现在:首先,重点集中战略企业由于集中力量服务于少数细分市场,更能够深入了解需求情况,在生产和销售上提供更及时、良好的服务,效率更高、效果更好。其次,重点集中战略有利于企业在生产和营销上实行专业化,节约费用,获得高于本行业一般水平的收益。

实施重点集中战略的劣势主要体现在:首先,由于其目标市场相对狭窄,会使企业的市场份额总体水平相对较低,使企业在取得市场份额方面存在局限性。其次,由于技术进步、替代产品出现、价值观念更新、消费偏好变化等多方面的原因,目标市场与总体市场之间在产品或服务的需求上差别变小,企业原来赖以形成重点集中战略的基础也就失去了效用。另外,竞争对手在较宽的外围市场采用同样的战略,或者在本企业的目标市场上再进行市场细分,也会使企业失去重点集中战略的优势。

(三) 实施重点集中战略的关键

企业实施重点集中战略的关键是选择好目标市场,企业选择目标市场的一般原则是,企业要尽可能地选择那些竞争对手最薄弱的目标和最不易受替代产品冲击的目标。在选择目标之前,企业必须确认四个方面的问题:首先,购买者群体之间在需求上存在着差异;其次,在企业的目标市场上,没有或很少有其他竞争对手试图采取重点集中战略;再次,企业的目标市场在市场容量、成长速度、获利能力、竞争强度等方面具有相对的吸引力;最后,本企业资源实力有限,不能追求更大的目标市场。

总成本领先战略、差别化竞争战略和重点集中战略是企业应对日益严峻的竞争环境的基本战略,这三种战略选择目标市场和取得竞争优势的方式各不相同,如图 7-2 所示。

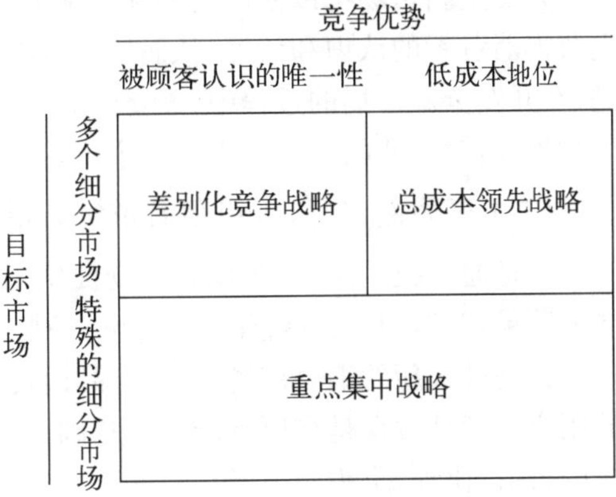

图 7-2　三种基本竞争战略关系图

第二节　市场地位竞争战略

企业在制定市场营销战略时,必须明确自己在目标市场中的竞争地位,有的放矢地制定竞争战略,才能在激烈的竞争中求得生存。按照菲利普·科特勒的观点,可以将市场竞争者分为四种类型:市场领导者、市场挑战者、市场跟随者和市场利基者。这种竞争地位的不同将决定它们对市场营销战略导向的选择差异。

一、市场领导者战略

市场领导者是指在相关产品的市场上市场占有率最高的企业,比如国内手机行业的华为、互联网购物平台淘宝等。它们具有资金实力雄厚、研发能力强、消费者忠诚度高、营销渠道覆盖面广等优势，在价格变动、新产品开发、分销网络和促销力量等方面处于支配地位。但它们的地位不是固定不变的，时常会受到其他企业的挑战、效仿或者回避。因此，企业必须随时保持警惕并采取适当的措施，维持其优势地位。

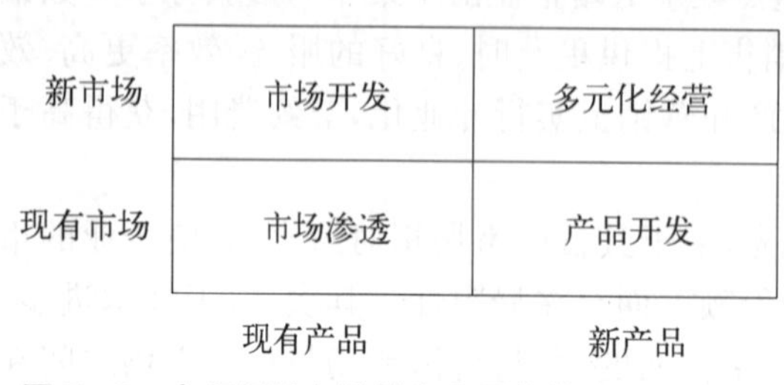

图 7－3　市场领导者维护和发展优势地位的方法

市场领导者维持优势地位的最好办法是不断创新，在市场开发、产品创新、提高服务水平和降低成本等方面积极努力，使自己真正处于该行业的领先地位。借用企业战略管理的发展理论，处于市场领导者地位的企业可以采取以下方式，维护和发展自己的优势地位，如图 7－3 所示。

（一）开发新市场，拓宽市场边界

这里的新市场是指全新的市场，即在现有市场之外，向尚未使用本企业产品的国家或地区推广产品，开辟一个新的市场。通常，市场领导者会在现有市场饱和后，选择一个尚未被充分开发，潜力更大的新市场作为下一个目标市场。例如，家电生产企业加大对农村市场的推广力度，房地产开发企业加大三四线城市的房地产市场开发力度等。

开发全新市场可以使市场领导者避开原有市场的激烈竞争，作为新市场的新进入者首先获得消费者的认识和认可，从而快速地提高销量，甚至获得比原有市场更高的利润率。但是，在开发全新市场的过程中，需要建立分销渠道、进行宣传推广，这都需要大量的资金和人力的投入，对企业的资金实力是一个严峻的考验。

（二）开发新产品，吸引现有市场新用户

一是通过技术研发，向现有市场提供全新产品，吸引新用户。例如，全球手机行业的领导者苹果，2007 年推出只有一个 Home 键的 iPhone 手机，从此开启了手机行业的苹果时代。

二是进入新的细分市场，通过产品改良和品牌创新，吸引原有市场中尚未使用企业产品的用户。产品改良是在原有产品的基础上，对质量、外形、部分功能进行改进，给顾客提供更多的价值，比如，华为 2020 年 3 月推出前 3、后 5 共 8 个摄像头的 P40 新手机，吸引了大量原来使用苹果手机的高端用户；品牌创新是指新品牌的开发，覆盖更多的目标人群，比如，华为 2013 年 12 月份推出荣耀 HONOR 子品牌，与 OPPO、小米等年轻品牌展开竞争。

（三）通过市场渗透，挖掘现有市场潜力

即采用各种营销手段，通过更多的广告投入、品牌宣传、渠道建设和人员促销，争取现有市场竞争者的顾客或者促使现有市场顾客增加购买的次数、数量。比如，益达木糖醇口香糖打出“饭后嚼两粒”的广告，帮助顾客养成饭后吃木糖醇的习惯，并且培养一次吃两粒的消费观念。

维护市场领导者领先地位的另一个重要途径是通过多元化经营，在全新的市场投入全新的产品，开辟一个全新的市场领域。也可以通过规模化经营、提高管理效率等办法降低成本，通过领先的成本优势取得市场竞争力，从而提高市场占有率。

当然，市场领导者在进行市场扩张时，也要随时注意来自市场挑战者正面（市场领导者的主要市场）、侧翼（市场领导者实力相对薄弱的市场或地区）的进攻，或来自其他企业小规模、间断性的骚扰，采取合理措施，做好市场防御。

二、市场挑战者战略

市场挑战者由于企业资源相对充足，在参与市场竞争的过程中，会主动向市场领导者或其他的竞争者发起进攻，比如向市场推出全新的产品，或者在局部市场引发价格战等，以取得更大的市场份额。市场挑战者如果要向市场领导者和其他竞争者挑战，首先必须确定自己的战略目标和挑战对象，然后再选择适当的进攻策略。

（一）明确战略目标和挑战对象

一般来说，挑战者可以选择以下三种企业作为攻击对象：

（1）市场领导者。这是一个对企业很有吸引力的挑战对象，因为挑战成功可以大大提高企业在行业的地位，甚至取而代之，成为新的市场领导者。但是，它的风险很大，有的学者认为，如果攻击者想要成功攻击市场领导者，它所拥有的实力起码是市场领导者的三倍。所以，除非企业具备充足的人力、财力、物力，一般情况下，市场挑战者都会很谨慎地选择市场领导者作为挑战对象。

（2）与己规模相当的竞争者。挑战者也可以选择与自己实力相当、规模相似，但经营不善或资金不足的竞争对手作为攻击对象，通过强有力的市场营销手段夺取它们的市场。

（3）实力较弱的中、小型企业。对一些实力较弱的中、小型企业，特别是当它们出现经营管理和财务收支等方面的困难时，挑战者可以通过投资控股、兼并重组等手段进行吞并，壮大自己的实力。诸多行业向成熟、合理的产业结构发展的过程中，实力较弱的中小企业不断退出是一个必然的趋势，这对具有一定实力的市场挑战者来说是一个很好的市场机会。

针对不同的进攻对象，挑战者的目标是不同的，在进攻行业领导者的时候，挑战者的目标可以只是争夺一定的市场份额，提高自己的市场占有率，而不是击垮对方的战略幻想。而如果攻击的对象是实力较弱的中小企业，那么目标就可以是将之击垮或收购。

（二）选择进攻策略

总的来说，挑战者可选择以下五种进攻策略：① 正面进攻，向竞争对手的主要市场发动攻击；② 侧翼进攻，在全国或全世界范围内寻找竞争对手相对薄弱的地区或竞争对手尚未很好满足需求的细分市场，向其发动攻击；③ 围堵进攻，在竞争对手正面、侧翼同时发起全方位、大规模的攻击；④ 迂回进攻，避开竞争对手现有市场，进行间接地攻击，如开发与竞争对手现有产品无关的产品、以现有产品进入新市场、通过技术创新开发新产品替代竞争对手现有产品等；⑤ 游击进攻，向竞争对手不同市场发动小规模的、间断性的攻击（如大规模的促销、降价等）骚扰对方，以期待永久性地占领局部市场。

一般来说，除非企业资源优势数倍于竞争者，市场挑战者一般应该避免正面进攻和围堵进攻，也就是避开竞争者的主要市场或主打产品，选择从对方相对薄弱的市场和产品入手，通过差别化竞争战略，建立自己的竞争优势，取得市场地位。差别化竞争战略的内容在上一节已经详细阐述，这里不再赘述。

三、市场跟随者战略

和市场挑战者不同，市场跟随者安于自己的次要地位，不主动向竞争者发起正面进攻，通过仿造或改良，为市场提供与市场领导者相似的产品，从而获得相对稳定的收益。

跟随并不等于被动挨打，或是单纯模仿领导者，市场跟随者必须懂得如何维持现有顾客，并争取一定数量的新顾客；设法给自己的目标市场带来某些特有的利益，如地点、服务、融资等；还必须尽力降低成本并保持较高的产品质量和服务质量，同时找到一条不会招致竞争者报复的成长途径。具体来说，跟随策略可分为以下三类。

（一）紧密跟随

紧密跟随(Following Closely)指跟随者尽可能地在各个细分市场和营销组合领域仿效领导者。这种跟随者有时好像是挑战者，但只要它不从根本上危及领导者的地位，就不会发生直接冲突。

（二）有距离的跟随

有距离的跟随(Following at a Distance)指跟随者在目标市场、产品创新、价格水平和分销渠道等方面都追随领导者，但仍与领导者保持若干差异。这种跟随者易被领导者接受，同时它也可以通过兼并同行业中弱小企业而使自己发展壮大。

（三）有选择的跟随

有选择的跟随(Following Selectively)指跟随者在某些方面紧随领导者，而在另一些方面又自行其是。也就是说，它不是盲目追随，而是择优跟随，在跟随的同时还要发展自己的独创性，但同时又通过差异化避免直接竞争。这种跟随策略最能得到领导者的宽容，也可以使跟随者在相对稳定的竞争环境取得稳定的收益。

市场上的大部分企业都是跟随者，它们规模不大、实力不强、单个企业的市场占有率也不高，但如果能在市场或者产品的某方面建立自己的特色，也可以在市场中占得一席之地。

四、市场利基者战略

市场利基者，也称为市场补缺者，是指精心服务于市场上被大企业忽略的某些细分市场(即利基市场)，不与主要企业竞争，只是通过专业化经营来占据有利市场位置的企业。

市场利基者通常是一些规模较小、实力有限的企业，在参与市场竞争的过程中，通常采用重点集中战略，即通过专业化市场营销，在市场、顾客、产品、渠道或服务等方面实行专业化，从而取得局部市场的竞争优势。

补充案例

瑞士罗技(Logitech)电子是世界知名的电脑周边设备供应商，也是成功运用市场利基战略的典范。罗技公司在美国加州、瑞士洛桑和中国台湾设有营运总部，在世界各主要国家，如德国、法国、荷兰、爱尔兰、新加坡与日本，均设有分公司或营销中心。罗技公司主要生产人机界面设备，包括鼠标、键盘、音箱、网络摄像头、游戏周边设备、游戏控制装置等。它生产的鼠标款式齐全，除了常规鼠标之外，有左手使用的鼠标、无线鼠标、旅游鼠标、迷你鼠标，还有小孩子使用的像真老鼠的鼠标，以及看起来像在屏幕后移动的3D鼠标，罗技公司现在已经成为鼠标行业的领先者，微软(Microsoft)也被它远远甩在后面。

市场利基者面临的主要风险是强大的竞争者入侵利基市场，或利基市场的消费者消费习惯改变使得利基市场规模萎缩。因此，市场利基者要想在小的市场中获得有利的生存与发展机会，必须完成三项任务。

(1) 创造利基市场。

所谓创造利基市场就是不断地开发新的小细分市场。它可以是生产某一特殊的群体消费者所需的产品,或者是为某一特殊用途开发新产品等。

(2) 扩展利基市场。

所谓扩展利基市场是企业在创造利基市场的基础上,不断地挖掘消费者的消费需求,开发专业化程度高的新产品,从而创造出更多需要这些专业化产品的市场需求者。

(3) 保卫利基市场。

所谓保卫利基市场是指企业创造利基市场后,必须确保企业在利基市场的领导地位不会被竞争者侵蚀。市场利基者必须密切关注竞争对手的动向和市场需求的变化,善于以差异化形成优势,以技术创新构筑竞争壁垒,以服务、营销创新形成特色,保护既有的市场地位。

随着在利基市场的成功,部分市场利基者会选择向多个细分市场扩张,也有部分利基者会坚持在某一细分领域进行产品多元创新,从而发展成为某一细分领域的市场领导者。比如,瑞士的罗技公司经过近 40 年的发展成了世界知名的鼠标市场的领导者。

第三节 市场竞争新战略——战略联盟

现代营销哲学认为,企业欲在竞争中确保生存,并积极地开拓市场,最好的途径乃是寻求某种竞争的新模式,以实现共同生存、共同发展的目标。目前正在崛起的战略联盟正是这样一种兼有竞争与合作功能的新型营销组织形式。

一、战略联盟的含义和特点

(一) 战略联盟的含义

战略联盟的概念最早由美国 DEC 公司(Digital Equipment Corporation,美国数字设备公司)总裁简・霍普兰德(J. Hopland)和管理学家罗杰・奈格尔(R. Nigel)提出,他们认为,战略联盟指的是由两个或两个以上有着共同战略利益和对等经营实力的企业,为达到共同拥有市场、共同使用资源等战略目标,通过各种协议、契约而结成的优势互补或优势相长、风险共担、生产要素水平式双向或多向流动的一种松散的合作模式。

(二) 战略联盟的特点

战略联盟双方在合作关系上具有以下几个特点:

(1) 边界模糊。参与战略联盟的各方不一定组成经营实体或各种形式的组织管理,不具有传统企业那样明确的层级和边界,呈现一种"你中有我、我中有你"的局面。

(2) 关系松散。战略联盟通常是通过契约实现的,契约本身仅说明双方进行合作的目的,以及如何为共同的战略利益而合作,因而它并不要求各方必须承担一定的法律义务和违约责任。合作各方之间的关系十分松散,主要通过协商的方式解决各种问题。

(3) 机动灵活。战略联盟中,合作伙伴之间的关系是平等的,这种关系不受合作伙伴之间经济实力差别的影响。任何一个合作伙伴如果感到蒙受了不平等待遇,或对其他合作伙伴的信任产生危机,都可以选择退出该项战略联盟或选择新的联盟形式。

二、市场营销战略联盟的形式

(一) 产品或服务联盟

这里是贯彻现代市场营销观念,合作开发和生产符合顾客需求的新产品。产品联盟可以降低投资成本和投资风险,减少竞争对手,拓宽市场。一种形式是一家企业允许另一家企业生产其产品或者这两家企业共同营销它们的补充产品;另一种形式是两家企业合作设计、制造和营销同一个新产品。

(二) 品牌联盟

品牌联盟是指合作企业创建品牌,或者一家企业允许另一家企业使用自己的品牌。日益风靡中国的特许加盟制就是品牌联盟的典型。

喜茶和茶颜悦色的竞品联名

2020年夏秋之际,喜茶和茶颜悦色两个奶茶竞品间的联名再次刷新了消费者的认知。这次联名从双方在同一时间段通过官方微博发布长沙游玩攻略求助开始。次日,又转战各自微信公众号,喜茶拟人成古代书生形象,茶颜悦色依然沿用标志中的古风少女形象,用漫画形式展现两者在长沙约会的情景。两波造势后,两家各自推出了两款差别不大的联名礼盒各300套,礼盒内主要是以前面造势中出现的古风形象为元素的玻璃杯、钥匙扣、明信片类的礼品。

喜茶是全国性品牌,近年来逐渐渗透到二线城市,对于喜茶来说,茶颜悦色对于长沙地区的深耕有利于自己的落地。相比于喜茶,茶颜悦色还处于地方性品牌向全国性品牌过渡阶段,2020年年初,茶颜悦色开始向中部城市武汉渗透,与喜茶的联名对它走向全国市场大有裨益。

(资料来源:曹亚楠.喜茶玩烂的品牌联名,还有什么花样.微信公众号"海豚商学院".2020.9.3.有删改)

(三) 分销渠道联盟

分销渠道联盟是指企业借助战略联盟,通过伙伴方的市场网络体系,在全球销售产品,减少销售费用,提高竞争能力。例如,国内手机生产商和各电信公司的联盟,手机生产商借助各电信公司的营业大厅销售手机,就是分销渠道联盟的一种形式。

(四) 促销联盟

即一个企业为另一个企业的产品或服务促销,包括广告、人员推销、营业推广等促销手段的合作,一般发生在不同类、无竞争性,甚至是互补性的产品之间。例如,小天鹅与碧浪结成广告同盟,每一袋洗衣粉上都有"小天鹅指定推荐"标志;酒店和航空公司、酒店和旅游公司、酒店和旅游景点之间、房地产开发商和装修公司之间、汽车销售公司和财产保险公司之间都可结成促销联盟。

(五) 价格联盟

几个企业加入某一特定的价格合作,将产品价格规定在一定范围内,既可以防止由于价格战导致的恶性竞争，又可以提高行业进入壁垒，省去博弈的烦恼，有效防止新的竞争者加入。价格联盟虽然会对消费者的利益稍有损伤，若处理妥当，从行业前途来看，这也未必不是一种两全其美的良策。

（六）垂直联盟

垂直联盟是指营销上下游环节不同企业之间的联盟，如制造商与代理商（或经销商）的联盟、广告主与广告公司的联盟、企业与供应商或客户的联盟等。

三、战略联盟的建立和管理

（一）战略联盟的建立

战略联盟的建立主要包括制定战略、评选方案、寻找盟友、设计类型和谈判签约五个阶段。

1. 制定战略

这项工作通常包括分析环境以明确来自竞争对手的威胁和本企业所具有的市场机会，核查本企业的资源和生产能力，评估本企业在现有环境下的优势与劣势，然后在共同考虑本企业长期与短期目标的基础上确定本企业的战略。

2. 评选方案

为最后确定战略，企业需对各种方案进行评选。如果企业拟采用战略联盟，则需明确如下问题：联盟是否必不可少，结成联盟后对公司的声誉有何影响，公司的高层管理者是否拥护联盟，联盟的建立是否会引起客户、供货方、目前的合伙方及金融部门的不利反应等。

3. 寻找盟友

通常，企业会从现有的合作伙伴中寻找合作对象，如果双方能在工艺技术、营销资源、顾客服务等方面互补，合作的机会就会增大。

4. 设计类型

建立战略联盟采取什么样的形式，应当依据企业的不同情况，特别是相对的优劣势来确定，即对每个可能的伙伴，都应考虑联盟的相应类型与构成方式。

5. 谈判签约

联盟类型一旦确定，即将加盟各方集中起来进行谈判，合作各方就目标、期望和义务等各抒己见，然后在取得一致意见的基础上制定出联盟的细则并签约实施。

（二）战略联盟的全方位管理

所谓战略联盟全方位管理是指不仅要对联盟各方借以缔结合约的核心要素（如经济利益、风险划定等）进行管理，也要对其外在要素（如组织结构、知识产权、企业文化等）各方面进行综合协调和控制。具体而言，全方位、全过程的战略联盟管理应集中在如下几点。

1. 战略联盟必须基于双方的需要

企业在寻求理想的合作对象时，应首先分析本企业的资源、生产能力和市场潜力，评估现有企业的优势，在此基础上，广泛了解合作对象的战略，以便使双方在短期目标与长期目标上都达到一致。

2. 建立合适的组织机构

成功的战略联盟组织机构具有两个特征：一是新的组织机构必须能对市场总需求和竞

争条件的变化做出迅速而灵活的反应；二是新的组织机构必须具备广泛、健全的信息反馈网络。

3. 保护联盟各方的技术资产

决策人员必须分析各方技术资产的性质，区分独家或专有技术，以及来自其他技术供给方的一般技术等，专有权的要素（专利、注册商标）一般可通过法律手段获得，而独特的生产技术、工程技术和材料加工诀窍等，则可采取对等交换的方法，实行部分让渡。从长远看，保持联盟内技术公平的最佳措施是坚持研究与开发活动，实行技术吸收政策。

4. 对战略联盟进行有效的协调管理

这些问题包括：由谁来经营联合体，联合体经营的利益和损失如何分担，怎样组织和管理联合体经营所需要的人员，战略联盟经营的风险是否已确认等。

5. 发展多边联盟合作关系

多边联盟的形式能最大限度地减少任意两方联盟解体带来的危机，能比单一联盟更广泛、更好地运用多个企业的综合优势，从而优化技术水平，开拓更广泛的市场。

创新创业营销视角

先借鉴创意，再考虑差异化
——新兴市场初期创业企业的竞争战略选择

过去二十年，搜索引擎、网络购买、移动支付、无人驾驶货车、虚拟现实等大量新兴市场随着科学技术的迅猛发展应运而生。传统理论认为：竞争战略的实质是选择与竞争对手不同的差异化，为顾客提供优于竞争对手的某种价值，更好地服务于某一目标顾客群体，或以更低的成本提供更大的利益。然而在新兴市场，这种方法不起作用。

一个市场（或一个商业类别）尚处在形成过程当中，公司根本不可能知道客户是哪些人、最为重视的是哪些特性以及如何以合适的成本提供客户重视的价值。而且，构成竞争的往往是同样对市场状况一无所知的初创企业。传统竞争战略框架并不适用于这样的市场。迈克尔·波特(Michael Porter)著名的竞争环境五力模型，即影响竞争环境的是现有竞争者、供应商议价能力、客户议价能力、替代品和新进入者，在新兴市场里不甚实用，因为新兴市场中的五种力量都在不断变化，可能会突然出现或突然消失。波特自己充分意识到了这一点，他写道，在一个新行业里，“管理者很难确定客户需求，不知道客户最需要的是怎样的产品和服务，也不知道怎样的行动和技术能够满足客户需求。”

新兴市场具有不确定性，需要一种截然不同的战略思维框架，我们称之为“平行游戏”。这个思路的灵感来自幼儿时代。儿童心理学家很早就了解到，3 至 4 岁的儿童在社交情境下通常会有一种独特的行为：在距离彼此很近的地方各自玩耍，但不在一起玩。他们会留意其他孩子在做什么（有时会模仿），但随后就回到自己的游戏上。他们偶尔会拿另一个孩子的玩具，早熟一点的孩子每过一段时间就会停下来评估自己做过的事情，然后换用稍有不同的方式继续。虽然他们会注意其他孩子的行为，但还是主要关注自己的行动，专心思考和尝试如何达成自己心中设定的目标。

通过采访新兴市场的公司高管，研究者发现：在新兴市场获得成功的先锋企业，行为与学龄前儿童有着惊人的相似之处:他们**不急于花费时间和精力尝试超过别人,而是通过观察市场中其他企业的行为并进行借鉴,通过不断的尝试,选择一种创造价值的模式**。1999年,谷歌创始人拉里·佩奇(Larry Page)和谢尔盖·布林(Sergey Brin)知道自己创造了当时最好的搜索引擎,但不知道该如何用这个搜索引擎赚钱。显示广告不行,佩奇和布林觉得广告令人不快,而且加载时间太长。可是公司花钱如流水,两位创始人环顾四周,决定借鉴GoTo. com的方法。GoTo. com是与谷歌竞争的搜索引擎,让广告商付费获取搜索结果中醒目的位置,不过收费是按照用户实际点击量计算的,借此获得了丰厚的收入。谷歌于2000年推出的新产品AdWords,没有改动搜索结果,允许广告商付费在搜索结果上方显示小的文字广告。与GoTo一样,谷歌不是按照浏览数量收费,而是按点击量计费。

"平行游戏"战略思维框架中的"借鉴方法"并不是不关心差异化,或不需要差异化。差异化是必不可少的,但在新兴市场形成初期就尝试差异化,可能会让公司走进死胡同。更有效的方法是将行业内其他公司当作同伴,而非竞争对手。将同行业其他公司当作宝库,借鉴创意和可用资源,通常能够减少设计"当下可用"模式所需的资金和时间。如此一来,企业便可以更多地关注商业模式的其他方面,进行检验假设。借鉴还可以帮助创业者抵抗诱惑,不至于立即着手寻找最佳解决方案——在新兴市场,这样既不现实,也没有必要。在初期阶段,迅速构建起粗略的雏形用于实践学习,比追求完美方案更加有效。

初创公司的主要竞争重点首先应该放在已有的替代企业上,也就是客户正在使用的产品或服务提供商,而不是同在新兴市场的竞争对手。例如,谷歌的目标是取代传统广告,而不是打败GoTo.com。关注已有替代品,可以帮助创业者建立起切合实际的价值主张。同行业的其他对手可能用户都很少,但已有替代企业已经在向客户提供价值了。将已有替代企业视为真正的对手,可以帮助初创公司尽快了解客户已经得到的价值和未被满足的需求。实践中,已有部分卓有远见的投资者和创业者开始意识到:初期阶段我们寻找的是另辟蹊径的公司,而不是比其他竞争对手更优秀的公司。

参考新兴市场的竞争战略思维框架,并不是说应当抛弃传统竞争战略规则。仅凭借鉴无法构建最理想的商业模式,而构建最佳商业模式是新企业的基本任务。靠借鉴无法找到客户最重视的产品,无法找到最能获利的交付机制。若干年后(具体几年视各个行业具体情况而不同),初创公司发展到一定阶段,所在行业逐步稳定,就必须开始遵守传统的战略规则,关注竞争。希望长期获得成功的公司,最终注定都会需要一个或多个差异化的特性。

(资料来源:罗里·麦克唐纳(Rory McDonald),卡特勒恩·艾森哈特(Kathleen Eisenhardt).新生市场谜题[J].哈佛商业评论(中文版).2020(6).有删改)

创新创业营销案例

小熊电器:细分市场的差异化多品类创新

小熊电器把自己定义成一家"创意小家电研发、设计、生产和销售公司",产品包括酸奶机、煮蛋器、电动打蛋器、电蒸锅、电炖盅、电热饭盒、加湿器等厨房小家电、生活小家电及其他小家电。2020年4月29日,小熊电器发布上市后的首份年报,2019年营业收入26.88亿元,同比增长31.70%;净利润2.68亿元;派发现金红利1.20亿元,慷慨回馈首年投资者。

时间回到2006年，彼时的中国家电行业经过十几年的快速发展，已进入相对稳定时期，市场竞争非常激烈。即便在小家电市场上，也有三巨头美的、苏泊尔、九阳把持着大局。同年，在家电行业走完一个周期、触碰职业天花板的李一峰辞职创业，创立的小熊电器一头扎进小家电细分市场，深耕小而美的边缘产品，硬是突破了“美苏九”的垄断格局，成长为“国民创意小家电”领导者。

小熊电器的成功，顺应的是中国经济快速发展和健康生活理念逐步深入人心的时代背景，迎合的是年轻人对品位、格调生活的向往，凭借的是细分市场差异化的多品类创新。

改革开放以后，中国经济稳定发展，GDP增速常年保持在10%左右，至2006年GDP总量已跃居世界第四。2006年以后，互联网、电子商务、电子支付三大领域快速发展，为居民消费提供了极大便利，网络购物成为大众消费模式，渗透到各个阶层。80后、90后以单身、两人家庭或三人家庭等小型家庭形式出现，年轻人经历从“消费”到“创费”的思想转变，为创造自己的生活方式而消费，购买差异化、表现自我的商品成为热潮。改善型小家电迎合了年轻人对品质生活的向往，市场容量稳步增加。

在这样的创业背景下，小熊电器将目标消费人群瞄准了经济独立、思想独立的年轻人，他们主要是一二三线城市的都市白领、政府职员、医生、教师等，具有乐观积极的生活态度，讲究生活品质，更乐于感受生活的美好细节。

为迎合目标消费人群，公司从产品种类、产品名称、设计风格、销售渠道等方面与该群体诉求高度匹配：颜值高、单价低（产品定价均分布在100元左右）；品类多（产品种类和单产品的类型）；萌萌的外观形象、小巧精致的设计（适合1个或2个人使用）；基于小需求（小功能、不同场景等）的深度挖掘；产品消费升级属性明显（比如燕窝锅等）……因此，产品深受目标消费群体的欢迎。

小熊电器第一款推向市场的产品是酸奶机。当时酸奶市场正在高速增长，酸奶机迎合了健康消费理念。李一峰深受索尼公司创始人盛田昭夫的影响，“希望能够帮助更多缺乏技术、不甚宽裕的顾客更方便、更省钱地完成他们想要完成的任务，从那些尴尬的、不合适的工具中摆脱出来”。小熊酸奶机采取的是“减法”策略：删除杂乱的特性，专注于把有限的重要问题解决好。亲民、小巧、方便清洗的产品直接戳中消费者需求，拓展了整个酸奶机市场体量，牢牢统治了这一细分领域。

这一策略暗合了“创新教父”克里斯坦森提出的破坏性创新模型——不去尝试为现有市场用户提供更好的产品，而是将一种更简单、更便利、更廉价的产品商品化，销售给新用户群或低端用户群。

此后，小熊电器以同样的思路，重新定义了煮蛋器、电热饭盒等当年家电龙头们忽视的小产品。这些产品的共性是：相对细分，品类不大，市场不成熟，非刚需但又能给生活带来改变。

2009年，多品类成为小熊电器的核心战略。按照定位理论的观点，打造品牌最有效、最具生产力的途径便是创造新品类，以第一名的身份、凭借差异化设计占领用户心智，最终成为迅速发展的新市场中的领先品牌。

李一峰把这种多品类打法描述为“种草”。“家电行业竞争充分，已经有很多如同‘参天大树’般的成熟品牌，再想成为一棵大树，很难。但只有树无法形成生态，我们做‘种草人’，从与大树成长路径不同的视角来发展自己的生态。”大热门是需要的，但是已经不再是唯一的市场。社会的日益富足，使消费者有条件从一个精打细算的品牌商品购物者，转变为小小的鉴赏家，用数千种与众不同的爱好，尽情地展示自己独特的品位。

小熊从收集互联网销售信息和用户反馈开始，建立了一整套基于深入用户研究的新产品开发流程，如图7－4所示。以互联网为主的销售渠道使小熊获得了大量可视化的销售数据，可以精准快速地挖掘用户需求，并将此作为差异化产品创新的原动力。

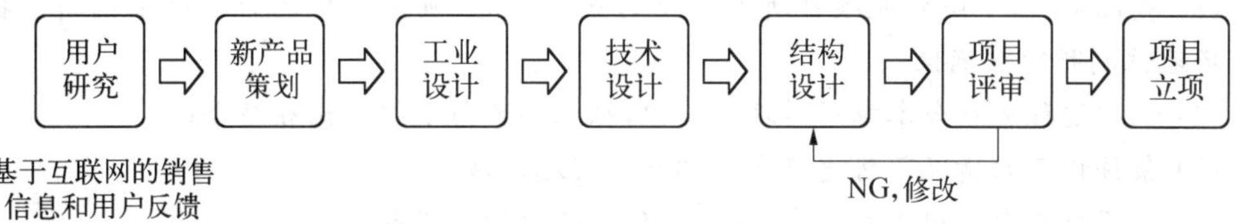

图7－4　小熊电器新产品开发流程

以煮蛋器为例，这个品类原本在国内的市场很小。初代产品就是把鸡蛋蒸熟，但经过用户调研，小熊发现很多时候吃鸡蛋是一种早餐需求，往往还要搭配地瓜、玉米和包子等，便把原来只有一层的煮蛋器变成了两层，第二层可以煮一些其他食物，还增加了预约功能。把煮蛋器从辅助性工具做成了早餐厨具，变成了一个刚需品类。

截至2018年年末，小熊在售产品SKU（Stock Keeping Unit，库存保有单位）超过400个，充分覆盖了从婴幼儿、中青年到中老年等不同消费人群的生活工作场景。各类产品相互带单，充分提升客户黏性与复购率，并有效避免因单一细分市场萎缩造成的营业收入下滑风险。从其他行业来看，SKU的扩张未必是良策，但若以家庭为单位，落在同一消费者且产品之间互不竞争，将会带来更大的销售量。

问题讨论：

1. 阅读相关资料，结合案例，判断小熊电器在家电行业所处的市场地位，谈谈该企业是如何通过差异化的创新取得竞争优势的。

2. 查阅相关资料，结合家电行业，谈谈处于不同市场地位的企业应如何保持（取得）竞争优势。

3. 结合案例，谈谈小规模创新创业企业应如何结合自身的市场地位取得竞争优势。

创新创业营销实战训练

【训练目的】

掌握创新创业项目竞争性市场营销战略的制定。

【训练内容】

选择一个拟自主创业或从身边（网络）寻找一个创新创业项目，以小组为单位，利用本章学习的竞争性市场营销战略制定方法，判断研究项目的市场地位，明确其取得竞争优势的方式，制定合理的竞争性市场营销战略，形成研究报告。教师也可以指定某一个创新创业项目，要求学生做出分析并形成研究报告。

【训练步骤】

（1）根据研究项目所处行业的竞争状况，判断研究项目的市场地位；

（2）根据研究项目的市场地位，明确其取得竞争优势的方式；

(3) 制定研究项目合理的竞争性市场营销战略;

(4) 形成研究项目竞争性市场营销战略研究报告。

【注意事项】

(1) 可沿用第二章选择的创新创业项目;

(2) 3～4 人一组,每组选出一位负责人,小组成员合理分工;

(3) 查阅资料,了解研究项目所处行业的竞争状况,确定合理的市场地位判断依据,确保市场地位判断的准确性;

(4) 训练过程应结合本章所学理论知识,独立思考与小组讨论相结合;

(5) 条件许可的情况下可进行企业调研或实地走访;

(6) 研究报告以小组形式提交,注明每位同学承担的任务。

【成果与评价】

(1) 研究报告内容应包括但不限于:研究项目市场地位研究,研究项目所处行业竞争性市场营销战略制定;

(2) 要求结构完整、思路清晰,体现分析和判断能力,各部分内容充实,有详细数据支持;

(3) 文字流畅,符合规范化要求。

思考题

1. 什么是成本领先战略? 取得成本领先优势的方法有哪些?
2. 什么是差别化竞争战略? 实施差别化竞争战略必须具备哪些条件?
3. 什么是重点集中战略? 实施重点集中战略的关键是什么?
4. 处于市场领导者地位的企业应怎样维持其优势地位?
5. 处于市场挑战者地位的企业应采取什么样的市场地位竞争战略?
6. 处于市场跟随者地位的企业可采取什么样的跟随策略?
7. 处于市场利基者地位的企业应如何实现专业化市场营销?
8. 什么是战略联盟? 市场营销战略联盟有哪些主要形式?
9. 新兴市场初期,创业企业进行竞争战略选择时应注意什么问题?

第四篇　创造顾客价值

第八章

产品和服务策略

学习目标

1. 掌握产品及产品整体的概念，掌握产品组合及产品组合策略。
2. 掌握产品生命周期的概念及其各阶段的特点及营销策略。
3. 掌握服务的内涵与特征，理解服务营销组合的要素。
4. 理解服务质量的内涵和评价维度，理解服务质量的分析与管理。
5. 了解新产品的概念、分类及开发程序，理解新产品市场扩散的影响因素。
6. 掌握创新创业项目产品和服务策略分析。

引　言

企业通过产品和服务创造顾客价值，满足消费者需求，只有适销对路的产品和服务，消费者才能接受。因此，能否正确制定和实施产品和服务策略，对企业，尤其是创新创业企业营销工作成败关系重大。企业正确认识现有产品和服务，优化产品组合，提高服务质量，针对产品生命周期的不同阶段制定相适应的营销策略，根据市场需要开发新产品，创造满足顾客需求的价值，是企业顺利经营的根源和基石。

第一节　产品及产品组合策略

一、产品及产品整体概念

关于产品的概念，有狭义和广义之分。狭义的产品强调产品的具体用途和物质形态，一般被理解或表述为：由劳动创造，具有价值和使用价值，能满足人类需求的有形物品。广义的产品概念具有极其宽泛的外延和深刻的内涵，一般被表述为：能够通过交换满足人类某种需要或欲望的任何东西，包括有形产品（传统意义上的产品）、无形产品（服务、商誉、管理体系等）及智力性的创意（知识、智慧、创造力等）。

关于产品的整体概念，20 世纪 90 年代以来，以菲利普・科特勒为代表的北美学者提出使用五个层次来表述，即核心产品、形式产品、期望产品、延伸产品和潜在产品（见图 8－1），以更加深刻地理解和表达产品整体概念的含义。

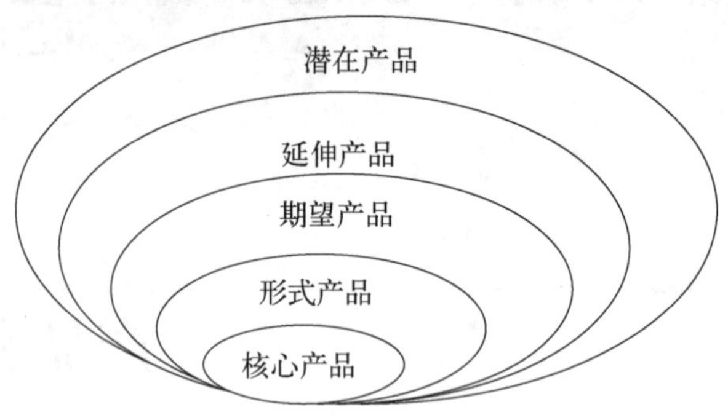

图 8-1　整体产品概念的五个层次

(一) 核心产品

核心产品(Core Benefit)是指向消费者提供的实际利益和效用,是消费者真正要买的东西,是产品整体概念中最基本、最主要的内容。从根本上说,每一种产品实质上都是为解决问题而提供的服务。比如,在旅馆,消费者真正要购买的是"休息与睡眠"。因此,营销人员向顾客销售的任何产品,都必须具有反映顾客核心需求的基本效用或利益。

(二) 形式产品

形式产品(Basic Product)也叫基本产品,是指产品的基本形式,或核心产品借以实现的形式,或目标市场对某一需求的特定满足形式。例如,一个旅馆的房间应包括床、浴室、毛巾、桌子、衣橱、厕所等。形式产品由五个特征所构成,即品质、式样、特征、品牌及包装。

(三) 期望产品

期望产品(Expected Product)是指消费者购买产品时,期望得到的与产品密切相关的一整套属性和条件。比如,旅馆的客人期望得到清洁的床位、洗浴香波、浴巾、衣帽间的服务等。不同的消费者期望得到的产品属性是不同的,企业的营销者需要了解不同类型消费者对产品期望的共性,以更好地满足目标市场的需要。

(四) 延伸产品

延伸产品(Augmented Product)是指消费者购买形式产品和期望产品时,所获得的各种附加服务和利益的总和,它包括产品说明书、提供信贷、免费送货、保证、安装、维修、技术培训等。例如,旅馆能增加电视机、洗发香波、鲜花、结账快捷、美味晚餐和良好房间服务等。国内和国际上许多企业的成功,在一定程度上都归功于他们更好地认识了附加服务和利益在产品整体概念中所占的重要地位。

(五) 潜在产品

潜在产品(Potential Product)是指现有产品包括所有附加产品在内的、可能发展成为未来最终产品的潜在状态的产品,包括产品在未来可能进行的所有改进和变革。潜在产品指出了现有产品可能的演变趋势和前景,为企业寻找全新的方式满足顾客需求指明了方向。

产品整体概念的五个层次,清晰地体现了以顾客为中心的现代营销观念。这一概念的内涵和外延都是从消费者需求出发,由消费者的需求决定的。

二、产品的分类

企业要根据不同的产品制定不同的市场营销策略，而要做到科学地制定有效的营销策略，就必须对产品进行科学的分类。产品分类的方法很多，依据不同的分类方法可以划分出不同的产品类别。

(一) 根据产品存在形态划分

根据产品存在形态不同，可以分为有形产品和无形产品。

有形产品是指有外形、体积、重量等实物形态的产品。有形产品根据产品的耐用性可以分为非耐用品和耐用品。

非耐用品一般是指在正常情况下一次或几次使用就被消费掉的有形产品，如洗衣粉、牙膏等日常生活用品。非耐用品具有单位价值较低、消耗快、消费者经常购买、大量使用的特点，企业通常通过多渠道销售、制定相对较低价格、加强广告等方式吸引消费者购买。

耐用品一般是指使用年限较长、价值较高的有形产品，如电视机、电冰箱等。由于使用年限较长、价值相对较高，消费者购买这类商品时，决策往往较为慎重。这类商品的营销需要注重技术创新、提高产品质量、使用较多的人员推销、做好售后服务等。

无形产品是指具有价值和使用价值，但没有外在形态的产品，比如服务、商誉、商业咨询等。与有形产品相比，无形产品不容易被消费者感知和体验。所以，如何让消费者感知和体验无形产品，是营销无形产品时很重要的内容。

(二) 根据产品的销售对象和用途划分

根据产品的销售对象及其用途可以将产品分为消费品和产业用品。

1. 消费品

消费品(Consumer Goods)是指由最终消费者购买并用于个人消费的产品。根据消费的特点可以区分为便利品、选购品、特殊品和非渴求物品 4 种类型。

(1) 便利品(Convenient Goods)。它是指顾客频繁购买或需要随时购买的产品，如家庭常用的油盐酱醋、洗护用品等。便利品可以进一步分成常用品、冲动品以及救急品。常用品是顾客经常购买的产品，如饮料、小零食等，这类商品往往放在比较靠近出入口的地方，方便消费者购买；冲动品是因价值较低，顾客没有经过计划或搜寻而即兴购买的产品，如口香糖、计生用品等，便利店收银台附近是销售冲动品的最佳地点；救急品是当顾客的需求十分紧迫时购买的产品，救急品的地点效用非常重要，一旦顾客需要就必须能够迅速实现购买。

(2) 选购品(Shopping Goods)。它是指消费者为了购买到合适的商品，在选购过程中，对适用性、质量、价格和式样等方面要做认真权衡比较的产品，如服装、汽车、家电等。选购品的价格远高于便利品，消费者购买频率低，缺乏专业的知识和购买经验，在购买时往往表现出比较高的参与度。

选购品可以分为同质品和异质品。同质品是指消费者认为在质量、外观等产品属性方面没有什么差别的产品。购买这类商品，消费者所有的努力往往是为了获得最低的价格。因此，对于同质品，价格是唯一的营销手段。异质品是指消费者认为在品牌、质量、款式、售后服务等某些产品属性上具有差别的产品。消费者购买异质品，除了关注价格外，往往还会被产品的某一个属性所吸引，比如质量、款式、服务等。所以，对于选购品，营销者的努力是在品牌、质量、款式、服务等方面建立差异化和特色。

(3) 特殊品(Special Goods)。它是指具备独有特征或品牌标记的产品,部分消费者由于某些原因,会特别偏爱某一特定的品牌或特定的款式,即使付出时间、资金的代价也在所不惜。比如,有的男士特别钟爱劳力士手表,有的女士特别钟爱日本某品牌的电饭锅等。特殊品的消费者由于对品牌或者某个特殊属性的特别偏好,往往对价格敏感度较低。所以,企业应努力把自己的产品做成特殊品,使之成为某些消费群体强烈的品牌偏好和品牌忠诚。

(4) 非渴求品(Unsought Goods)。它是指消费者不了解或即便了解也不想购买的产品,比如一些刚开发的应用软件、刚面世的新产品、保险等。非渴求品并不是终身不变的,特别是新产品,随着消费者对产品信息的了解,可以转换为其他类别的产品。因此,非渴求品需要营销者付出特别多的努力,比如新产品的免费体验、免费或低价试用,大量的广告和人员推销等。互联网时代,很多的新平台、新软件、新 App 就是靠免费或低价试用快速推广开来的。

增值阅读

消费品消费者购买行为特点和企业市场营销策略

	消费品类型			
	便利品	选购品	特殊品	非渴求品
消费者购买行为	购买频率高,很少计划,很少的比较和选购努力,低消费者参与	购买频率较低,大量的计划和选购努力,比较不同品牌的价格、质量和式样	强烈的品牌偏好和忠诚,特殊的购买努力,很少比较品牌,低价格敏感度	很少的产品知晓度和知识(或者,如果知晓,没有甚至是负面的兴趣)
价格	低价	较高的价格	高价	多样化
分销	大范围的分销、便利的地点	在较少的店面里有选择的分销	每个市场区域内只在一个或几个店面里独家经销	多样化
促销	制造商大规模促销	制造商和中间商的广告和人员销售	制造商和中间商更加谨慎的有目标的促销	制造商和中间商激进的广告和人员推销

2. 产业用品

产业用品(Industrial Goods)是指由各类产业组织购买的各种产品和服务,通常可以分成三类:材料和部件、资本项目以及供应品与服务。

(1) 材料和部件(Materials and Parts)。它是指完全转化为制造商产成品的一类产品,包括原材料、半制成品和部件,如农产品、构成材料(铁、棉纱)和构成部件(马达、轮胎)。

(2) 资本项目(Capital Items)。它是指部分进入产成品中的商品。它包括两个部分:装备和附属设备。装备包括建筑物(如厂房)与固定设备(如发电机、电梯);附属设备包括轻型制造设备和工具以及办公设备。

(3) 供应品和服务(Supplies and Business Services)。它是指不构成最终产品的那类项目,如打字纸、铅笔等。供应品相当于工业领域内的方便品,顾客人数众多、区域分散且产品单价低，一般都是通过中间商销售。商业服务包括维修或修理服务和商业咨询服务，维修或修理服务通常以签订合同的形式提供。

三、产品组合策略

现代企业为了更好地满足目标市场的需要，通常生产经营多种产品，这些产品在市场上的相对地位以及对企业的贡献各不相同。企业需要根据市场需要和自身能力，对其产品组合进行研究和选择。

(一) 产品组合及其相关概念

1. 产品组合

产品组合(Product Mix)又称产品品种配置，是指一个企业生产销售的各条产品线及其产品品种、规格的组合或相互搭配，它反映了一个企业的业务经营范围。通常，产品组合由若干条产品线组成，而一条产品线又由若干个产品项目构成，每一个产品项目又包含若干个不同品牌、包装和服务的产品，如图 8-2 所示。

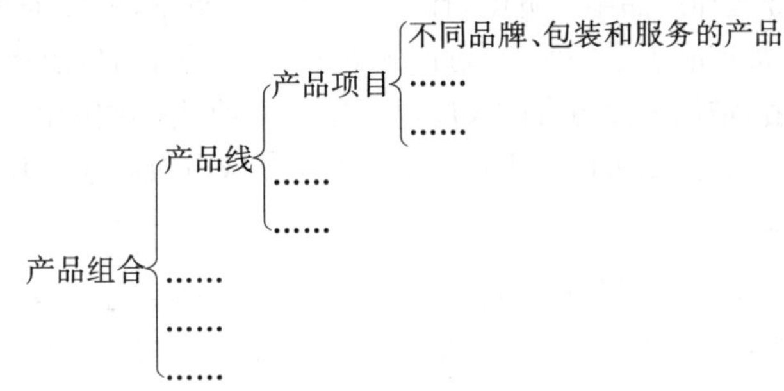

图 8-2　产品组合示意图

2. 产品线

产品线(Product Line)又称产品大类，是指产品在技术上和结构上密切相关，具有相同的使用功能、规格不同而满足同类需求的一组产品。例如，某家用电器公司，既生产电视机、录音机，还生产洗衣机、吸尘器、电冰箱、空调机等。那么，电视机、录音机、洗衣机、吸尘器、电冰箱和空调机就组成了这家企业的六条产品线。

3. 产品项目

产品项目(Product Item)是指产品线中各种不同的品种、规格、质量、价格、技术结构和其他特征的具体产品。企业产品目录上列出的每一个产品都是一个产品项目，一个产品项目通常具有一个特定的名称、型号或编号。例如，在上例中，该企业的洗衣机系列产品就可以有波轮洗衣机、滚筒洗衣机等不同的产品项目。

(二) 产品组合的广度、长度、深度与相关性

通常人们从产品组合的广度、长度、深度和相关性四个方面来描述企业的产品组合情况。

1. 产品组合的广度

产品组合的广度，亦称宽度，是指企业所拥有的产品线的数量。一般来说，产品组合越广，说明企业的经营范围越宽，越能从多种角度满足消费者需求，销售的增长点越多，也越能

分散经营风险。

2. 产品组合的长度

产品组合的长度是指企业所有产品线中所包含的所有产品项目的总和。以产品项目总数除以产品线数目即得出企业产品线的平均长度。一般情况下,产品组合的长度越长,说明企业的产品品种、规格就越多。

3. 产品组合的深度

产品组合的深度是指每一条产品线中每一品牌所包含的具体的花色、品种、规格、款式的产品的数量。如某品牌的牙膏有 3 种规格、2 种味道,则该品牌产品的深度就是 6。

4. 产品组合的相关性

产品组合的相关性,亦称关联性,是指各条产品线之间在最终用途、生产条件、销售方式以及其他方面相互关联的程度。最终用途是指各个产品线的产品所提供的使用价值,是产品的核心内容;生产条件是指产品的生产、工艺流程、加工技术等;销售方式是指产品的分销渠道、仓储运输、广告促销等。

一般情况下,企业增加产品组合宽度,有利于扩大经营范围,发挥企业特长,提高经济效益,分散经营风险;增加产品组合的深度,可占领更多细分市场,满足消费者广泛的需求和爱好,吸引更多的消费者;增加产品组合的长度,可以满足消费者不同的需求,增加企业经济效益;而增加产品组合关联性,则可以使企业在某一特定领域内加强竞争力和获得良好声誉。

(三) 产品组合策略

为应对市场变化,企业在综合考虑自身实力、产品的发展潜力和盈利能力的基础上,可以根据不同情况对现有产品进行调整和优化。可以采用的策略包括以下几种。

1. 扩大产品组合

可以从拓展产品组合的广度、扩大产品组合的长度和加强产品组合的深度入手。

(1) 增加新的产品线,拓展产品组合的广度。

当企业发现新的市场需求,且呈明显的上升趋势时,可以考虑增加新的产品线。企业增加新的产品线必须具备一定的生产技术、资金资源、市场资源等条件。

(2) 增加新的产品项目,扩大产品组合的长度。

如果企业的某一产品线市场反响很好,就可以考虑通过增加产品项目,增强该产品线。这种策略也叫产品线延伸策略,包括向上延伸、向下延伸和双向延伸。

向上延伸策略是指企业现在生产中档或中低档产品,决定在现有的产品线内增加高档或中高档的同类产品,从而进入高档、中档产品市场。这种策略适用于:高档产品市场具有较大的潜在成长率和较高利润率;企业的技术设备和营销能力具备加入高档产品市场的条件。采用这一策略也要承担一定的风险,需要企业重新对产品线进行定位,但是,要改变产品在顾客心目中的地位是相当困难的,处理不慎,还会影响原有产品的市场声誉。

向下延伸策略是指企业现在生产高档或中档产品,决定在现有的产品线内增加中档或低档的同类产品项目,从而进入中档或低档产品市场。实行这一策略需要具备以下市场条件:利用高档名牌产品的声誉,能够吸引购买力水平较低的顾客慕名购买此产品线中的廉价产品;高档产品销售增长缓慢,企业的资源设备没有得到充分利用,为赢得更多的顾客,将产品线向下伸展;企业最初进入高档产品市场的目的是建立品牌信誉,然后再进入中、低档市场,以扩大市场占有率和销售增长率;补充企业的产品线空白。实行这种策略也有一定的风险,如处理不慎,会影响企业原有产品特别是名牌产品的市场形象,为避免对原有产品特别是名牌产品的市场形象造成影响,采取向下延伸策略时,企业通常使用全新的品牌名称。

双向延伸策略是企业现在生产中档产品,决定在现有的产品线内同时增加高档和低档的同类产品项目,将同时进入高档和低档产品市场,从而扩大企业的市场阵地。

产品线延伸策略可以覆盖更多的细分市场,但由于延伸过程中产品定位发生改变,营销组合策略也要做出相应的变动,比如产品、包装要重新设计、渠道要重新开发、新的品牌要重新推广等,这些将大大增加企业的营销费用开支。

(3) 增加产品的花色品种,加强产品组合的深度。

增加产品的花色品种,一方面可以丰富产品项目,另一方面可以通过新产品不断地吸引消费者的注意力,特别是在需求变化快、竞争激烈的行业(比如快消品),产品的不断推陈出新是保持企业竞争力的重要方式之一。

2. 削减产品组合

市场繁荣时期,较长较宽的产品组合会为企业带来更多的盈利机会。但是,在市场不景气或原材料供应紧张时期,缩减产品组合可以帮助企业减少亏损,集中力量发展获利多的产品线和产品项目。所以,企业必须定期检查产品组合,在有必要的情况下及时调整。

3. 产品线的现代化和特色化

在产品组合的长度、宽度和深度都较为合适,而产品显得落后的情况下,企业应该对现有产品线的技术进行更新改造,通过产品线的现代化或者特色化,降低生产成本或提高生产新产品的能力,以满足市场的消费需求。

第二节 产品生命周期及其营销策略

一、产品生命周期的概念及其阶段划分

产品同其他事物一样,从投放市场到退出市场,有出生、成长、成熟到衰亡的过程,市场营销学将产品在市场上的这一过程用产品生命周期加以描述。针对处于不同生命周期的产品,企业应制定不同的市场营销策略。

(一) 产品生命周期的概念

产品生命周期(Product Life Cycle,PLC)是指产品从进入市场到被淘汰出市场的全部过程。产品在市场上营销时期的长短受消费者的需求变化、产品更新换代的速度等多种因素的影响。因此,不同产品有着完全不同的生命周期。

产品生命周期与产品的使用寿命概念不同,前者是指产品的市场寿命或经济寿命,产品在市场上存在时间的长短主要受市场因素的影响;而后者是指产品从投入使用到产品报废所经历的时间,其长短受自然属性、质量、使用频率和维修保养等因素的影响。市场营销学所研究的是产品的市场生命周期。

(二) 产品生命周期的阶段划分

产品市场生命周期各个时期或阶段一般是以销售量和利润额的变化来衡量和区分的。典

型的产品生命周期包括四个阶段，即导入期(Introduction Stage)、成长期(Growth Stage)、成熟期(Maturity Stage)和衰退期(Decline Stage)，呈一条“S”形的曲线，如图8-3所示。

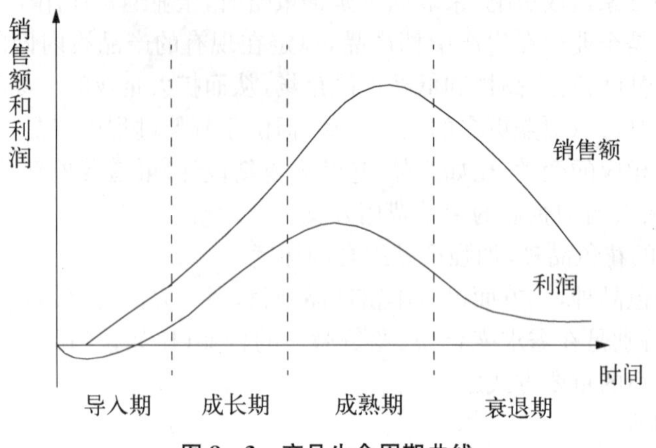

图8-3　产品生命周期曲线

导入期：销售量缓慢上升，由于引入市场耗费了巨大成本，这个阶段往往没有利润。成长期：产品被广泛接受，销售量快速增长，利润大幅度增加。成熟期：由于产品已被大部分潜在客户接受且购买，销售增长缓慢；由于抵抗竞争，费用增加，利润趋于持平，甚至下降。衰退期：销量下降的趋势增强，并且利润也同时下降。

当然，典型的产品生命周期是一种理想状况，在现实经济生活中，某些特殊的产品或个案有时会呈现其他产品生命周期曲线，企业应根据产品的市场表现加以判断。

(三) 产品种类、产品形式和产品品牌的生命周期

产品种类是指具有相同功能及用途的所有产品(如手机)；产品形式是指同一类产品，辅助功能、用途或实体销售有差别的不同产品(如智能手机)；产品品牌则是指产品(或服务)具有特定的名称、术语、符号、象征或设计，或是它们的组合，可用以识别不同企业生产的同类产品(如华为手机)。产品种类具有最长的生命周期，产品形式的生命周期次之，而具体产品品牌的生命周期最短。

二、产品生命周期各阶段特点与营销策略

企业可以根据产品所处生命周期各阶段所反映的消费者、竞争者、销售状况和利润等方面的不同特征，合理地选择符合市场需求的市场营销组合策略，实现企业的营销目标。

(一) 导入期

导入期是指某一新产品经开发、研制、试销等过程后正式投入市场并为消费者所购买的一段时间。这一阶段的主要特点是销售量上升缓慢、利润很少甚至没有，具体表现为：

首先，从市场需求角度看，消费者对产品不熟悉，只有少数追求新奇的顾客可能购买，销售量少。其次，从市场竞争角度看，同类产品生产者少，竞争者少(产品品牌的导入期除外)。最后，从企业生产和营销状况看，工艺设计尚未定型，产品花色品种少；生产批量小，单位生产成本高；价格难以确立，高价可能限制购买，低价可能难以收回成本；销售网络尚未建立；广告促销费用开支大。

对进入导入期的产品，企业总的策略思想应该是迅速扩大销售量，提高盈利，以尽量缩短导入期时间，更快地进入成长期。在这个阶段，价格和促销是两个极其重要的市场营销因素。企业在具体运用时，通常可选择以下四种组合(见图 8-4)。

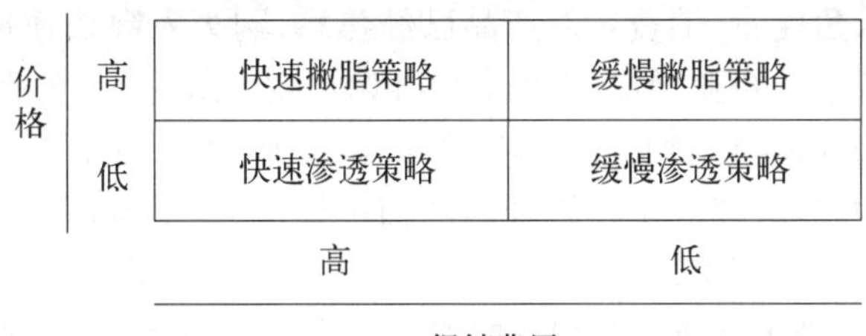

图 8-4　导入期市场营销策略组合

(1) 快速撇脂策略。它是指以高价格和高促销水平推出新产品的策略。高价格的目的是尽可能获取更多的盈利，而大量的促销是为了引起顾客注意，加快市场的渗透率。企业采用该策略的市场条件是：市场上有较大的需求潜力；目标顾客具有求新心理，急于购买新产品，并愿意为此付出高价；企业面临潜在竞争者的威胁，需要及早建立名牌。

(2) 缓慢撇脂策略。这是以高价格和低促销水平推出新产品的策略，其目标在于获取尽可能多的盈利。企业采用这种策略的条件是：产品具有独特性；市场规模有限；大多数顾客已了解该产品；顾客愿意支付高价；没有激烈的潜在竞争。

(3) 快速渗透策略。它是指用低价格和高促销水平推出新产品，以最快的速度去占领市场，达到最大的市场占有率的策略。它是企业采用这种策略的条件是：市场规模大；顾客不了解该项新产品；大部分顾客对价格比较敏感；有强大的潜在竞争力量；随着生产规模的扩大和制造经验的积累，企业的单位生产成本会大幅度下降。

(4) 缓慢渗透策略。它是指以低价和低促销水平推出新产品的策略。低价格将使市场迅速接受该产品；同时，又以低水平的促销成本实现较多的利润。企业采用这种策略的条件是：市场规模大；市场上该产品已有较高的知名度；市场对价格敏感；存在潜在的竞争对手。

导入期的产品当然也需要采取一定的产品策略和渠道策略，但一般来说这时候的营销重点不应该放在增加产品花色品种或者尽快拓展营销渠道上，而应该通过确保产品的基本利益和在有代表性的渠道进行试销，了解更多市场反馈信息，以便在产品进入成长期后快速地扩大产品品种和找到合适的销售方法。例如，脑白金导入市场的时候，选取了江苏的江阴作为试销城市进行广泛的市场推广，在江阴模式成功以后再推向全国市场。

打造一个“爆款”是创新创业者都想做的事情。戴森吹风机就凭借自己的“黑科技”成为一个现象级产品。从 2016 年下半年开始，首先是白领女性的圈子中，然后到各大公司年会礼品单还有客户礼品单，一个质感超群、外表特别的电吹风开始疯狂刷屏，很快成了一个现象级的事件，最终大部分女性都知道了它——戴森吹风机。在短短三年时间内，这款产品就迅速占领了女性消费者们的心智，在中国树立起其独一无二的江湖地位，堪称营销界的“神来之笔”。

（二）成长期

产品由导入期进入成长期的显著标志是产品被消费者广泛接受，销售量快速增长，利润大幅度增加，具体表现为：

首先，从市场需求角度看，消费者对产品已经熟悉，购买人数快速增加；其次，从市场竞争角度看，参与市场竞争的企业增加，市场竞争开始加剧。最后，从企业生产和营销状况看，工艺成熟，花色品种增加；生产批量增大，生产成本有所下降；由于参与竞争的企业数量增加，市场价格开始稳中趋降；建立了比较理想的销售渠道；促销费用水平基本稳定或略有提高，但占销售额的比率逐步下降。

产品在成长期的营销策略重点是抓住时机，尽快扩大生产批量，保持旺销的活力。企业可能采取的成长期策略主要有：

(1) 根据用户需求和其他市场信息，不断提高产品质量，努力发展产品的新款式、新型号，增加产品的新用途。

(2) 重新评价渠道选择决策，巩固原有渠道，增加新的销售渠道，开拓新的市场，进入新的细分市场，增加销售。

(3) 加强促销环节，树立强有力的产品形象。促销策略应从以建立产品知名度为中心转移到以树立产品形象、说服消费者重复购买该产品为中心；主要目标是建立品牌偏好，争取新的顾客。

企业采用上述部分或全部市场扩张策略，会加强产品的竞争能力，但也会相应加大营销成本。一般来说，实施市场扩张策略会减少眼前利润，但能加强企业的市场地位和竞争能力，有利于维持和扩大企业的市场占有率。从长期利润观点看，高市场占有率更有利于企业发展。

（三）成熟期

通常成熟期在产品生命周期中持续的时间最长，根据这一阶段的销售特点，成熟期可以分为成长成熟期、稳定成熟期和衰退成熟期三个时期。三个时期的主要特点是：

(1) 成长成熟期的销售渠道呈饱和状态，增长率缓慢上升甚至略有下降，有少数消费者继续进入市场；

(2) 稳定成熟期的市场出现饱和状态，销售平稳，销售增长率主要取决于人口增长和替代需求的变化，如无新购买者则增长率停滞或下降；

(3) 衰退成熟期的销售水平开始缓慢下降，消费者的兴趣开始转向其他产品和替代品。

企业对进入成熟期的产品所应采取的基本策略，就是延长产品的生命周期，使已处于停滞状态的销售增长率和已趋下降的利润率重新得到回升。可供选择的延长产品生命周期的策略有：

(1) 产品改良策略。包括质量改良、特性改良、形态改良和服务改良等。

质量改良的目的是增强产品的功能及各项技术指标，如耐久性、可靠性、安全性、速度、口味等。例如，汽车生产厂商通过改善汽车的安全性吸引更多的消费者购买。

特性改良的目的是增加产品的独特性，如大小、重量、材料、附件等，以扩大产品的品种范围。这是增加消费者利益的重要方式，更是吸引消费者重复购买的动机。

形态改良的目的是加强产品外观上的艺术诉求。企业要紧紧地抓住目标客户群的心理需求，结合时尚元素，不断更新产品的式样，吸引更多的顾客。

服务改良的目的是提高产品的附加价值。企业通过改善服务，实际上就是增加了产品的价值，为消费者提供了更多的利益，并吸引更多的消费者。

(2) 价格策略。产品成熟期，特别是衰退成熟期，由于市场竞争过于激烈，降价往往是一种不得已为之，但又很有效的方法。除了直接降价之外，企业可以更多地通过特价、折扣、代付运费、优惠的信用条件等方式间接地降低产品的价格。

(3) 渠道策略。产品进入成熟期以后，在稳定中间商以及折扣商等间接渠道的同时，企业应注重建立与消费者直接接触的直接渠道，特别是在当前网络、社群等购买方式越来越盛行的情况下。成熟期的产品还要努力进行市场扩张，开发新的市场或者进入新的细分市场，以寻求新的顾客。

(4) 促销策略。对于进入成熟期的产品，各种促销方式的统筹安排和灵活使用非常重要。比如，这一阶段的广告要注重建立产品美誉度，形成消费者的品牌偏好；在费用可控的情况下，要扩大销售人员队伍；要灵活运用折扣、特价等营业推广方式，促进短期的销量增长。

(四) 衰退期

衰退期又称滞销期，是指产品销量急剧下降，产品开始逐渐被市场淘汰的阶段。这一阶段的主要特点是：

首先，从市场需求角度看，消费者的兴趣已完全转移，只有落后的购买者才购买。其次，从市场竞争角度看，大部分竞争者退出市场，竞争减少。最后，从企业生产和营销状况，看花色品种萎缩；由于销量下降，生产量减小，生产成本回升；由于参与竞争的企业数量减少，市场价格降中趋稳；销售渠道萎缩；促销费用减少。

衰退期产品营销策略的重点应放在“转”上，即采取立刻放弃、逐步放弃或自然淘汰的策略，转向研制开发新产品或转入新市场。

因此，产品生命周期不同阶段的市场特点和企业营销目标是不同的，企业应充分把握好产品的特征，制定出适应不同产品生命周期阶段的营销策略(见表 8－1)。

表 8－1　产品生命周期各阶段特点、营销目标和营销策略

阶　段		导入期	成长期	成熟期	衰退期
市场特点	销售量	低	剧增	销售高峰	衰退
	销售速度	缓慢增长	迅速增长	增速放缓	负增长
	顾客	创新者	早期使用者	中间多数	落伍者
	竞争	很少	增多	稳中有降	减少
	成本	高	逐步降低	更低	回升
	价格	高	稳中有降	较低水平上稳定	回升
	利润	亏损	提升	高利润	减少
营销目标		建立知名度，鼓励试用	最大限度地占有市场	保护市场，争取最大利润	压缩开支，榨取最后价值

续 表

阶段		导入期	成长期	成熟期	衰退期
营销策略	产品	确保产品的基本消费利益	提高质量、增加服务、扩大产品延伸利益	改进工艺、降低成本、扩大用途	有计划地淘汰滞销品种
	价格	撇油定价或渗透定价	稳定价格为主，适当调价	价格竞争	削价或大幅度削价
	分销	开始建立与中间商的联系	选择有利的分销渠道	充分利用并扩大分销网	处理好淘汰品的存货、保证协作
	促销	在经销商中建立产品知名度，加强销售促进以鼓励使用	宣传品牌，在消费者中建立产品知名度	突出企业形象，强调品牌的区别和利益	减少广告到坚定忠诚者需求的水平

第三节　服务和服务质量

服务业是21世纪的热门行业。目前，服务业占世界经济总量的比重为70%，主要发达经济体的服务业比重则达80%左右，服务出口占世界贸易出口的比重为20%。服务业在发达国家经济中已占统治地位，服务消费占人均生活消费支出的一半。

一、服务的内涵与特征

（一）服务的内涵

菲利普·科特勒(Philip Kotler)和格罗鲁斯(Gronroos)等人对服务的定义是："服务是一方能够向另一方提供的、基本上无形的任何活动或利益，其中涉及顾客、员工与服务系统之间的互动过程。"

在这一定义中，至少包括以下三层含义：

(1) 服务提供的基本上是无形的活动，可以是纯粹服务，也可以与有形产品联系在一起。

(2) 服务是在顾客与服务人员、有形资源商品或服务系统之间发生的。

(3) 服务是可以解决顾客问题的一种或一系列行为。

（二）服务的特征

服务的特征较多，以下几个方面对制定营销方案影响较大。

(1) 无形性(Intangibility)，也称不可接触性，主要指服务是提供非物质产品，顾客在购买之前，一般不能看到、听到、嗅到、尝到或感觉到。对于大多数服务来说，购买服务并不等于拥有其所有权，如航空公司为乘客提供服务，但这并不意味着乘客拥有了飞机上的座位。

(2) 同步性，也称不可分割性(Inseparability)，主要指服务的生产和消费是同时进行的，有时也与销售过程连接在一起。大部分的服务是先销售，然后同时进行生产和消费。这通常意味着服务生产的时候，顾客是在现场的，而且会观察甚至参与到生产过程中来。有些服务是很多顾客共同消费的,即同一个服务由大量消费者同时分享,比如一场音乐会,这也说明了在服务的生产过程中,顾客之间往往会有相互作用,因而会影响彼此的体验。

(3) 异质性,也称可变性(Heterogeneity),主要指服务的构成成分及其质量水平经常变化,很难统一界定。服务的异质性主要是由于员工和顾客之间的相互作用以及伴随这一过程的所有变化因素所导致的,它也导致了服务质量取决于服务提供商不能完全控制的许多因素,如顾客对其需求的清楚表达的能力、员工满足这些需求的能力和意愿、其他顾客的到来以及顾客对服务需求的程度。

(4) 易逝性,也称不可贮存性或“短暂性”(Perishability),主要指服务既不能在体验之前也不能在体验之后制造或在生产后贮存备用,消费者也无法购后贮存。由于服务无法储存和运输,服务分销渠道的结构与性质和有形产品差异很大,为了充分利用生产能力,对需求进行预测并制订有创造性的计划成为重要和富于挑战性的决策问题,而且由于服务无法像有形产品一样退回,服务组织必须制定强有力的补救策略,以弥补服务失误。

二、服务营销组合的要素

除了有形产品的产品、价格、渠道、促销的市场营销分析方法,在服务产品营销组合中,还需要有反映服务营销特点的人员、有形展示和流程等营销要素。服务营销的主要要素,简称 7P。

(一) 产品(Product)

服务产品必须考虑的要素是提供服务的范围、质量、品牌、保证以及售后服务等。近年来,产品本身的形式不断创新,组合方式也更为灵活。例如,在酒店行业,互联网技术应用于各个部门,如无人值守的前台可提供自助式入住和离店手续办理,快速便捷等。

(二) 价格(Price)

由于服务质量水平难以统一界定,质量检验也难以采用统一标准,加上季节、时间因素的重要性,服务定价必须有较大的灵活性。在区别一项服务与另一项服务时,价格是一种重要的识别标志,顾客往往从价格中感受到服务价值的高低。

(三) 渠道(Place)

随着服务领域的扩展,服务销售除直销外,经由中介机构销售的情况日渐增多。如歌舞剧团演出、博览会展出、职业球队比赛等,往往经中介机构推销门票。在分销因素中,选择服务地点至关重要。像商店、电影院、餐厅等服务组织,如能坐落于人口密集、人均收入高、交通方便等地段,服务流通的范围较广泛,营业收入和利润也就较高。

(四) 促销(Promotion)

服务促销包括广告、人员推销、营业推广、宣传、公共关系等营销沟通方式。为增进消费者对无形服务的印象,企业在促销活动中要尽量使服务产品有形化。例如,美国著名的“旅游者”保险公司在促销时,用一个伞式符号作为象征,其促销口号是:“你们在‘旅游者’的安全伞下”。这样,无形的保险服务就具有了一种形象化的特征。

(五) 人员(Personnel)

服务营销组合中的人,是指服务人员和顾客。由于服务具有生产与消费的不可分性,服务的营销过程就是服务的生产过程和消费过程，服务生产人员和顾客都参与营销，他们的素质和行为以及它们二者之间的协调和配合程度，会直接影响服务营销的效果。

(六) 有形展示(Physical facility)

服务的有形展示包括服务环境（如装潢、音乐和员工服饰等）、服务过程中的实物设施以及其他有助于服务的生产、消费和沟通的有形要素。值得关注的是，有形展示一定要能使服务更加便利或提高服务的质量和生产效率。例如，服务场所应该有便利的交通、醒目的店面标志以及令人舒适的外部环境等。

(七) 过程(Process)

服务供应商应有流畅、让顾客一目了然的服务流程，包括服务的传递顺序和内容，以及整个体系的运作政策和方法。服务流程管理的好坏，直接影响服务的质量，从而影响着企业的竞争力。

三、服务质量的内涵与测评

(一) 服务质量的内涵

服务质量是服务的效用及其对顾客需要的满足程度的综合表现，服务质量同顾客的感受关系很大，可以说是一个主观范畴，它取决于顾客对服务预期质量同其实际感受的服务水平或体验质量的对比。整体感受质量不仅取决于预期质量与体验质量之比，也取决于技术质量和职能质量的水平。技术质量是指服务过程的产出，即顾客从服务过程中所得到的东西。职能质量是指服务推广的过程中顾客所感受到的服务人员在履行职责时的行为、态度、穿着、仪表等给顾客带来的利益和享受。

预期服务质量是影响顾客对整体服务质量的感知的重要前提。如果预期质量过高，不切实际，则即使从某种客观意义上说他们所接受的服务水平是很高的，他们仍然会认为企业的服务质量较低。预期质量受市场沟通、顾客口碑、顾客需求和企业形象四个因素影响。

(二) 服务质量的评价维度

1. 可靠性(Reliability)

可靠性指服务供应者准确无误地完成所承诺的服务。可靠性要求避免服务过程中的失误，顾客认可的可靠性是最重要的质量指标，它同核心服务密切相关。许多以优质服务著称的服务企业，正是通过强化可靠性来建立自己的声誉的。

2. 响应性(Responsiveness)

响应性主要指反应能力，即随时准备为顾客提供快捷、有效的服务，包括矫正失误和改正对顾客稍有不便之处的能力。对顾客的各项要求能否予以及时满足，表明企业的服务导向，即是否把顾客利益放在第一位。

3. 保证性(Assurance)

保证性主要指服务人员的友好态度与胜任能力。服务人员较高的知识技能和良好的服务态度，能增强顾客对服务质量的可信度和安全感。在服务产品不断推陈出新的今天，顾客同知识渊博而又友好和善的服务人员打交道，无疑会产生更多的信任感。

4. 移情性(Empathy)

移情性指企业和服务人员能设身处地地为顾客着想，努力满足顾客的要求。这便要求服务人员有一种投入的精神，想顾客之所想，急顾客之所急，了解顾客的实际需要，乃至特殊需要，千方百计予以满足；给予顾客充分的关心和相应的体贴，使服务过程充满人情味，这便是移情性的体现。

5. 有形性(Tangible)

有形性指提供服务的有形部分，如各种设施、设备、服务人员的仪表等。顾客正是借助这些有形的、可见的部分来把握服务的实质。有形部分提供了有关服务质量本身的线索，同时也直接影响到顾客对服务质量的感知。

四、服务质量的分析与管理

美国学者贝利、泽斯曼和潘拉索拉曼推出了服务质量缺口模型(差距分析模型)，目的是分析服务质量问题产生的原因，并帮助管理者了解应当如何改进服务质量。

经过长期营销实践，美国服务问题专家建立了一个差距分析模型(见图 8-5)，专门用来分析质量问题的根源。

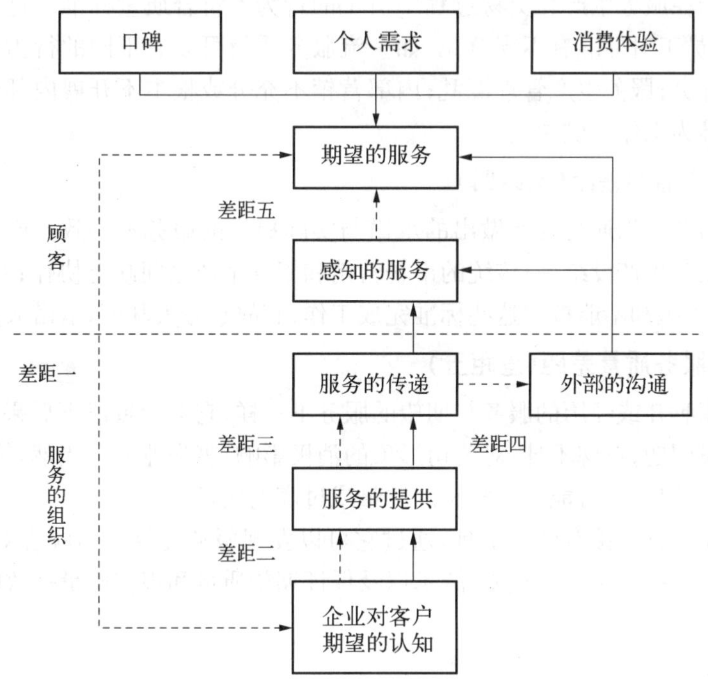

图 8-5　差距分析模型图

首先，模型说明了服务质量是如何形成的。模型的上半部涉及与顾客有关的现象。期望的服务是顾客的实际经历、个人需求以及口碑沟通的函数。另外，也受到企业营销沟通活动的影响。实际经历的服务，在模型中称为感知的服务，它是一系列内部决策和内部活动的结果。在服务交易发生时，管理者对顾客期望的认识，对确定组织所遵循的服务质量标准起到指导作用。当然，顾客亲身经历的服务交易和生产过程是作为一个与服务生产过程有关的质量因素，生产过程实施的技术措施是一个与服务生产的产出有关的质量因素。

分析和设计服务质量时，这个基本框架说明了必须考虑哪些步骤，然后查出问题的根源。要素之间有五种差异，也就是所谓的质量差距。质量差距是由质量管理前后不一致造成的。最主要的差距是期望服务和感知(实际经历)服务差距(差距五)。五个差距以及它们造成的结果和产生的原因分述如下。

(一) 管理者认识的差距(差距一)

这个差距指管理者对期望质量的感觉不明确。产生的原因有:对市场研究和需求分析的信息不准确;对期望的解释信息不准确;没有需求分析;从企业与顾客联系的层次向管理者传递的信息失真或丧失;臃肿的组织层次阻碍或改变了在顾客联系中所产生的信息。

(二) 质量标准差距(差距二)

这一差距指服务质量标准与管理者对质量期望的认识不一致。原因如下:计划失误或计划过程不够充分;计划管理混乱;组织无明确目标;服务质量的计划得不到最高管理层的支持。服务生产者和管理者对服务质量达成共识,缩小质量标准差距,远比任何严格的目标和计划过程重要得多。

(三) 服务交易差距(差距三)

这一差距指在服务生产和交易过程中员工的行为不符合质量标准。这是因为:标准太复杂或太苛刻;员工对标准有不同意见,如一流服务质量可以有不同的行为;标准与现有的企业文化发生冲突;服务生产管理混乱;内部营销不充分或根本不开展内部营销;技术和系统没有按照标准为工作提供便利。

(四) 营销沟通的差距(差距四)

这一差距指营销沟通行为所做出的承诺与实际提供的服务不一致。产生的原因是:营销沟通计划与服务生产没统一;传统的市场营销和服务生产之间缺乏协作;营销沟通活动提出一些标准,但组织却不能按照这些标准完成工作;有故意夸大其词,承诺太多的倾向。

(五) 感知服务质量差距(差距五)

这一差距指感知或经历的服务与期望的服务不一样,它会导致以下后果:消极的质量评价(劣质)和质量问题;口碑不佳;对公司形象的消极影响;丧失业务。当然,第五个差距也有可能产生积极的结果,它可能产生相符的质量或过高的质量。

差距分析是一种直接有效的工具,通过它可以发现服务提供者与顾客对服务观念存在的差异。明确这些差距是制定战略、战术以及保证期望质量和现实质量一致的理论基础。

补充案例

M航空股份有限公司的机票超售,该取消吗?

M航空公司定位于低成本航空经营模式,凭借价格优势吸引了大量对价格较为敏感的自费旅客以及追求高性价比的商务旅客。但最近几年,公司的平均客座率持续下降。经过调查,公司发现,旅客订票后并未购票或购票后放弃旅行、退票、变更航班或日期等造成的座位虚耗是造成客座率持续下降的重要原因之一。M航空公司决定从2016年起开始实施机票超售措施,以减少虚耗,提高公司的平均客座率。

但是,实施机票超售后,公司发生了10多起因购票旅客到机场后不能在当期航班登机的投诉问题,影响了公司的服务质量和旅客的满意度。长期下去,更难保证公司航班的客座率。

地面服务部提出取消机票超售。但是，如果不实施超售，就会引起公司航班的座位虚耗。

那么，M航空公司要不要取消机票超售呢？如果继续实施超售，又怎么解决超售带来的地面服务的质量问题呢？

（资料来源：赵正佳. M航空股份有限公司的机票超售，该取消吗?. 中国管理案例共享中心. 有删改）

第四节　新产品开发策略

新产品开发是企业未来生命的源泉。在现代社会，消费者的需求不断变化，技术也在迅速发展和传播，产品生命周期则相应缩短。不仅顾客需要新产品，为了保持或提高销售，企业也需要积极寻找、发展新产品。

一、新产品的概念及分类

（一）新产品的概念

从市场营销学的观点来看，所谓"新"是相对的，是指在市场上首次出现的或者企业首次开发的产品。它包括新发明创造的产品、面对市场上现有的产品有所改进的产品、采用了本企业的商标的产品、在企业现有产品系列中增加新的品种等。

因此，在市场营销学中，凡是产品整体概念中的任何一个部分有所创新、改革和改变，能够给消费者带来新的利益和新的满足的产品，都是新产品。

（二）新产品的分类

按照新产品的新颖程度划分，新产品通常包括以下4种基本类型。

1. 全新型产品

全新型产品指由于科学技术的发展，新技术的发明应用于生产，制造出前所未有的、能满足消费者的一种崭新需求的产品。

2. 换代型产品

换代型产品指利用科学技术的成就对现有产品在材料、工艺等方面进行改进，制造出具有新用途、能满足新需求的产品。

3. 改进型产品

改进型产品指对现有产品的品质、特点、款式、包装、花色品种等方面进行改进而形成的产品，这种改进只是对原来产品的改进，是由基本型派生出来的改进型，与原有产品差异不大。

4. 仿制型产品

仿制型产品指企业仿制市场上已有的新产品。仿制时虽可能有局部的改进或创新，但基本原理和结构是仿制的。企业在仿制新产品时，应注意严防产品侵权问题。

二、新产品的开发程序

新产品的开发过程是指从萌生想法、评价发展到最终产品的过程。一般而言，新产品的开发程序包括8个主要步骤。

(一) 新产品构思

新产品构思的来源很多,主要来源于顾客、竞争者、中间商、科技人员、销售人员等。此外,还可以从发明家、专利代理人、大学、研究机构、咨询公司、广告代理商、行业协会和有关出版物寻求新产品构思。

(二) 筛选构思

筛选构思就是对大量的新产品构思进行评价,研究其可行性,挑出那些有创造性的、有价值的构思。一般要考虑以下因素:一是环境条件,涉及市场的规模与构成、产品的竞争程度与前景、国家的政策等;二是企业的战略任务、发展目标和长远利益,这涉及企业的战略任务、利润目标、销售目标和形象目标等方面;三是企业的开发与实施能力,包括经营管理能力、人力资源、资金能力、技术能力和销售能力等方面。

(三) 产品概念的形成与测试

经过筛选后保留下来的产品构思必须发展成产品概念。产品概念是指已经成型的产品构思,即用文字、图像、模型等给予清晰阐述,使之在消费者心目中形成一种潜在的产品形象,即用有意义的消费者语言来详细描述的产品构思。

通常,一种产品构思可以转化为许多种产品概念,企业在确定产品概念时应考虑企业目标市场消费者追求的利益,并寻求市场定位的差异化。例如,宝洁公司在推出汰渍洗衣粉时,根据消费者对洗衣粉产品日常清洁、去油、衣领和袖口清洁的利益诉求,并结合竞争对手的市场定位,确定了“领干净,袖无渍”的概念。

企业在确定了产品概念后,就应当对产品概念进行测试。所谓产品概念测试,就是用文字、图画描述或者用实物将产品概念展示于目标市场消费者面前,观察他们的反应,并根据消费者的反应,对产品概念进行必要的修正。

(四) 初拟营销规划

经过测试后确认产品概念,紧接着就要为该产品拟定营销规划。初拟的营销规划应包括三个部分:

(1) 说明目标市场的规模、结构、行为、新产品的市场定位、近期的销售量和销售额、市场占有率、利润率等;

(2) 阐述新产品的计划价格、分销渠道、促销方式和营销预算;

(3) 阐述新产品的远景发展情况并提出设想,如长期销售额和利润目标、产品生命周期各阶段的营销组合策略等。

(五) 商业分析

商业分析是指对新产品未来的销售额、成本和利润进行估计,预计该产品能否达到企业的经营目标。首先,应预计其销售额是否能为企业带来足够的利润,在分析时应参照同类产品的销售历史,并应同时估计最高销售额和最低销售额,以了解风险的大小。然后,在销售预测之后由企业的研发部门、生产部门、营销部门和财务部门进一步估算该产品的预期成本和盈利状况。最后,如果对该产品的销售额、成本和利润的预计能满足企业目标,那么该产品就可以进入产品的开发阶段。

(六) 产品开发

新产品构思经过一系列可行性论证后，就可以把产品概念交给企业的研发部门进行研制，开发成实际的产品实体。产品开发包括设计、试制和功能测试等过程。这一过程是把产品构思转化为在技术上和商业上可行的产品，需要投入大量的资金。

(七) 市场试销

如果企业对产品测试的结果感到满意，接着就是市场试销。市场试销是将新产品与品牌、包装及价格和初拟的营销规划组合起来，然后将新产品小批量投入市场，以检验新产品是否真正受市场欢迎的过程。

对于消费品，在试销中通常考虑试用率和再购买率两个指标。如果两个指标都很高，表明该产品可以继续发展下去。如果试用率高而再购买率低，表明消费者对这种产品不满意，必须重新设计或放弃。如果试用率低而再购买率高，表明这种产品很有前途。

对于工业品，在试销中通常希望了解产品在实际操作条件下的性能、影响购买的关键因素、市场潜量和最佳的细分市场。一般采用产品使用测试方法，即选择一些潜在顾客对新产品作短期使用，以观察使用情况，了解顾客的购买意图和其他反应。也可以在贸易展览会上进行展示，在销售商的陈列室中进行测试，或做有控制的销售测试。

(八) 正式上市

新产品试销成功后，就可以正式批量生产，全面推向市场。一旦决定进行商业性投放，则应在上市时机、上市地点、目标顾客和营销策略等方面慎重决策。

三、新产品市场扩散

所谓的新产品扩散，是指新产品上市后，随着时间的推移不断地被越来越多的消费者所采用的过程。扩散和采用的区别，仅在于看问题的角度不同。采用过程是从微观角度考察消费者个人接受新产品的问题；而扩散是从宏观角度分析新产品如何在市场上被消费者广泛采用。影响新产品扩散的因素主要有两个，一是新产品自身的特点；二是消费者个人的态度。

(一) 新产品的特征

1. 新产品的优越性

新产品的相对优点越多，在诸如功能、可靠性、便利性、新颖性等方面比原有产品的优越性越大，市场接受得就越快。

2. 新产品的适应性

创新产品必须与目标市场的消费习惯以及人们的产品价值观相吻合。当创新产品与目标市场消费习惯、社会心理、产品价值观相适应或较为接近时，则有利于市场扩散；反之，则不利于市场扩散。

3. 新产品的简易性

一般而言，新产品的结构和使用方法越简单易懂，就会越有利于新产品的推广扩散，消费品尤其如此。这就要求新产品设计、整体结构、使用维修、保养方法必须与目标市场的认知程度相适应。

4. 新产品的明确性

这是指新产品的性质或优点是否容易被人们观察和描述，是否容易被说明和示范。凡信息传播便捷、易于认知的产品，其采用速度一般比较快。例如，流行服装不用说明即可知晓，因而流行较快；反之，对于某些除草药剂，因不能立时看到效果如何，市场扩散就会比较慢。

（二）消费者个人态度的差异

在新产品的市场扩散过程中，由于社会地位、消费心理、产品价值观、个人性格等多种因素的影响制约，不同消费者对新产品的反应具有很大的差异。

(1) 创新采用者。也称为“消费先驱”，通常富有个性，勇于革新冒险，性格活跃，其消费行为很少听取他人意见，经济宽裕，社会地位较高，受过高等教育，易受广告等促销手段的影响，是企业投放新产品时的极好目标。

(2) 早期采用者。一般是年轻消费者，他们富于探索，对新事物比较敏感并有较强的适应性，经济状况良好，对早期采用新产品具有自豪感。这类消费者对广告及其他渠道传播的新产品信息很少有成见，促销媒体对他们有较大的影响力。

(3) 早期大众。这部分消费者一般很少有保守思想，并接受过一定的教育，有较好的工作环境和固定的收入；对社会中有影响的人物，特别是自己所崇拜的“舆论领袖”的消费行为具有较强的模仿心理；不甘落后于潮流。他们经常是在征询了早期采用者的意见之后才采纳新产品。研究他们的心理状态、消费习惯，对提高产品的市场份额具有很大的意义。

(4) 晚期大众，指比较晚地跟上消费潮流的人。他们的工作岗位、受教育水平及收入状况往往比早期大众略差，对新事物、新环境多持怀疑态度或观望态度，往往在产品成熟阶段才加入购买。

(5) 落后的购买者。这些人思想非常保守，怀疑任何变化，对新事物、新变化多持反对态度，固守传统消费行为方式，在产品进入成熟期后期乃至衰退期才能接受。

新产品的市场扩散过程说明，要使新产品尽快地被消费者接受，就必须在新产品的研究开发中采取一系列措施，包括有关产品本身方面的措施，还包括有关包装、商标、说明书、广告、销售渠道、服务等方面的措施，以有利于加速消费者接受新产品。

创新创业营销视角

创新创业项目产品和服务策略分析关键要素

对于创新创业项目的产品和服务策略的分析，本书所提及的模型和方法，如产品生命周期等，仍然是十分有效的手段。然而，在创新创业项目的实践中，无论是投资者还是创业者都更倾向于从整体的架构上去看待产品和服务，并称之为商业模式分析。其中，由亚历山大·奥斯特瓦德与伊夫·皮尼厄合作提出的商业模式画布(Business Model Canvas)是目前对商业模式最有效、最简明易懂的表达方式。

商业模式画布由九个格子组成，每一个格子代表了创新创业项目的关键要素，所有的格子之间都是密不可分、相互影响的，如图 8-6 所示。注意，每个格子并不是只和它旁边的格子有联系，而是和其他所有的格子都有关系。这些丰富的关联才是商业模式的真谛。

每一个格子所在的位置都有它特定的含义，一个格子的左右、上下都是不同的格子，它们之间有非常紧密的联系。要把这“九宫格”作为一个整体来看，它代表着一整盘的业务。

我们来看看这九个格子分别的含义。

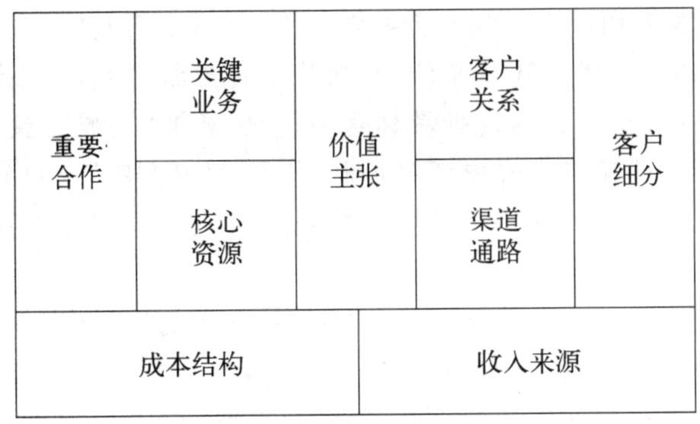

图 8－6　商业模式画布

- 价值主张：你准备为客户带来什么好处？
- 客户细分：你的东西到底要卖给谁，他是怎样的？
- 渠道通路：你如何找到目标客户，又如何交付产品或服务给他们？
- 客户关系：你准备和客户建立什么样的关系，比如，是一次性的买卖，抑或是永远的朋友？
- 关键业务：你要做些什么事情（生产、销售、交付等）才可以顺利完成跟客户的交易，达到你要求的效果？
- 核心资源：你需要哪些关键资源去做成这个生意，如人、物、钱、设备等？
- 重要合作：哪些搭档可让你的生意成功？
- 收入来源：除了向客户要钱，你有哪些渠道或方法来赚钱？
- 成本结构：你是否知道这笔账是怎样算的，成本之间的关系是怎样的？

（资料来源：岳文军.一件做任何生意都用得上的“利器”——商业模式画布.微信公众号“岳导聊变现”.2020.8.19.有删改）

创新创业营销案例

做有担当的野心家：“拾互动”的创新创业之旅

拾互动（天津）文化交流有限公司（以下简称“拾互动”）自创立伊始，定位于创意内容的社会化营销、搭建整合行业的 Social Pass 媒介经理人平台，实现从流量赋能的社会化营销到智能数据技术赋能的数字化营销的企业发展模式跃迁。

公司创始人吕磊 2013 年联合几个志同道合的好友毅然辞职，共同踏上了创业之路。凭借以往的从业经验和敏锐的市场洞察能力，吕磊和团队意识到，互联网媒介是一种新型沟通技术，必然对现有营销的方式、方法产生巨大的影响。

“拾互动”开启了探索社会化营销的开拓之旅。2013 年，社会化营销传播企业少之又少，业内广告主的消费理念尚未从传统营销方式上转变，业务开展十分艰难，但是团队成员都坚定地认准“社会化营销”这一创变之路。终于，在 3 个月后，吕磊及团队赚取了决定公司生死存亡的第一桶金——“爱尚鲜花”旗下高端品牌 TBLOOM 的品牌升级策划及社会化媒体营销服务。

2014年10月，阿里集团旗下的蚂蚁金融服务集团（以下简称“蚂蚁金服”）正式成立，并开展了面向全国范围的采购供应商征集活动，欲将支付宝打造成以开放性生态系统为属性的内容服务平台。各竞标企业需围绕世界杯这一契机，展开“蚂蚁金服”的营销策划方案设计。“拾互动”成功地从64家竞争者中脱颖而出，成为“蚂蚁金服”选中的两家新媒体渠道供应商之一，这标志着“拾互动”通过携手国内顶级互联网企业，实现了企业服务层次的标志性跃迁！

2015年10月，“拾互动”承担了为天猫“双11全球狂欢节”做推广营销的重任。“拾互动”通过分析主流消费的趋势，得出当下年轻人审美品位代表着个性诉求，潮流搭配即使不被他人理解，也要坚持风格鲜明。因此，“拾互动”联合“潮酷有型、个性十足”风靡街舞届的联合时尚妙物官，制定了以“尖货”定制个人化生活态度为主题的广告片，总播放量高达431.85万次。此外，还通过整合站外传播、媒体跨界等推广方式，打造全方位内容营销，为全球范围各地品牌旗舰店联合活动预热造势。

在营销策划方案的制定方面，企业着眼于研究客户和消费者的沟通互动关系，运用灵活的策略、有感染力的创意、丰富的媒介组合，展开目标用户分析、产品卖点提炼、关联品牌和相关意见领袖跟踪等，做真正深耕效果提升的营销策划方案。总体而言，公司的服务业务体系覆盖全网媒体矩阵，筛选最适合客户开展精准营销，完成广告主对“拾互动”的关键绩效指标的考核，形成“策略制定—产品资源导入—内容生产—短视频—媒介投放—效果分析”的内容策划与营销服务闭环，持续为客户创造新的商业价值，已然成为居于行业领先地位的社会化营销整合服务提供商。

在与阿里等商业巨头持续保持合作的几年里，社会化营销行业内涌现了大批的同质化公司。即便创业时的前瞻意识使得该企业抢占先机并持续保有市场占有率，能力与技术兼具的竞争对手依旧虎视眈眈，任何环节稍有差池，就要面临着项目被抢夺，业务量减少的危机。2017年，吕磊及其团队为“天猫双12”提前布局战场，挑选精兵锐士，保证后方供给，积蓄力量，旨在通过互联网媒介上的内容创意策划协助“天猫”打响“双12战役”。然而，漫长而紧张的等待换来的却是一场空，整个“双12”购物节，他们连一单业务都没有接到！

这一事件对吕磊和团队既是一次难堪的打击，更是一个及时的警醒。长时间的顺利使团队放松了警惕，安于现状，被动等待，未能提早洞察品牌方的需求，对于竞争对手也没有做到知己知彼，曾经谋定即动、赢在执行的服务优势逐渐被掩盖。“逆水行舟，不进则退！”吕磊向他的团队喊出这样的口号，至此，他们开启思考化被动为主动的全新创变旅程。

随着经济社会全面迈入信息时代，数据的深度分析和利用对推动经济持续增长，赋能企业的核心竞争力起到了非常重要的作用。“未来的‘拾互动’应该是一个数据驱动的公司”这样的公司未来发展方向，逐渐在吕磊心中明晰成型。基于此，2018年年初，吕磊决定带领“拾互动”进军大数据领域，集公司全力打造媒介经理人平台，专注于全互联网媒介平台的数据采集和标注，以实现企业运营效率与质量的跃迁。同时，吕磊还意识到企业的发展必须紧紧跟随时代的步伐，《中国制造2025》提出，中国企业应该坚持“创新驱动”的“走出去”战略。“拾互动”作为传播业企业，帮助中国企业向海外市场进阶渗透。“拾互动”为有强烈意愿向海外消费者市场进阶渗透的500+家中国品牌打造全球化的出海计划是企业未来业务发展的重要方向。因此，“拾互动”决定通过打造全球化内容布局，解决中国品牌出海这一关键问题。

现如今，无论国内市场的推广还是国外市场的渗透，更加急需的都是通过技术搭建数据网络平台，运用“大数据＋AI＋互联网”，进行数据动态监测，实现“数据导向下的精准营销”——“社会化营销2.0时代”。

2019年1月，Social Pass媒介经理人平台终于搭建成功，平台基于11大社交媒介平台构成的新媒体媒介库打造，为广告主提供海内外自媒体、原创内容PGC的数据化投放指导、内容监测、投放执行一站式媒体服务。截至2019年5月，Social Pass媒介经理人平台业务已覆盖包括东南亚、韩国、日本及美洲地区在内的世界90多个国家及地区，连接微博、微信、快手、抖音、小红书、B站、淘宝达人以及海外平台如YouTube、Facebook、Twitter、Ins上的优质内容创作者、PGC、MCN机构，以实现10余万自媒体内容创造者的接入。Social Pass媒介经理人平台基于多维度的数据效果监测、数据分析实时反馈，日均UV峰值130万/人次，让每一次投放有据可依，为广告主提供最全面、最科学、最便捷的社交媒体传播投放，优化了内容创作者与广告主之间的链接。

（资料来源：高素英，等.做有担当的野心家：拾互动的创业创新之旅.中国管理案例共享中心.有删改）

问题讨论：

1. 行业内的共性问题形成了什么痛点？这些痛点驱动“拾互动”开展了什么样的创新及变革？

2. 以Social Pass媒介经理人平台为核心竞争力的“拾互动”构建了什么样的商业模式？

3. “拾互动”自创立至今的创新实践及创新类型是什么？

创新创业营销实战训练

【训练目的】

掌握创新创业项目产品和服务策略分析。

【训练内容】

选择一个拟自主创业或从身边（网络）寻找一个创新创业项目，以小组为单位，利用本章学习的产品和服务营销知识方法，确定与企业价值主张相符的产品和服务内容，形成研究报告。教师也可以指定某一个创新创业项目，要求学生做出分析并形成研究报告。

【训练步骤】

（1）从产品组合策略的角度研究创新创业项目的产品内容；

（2）从产品生命周期的角度，研究创新创业项目的产品特点及营销策略；

（3）从服务营销和服务质量管理角度研究创新创业项目的服务内容；

（4）进行分析，确定产品和服务内容是否与企业价值主张相符合，并形成研究报告。

【注意事项】

（1）可沿用第二章选择的创新创业项目；

（2）3～4人一组，每组选出一位负责人，小组成员合理分工；

（3）训练过程应结合本章所学理论知识，独立思考与小组讨论相结合；

（4）条件许可的情况下可进行企业调研或实地走访；

（5）研究报告以小组形式提交，注明每位同学承担的任务。

【成果与评价】

(1) 研究报告内容应包括但不限于:创新创业项目的产品组合策略,创新创业项目产品生命周期分析,创新创业项目服务质量管理分析;

(2) 要求各部分内容充实,分析全面并重点突出;

(3) 文字流畅,符合规范化要求。

思考题

1. 什么是产品整体概念?阐述产品整体概念的营销意义。

2. 什么是产品组合?阐述产品组合的广度、长度、深度和关联度对营销活动的意义。

3. 优化产品组合可通过哪些步骤或途径实现?

4. 什么是产品生命周期?产品生命周期各阶段有哪些市场特征?

5. 什么是服务?服务的特征有哪些?简述服务营销组合的基本要素。

6. 服务质量的评价维度有哪些?

7. 对于创新创业企业来说,新产品的定义是什么?创新产品开发需要经过哪些主要管理阶段?

第九章

价格策略

学习目标

1. 掌握影响产品定价的基本因素和不同类型产品的定价目标。
2. 掌握产品定价的基本方法和主要的产品定价策略。
3. 了解竞争者价格变动时企业的应对策略。
4. 掌握创新创业企业在新进入市场时的定价策略。

引　言

价格策略是市场营销组合中最活跃的因素,它直接影响企业的市场占有率和盈利率,也对消费者的购买决策产生影响。同时,价格策略与市场营销其他因素相互依存、相互制约,在选定价格策略时,要考虑营销组合各因素之间的相互影响。在"互联网+"时代,企业定价在大数据技术的加持下,有了很多新的变形方式。因此,企业必须认真分析影响定价的基本因素,选择合理的价格策略,为企业所创造的顾客价值确定合理的价格。

第一节　影响产品定价的基本因素

价格是营销组合中最活跃的因素,企业为使自己的产品为消费者所接受,实现其经营目标,需要制定适当的价格。企业定价时,必须充分考虑影响和制约价格策略选择的各种因素,如定价目标、产品成本、供求状况、竞争状况、消费者心理和法律政策等。

一、定价目标

影响企业定价的关键因素之一是产品的定价目标。产品定价目标是在一段时期内为实现企业战略目标对价格制定提出的总的目的和要求。在不同的市场条件下,企业的内部资源和外部环境不同,其追求的战略目标会发生显著的变化,企业定价目标也就有所不同。一般而言,产品的定价目标主要有以下几种类型。

(一) 以利润为定价目标

利润是企业从事经营活动的主要目标,也是企业生存和发展的前提条件。在市场营销中不少企业直接以获取利润作为制定价格的目标。利润定价目标又可分为投资收益目标、最大利润目标、合理利润目标。企业应根据自身不同的资源和条件,选取合适的利润目标作为定价依据。

（二）以市场占有率最大化为定价目标

市场占有率是反映企业市场地位的重要指标，影响到企业的市场形象和盈利能力。作为定价目标，市场占有率比最大利润、投资收益率等指标更容易测定、衡量和评价。许多企业，尤其是具有战略眼光的大中型企业，都经常采用这种定价目标，以低价策略来保持和扩大市场占有率，增强企业竞争实力，最终获得长期利润。

一般而言，当企业以市场占有率最大化为目标时，需要具备的条件是：该产品需求价格弹性较大，产品的销量随着价格的降低而快速增长；规模经济效益明显，产品成本随销量的增加而下降，利润会因销量的增加而上升；企业应有足够的财力承受在一段时间内因价格低而造成的损失；低价可以与竞争对手相抗衡。

（三）以对付竞争者为定价目标

这种定价目标是在激烈竞争的市场上企业为了适应竞争的需要而制定的。在市场竞争中，价格竞争是一个重要的竞争手段。尤其是在产品标准化程度高、产品差异性小、规模经济要求明显的行业，价格竞争更为激烈。为避免和应付竞争，企业可采用低于、高于竞争者或与竞争者相同价格的定价策略。

（四）以维持生存为定价目标

企业在面对恶劣的市场环境、激烈的市场竞争和不利的市场地位时，通常把维持生存作为主要目标。此时，企业执行的主要是低价策略，只要产品的边际贡献可用于回收部分固定成本，企业就可能进行生产。企业需要抓住机会渡过生存难关，发展壮大并增强实力，然后逐渐转入基于价值的定价阶段。

（五）以树立品牌和维护企业形象为定价目标

当企业的目标是树立品牌和维护企业形象时，企业一般会采取高价策略，以弥补保持高质量产品、高美誉度品牌和优秀企业形象的高成本。例如，定位高端市场的苹果手机，以远高于同类产品的定价，显示其卓越的产品品质和品牌形象。

（六）以社会责任为定价目标

以社会责任为定价目标，是指企业由于认识到自己的行业或产品对消费者和社会承担着某种义务，而放弃追求高额利润，遵行以消费者和社会的最大效益为企业的定价目标。政府代理机构、公共事业型企业通常采用这一定价目标。

二、产品成本

产品成本是企业在生产经营过程中各种费用的总和，是价格构成的基本因素和制定价格的基础。它不仅是企业定价的依据，同时也是制定产品价格的最低界限。价格只有高于成本，企业才能弥补生产过程中的耗费，获得一定的利润。研究成本因素，必须对固定成本、变动成本、总成本、平均固定成本、平均变动成本、平均总成本以及边际成本和机会成本等对定价产生影响的概念有所了解。

三、供求状况

根据供求规律，价格与市场需求之间存在着相互影响、相互作用的关系。首先，产品价格是由市场上的需求和供给决定的。其次,需求又受产品价格、消费者的购买力、消费偏好、消费观念、生活方式和价格预期等因素影响。在其他因素不变的情况下,需求量随着价格的上升而减少,随着价格的下降而增加,两者之间呈现一种负相关关系。从某种意义上讲,市场需求决定了企业产品价格能被市场接受的最高经济界限。企业在给产品定价时,必须了解市场需求对产品价格处于某种水平或产品价格变动时所做出的反应。

四、竞争状况

不同的竞争状况对市场营销者制定商品价格会产生不同的影响。市场结构不同,企业定价方式也不同。在完全竞争的市场中,每个企业都是市场价格的接收者,企业应该集中资源致力于降低成本。在完全垄断的市场中,垄断企业在市场上没有竞争对手,可以独家或少数几家企业联合控制市场价格。在垄断竞争的条件下,企业应该采取差异化战略,积极掌握定价的主动权。在寡头垄断市场结构中,少数企业控制和影响市场价格,个别企业难以单独改变价格。

企业定价时,还应充分考虑竞争者的反应。当竞争对手针对本企业发动营销攻势时,企业应掌握先机,主动调整价格或其他营销组合因素,先发制人,遏制竞争对手的进攻。

五、营销策略的一致性

价格策略作为营销组合策略中的一个重要组成部分,在定价时,必须考虑到价格与其他营销变量的相互影响,尽量使价格策略与其他营销策略相适应,发挥最大的综合效应。

从产品的特点看,需要注意:日用品购买频率高、周转快,宜实行低价,薄利多销;而高档品的定价相对要高一些。产品的需求价格弹性大,定低价或降价能提高企业的收益;弹性小,企业则可定高价或提价。产品处于生命周期阶段的导入期,定价既要考虑成本,又要考虑能否为市场所接受;在成长期和成熟期,产品大量销售,稳定的价格有利于企业取得投资收益;进入衰退期后,一般应采取降价策略。产品的替代品多,其定价不宜过高;互补品价格低,产品可适当提高价格。知名度高的商品,效用水平高,价格可适当提高;知名度不高的商品价格以偏低为宜。

分销渠道的长短、宽窄以及分销方式和中间商的构成等,都是定价应该考虑的重要因素。一个基本的原则是低成本和高效率,让企业和中间商都有利可图。若企业采取多渠道策略,既有直销制,又有代理制和经销制,那么给中间商的价格要低一些,直销价格不应定得过低,否则中间商没有积极性。可见,分销方式对价格策略有较大的影响。

企业各种促销活动,如广告、人员推销、公共关系和销售促进等,都会增加企业费用的开支。促销费用高,产品成本上升,价格也就较高;促销费用低,产品价格则相应可以定得低一些。因此,促销水平影响价格水平的高低。

六、其他因素

在现实的市场营销活动中,政府的经济政策、消费者的心理和货币数量等因素都会对企业的定价产生不同程度的影响。

(一) 政策法规因素

政府制定的一系列政策和法规会对企业生产产生重大影响,从而影响定价。例如,《环境保护法》对企业排污标准的规定提高了部分企业的生产成本。因此,企业在日常经营和定价过程中应密切注意政府政策和法规的变化,既要遵守国家法律和政策,制定最优价格,同时又要善于利用这些法律和政策保护自己的合法利益。

(二) 心理因素

消费者的心理行为存在着"便宜无好货,好货不便宜"的价值判断与追求物美价廉商品的最大利益的矛盾,企业在定价时,应充分把握消费者这一购买心理的矛盾,制定适宜的定价策略。

(三) 货币数量因素

商品的市场价格受到市场货币流通量的影响。货币流通量与商品价格呈正比关系,即商品供给量不变时,货币流通量增加,商品价格随之上涨;反之亦然。如果市场上的货币流通量超过市场交易的需要,就会导致物价的上涨。当物价水平长时间、大幅度上升,就会形成通货膨胀。

补充案例

新冠疫情下2020年居民消费价格变化

2020年,对世界的社会、经济、政治和格局影响最大的因素,当属新冠肺炎的蔓延。2020年4月10日,国家统计局发布了2020年3月份全国CPI(居民消费价格指数)和PPI(工业生产者出厂价格指数)数据。对此,国家统计局专家解读,CPI环比由涨转降,同比涨幅回落。

3月份,复工复产逐步加快,交通物流逐渐恢复,保供稳价措施持续加力。从环比看,CPI由上月上涨0.8%转为下降1.2%。其中,食品价格由上月上涨4.3%转为下降3.8%,影响CPI下降约0.90个百分点,是带动CPI由涨转降的主要因素。食品中,粮油供应稳定,粮食价格持平,食用油价格下降0.1%;春季时令菜上市量增加,物流运输成本下降,鲜菜价格下降12.2%;随着生猪调运逐步畅通、屠宰企业复工复产、各地陆续加大储备肉投放力度,猪肉价格下降6.9%;由于市场供应充足,鸡蛋、水产品和鲜果价格分别下降5.1%、3.5%和0.2%。非食品价格下降0.4%,降幅比上月扩大0.2个百分点,影响CPI下降约0.32个百分点。非食品中,受国际原油价格波动影响,汽油、柴油和液化石油气价格分别下降9.7%、10.5%和4.3%;疫情期间出行大幅减少,飞机票价格下降28.5%。

第二节　产品定价的方法

如前所述,产品价格的制定和变动主要受市场需求、产品成本和竞争状况等因素影响,因此在具体制定企业产品价格时,要充分考虑以上因素。因考虑的侧重点不同而产生三种基本的定价方法,即成本导向定价法、需求导向定价法、竞争导向定价法。在实践中,企业可根据实际情况考虑采用其中一种,也可几种同时结合使用。

一、成本导向定价法

成本导向定价法是一种常见的定价方法，它是以产品成本作为定价基础。这种定价方法强调企业定价必须以产品成本为最低界限，在保本的基础上综合考虑不同的情况制定价格，主要有成本加成定价法、变动成本定价法、边际成本定价法和盈亏平衡点定价法等四种方法。

（一）成本加成定价法

成本加成定价法是指按照单位成本加上一定百分比的加成来确定产品的最终售价。加成的含义就是一定比率的利润。成本加成定价的公式为：

$$P=(AVC+AFC)(1+m)=ATC(1+m) \tag{9-1}$$

式中，P——价格；

AVC——单位变动成本；

AFC——单位固定成本；

ATC——单位总成本；

m——加成率。

加成率的确定要考虑商品的需求弹性和企业的预期利润。一般而言，经营稳定、风险小的加成率低，需求变化快、经营风险大或损耗大的加成率则高；季节性产品加成较高，周转慢、储存和搬运成本高的产品加成也较高。在实践中，同行业往往形成一个为大多数企业接受的加成率。

（二）变动成本定价法

变动成本定价法是指在商品的固定成本不大或商品的市场生命周期较长而且又能占领市场的前提下，以变动成本为基础，加上预期利润来制定商品的销售价格。其计算公式为：

$$单位商品价格=\frac{变动成本总额+预期利润总额}{商品总量} \tag{9-2}$$

（三）边际成本定价法

边际成本定价法，又叫边际贡献定价法，是指抛开固定成本，仅计算变动成本，并以预期的边际收益补偿固定成本以获得收益的定价方式。边际收益是指企业每多出售一单位商品而使总收益增加的数量。当边际成本等于边际收益时，企业获得的利润最大，如果增加的边际收益大于边际成本，表明利润增长，应扩大生产。如果边际成本大于边际收益，表明利润下降，企业应减少产量，直至边际成本等于边际收益。其计算公式为：

$$价格=变动成本+边际收益 \tag{9-3}$$

边际成本定价法一般适用于市场竞争激烈，企业为迅速开拓市场的情况，目的是减少企业的损失。必须注意的是售价必须高于变动成本，否则生产越多，亏损越大。

（四）盈亏平衡点定价法

盈亏平衡点定价法是以企业总成本与总收入保持平衡为依据来确定价格的一种方法。其基本原理是在预测商品销售量和已知固定成本和变动成本的前提下，通过求解商品盈亏临界点来制定商品价格的方法。其计算公式为：

$$Q=\frac{F}{P-V} \quad 或 \quad P=\frac{F}{Q}+V \tag{9-4}$$

式中，Q——盈亏临界点的销售量；

F——固定成本；

P——单位商品的价格；

V——单位商品的变动成本。

但是，企业从事生产经营活动不仅仅是为了保本，而是要获得目标利润。因此，制定价格时还必须加上目标利润。其公式为：

$$P=\frac{F}{Q}+V+E \tag{9-5}$$

式中，E——目标利润。

二、需求导向定价法

需求导向定价方法主要是从顾客的角度出发，是以顾客对产品的需求和可能支付的价格水平为依据来制定产品价格的定价方法。需求导向定价方法主要包括理解价值定价法、需求差异定价法、逆向定价法、集团定价法。

（一）理解价值定价法

理解价值定价法也称"认知价值定价法"，是指企运用各种营销策略和手段，影响消费者对商品价值的认知，形成对企业有利的价值观念，再根据商品在消费者心目中的价值来制定价格。在运用理解价值定价法对产品进行定价时应注意：

(1) 企业必须通过良好的市场调研，准确判断消费者的理解价值。企业如果过高估计消费者的理解价值，其定价就可能过高，难以达到应有的销量；反之，若企业低估了消费者的理解价值，其定价就可能低于应有水平，使企业的收入减少。

(2) 企业可以充分应用各种营销组合策略，主动影响消费者对其产品的评价和判断，提高消费者对产品的认知价。例如，企业可以借助促销宣传，来创造产品的名牌形象，以制定较高的价格，获取超额利润。

（二）需求差异定价法

需求差异定价法是指企业根据市场需求的时间差、数量差、地区差、消费水平及心理差异等来制定商品价格。例如，在市场需求大的时期和消费水平高的地区高定价，反之则低定价；对购买数量大的消费者低定价，反之则高定价。这种定价方法下，价格差异并非取决于成本的多少，而是取决于顾客需求的差异。需求差异定价法通常有以下几种形式：

(1) 以顾客为基础的差别定价。同一种产品，对不同的顾客制定不同的价格。例如，很多交通部门对成人和儿童制定不同的价格；在旅游业中，对国内和国外游客制定不同的价格。

(2) 以地理位置为基础的差别定价。同一种产品因处于不同的空间位置而制定不同的价格。例如，同一产品在国内和国外市场上制定不同的价格；剧院因座位位置的不同制定不同的价格。

(3) 以时间为基础的差别定价。同一种产品，在不同的季节、日期甚至钟点制定不同的价格。例如，打长途电话，白天与夜间的收费不同；旅游业中旺季与淡季的收费不同。

(4) 以产品为基础的差别定价。同种产品的不同外观、不同花色、不同型号、不同规格、不同用途，其成本也有所不同，但它们在价格上的差异并不完全反映成本之间的差异，主要区别在于需求的不同，可根据顾客对产品的喜爱程度制定价格。

实行需求差异定价一般应具备以下条件：① 根据需求强度的不同搞好市场细分，而且需求差异较为明显；② 在高价市场中用低价竞争的可能性不大，即高价市场中不能有低价竞争者；③ 价格差异适度，能取得消费者的支持和理解。否则，不仅达不到差别定价的目的，甚至会产生负面作用。

(三) 逆向定价法

逆向定价法是指企业依据消费者能接受的最终销售价格，计算自己从事经营的成本和利润后，逆向推算出商品的批发价和出厂价。这种定价方法不以实际成本为主要依据，而是以市场需求为定价出发点，力求价格为消费者接受。分销渠道中的批发商和零售商多采取这种定价方法。其计算公式为：

$$出厂价格=市场可销价格\times(1-批零差率)\times(1-销进差率) \tag{9-6}$$

采用逆向定价法定价的关键在于如何正确测定市场可销价格的水平，因为该定价方法是在测定零售价格的基础上倒推出批发价，在批发价的基础上倒推出生产者的价格。

(四) 集团定价法

为了给顾客以更多的实惠，不少企业制定了一系列大宗购买价格，亦被称为团购价。这类团购往往是成员相互熟悉的某个团体或组织，为了降低购买成本，自愿结成消费者组织，改善与企业进行价格谈判时的不利地位，索要一个较低的成交价格。

互联网的兴起更加便利了这种方式，毫不相识的、有着相同需求的顾客通过互联网在短时间内迅速聚集，也可以加入企业已有购买意向的顾客群体当中，当购买数量达到一定标准后，顾客便可以理想的价格进行购买。

拼多多的社交电商

拼多多作为新电商开创者，致力于将娱乐社交的元素融入电商运营中，通过“社交+电商”的模式，让更多的用户带着乐趣分享实惠，享受全新的共享式购物体验。

拼多多的购买流程为：

注册/登录——→下单支付，成功开团/参团——→人数达到，成团——→收货/退货

用户注册后，对页面上某一商品有购买意愿后，可以发起和亲朋好友的拼团，亦可以参与别人发起的团购，达成以更低的价格，以拼团的方式购买性价比高的商品。不管拼团是否成功，参与拼团的消费者之间必然会就所购商品展开讨论，甚至为了成团主动向其他消费者推销产品，人际互动的社交价值对企业的品牌形象、企业与顾客的关系、顾客与顾客的关系都有益处。

（资料来源：https://www.pinduoduo.com/.有删改）

三、竞争导向定价法

竞争导向定价法是指在激烈的竞争性市场上，企业通过研究竞争对手的生产条件、服务状况、价格水平等因素，依据自身的竞争实力，参考成本和供求状况来确定商品的价格。常见的竞争导向定价法主要有随行就市定价法、密封投标定价法和拍卖定价法三种。

(一) 随行就市定价法

随行就市定价法又称“流行价格定价法”，是指在一个竞争比较激烈的行业或部门中，某个企业根据市场竞争格局，跟随行业或部门中主要竞争者的价格，或各企业的平均价格，或市场上一般采用的价格，来确定自己的产品价格的定价方法。在企业难以估算成本，打算与同行业竞争对手和平共处，另行定价时很难估计购买者和竞争者对本企业价格的反应，经营的是同质产品，产品供需基本平衡时，采用这种定价方法比较稳妥。

(二) 密封投标定价法

密封投标定价法是指由投标竞争的方式确定商品价格的方法。一般由招标方(买主)公开招标，投标方(卖主)竞争投标，密封递价，买方择优选定价格。投标竞争定价的基本特点是，招标方只有一个，处于相对垄断地位；而投标方有多个，处于相互竞争地位。一般用于建筑工程、大型设备制造、政府的大宗采购等。

(三) 拍卖定价法

拍卖定价法是指卖方预先展示出所出售的商品，在一定的时间和地点，按照一定的规则，由买主公开叫价竞购的方法。一般卖方规定一个较低的起价，买主不断抬高价格，一直到没有竞争对手回应的最后一个价格，即最高价格时，卖主把现货出售给出价最高的买主。在艺术品、古董、房地产的交易中常采用这一定价方法。

第三节　产品定价策略

企业按照不同的定价目标，采用不同的定价方法，得到的只是产品的基本价格。企业还要根据各种不同的市场环境，运用灵活多变的定价策略，修正和调整产品的基本价格，制定出为消费者所接受的价格。本节介绍几种在市场营销活动中常见的定价调整策略。

一、新产品定价策略

新产品定价是企业定价决策中的一个难点。新产品上市之初，定价没有借鉴。定价高了，难以被消费者接受；定价低了，将影响企业的效益。新产品定价较普遍地采用撇脂定价策略、渗透定价策略或满意定价策略。

(一) 撇脂定价

撇脂定价策略是一种高价格策略，是在新产品上市初期，价格定得很高，以便在较短的时间内就获得最大利润。

该策略的优点是由于价格较高，不仅能在短期内取得较大利润，而且可以在竞争增加时采取降价策略，这样，既可以限制竞争者的加入，又符合消费者对待价格由高到低的心理。其缺点是由于价格大大高于价值，当新产品尚未在消费者心目中建立起声誉时，不利于打开市场。适用这种策略定价的产品，一般都缺乏弹性，定高价也不会减少需求；小批量生产的成本也不会提高很大。

增值阅读

高科技产品的撇脂定价法

使用撇脂定价法最多的行业是高科技行业，比如英特尔的芯片、苹果的手机、索尼的彩电等等。高科技行业符合撇脂定价法成立的几个前提：

第一，因为高科技产品通常酷炫新奇，所以消费者愿意支付较高价格；

第二，高科技产品虽然贵，但还没有贵到像房地产一样，大部分消费者是有能力支付的；

第三，没有采取较低定价的竞争对手存在。高科技产品通常有一定的技术先发优势，竞争对手跟进需要时间，所以给先入者留出了一个"撇脂"的时间窗口。

(二) 渗透定价

渗透定价策略是一种低价格策略。即在新产品投入市场时，价格定得较低，使消费者很容易接受，很快就打开市场。

这种定价策略的优点是由于价格较低，一方面可以迅速打开产品销路，扩大销售量，从多销中增加利润；另一方面阻止竞争对手加入，有利于控制市场。所以，渗透定价策略也叫"别进来"策略。这种定价策略的缺点是投资的收回期限较长，那些生产能力较小的企业不宜采用这一策略。

(三) 满意定价

这是介于撇脂定价和渗透定价之间的一种定价策略，所制定的价格既可使企业获得相当利润，又让顾客感到合理，使企业和顾客都满意，故也称为"君子价格"策略。

这种定价策略的优点是，既可避免撇脂定价策略因价高而具有的市场风险，又可以避免渗透定价策略因价低带来的困难。此定价策略的缺点是比较保守，四平八稳，不适合需求复杂多变或竞争激烈的市场环境。

二、产品组合定价策略

对产品的定价应综合考虑产品组合中的各种产品，制定出整个产品组合的价格策略，使整个产品组合的利润实现最大化。常见的产品组合定价策略有以下几种。

(一) 产品线定价

产品线定价策略是指企业就同一系列产品的不同规格、型号和质量，按照相近原则，把产品划分为若干个档次，不同档次制定不同价格的策略。在定价时，首先确定某种产品的最低价格，它在产品线中充当领袖价格，吸引消费者购买产品线中的其他产品；其次，确定产品线中某种商品的最高价格，它在产品线中充当品牌质量担当，以提高产品线整体档次；再次，产品线中的其他产品也分别依据其在产品线中的角色不同而制定不同的价格，以合理的价格获取合理的利润。例如，某服装公司将男式西服划分为三种档次，其价格依次为 980 元、

1 580元和3 580元。有了这三个价格“点”,顾客就会联想到这是低质量、中等质量和高质量的西服,即使三种价格都被适当提高了,男士们通常仍会以他们更喜爱的价格点来选购服装。

(二) 选购产品定价

许多企业在提供主要产品的同时,还会提供与主产品密切相关,但又可独立使用的产品。选购产品定价有两种主要策略:① 将选购产品的价格定得较高,使其成为企业盈利的一个来源;② 将选购产品价格定得较低或免费提供,以吸引消费者购买。例如,餐馆里的饭菜是主要产品,酒水是选择品。有的餐馆将酒水的价格定得高,饭菜价格定得低,以饭菜的收入来弥补经营费用的开支,而靠酒水赚钱。也有的餐馆将酒水价格定得低而饭菜价格定得高,吸引顾客光顾,以饭菜的高价获利。

(三) 附属产品定价

附属产品是指有连带关系,必须配套使用的产品,如打印机与墨盒、剃须刀与刀片等。两种相关产品同时生产的企业,一般将主体产品价格定得较低,以吸引消费者的购买,而将附属产品的价格定得较高。消费者购买了主体产品以后,还需要购买附属产品,企业可通过提高附属产品的价格来弥补主体产品低价造成的损失,并获取长期的利益。然而,附属产品定价太高也有危险,部分消费者会因为附属产品价格过高而放弃使用主体产品或选择购买能够替代附属产品的其他企业的产品。

(四) 产品束定价

企业经常将其生产和经营的产品组合在一起,制定一个产品束的价格。成套产品的价格低于分别购买其中每一件产品的价格总和。这种定价策略就是产品束定价。常见的有化妆品组合、学生用具组合、名贵药材组合和旅游套餐组合等成套产品定价。该价格策略通过以畅带滞,提高了每一次交易的交易量,减少了库存积压。但是,在应用该策略时应注意:一是成套产品的价格必须有吸引力;二是成套产品的销售一定要有单件产品的配合销售,能让消费者进行比较。

(五) 两段定价法

在服务业中两段定价法是经常采用的方法,当消费者支付某项服务的基本费用后,如果消费超出了基本服务的规定,就必须额外再另加费用。例如,中国电信 5G 流量套餐,129 元/月包 30G 全国流量,超出部分则按 3 元/GB 收取。

(六) 单一价格定价

企业销售品种较多而成本差距不大的商品时,为了方便顾客挑选和内部管理的需要,企业所销售的全部产品实行单一的价格。例如,自助餐饭店以单一价格定价,每位顾客进店用餐,无论吃多少,都是一个价格。

三、折扣与让价策略

折扣与让价都是变相的降价,俗称打折,是企业为了更有效地吸引顾客,鼓励顾客购买自己的产品,而给予顾客一定比例的价格减让。该策略主要包括现金折扣、数量折扣、功能折扣、季节折扣和让价折扣等多种形式。

(一) 现金折扣

现金折扣是指顾客在一定时期内付清价款,可按原价给予一定折扣。现金折扣包括三个方面:① 折扣率;② 给予折扣的时间限制;③ 付清价款的时间限制。例如,双方约定买方必须在 30 天内付清货款,但如果买方在交货后 10 天内付款,则按照约定价格给予 2%的现金折扣。这种做法可加速资金周转,减少收账费用和坏账。

(二) 数量折扣

数量折扣是指对顾客按购买数量的多少,分别给予不同的折扣。顾客购买的越多,获得的折扣越大。其目的是鼓励顾客大量购买,以获得规模经济效益。

(三) 功能折扣

功能折扣也叫交易折扣,是指企业根据中间商在市场营销中的作用和功能差异,分别给予不同的折扣。折扣的大小,主要依据中间商所承担的工作量的风险而定。如果中间商承担运输、促销、资金等功能,给予的折扣较大;反之,则折扣较小。

(四) 季节性折扣

季节性折扣指对购买过季商品的顾客给予的折扣。例如,旅馆旅行社和航空公司,在旅游淡季通常都给顾客一定的折扣优待。这种折扣鼓励顾客提前购买或在淡季购买,有利于企业减少库存,加速资金周转,避免因季节需求变化而带来生产的巨幅波动。

(五) 让价折扣

让价主要有以旧换新、促销让价两种形式,如格力空调"旧机折价换新机"活动,超市"买一赠一"活动等。

四、心理定价策略

心理定价策略是指针对消费者的不同消费心理,制定相应的商品价格,以满足不同类型消费者需求的策略。在实际应用中,心理定价策略主要有声望定价、尾数定价、整数定价、招徕定价和最小单位定价等形式。

(一) 声望定价

声望定价是指企业利用消费者仰慕名牌商品或名店的声望所产生的某种心理来制定商品的价格,故意把价格定成高价。高价显示了商品的优质,也显示了购买者的身份和地位,给予消费者精神上的极大满足。例如,阿玛尼的西服、劳斯莱斯的轿车都是采用声望定价策略,这些产品都成为其使用者身份和地位的象征。

(二) 尾数定价

尾数定价又称为"非整数定价",是指企业利用顾客对数字认知的某种心理,以零头数结尾的一种定价策略。通常是以一些奇数或吉利数结尾,如把价格定在 9.9 元、298 元、999 元等。这种定价策略使价格水平处于较低的一级档次,给人以便宜、定价精确的感觉,从而满足消费者的求廉求实的心理,激起消费者的购买欲望。

(三) 整数定价

整数定价与尾数定价相反,这是商品的价格以整数结尾的定价策略,常常以偶数,特别是以 0 为结尾。例如，以 800 元、1 200 元等来表示商品的价格，这样定价抬高了商品的身价，有利于在消费者心目中树立高价优质的形象，满足消费者求名求新的心理。

（四）招徕定价

招徕定价是指零售商利用消费者的求廉心理，特意将某几种商品的价格定得较低以招徕顾客，如某些商店随机推出降价商品，每天、每时都有一两种商品降价出售，吸引顾客经常来采购廉价商品，借机带动其他商品的销售。这种定价策略成功的关键是招徕定价的商品必须是消费者生活必需的、购买频率高且价格对消费者有吸引力的商品。

（五）最小单位定价

最小单位定价策略是指企业把同种商品按不同的数量包装，定价时不按比例确定价格的定价策略。一般情况下，小包装商品的单位价格要高于大包装商品的单位价格。例如，农夫山泉根据消费者不同使用场合的饮用习惯，推出 550 毫升、1 升和 5 升的包装，单位价格各不相同。

五、网络定价新策略

互联网时代，制定价格的影响因素越来越复杂，表现为产品生命周期缩短、企业战略规划柔性化、细分市场精准化、顾客体验复杂化等，价格变成了企业测量顾客反应的工具，也成为企业与顾客双方之间以及双方内部之间相互博弈的一种体现。

为了引流和增加顾客黏性，必须让顾客参与到服务过程中来。只有顾客参与，顾客才能有体验价值。要最大化顾客的体验价值，离不开设计价格策略的环节。网络团购定价的制度设计既包含顾客参与的思想，也兼具任务化甚至游戏化的特点。在互联网中，经常出现的众筹定价模式就是服务主导逻辑下产品服务化定价的实践方式之一。

互联网众筹是指企业或个人依托网络平台公开发布项目融资需求，以期获得大众资金或其他形式的支持，并以产品或其他方式作为投资人回报的一种新型融资模式。在消费体验产品或参与创造产品的过程中，企业和顾客通过产品（服务）创意这一载体进行交流，对产品（服务）的细节和趋势共同设计，顾客获得产品设计师、众筹投资人的身份认同。顾客获得了包括实用价值、个性价值和体验价值三个方面的价值，顾客参与增加了顾客黏性，顾客黏性增强。无论是服务过程，还是服务结果，最终顾客的体验价值增强，支付意愿提升。

第四节　价格调整及应对策略

价格因素是一个复杂的、动态的、敏感的因素。随着企业自身情况的不断变化以及市场需求和竞争形势的不断变化，企业必须考虑价格的竞争性问题，一方面要考虑通过价格变动适应竞争或提高竞争力；另一方面还须考虑当竞争者发动降价提价时，企业应采取何种价格策略予以应对。

一、企业价格变动策略

产品价格适时变动，合理升降，可以使企业掌握经营的主动权，在激烈的市场竞争中立于不败之地。价格该升时升，可以使企业得到更多的利润；该降时降，可以使企业扩大产品销售量，加快资金周转速度，同样可以增加企业的利润额。产品价格变动的基本策略分为两种，即降价策略和提价策略。

(一) 降价策略

1. 降价的原因

企业调低价格的原因比较复杂，有市场方面的因素，也有企业内部的因素，以及社会其他方面的因素，归纳起来有如下几个：

(1) 企业的生产能力过剩，需要扩大销售，但又不能通过产品改进和加强销售工作来扩大销售。

(2) 在强大的竞争者的压力下，企业的市场占有率下降，企业会通过降价提高市场占有率。

(3) 企业的成本费用比竞争者低，试图通过降价来掌握市场或提高市场占有率，从而扩大生产和销售量，降低成本费用。

(4) 经济衰退，不得不降价。在宏观经济不景气的形势下，价格下降是许多企业借以渡过经济难关的重要手段。

(5) 根据产品生命周期阶段的变化进行调整。相对于导入期时较高的价格，在进入成长期后期和成熟期后，市场竞争不断加剧，下调价格以吸引更多的消费者。

2. 降低价格的方式

即使企业产品具备了必须降价的条件，但因不同企业产品所处的地位、环境以及引起降价的原因不同，企业选择降价的方式也会不相同，具体来说有以下几种：

(1) 增加额外费用支出。在价格不变的情况下，企业增加额外费用和服务支出，实行免费安装、调试、维修等，这些费用本应该从价格中扣除，因此实际上降低了产品价格。

(2) 馈赠物品。某种商品牌价不变，但购买此商品时，馈赠免费的购物券，或增加其他礼品。这些支出也应从商品价格中补偿，企业实际上也降低了商品的价格。

(3) 在价格不变的情况下，改进产品的性能，提高产品的质量，增加产品功能，实际上也就降低了产品本身的价格。

(4) 增大各种折扣的比例。在企业价格策略中往往采用增加各种折扣的比例，从而达到实际降价的目的。

(二) 提价策略

1. 提价的原因

尽管提价会引起消费者、经销商和企业销售人员的不满，但一次成功的提价会大大增加企业的利润。企业提价的原因有以下几种：

(1) 由于通货膨胀，物价上涨，企业的成本上升，企业承担不起，不提价无以维持。通过提价，减轻成本上升的压力。这是产品涨价最主要的原因。

(2) 产品供不应求，不能满足所有消费者的要求。这时，可用提价的方式抑制超前需求，缓解市场压力。

(3) 营销策略的需要。财力雄厚的大企业经常将产品价格提高到同类产品之上，确立“优质高价”的形象，以取信于消费者。

(4) 产品更新换代、功能增加、质量提高，相应需提高产品价格。

2. 提高价格的方式

在现代市场经济条件下，企业往往会采取多种方法来调整价格，一般来说有以下几种：

(1) 公开真实成本。企业通过传媒，把产品的各项成本上涨情况真实地告诉消费者，告诉消费者价格上涨的原因，以获得消费者的理解。企业应避免形成价格欺骗的形象。

(2) 采用延缓报价。到产品制成或交货时才制定最终价格。生产周期长的产业(如工业建筑和重型设备制造业等)采用延缓报价定价法相当普遍。

(3) 在合同上规定调整价款。即企业在合同上规定在一定时期内(一般到交货时为止)可按某种价格指数来调整价格。

(4) 分别处理产品价目。企业为了保持产品价格，把先前供应的免费送货与安装的产品分解为各个零部件，并分别为单一的或多个的构件定价出售。这样一来，原来提供的产品价格实际上提高了。

(5) 降低价格折扣。企业降低常用的现金和数量折扣，指示销售人员不可为争取生意不按价格表报价。

(6) 降低产品质量，减少产品特色和服务。企业采取这种策略可保持一定的利润，但会影响其声誉和形象，失去忠诚的顾客。

企业还可以通过许多方式来提高价格，但是，一般而言，只要有可能，企业应考虑不采用调高价格的办法。例如，可以缩小产品体积而不提高价格，或用较便宜的配料来代替，或除去某些产品的包装和服务。

巧妙"暗提价"

企业为了消化成本支出等，除了考虑直接提价之外，还可以通过其他途径来达到目的。以下是几种不必提价便可弥补高额成本或满足大量需求的可行方法：① 压缩产品分量，价格不变；② 使用便宜的材料或配方做代用品；③ 减少或者改变产品特点，降低成本；④ 改变或者减少服务项目；⑤ 使用价格较为低廉的包装材料，促销更大包装产品，以降低包装的相对成本。

二、企业价格变动后市场反应的分析

企业的价格提高或降低之后，市场上的购买者、竞争者、供应商以及政府都会做出相应的反应。企业必须对价格变动后会有什么样的反应进行预计和分析，尤其是顾客和竞争者，以确定采用价格变动策略是否必要，如果必要，在方式上、程度上如何选择。

(一) 顾客对企业变价的反应

顾客对价格调整的反应是价格调整成功与否的决定性因素。这里，首先分析顾客对企业变价的反应。

1. 顾客对企业降价的反应

消费者对企业降价做出的反应是多种多样的，有利的反应是认为企业生产成本降低了，或企业让利于消费者。不利的反应有：这是过时的产品，很快会被新产品代替；这种产品存在某些缺陷，销售不畅；该产品出现了供过于求；企业资金周转出现困难，可能难以经营下去;产品的价格还将继续下跌;产品的质量下降。

2. 顾客对企业提价的反应

当企业涨价时消费者也会做出各种反应,有利的反应会认为企业的产品质量提高,价格自然提高;或认为这种产品畅销,供不应求,因此提高了售价,而且价格可能继续上升,不及时购买就可能买不到;或认为该产品正在流行等。不利的反应是认为企业想通过产品提价获取更多的利润。消费者还可能做出对企业无害的反应,如认为提价是通货膨胀的自然结果。

(二) 竞争者对企业变价的反应

竞争者的反应也是企业在调整价格时应考虑的一个重要因素。在某一行业中企业数目越少,产品同质程度越高,顾客的辨别能力越强,分析竞争者的反应也就越重要。

1. 竞争者对企业降价的反应

企业产品降价时,竞争者产品不降价,企业产品销量会上升,市场占有率也会提高。当然,竞争者也可能采取非价格的手段来应付企业产品降价。但更多的情况是,竞争者会追随企业进行产品降价,企业间进入新一轮产品价格竞争。当企业是因为成本低于竞争者降价时,企业拥有一定的竞争优势,有更多的降价空间。竞争者追随降价对损失的承受能力低于企业,这时企业有能力发动进一步降价,这种情况下,竞争者反应的影响作用相对减弱。

2. 竞争者对企业提价的反应

当产品供不应求的时候,竞争者一般都会追随企业的产品提价而提价,因为这对大家都有好处,所有企业产品都能够在较高的价位上全部销售出去,即使有个别企业不提价也不会影响到本企业产品的销售;当企业由于通货膨胀导致成本上升提高时,只要有一个竞争者因为能在企业内部全部或部分地消化增加的成本,或认为提价不会使自己得到好处,因而不提价或提价幅度较小,那么企业和追随者提价的产品销售都将受到影响,可能不得不降价。

三、竞争者价格变动的应对策略

当竞争者首先进行价格调整时,企业应根据市场竞争状况和自己的竞争实力,对竞争者的变价做出及时、正确的反应。

(一) 企业应变需考虑的因素

为了保证企业做出正确的反应,企业应该调查研究和考虑以下问题:

(1) 为什么竞争者要变价?

(2) 竞争者打算暂时变价还是永久变价?

(3) 如果对竞争者的变价置之不理,将对企业的市场占有率和利润有何影响?其他企业是否会做出反应?

(4) 竞争者和其他企业对于本企业的每一个可能的反应又会有什么反应?在对竞争者调整价格的目的及同行业的反应进行研究的基础下,根据本企业的具体情况,采取相应的对策。例如,不予理睬;随之升降;迅速退出或转移市场;低价反攻;用新产品或增加新的服务等。

(二) 企业对竞争者变价的反应

1. 不同市场环境下的企业反应

在同质产品市场下,如果竞争者削价,企业也必须随之削价,否则消费者就会购买竞争者的产品而不购买本企业的产品;如果某一企业提价,其他企业可能会随之提价(如果提价对整个行业有利)。但是,如果某一个企业不随之提价,那么最先发动提价的企业也不得不取消提价。

在异质市场上,企业对竞争者价格变动的反应则有更大的回旋余地。顾客选择卖主时不仅考虑产品的价格高低,而且考虑产品质量、服务、可靠性等因素,因而在这种产品市场上,消费者对于较小的价格差异没什么反应或反应不敏感。

2. 市场主导者的反应

作为市场主导者,常常面临中小企业的低价进攻。当发起进攻的企业的产品质量与市场主导者的产品质量相当时,这些企业的低价将夺走市场领导者的市场份额。面对竞争者的价格变动,市场主导者的应对策略有:

(1) 维持价格不变。

即维持原来的价格和利润幅度。采取该策略的企业认为:降价就会减少利润收入,而维持价格不变所影响到的市场占有率,在需要时还能夺回来。当然,在维持价格不变的同时,还可以运用改进产品质量、提高服务水平、加强促销沟通等非价格手段来反击竞争者。

(2) 降价。

市场主导者之所以采取这种策略,主要是因为:降价可以使产量和销售量增加,从而使成本费用下降;市场对价格很敏感,不降价就会使市场占有率下降;市场占有率下降之后,很难得以恢复。但是,企业降价后,仍应尽力保持产品质量和服务水平。否则,会影响企业在顾客心目中的形象,损害企业的长期利益。

(3) 提高认知质量。

即维持原价同时增加产品的价值。企业通过改进自己的产品、服务和信息沟通使顾客能看到每元钱的更多价值。企业发现这样做比降价和以较低的毛利经营要划算得多。

(4) 提高价格并改善质量。

即提高价格并推出一些新品牌商品去回击低价进攻的品牌商品。市场领导者面对降价不仅不跟进,反而提高价格,增加广告宣传,同时建立几种新品牌对竞争者进行围攻。这样既有力地回击了竞争者的进攻,又进一步增强了企业的形象。

(5) 推出低价进攻性产品。

即采取低档产品策略,在所经营的产品线中增加廉价产品品种或增设一个廉价品牌。如果企业正在丧失的细分市场是价格敏感型的市场,而这个市场并不要求提高产品质量,就可采取这种策略。

(三) 建立应付竞争者价格变动的对策系统

面对竞争者的调价,企业要制定较为合理的应对方案,必须综合考虑多种因素,包括产品所处的生命周期阶段、在公司产品组合中的重要性、竞争者的意图和实力、市场对价格和质量的敏感性、成本和产量的变化情况以及企业的其他机会等。为了避免在竞争者进行价格攻击时,企业措手不及,企业必须事先预计竞争者的可能价格变动,并预先准备适当的对策。

创新创业营销视角

众筹定价——互联网背景下创新创业项目的定价技巧

过去,创业项目的融资大多数找银行或者机构投资者,甚至民间借贷。“互联网+”时代，营销逻辑从产品主导逻辑转向服务主导逻辑，"产品服务化"打开了诸多工作的思路，比如创新创业项目的融资。

2006 年，美国学者苏利文(Michael Sullivan)早就提出众筹(Crowdfinding)的概念，即项目发起者通过互联网手段，面向广大社会群体进行公开募集资金，以产品等形式为未来承诺的交换对象，或者是捐赠方式以达到获取外部融资支持，实现特定的项目的计划进行。他们还分析了两类定价机制：预定产品和享有未来收益，即把产品回报和收益(或权益)回报进行比较分析。

Kickstarter 是一家专注服务于产品众筹项目的众筹平台。一个典型的产品众筹项目，众筹发起人会承诺在众筹项目成功后以创意产品作为参与众筹消费者的回馈。除了对创意产品和资金用途等信息进行描述，众筹发起人还需要设定众筹目标，产品价格和融资起止时间。在指定时期内，如果所累计众筹金额达到众筹目标，则众筹项目宣告成功，众筹发起人获得融资并启动生产；否则，众筹宣告失败，平台会将所有筹集的资金退还给支持该项目的消费者，而众筹发起人则一无所获，如图 9－1 所示。

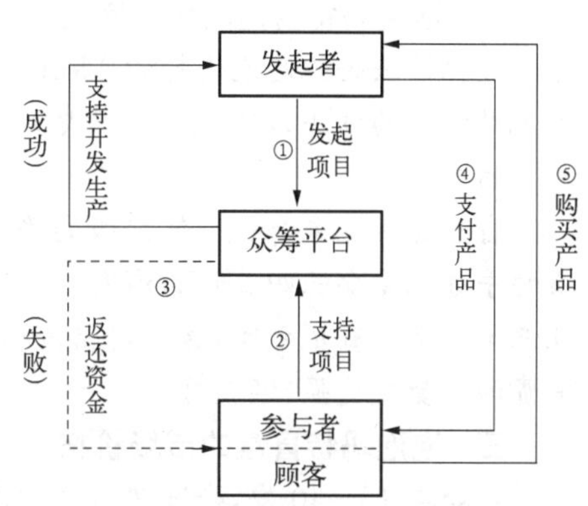

图 9－1 预付款众筹过程

邓万江等(2018)刻画了众筹前后的两个阶段：众筹发起阶段和产品销售阶段，把众筹过程用框图表达出来，如图 9－2 所示。

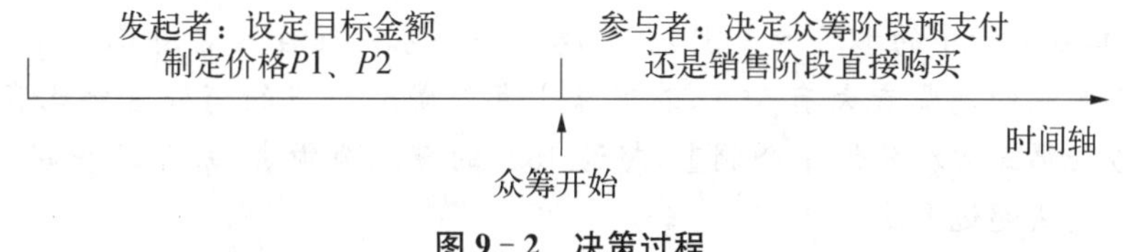

图 9－2 决策过程

(资料来源：邓万江，李习栋，马士华.预付款众筹模式下新产品定价与质量设计[J].系统工程理论与实践，2018，38(07))

创新创业营销案例

"盲盒"的价格，你知道不知道？

盲盒通常是以动漫形象为 IP 作为卖点，以盒为单位，盒里的内容在系列海报上展示，但不确切指明到底是哪款，在拆封后才能知晓答案，有部分系列还会推出公示图案中不显示的隐藏款。

一、泡泡玛特盲盒的出生

2016 年 1 月，创始人王宁发了一条微博："大家平时喜欢收集什么潮流玩具呢？"评论里粉丝呼声最高的是香港知名设计师王信明设计的 Molly。4 天后王宁带着团队飞到香港拜访王信明，王信明当时在潮玩圈内属于头部艺术家，经过多次详谈王宁团队拿下 Molly 的独家 IP 版权。王宁先签下最头部的 IP，抢占最大关注，吸引更多艺术家主动求合作。此后更多潮玩艺术家进入王宁的"朋友圈"，与 Fluffy House、妹头、PUCKY 等知名 IP 陆续达成合作。

泡泡玛特的销售网络涵盖零售店、机器人商店、展会、线上渠道和批发。截至2019年年底，作为主要销售渠道的公司零售店共114家，贡献了7.4亿元营收。机器人商店相比零售店前期投入与维护运营的成本较低，铺设面更广，达到825家。线上渠道同样增长迅猛，泡泡玛特的天猫旗舰店，在2019年“双11”拿下玩具品类销量第一，超过乐高。2020年4月，公司宣布入驻京东超市。

2018年，公司推出微信小程序“泡泡抽盒机”，用户线上抽盒，玩具可寄送到家。小程序的带货表现令人瞩目，推出当年只有2 300万元的营收规模，在2019年就达到了2.7亿元。

二、泡泡玛特盲盒的企业定价

潮玩巨头企业泡泡玛特的Molly系列，单个定价59元，泡泡玛特采用了心理定价策略中尾数定价的方法，以数字“9”结尾，给消费者以便宜、定价精确的感受，满足了消费者求廉求实的心理。

盲盒其实更像是一个低配版的手办，不同于手办的是，大多数手办的价格昂贵，较低价格的手办也需要三四百元的消费，而盲盒价格便宜，企业大多采取满意定价的策略，通常都在三十元至一百元之间，这一价格既可以使企业获得相当利润，又会使顾客感到合理，大众消费的接受度更强、顾虑更少。

三、泡泡玛特盲盒的市场价格

年龄在15～40岁，受过良好文化教育的年轻一代，是潮玩的主要受众。这些“大孩子”买盲盒，究竟在买什么？

泡泡玛特于2015年引入盲盒玩法，盲盒的销售大多采取“集卡式营销”，这种“卡式营销”与小学门口方便面中的水浒卡差别无二，凑齐一个系列往往依靠消费者自身的运气，为此因为盲盒而疯狂的消费者大有人在，在盲盒上年消费超十万的消费者比比皆是，2019年底泡泡玛特委托第三方机构做了个调查，超过45%的潮玩消费者，每年花费超500元，其中近两成消费者购买超过5次。

在二手市场，59元的娃娃被炒至上千元，动辄溢价几十倍、上百倍，热门盲盒泡泡玛特的隐藏款潘神天使洛丽，原价59元，却被炒到了2 350元，价格翻了39倍。

在盲盒系列中往往含有隐藏款、珍稀款，受到猎奇心理、赌徒心理的影响消费者为了集齐所有盲盒样式，会通过各种途径进行寻找和收藏，此外收集盲盒的玩家通过对于不同盲盒人物的占有维持自己在虚拟社区的安全感，通过其他玩家的评价获得认可和慰藉，通过“炫耀性消费”确定自身在社区中的身份地位，满足玩家自我实现和认同的目的，受到这些因素的影响盲盒的市场价格往往会产生溢价。

（资料来源：何已派.泡泡玛特“破圈”[J].21世纪商业评论，2020(07)：66－69.有删改）

问题讨论：

1. 企业对盲盒采取了怎样的定价策略？这样定价的好处是什么？
2. 市场上盲盒价格上涨数倍，其原因是什么？
3. 影响盲盒定价的因素中，哪些是互联网特有的，哪些不是？

创新创业营销实战训练

【训练目的】

掌握创新创业项目产品和服务价格的确定。

【训练内容】

选择一个拟自主创业或从身边(网络)寻找一个创新创业项目,以小组为单位,利用本章学习的价格制定的策略与方法,分析创新创业项目所处行业的市场定价策略和具体的定价方法,结合生命周期曲线,深度剖析该项目定价与其定位、细分市场、产品、渠道之间的联系,形成研究报告。教师也可以指定某一创新创业案例,要求学生做出分析并形成研究报告。

【训练步骤】

(1) 利用本章所讲的定价目标,分析该创新创业项目、产品和服务如此定价的目标;

(2) 利用坐标轴(如 X 轴为时间、Y 轴为价格)绘制该创新创业项目、产品、服务的价格走势图,并与其主要竞争者对比;

(3) 从市场定位、目标市场选择、渠道选择角度,深入分析该创新创业项目、产品、服务的价格制定是否合理,如果不合理,请给出建议;

(4) 形成创新创业项目价格分析研究报告。

【注意事项】

(1) 可沿用第二章选择的创新创业项目;

(2) 3～4 人一组,每组选出一位负责人,小组成员合理分工;

(3) 训练过程应结合本章所学理论知识,独立思考与小组讨论相结合;

(4) 条件许可的情况下可进行企业调研或实地走访;

(5) 研究报告以小组形式提交,注明每位同学承担的任务。

【成果与评价】

(1) 研究报告内容应包括但不限于:创新创业项目定价目标分析,创新创业项目定价走势及其与主要竞争者的价格对比,创新创业项目价格的合理性分析;

(2) 要求结构完整、思路清晰,体现分析和判断能力,各部分内容充实,有详细数据支持;

(3) 文字流畅,符合规范化要求。

思考题

1. 企业在定价时应该考虑哪些因素?

2. 企业的主要定价目标有哪些?

3. 什么是需求导向定价法? 有哪些具体方法?

4. 简述新产品定价策略及其优缺点。

5. 什么是产品线定价? 产品线定价应注意哪些问题?

6. 企业进行价格调整时应注意哪些问题?

7. 收集某类产品或服务市场(如流媒体 App、培训机构、工业品市场等)有关的价格资料,分析其定价方面的特点。

8. 深度探究网络定价的新方法,分析其与传统定价方法的区别与联系。

第五篇　传播顾客价值

第十章

品牌与包装策略

学习目标

1. 掌握品牌的含义，理解品牌的作用。
2. 理解品牌资产的内涵和品牌资产系统的构成。
3. 理解品牌定位的内涵和方法，掌握品牌设计的要素、原则和方法。
4. 掌握品牌组合、品牌发展、品牌价值传播等品牌策略。
5. 了解包装的含义和作用，理解包装策略。
6. 掌握创新创业项目的品牌定位、品牌设计及品牌策略选择。

引　言

当今社会，同行业中的产品同质化现象日趋显著，企业在创新创业营销实战中该如何成功地抢占消费者心智空间的独特位置？创建强势品牌已然成为企业的首选对策。品牌既是"形式产品"的重要组成部分，也是营销活动中传播价值的重要策略。本章的学习将帮助我们认识，创新创业营销实战活动如何把品牌打造为企业创造消费者价值感知和共鸣的利器。

第一节　品牌与品牌资产

一、品牌的含义

品牌一词来源于英文单词"Brand"或"Trademark"，原本是指中世纪烙在马、牛、羊身上的烙印，用以区分属于不同的饲养者。到了今天，品牌的内涵早已超出这个含义。对于品牌的理解，有着许多不同的观点。本书采用美国市场营销协会对品牌的定义：品牌(Brand)是一种名称、属性、标记、符号或设计，或是他们的组合运用，其目的是借以辨认某个销售者或某群销售者的产品或服务，并使之同竞争对手的产品和服务区别开来。

品牌实质上代表着卖者对交付购买者的产品特征、利益和服务的一贯性的承诺。最佳品牌就是质量的保证。但品牌还是一个更复杂的象征，品牌的含义可分成六个层次：

(1) 属性。品牌首先使人们想到某种属性。例如，奔驰汽车表现出昂贵、制造优良、工艺精湛、耐用、极高的声誉等商品属性。企业可以利用这些属性中的一个或几个方面做广告宣传。

(2) 利益。品牌不仅代表一系列属性,而且还体现着某种特定的利益。从某种意义上说,顾客不是在买属性,他们买的是利益。属性需要转化成功能性或情感性的利益。例如,摆放在客厅的这套红木家具让顾客感觉自己很重要并受人尊重;奔驰汽车昂贵的属性体现了购买者的财富、身份和地位。属性耐用可以转化为功能利益。例如,“这车帮助我体现了重要性和令人羡慕。”制造优良的属性可以同时转化为功能和情感利益。例如,“万一出交通事故,我也是安全的。”

(3) 价值。品牌也说明了一些生产者价值。例如,奔驰汽车体现了高性能、安全和声望等。品牌的营销人员必须分辨出对这些价值感兴趣的买者群体。

(4) 文化。品牌也可能代表着一种文化。文化可表现为品牌实际的或消费者感受到的品牌的历史、起源及特色等。例如,奔驰汽车体现了有组织、有效率、高质量的德国文化。

(5) 个性。品牌也反映一定的个性。不同的品牌会使人产生不同的品牌个性联想,正如化妆品广告中的明星照片和万宝路香烟的西部牛仔气质一样。如果品牌是一个人、一种动物或某一标的物时,那么在脑海里会浮现什么呢? 梅赛德斯可以使人想起一位不会无聊的老板(人)、一头有权势的狮子(动物)或一座质朴的宫殿(标的物)。有的时候,它可以表示一位实际名人或发言人的个性。

(6) 用户。品牌暗示了购买或使用产品的消费者类型,体现了购买或使用这种产品的是哪一种消费者。当我们看到一位年轻女秘书驾驶梅赛德斯就会大吃一惊。我们愿意看到的是一位总裁坐在车后。事实上,产品所表示的价值、文化和个性,均可反映到使用者的身上。

所有这些都说明品牌是一个复杂的符号。如果企业只把品牌当成一个名字,那就错过了品牌化的要点。当公众可以识别品牌的六个方面时,我们称之为深度品牌,否则只是一个肤浅品牌。品牌最持久的含义是其价值、文化和个性,它们构成了品牌的实质。

二、品牌的作用

品牌对消费者、企业以及企业所处的社会都有特定的影响和作用,营销沟通与战略品牌管理先驱者凯文・莱恩・凯勒(Kevin Lane Keller)曾描述了品牌在产品营销中的作用。对消费者而言,品牌具有的作用如下:传递质量信号,辨别产品的来源;获得产品制造者的承诺、联系或契约;有利于减少风险;有利于减少搜寻成本;获得产品制造者的一揽子服务;显示象征意义,象征性服务。对制造者而言,品牌具有的作用如下:简化处理和跟踪的方法;获得对独特属性的法律保护;顾客满意的高品质等级的信号;赋予产品独特联想的方法;竞争优势的来源;财务回报的来源。

对于企业而言,品牌不仅是有价值的无形资产,受到法律保护,更重要的是它能够有效地影响消费者行为,可以通过持续的市场交易奠定未来的收入基础。从 20 世纪 80 年代中期开始,欧美企业用大量资金收购某些知名品牌,品牌的溢价效应给品牌持有人带来了巨额利润,从而使越来越多的人相信,强势品牌可以给企业带来巨大收益,为股东创造巨大的价值。

同时,品牌对整个社会也具有一定的益处:一是品牌可促进产品质量不断地提高。由于购买者按品牌购货,生产者不能不关心品牌的声誉,加强质量管理,从而使市场上的产品质量普遍提高。二是品牌可加强社会的创新精神,鼓励生产者在竞争中不断创新,从而使市场上的产品丰富多彩,日新月异。三是商标专用权可保护企业间的公平竞争,使商品流通有秩序地进行,促使整个社会经济健康发展。

增值阅读

2019年胡润品牌榜200强公布

2019年12月,胡润品牌榜公布200强最具价值中国品牌榜单。其中包含203个品牌,分别属于184家公司,分布在24个行业中,金融、房地产、食品饮料(包括酒类)和生活服务等4个行业的品牌扎堆,合计占比过半。122个品牌的价值超过100亿元,超千亿的品牌有21个,其中贵州茅台以6 400亿元的品牌价值排名第一,几乎是第二名品牌价值的两倍;排名靠前的还有中华、天猫和淘宝等品牌,价值都超过了3 000亿元。以公司区分来看,203个品牌中,阿里巴巴及关联的蚂蚁金服旗下有9个品牌上榜,包括天猫、淘宝、支付宝等,合计品牌价值8 420亿元,大幅领先其他公司;腾讯及腾讯音乐旗下共4个品牌上榜,包括微信、QQ音乐等,品牌价值合计5 665亿元;华为旗下有2个品牌上榜,分别为华为和荣耀,品牌价值合计1 550亿元;字节跳动旗下2个品牌上榜,分别为抖音和今日头条,品牌价值合计840亿元。11个品牌新上榜,QQ以1 200亿元的品牌价值鹤立鸡群,余下10个新上榜品牌的价值则都不超过100亿。除去新上榜品牌,192个品牌中有153个品牌的价值相比去年增加,增幅超过1倍的有24个品牌,以烟草和酒类品牌居多。

(资料来源:http://www.linkshop.com.cn/web/archives/2019/437532.shtml)

三、品牌资产

品牌资产有多种不同的定义和形式,西方学者往往从“使用某一品牌而不使用另一品牌时,消费者对特定产品或服务的不同反应”这一角度来考察品牌资产(Brand Asset)。非常经典的一个概念是凯文·莱恩·凯勒(Kevin Lane Keller,1993)提出的基于顾客的品牌资产(Customer-Based Brand Equity),即顾客品牌知识所导致的对营销活动的差异化反应。因此,我们可以从顾客的角度,立足顾客知识、熟悉程度和与特定品牌的关系来理解品牌资产。

建立品牌资产往往需要创造一个被人们喜爱的、有纪念意义的、一致的品牌形象,这往往需要借助由一系列因素构成的品牌资产系统进行有效的管理。

(一)品牌感知质量

国内外学者围绕质量问题进行了大量的研究,本书使用的品牌感知质量是指顾客对某一品牌的产品或服务的感知质量,即面向某一品牌的产品或服务时顾客的期望水平与实际感知的差距,是顾客对该品牌产品总体效用的主观评价,包括对产品与服务质量的判断。毫无疑问,品牌感知质量越高,顾客越倾向于对特定品牌形成良好的印象并做出积极的反应,从而使品牌的价值增值、效用增加。

(二)品牌知名度

品牌认知是买方回忆起或认识到某一品牌是特定产品类别中的一员的能力。品牌知名度是指品牌被公众知晓、了解的程度，它表明了某一品牌为多少或多大比例的消费者所知晓。一般而言，品牌知名度往往包括四个层次，即无知名度、提示知名度、未提示知名度和顶端知名度。它们呈现出金字塔形，意味着越往上越难实现，且越能给企业带来竞争优势。其中，无知名度是指消费者对品牌没有任何印象；提示知名度是指消费者在经过提示或某种暗示后，可以想起某一品牌或表示自己曾听说过某品牌名称；未提示知名度是指消费者在不需任何提示的情况下可以想起某种品牌，能够正确地回忆起以前所见或所听到的品牌；顶端知名度是指消费者在没有任何提示的情况下能够想到或说出某类产品的第一品牌，如有的消费者提到家电会想到海尔，提到快餐会想到麦当劳或肯德基等。

(三) 品牌联想

品牌联想是消费者头脑中与特定品牌联系在一起的事物，如产品特点、使用场合、品牌个性等。就本质而言，品牌联想其实是一种重要的心理现象或心理活动，主要包括品牌属性联想、品牌利益联想和品牌态度联想三个层面。一般而言，如果某一品牌有了知名度，同时具有高的品牌感知质量和好的品牌联想，那么品牌美誉度就会产生。其中，品牌美誉度是指某品牌获得公众信任、支持和赞许的程度，反映的是某品牌社会影响的好坏。

(四) 品牌满意

品牌满意是十分重要的因素，它会对某一品牌的产品或服务增值产生重要影响。本书所说的品牌满意是基于累积而非交易的满意，是指顾客基于全面购买与消费经验形成的对特定品牌产品或服务的总体评价，是决定顾客是否持续购买某一品牌产品或服务的关键因素，也是企业管理和提升品牌资产的战略目标之一。

(五) 品牌忠诚

品牌忠诚是顾客对特定品牌的依恋程度。实际上，有关品牌忠诚的概念，人们有不同的理解。其中一种经典的观点认为品牌忠诚是一种行为。按照这种观点，持续购买某一品牌的个体构成了该品牌的忠诚顾客。需注意，这种方法无法区分出真忠诚和伪忠诚。与此相对的一种观点试图从态度而非单纯的行为角度来界定忠诚。例如，亨利·阿塞尔(Henry Assael,1992)把品牌忠诚界定为顾客对某品牌的积极态度，正是这种态度导致了持续购买。品牌管理学家凯勒也非常赞同这种观点。从销售商的角度看，建立品牌忠诚已经成为获取高额盈利的关键途径。为获取新顾客所付出的高昂成本使得许多顾客关系在早期的交易中无利可图。只有在后期的交易中，随着服务忠诚顾客的成本降低，这种顾客关系才会产生更高的利润。实际上，早期有关品牌忠诚的观点都强调重复购买行为。

第二节　品牌定位与品牌设计

一、品牌定位

(一) 品牌定位的内涵和意义

品牌定位(Brand Positioning)是市场营销策略的核心问题，指企业在市场定位和产品定位的基础上，对特定的品牌在文化取向及个性差异上的商业性决策，“从而使企业、产品服务在目标顾客的印象中占据独特的价值地位”。它是建立一个与目标市场有关的品牌形象的过程和结果。顾名思义，定位是在顾客群的心智空间或细分市场中找到合适的“位置”，从而使顾客能以“合适的”、理想的方式联想起某种产品或服务。品牌定位就是确定本品牌在顾客印象中的最佳位置(相对于竞争对手在顾客印象中的)。

品牌定位的核心是展示其竞争优势，是通过一定的策略把竞争优势传达给消费者。因此，对品牌经营者而言，在确定目标后最重要的是选择正确的品牌定位策略，建立他所希望的、对该目标市场内大多数消费者有吸引力的竞争优势。成功的品牌都有一个特征，就是以一种始终如一的形式将品牌的功能与消费者的心理需要连接起来，通过这种方式将品牌定位信息准确传达给消费者。因此，厂商最初可能有多种品牌定位，但最终的目的是要建立对目标人群最有吸引力的差别化的竞争优势，并通过一定的手段将这种竞争的优势传达给消费者转化为消费者的心理认识。

良好的品牌定位是品牌经营成功的前提，为企业进入市场，拓展市场起到导航作用。品牌定位是品牌传播的客观基础，品牌传播依赖于品牌定位，没有品牌整体形象的预先设计(即品牌定位)，品牌传播就难免盲从而缺乏一致性。如果没有正确的品牌定位，无论其产品质量再高，性能再好，无论怎样使尽促销手段，也不能成功。可以说，今后的商战将是定位战，品牌致胜将是定位的胜利。

(二) 品牌定位的方法

根据凯勒的研究，确定品牌定位需要一个参照结构(通过确立目标市场和竞争的性质)，以及最优的品牌联想的异同点。具体来说，品牌定位需要确定目标顾客、主要的竞争对手、本品牌和竞争品牌的品牌联想的相似性、本品牌和竞争品牌的品牌联想的差异性。成功的品牌定位，首先必须考虑目标消费者的需要。借助于消费者行为调查，了解目标对象的生活形态或心理层面的情况，站在消费者的立场上，去发现消费者期望从品牌中得到什么样的价值满足，找到切中消费者需要的品牌利益点。因此，品牌定位思考的焦点要从产品属性转向消费者利益。消费者有不同类型、不同消费层次、不同消费习惯和偏好，企业的品牌定位要从主客观条件和因素出发，寻找适合竞争目标要求的目标消费者。根据市场细分中的特定细分市场，满足特定消费者的特定需要，找准市场空隙，细化品牌定位。本书在前几章中分别介绍了市场细分、目标市场选择以及企业市场竞争性分析的具体知识，在这里我们重点介绍凯勒研究的关于品牌定位的品牌联想异同点分析方法。

1. 品牌联想异同点的概念

基于凯勒的研究，品牌联想的差异点(Points of Difference，POD)是指消费者与品牌相关联的属性和利益，消费者对这些属性和利益具有积极的、正面的评价，并且相信竞争者品牌无法达到相同的程度。品牌联想差异点可能包括产品的性能属性、性能利益或来自形象联想。它常常是基于消费者利益进行定义的，这些利益点具有多种形式。具有不可抗拒的利益点和信服的理由，对于差异点的传递至关重要。

品牌联想的共同点(Points of Parity Associations，POP)是那些不一定为品牌所独有而实际上可能与其他品牌共享的联想。这种类型的联想有三种基本形式：品类共同点联想、竞争性共同点联想和相关性共同点联想。① 品类共同点联想(Category Points of Parity)，即那些在某一特定产品大类中消费者认为任何一个合理的、可信任的产品所必须具有的联想,也就是说,他们代表了品牌选择的必要但非充分条件。这些属性联想至少应存在一般产品层次,最有可能存在于期望产品层次。随着技术进步、法律完善以及消费潮流的变化,品类共同点联想会随着时间发生改变,但是作为品类共同点的属性和利益,对营销而言非常重要。② 竞争性共同点联想(Competitive Points of Parity),即那些用以抵消竞争对手差异点的联想。换句话说,如果某一品牌能在其竞争对手企图建立优势的地方与之打个平手,而同时又能够在其他地方取得优势,那么该品牌就会处于一个稳固的同时也可能是不败的竞争地位。③ 相关性共同点联想(Correlational Points of Parity),是指源于品牌的其他潜在负面联想,以及更多的正面联想。营销者面临的挑战之一,是构成共同点或差异点的许多属性或利益具有相反的关系。换言之,在消费者看来,如果品牌在某一方面突出,那么就不会在其他方面也表现良好。例如,品牌"廉价"的同时,就很难保证质量最优。

2. 基于品牌联想异同点选择的品牌定位方法

(1) 确定品类成员,建立并传播品类成员身份。

确定产品品类成员就指出了与本品牌竞争的产品,选择出不同的竞争产品大类会决定不同的竞争参照框架,以及不同的品牌联想共同点和差异点。产品品类成员的身份向消费者传达本品牌产品或服务追求的品类的共性目标。尤其是对于资源有限的企业来说,当这些企业的新产品推出时,在进行品牌定位时,向消费者传达品牌的品类成员身份非常重要。通过运用特定的方法,做到在表明自己的品牌与其他品类成员品牌的差异点之前,就向消费者传达自己的品牌所属的品类身份。

(2) 从消费者、企业和竞争者三个角度选择品牌联想差异点。

在第六章我们讲过,影响市场定位的因素主要包括目标顾客所关注的价值点、本企业的竞争优势以及竞争者的竞争优势。因此,决定品牌的属性或利益是否可以作为品牌联想的差异点,主要是从消费者、企业和竞争者三个角度来对品牌做三个重要因素的评估,即从消费者角度评估品牌差异点联想的吸引力,从企业自身能力角度评估品牌差异点联想的可传达性,从与竞争对手相比较的角度评估品牌差异点联想的差异化。

理论上说,消费者会把差异点的属性或利益视为尤其重要的,相信企业具有生产、传播产品的能力,并相信没有其他任何品牌也能做到。从吸引力标准来看,目标消费者必须能亲身发现品牌联想差异点的相关性和重要性;从可传达性标准来说,一个企业要具备实际生产产品或提供服务的能力(可行性),同时要有说服消费者相信企业具有该能力的效果(沟通性);从差异化标准来说,目标消费者必须能发现差异点与众不同,并且卓尔不群。

当企业进入已经建立起众多品牌的品类时,挑战是要能找到可实现的、长期的差异点,在第六章我们讲过,企业可以从产品、服务、人员、形象等角度寻找差异化,如果找到的差异化能同时满足吸引力标准、可传达性标准、差异化标准,那么,该品牌联想就会有足够的强度、偏好度及独特性,而成为一个有效的差异点。

(3) 同时建立品牌联想的共同点和差异点。

品牌定位关键在于同时建立品牌联想的共同点和品牌联想的差异点,它的挑战之一在于,如何对它们已在消费者大脑中形成的相反关系进行定位。遗憾的是,如前所述,消费者通常希望能在两个负相关的属性上得到最大收益。而为了达到目的,竞争者经常试图建立与目标品牌的差异点之间呈现负相关属性的差异点。营销的艺术和学问大部分就在于如何选择取舍,定位本身没有区别。显然,开发的产品或服务最好是在两个维度方面都表现较好。例如,美国 Gore-Tex 公司通过技术创新克服了"透气"和"防水"两个看似矛盾的产品形象的问题。

(三) 品牌定位应注意的问题

首先,正确理解品牌定位与产品差异化的关系,实现产品差异化与品牌定位的有机结合。品牌定位与产品差异化既有关联,又有显著区别。传统的产品差异化是在产品供过于求的条件下,生产者对现有产品的变异求新,以实现与竞争者产品的差异,其差异化主要通过产品本身的性能和质量等有形因素来实现的。而品牌定位则不同。品牌定位不仅仅是为了实现产品差异化,也是为了实现品牌差异化。随着市场竞争的日益加剧,同一行业中各企业产品的差异化越来越难以形成,企业既要注重利用产品的有形因素(如产品的性能、质量、外形等)及其给消费者带来的物质和功能性利益,更要注重利用产品的风格、文化、个性等无形因素及其给消费者带来的精神和情感性利益,来塑造企业及其品牌的独特而有价值的形象,以期占据有利的心理据点,增强品牌的竞争优势。可见,产品差异化不是品牌定位的全部内容,它是品牌定位的基础或手段。品牌定位是全新的、更高层次上的营销思路与营销战略。

其次,正确处理品牌定位与品牌整合营销传播的关系,实现品牌定位与品牌推广的有机结合。品牌定位从产品开始,除了产品定位以外,作为品牌定位的重要内容的就是品牌整合营销传播过程中的广告诉求。必须承认,品牌广告诉求作为企业与消费者沟通的主题,是品牌个性的重要体现,没有目标顾客认同的诉求主题,品牌定位也难以实现,甚至是不可能实现的。但是,过分夸大广告诉求的作用,进而仅仅以品牌广告诉求来认知品牌定位是片面的。没有与广告诉求相一致的产品,那么,广告宣传的生命力、广告宣传的效果就不能持久存在。因此,可以说,品牌定位是以产品定位为基础,以广告诉求定位为保障,通过各种营销手段的整合运用塑造品牌形象的过程。品牌定位蕴含产品定位,又依赖于宣传定位,品牌定位最终所体现的让消费者所感知的品牌形象与个性是产品定位与宣传定位的有机结合。

二、品牌设计

(一) 品牌设计的含义

企业必须设计一个目标顾客喜闻乐见的外在形象,以更好地与目标顾客进行沟通。对品牌外在形象的设计统称为品牌设计。良好的品牌设计不仅能通过独特的创新设计吸引目标顾客,给顾客带来精神上的愉悦享受,而且能反映企业文化与核心价值取向,体现品牌的价值。品牌设计是在企业自身正确定位的基础之上,基于正确品牌定义下的视觉沟通,是对一个企业或产品进行命名、标志设计、平面设计、包装设计、展示设计、广告设计及推广、文化理念的提炼等等,从而使其区别于其他企业或产品的个性塑造过程。

品牌是企业自己的,而企业品牌形象的感知者是消费者。品牌形象是企业与消费者之间的一个重要的桥梁,消费者对企业品牌的认可是靠企业品牌形象建立起来的,不是靠某个漂亮的标志或者包装这种单一的行为就可以让消费者对企业"忠心"的。完善的企业品牌形象必须通过完整、正确的品牌设计来具体体现,从而去告知顾客"我是谁""我是做什么的",这就是品牌设计的最重要的目的。

(二) 品牌要素及其选择标准

1. 品牌要素

凯勒在《战略品牌管理》一书中把品牌设计的对象统称为品牌要素，这些要素有时也称品牌特征，指的是那些用以标记和区分品牌的商标设计，品牌要素主要包括品牌名称、品牌标志、域名(URL)、形象代言、广告标语、广告曲与包装等。实际上，凡是有利于创建品牌资产的传播要素，都应该得到足够的重视，并包含在品牌要素之中。具体来看，品牌要素有：

(1) 品牌显性要素。

这些是品牌外在的、具象的东西，可以直接给消费者感觉上的冲击，主要包括品牌名称、标志与图标、标志字、标志色、标志包装、广告曲。

品牌名称是指品牌中可以用语言称呼的部分，它是品牌基本的构成要素，它往往简洁地反映产品的中心内容。品牌名称不仅将产品本身的内容加以概括，而且还反映企业的经营理念、价值观念和文化等。它在整个品牌中起着提纲挈领的作用，是消费者记忆品牌和传播品牌的主要依据。标志与图标是指品牌中可以被认知但不能用言语称呼的部分，也称为品牌标志。品牌标志常常为某种符号、象征、图案或其他特殊的设计。这是品牌用以激发视觉感知的一种识别体系，它能给人以更具体、更可感的形象记忆，帮助消费者更好地识别和记忆品牌。标志字是品牌中可以读出来的文字部分，它常常是品牌的名称或企业的经营口号、广告语等。标志色是指用以体现自我个性以区别其他产品的色彩体系。它一般选用鲜明的色彩，将欢快的情绪传达给消费者，如可口可乐的红色、百事可乐的红蓝相间。标志包装是指具体产品个性化的包装，如可口可乐的玻璃瓶包装。广告曲是指用音乐的形式描述品牌。通常由职业作曲家创作，其优美动听的旋律与和声往往伴随着朗朗上口的广告话语长久地留在听众的脑海中。

以上的品牌要素不一定全部出现在品牌中。品牌的外在形象依赖于这些显性要素的组合，不同的组合塑造出不同的品牌形象。

(2) 品牌隐性要素。

这是品牌内含的因素，不可以被直接感知，它存在于品牌的整个形成过程中，是品牌的精神、品牌的核心。它包括品牌承诺、品牌个性和品牌体验。

品牌承诺的实施方是企业生产者，受方则是消费者。就消费者而言，品牌是一种保证，保证产品始终如一地履行诺言。产品本身不可能保持不变，但仍受消费者青睐，就是因为灌注在产品中的经营理念、价值观、文化观始终保持不变。企业是否有优越的技术，对品质是否有很高的要求，对环境品质是否很重视，这些属性、观念很大程度上决定着消费者对产品的感情。品牌个性，就像人有人格一样，每个品牌都有它自己的"风格"，如一提到万宝路，人们就会想到阳刚、强健的风格。品牌不同于商标，它不仅是一种符号，更是一种个性。大卫·奥格威在《品牌经营法则》中就提到品牌有五大个性要素：纯真、刺激、称职、教养和强壮。将品牌个性化会使消费者更容易接受这个品牌。品牌体验，消费者是品牌的最后拥有者，品牌是消费者经验的总和。在品牌的整个形成过程中，消费者扮演了一个把关人的角色，他们对品牌的信任、满意、肯定等正面情感，能够使品牌历久不衰，而他们对品牌的厌恶、怀疑、拒绝等负面感情，必然使品牌受挫甚至夭折。不同于显性要素，隐性要素不能一蹴而就，它要在长期的品牌营销推广中逐步形成。显性要素可以由品牌拥有者完全掌握，而隐性要素则还高度依赖于品牌与消费者的互动。

2. 品牌要素选择标准

凯勒认为，总体上选择品牌要素主要有六个标准，即可记忆、有意义、可爱、可转换、可适应和可保护。其中，前三个标准主要涉及“品牌的创建”，关注点在于如何明智地选择各个品牌要素以创建品牌资产；后三个标准更具防御性，关注点在于面对不同的机遇和限制时，如何科学地权衡和保护各个品牌要素包含的品牌资产。在品牌创建的实践过程中，营销人员需要对上述六个标准进行详细考察，谨慎地选择和组合各个品牌要素。在实践中，企业往往会聘请专业的营销策划机构或调研公司来设计并测试品牌要素，如品牌名称的设计等。这些公司往往通过头脑风暴法和计算机数据库，采用各种专业测试工具来编制品牌名称目录以供企业选择。

（三）品牌设计的原则

一个好的品牌设计能大大提高产品成功的概率。然而，找到最优的品牌名称和品牌标志是一项艰难的工作。它开始于仔细审视产品及其利益、目标市场和被提议的营销战略。品牌设计应注意以下原则。

1. 简洁醒目，便于记忆

品牌的重要作用是有助于识别商品，为此，要使品牌能在一瞬间吸引消费者的注意，给消费者留下深刻的印象。品牌设计必须既要简洁明了、通俗易懂，又要便于记忆，能传递给消费者明确的信息，以利于消费者准确理解。

2. 构思巧妙，暗示属性

对于一个具体的企业或产品，并不是任何造型美观的品牌标志都能适用。品牌设计应力求构思新颖巧妙，造型美观，既要有鲜明的特点，与竞争品牌有明显的区别，又要切实反映出企业或产品的特征，暗示产品的优良属性。品牌设计要考虑到能显示企业或产品的特色，品牌名称的符号应与产品所属类别的形象相匹配。

3. 内涵丰富，个性鲜明

品牌设计的题材非常广泛，花鸟虫鱼、飞禽走兽、人物事件、名胜古迹、神话传说、天文地理以及道德规范都可以作为品牌设计的内容。同时品牌设计既要与目标市场的文化背景相适应，更要凸显品牌的个性和格调。

4. 避免雷同，尊重习俗，符合法律

如果设计的品牌在图案或名称上千篇一律，就会显得单调乏味，达不到明显的效果。随着经济全球化发展，企业产品的营销范围不断扩大，这就要求品牌的设计要符合不同的民族习惯，避免使用当地忌讳的图案符号、色彩以及令顾客产生异议的文字内容。各国的商标法都明文规定了不允许注册为商标的事物，如国徽、国旗和国际组织的徽章、旗帜、缩写等。因此，在设计品牌时必须严格遵守法律规定。

第三节　品牌策略选择

品牌管理的过程是在品牌定位和品牌设计的基础上，通过品牌组合、品牌发展、品牌价值传播、品牌保护、品牌更新等品牌策略，提升和维护品牌资产的过程。限于篇幅，本书主要介绍品牌组合、品牌发展和品牌价值传播策略。

一、品牌组合策略

品牌组合是指包括一个企业所管理的所有品牌的组合。企业在管理品牌时，通常需要制定不同的品牌组合策略，即如何合理地使用品牌，发挥品牌的积极作用。品牌组合是企业推向市场的众多品牌和品牌线(Brand Lines)的整体组合，有时也称为品牌架构，它反映了企业用于不同产品的品牌要素的数目和性质。也就是说，品牌组合策略决定了在什么产品中如何应用品牌名称、品牌标志和品牌符号等品牌要素以及在新产品中是应用新品牌要素还是现有品牌要素。

(一) 有无品牌策略

有无品牌策略就是决定是否为企业产品建立品牌。采用品牌可以给使用者和营销者带来很多好处，但企业拥有自己的品牌，必须要付出相应的费用，包括品牌设计、品牌推广、品牌保护以及为维护品牌形象而增加的包装费用等，这些都会大大增加企业运行的总成本；同时，建立自有品牌的企业还要承担品牌不被顾客接受的风险。因此，企业在决定是否使用品牌时，要综合考虑产品的性质、种类、功能，企业的规模和资金实力，品牌运营的投入产出等。若品牌的建立对产品的销售推动作用很小，甚至使用品牌所需的费用超过可能的收益，就没有必要使用品牌。实践中，有的市场营销者为了节约包装、广告等费用，降低产品价格，吸引低收入消费者，常采用无品牌策略。

(二) 品牌归属策略

在企业决定使用品牌以后，需要决定使用谁的品牌，这就是品牌的归属策略。通常，企业有三种策略可供选择：一是制造企业采用自己的品牌，即采用制造商品牌策略；二是制造企业将产品卖给中间商，由中间商使用它自己的品牌转卖产品，即采用中间商品牌策略；三是制造企业一部分产品使用自己的品牌销售，一部分产品使用中间商品牌销售。

(三) 品牌统分策略

品牌无论归属于生产者，还是归属于中间商，或者是两者共同拥有品牌使用权，都必须考虑对所有的产品如何命名问题，是大部分或全部产品都使用一个品牌名称，还是各种产品分别使用不同的品牌名称，即品牌统分策略。通常，有四种策略可供选择：

(1) 统一品牌。也叫共同品牌，即企业所有的产品(包括不同种类的产品)都统一使用一个品牌名称。例如，飞利浦公司的所有产品(包括音响、电视、灯管、显示器等)都以“PHILIPS”为品牌；佳能公司生产的照相机、传真机、复印机等所有产品都统一使用“Canon”品牌。企业采用统一品牌策略，品牌架构简单、清晰，能够降低品牌传播的费用；可在企业的品牌已赢得良好市场信誉的情况下实现顺利推出新产品的愿望；同时也有助于显示企业实力，塑造企业形象。不过，不可忽视的是，若某一种产品因某种原因(如质量)出现问题，就可能因其他种类产品受牵连而影响全部产品和整个企业的信誉；同时，统一品牌策略也存在着易相互混淆、难以区分产品质量档次等令消费者不便的缺憾。因此，采用统一品牌策略通常需要具备以下条件：① 这种品牌在市场上已有较好的声誉；② 各种产品应具有相同的质量水平；③ 产品属于同一细分市场，否则会造成损害企业的信誉和品牌的错位。

补充案例

康师傅的统一品牌策略

运用统一品牌策略做大市场、做强品牌的典型案例是康师傅。康师傅不同品类的产品使用的都是康师傅这个主品牌加产品品类或康师傅主品牌加产品副品牌的统一品牌策略。如康师傅主品牌加产品副品牌的有康师傅3+2,康师傅鲜的每日C,康师傅食面八方等;康师傅主品牌加产品品类的有康师傅冰红茶、冰绿茶等。

(2) 个别品牌。个别品牌是指企业对各种不同的产品分别使用不同的品牌。采用个别品牌策略的典型是宝洁公司,不管是清洁剂还是洗发水,每一个不同的产品分别使用不同的品牌名称。

采用个别品牌的好处在于:一是可以区别产品质量的不同档次,使产品的定位更加精准,有利于企业产品向多个目标市场渗透;二是它没有将企业的声誉系在某一个品牌的成败之上,可以保证企业的整体信誉不受其个别商品声誉的影响。当然,选择个别品牌策略,也意味着企业需要更多的品牌运营投入,由于品牌数量较多,每个品牌需要分别投入传播费用,品牌管理的难度也会大大增加。

(3) 分类品牌。分类品牌即企业对所有产品在分类的基础上针对各类产品使用不同的品牌。例如,企业可以对自己生产经营的产品分为器具类产品、服装类产品、家用电器类产品,并分别赋予其不同的品牌名称。这种策略可以避免各类产品相互混淆,把具有显著需求差异的产品区分开来。

(4) 企业名称和个别品牌并用。其做法是在各种不同类产品或不同类产品品牌前冠以企业名称,以企业名称表明产品出处,以个别品牌表明产品特点。这种做法既可以使企业不同产品统一于企业名下,进而享受企业的整体声誉,又以个别品牌体现不同产品的特色,清晰地界定不同品牌产品之间的差异性,从而避免因个别品牌的失败给企业整体带来的损失。

二、品牌发展策略

当企业准备发展品牌时,有三种策略可以选择:品牌延伸、多品牌和新品牌策略,见图10-1。

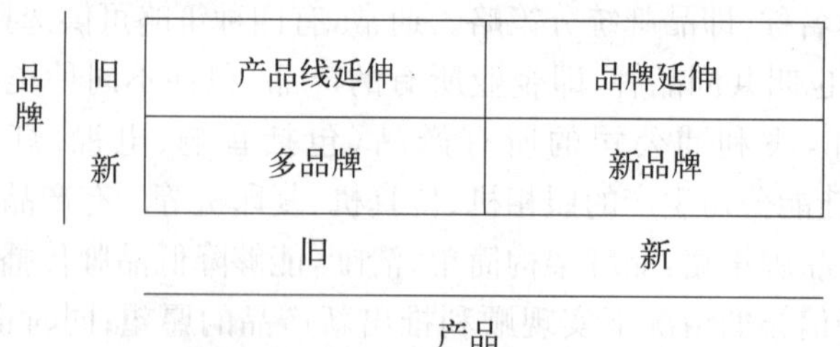

图10-1　企业品牌发展策略

(一) 品牌延伸策略

品牌延伸(Brand Extension)是指企业将现有的品牌名称使用到新的产品类别中。例如,娃哈哈集团在儿童营养液产品上成功推出"娃哈哈"品牌后,又将"娃哈哈"品牌用于饮用水、乳品、碳酸饮料、果汁饮料、童装等。

品牌延伸使新产品受到快速识别和接受，它不仅节省了创立一个新品牌通常必需的高额设计费用和广告费用，还通过借助已有品牌的市场影响力，将人们对品牌的认识和评价扩展到品牌所要涵盖的新产品上。但同时，品牌延伸也包含一定的风险。一个强势品牌，往往在消费者心目中具有特殊的形象定位，甚至成为该类产品的代名词。如果企业把强势品牌延伸到和原产品毫不相干的产品上，就有悖原强势品牌的形象定位。即使将强势品牌延伸至相同类别的产品上，如果产品在质量、档次上相差悬殊，也会使原强势品牌产品和延伸品牌产品产生冲击，不仅损害了延伸产品，还会株连原强势品牌，并损害消费者对其他以相同品牌命名的产品的态度。因此，品牌延伸应尽可能避免在类别差异性比较大的产品间进行。在同类产品间延伸时也要注意品牌的市场定位，如果该品牌具有很强的市场影响力，而且品牌和产品已画等号时，更应慎重考虑该品牌延伸到其他同类产品上。

在实践中，品牌延伸往往有众多分类标准和分类方法。比较常见的类型有水平延伸和纵向延伸，前者又可分成品类延伸和大类延伸，后者又包括向上延伸、向下延伸或双向延伸。水平延伸指的是将品牌延伸到新的品类或产品形式的一种品牌延伸策略，如雀巢、立顿、农夫山泉、伊利等。其中，品类延伸是指继续使用母品牌作为原产品大类中针对新的细分市场所开发的新产品的品牌，延伸的结果通常是品牌相同但具有不同品位、成分、形式、大小或用途的新产品。大类延伸是指母品牌从原产品大类进入另一个不同的大类，如瑞士军表；纵向延伸是指将品牌延伸至更高端或更低端市场层面的一种品牌延伸策略。例如，对于华为手机而言，虽然其旗舰品牌 Mate 系列始终处于高端市场领域，但华为也希望在低端市场有所斩获，或者为有效应对竞争对手，面向低端市场生产低价产品(如畅享系列)等。

为什么联合利华把 1 600 个品牌减少到 400 个?

联合利华是世界上最大的日用消费品公司之一，拥有品牌多达 1 600 个。联合利华为什么会拥有这么多品牌? 原因是企业在快速扩张时，为了抓住更多机会，会不断延伸产品线，增加品牌数量。但是，当企业处在平稳增长期或衰退期时，其拥有的很多品牌存在市场不足、定位模糊及维护成本高等问题。另外，当企业拥有的品牌数量过多时，就很难再保持专注。这时企业就有必要按照新的定位及新的顾客群重新精减、整合品牌。为应对公司销售额和利润降低等问题，从 1999 年起，联合利华开始在全球实施剥离战略。通过内部审计，发现 90%以上的利润都是由集团的 400 个品牌创造的，而其他 1 200 个品牌大多处于亏损或薄利状态。联合利华采取了一系列品牌“瘦身”措施：退出了非主营业务，专攻家庭及个人护理用品、食品及饮料等优势系列产品；把旗下 14 个独立合资企业合并为 4 个控股公司，削减了计划建立的 55 家工厂，大幅减少了经营成本；最终在 1 600 个品牌中精选并保留了 400 个核心品牌，被保留下来的 400 个品牌均在市场上有相当强的竞争力。

(资料来源：曹虎，王赛.为什么联合利华把 1 600 个品牌减少到 400 个.微信公众号“身边的经济学”.2020.9.5.有删改)

(二) 多品牌策略

多品牌(Multibrand)策略是指企业同时为一种产品设计两种或两种以上互相竞争的品

牌。一般而言,企业选择采用多个品牌是为了追求多个不同的细分市场并避免某一产品品牌的价值稀释,以致对其他产品品牌产生不利影响。而且,上述市场细分的标准往往建立在对各种不同因素(不同的价位、分销渠道以及地理区域等)的综合考虑基础之上。多品牌还可以增加品牌的陈列面积,增加零售商对产品的依赖性;吸引品牌转换者;可以使企业内部不同品牌之间产品竞争,促使各品牌共同提高,提高市场占有率。

当然,多品牌策略会大大增加每个品牌宣传推广的费用,这对企业的资金实力提出了较高的条件,也大大增加了品牌的运营成本。同时,在实施多品牌策略的过程中,要注意品牌之间的差异化,分清品牌主次,实施层次化管理,注意各品牌市场份额的大小及变化趋势,适时撤销市场占有率过低的品牌,以免造成自身品牌的过度竞争。

(三) 新品牌策略

新品牌(New Brand)是指当企业进入一个新的产品类别,而企业现有的品牌名称都不合适时,它可以创立一个新的品牌名称。例如,丰田创建了凌志品牌,将其豪华轿车从现有的丰田产品线中区别出来。或者,企业认为其现有品牌名称的力量正在减弱,迫切需要一个新的品牌名称。

创建新品牌主要有三种途径:自创新品牌,即启用全新的品牌名称,塑造新的品牌形象。例如,华龙集团自创"今麦郎"品牌进入方便面的高端市场,以区别"华龙"的中端市场。购并品牌,即企业购并这个市场中已有品牌的做法,如宝洁企业收购"吉列"品牌进入剃须刀市场。联盟品牌,是指企业为了利用他人的资源打开某个市场,通过合资或合作的形式,共同建立一个混合品牌或联盟品牌。无论是自创品牌、购并品牌还是联盟品牌,在品牌推广速度、品牌控制能力和品牌创建投资上都各有优势和劣势(见表 10-1)。企业应该根据这三种方式的不同特点,结合自身在品牌组合管理方面的经验和能力、资金实力、产品和市场特点以及企业要达到的目标,选择不同的创建新品牌的途径。

表 10-1 不同途径创建新品牌的优劣势

途径	评价标准		
	品牌推广速度	品牌控制能力	品牌创建投资
自创品牌	慢	高	中
购并品牌	快	中	高
联盟品牌	中	低	低

三、品牌价值传播策略

品牌的价值传播是指通过向潜在顾客传播品牌的属性、利益与独特体验,使顾客产生品牌共鸣,促进顾客逐渐形成强有力的、独特的品牌偏好,从而提升品牌资产的价值。品牌价值传播策略的具体方式,可以借鉴本书第十一章有关整合营销传播的相关知识。需要强调的是,与整合营销传播的宗旨一致,品牌价值传播的一致性原则也是重中之重。品牌的价值传播不仅要求传达出有关产品或服务的功能、属性或利益,而且要求综合协调所有品牌的形象、定位和口碑信息,着眼于创造顾客价值,设计和传递易于识别的一致的品牌形象。一般来讲,确保整体品牌信息的一致性需要考虑六个方面:

第一,企业核心价值观与企业任务。强势品牌能区别核心价值观与营销执行之间的差异,在坚持核心价值观不变的前提下,按照企业的需求灵活执行。第二,顾客导向的营销观念。顾客价值的争夺开始成为企业竞争的焦点,企业在品牌的价值传播中必须坚持顾客导向。实践证明,这其实是品牌传播执行中的难点,尤其是对于服务型企业而言。第三,品牌定位应当独特。品牌的价值传播必须从品牌定位出发,整合所有的品牌信息、广告、产品设计、促销和包装等,以传递一致的品牌形象。第四,品牌识别的一致性。保持品牌识别标志的一致性有助于顾客或其他利益相关者迅速准确地辨认出企业及其品牌的名称。企业在品牌价值传播中应坚持如前所述的设计原则,如简洁明了、易于识别等。第五,卓越的产品功能与服务质量。由于产品功能与服务质量具有沟通功能,因而企业必须保持产品功能和售后服务一致,以保持品牌信息传播的一致性。第六,营销传播的执行应该有力。在品牌价值传播的执行层面,企业必须针对某一顾客群体、特定关系利益人和每一位需要特殊个人信息的顾客,保持品牌统一的声音、统一的形象,只有这样才能达到品牌价值传播的一致性。

第四节 包装策略

一、包装的含义、种类和作用

(一) 包装的含义

从营销学角度来看,包装是指产品的容器或外部包扎物,是产品策略的重要内容,有着识别、便利、美化、增值和促销等功能,是产品整体概念的重要组成部分。

(二) 包装的种类

通常情况下,包装可以分为运输包装和销售包装两种。

1. 运输包装

这种包装又称外包装或大包装,主要目的是为了尽可能降低运输流通过程对产品造成损坏,保障产品的安全,方便储运装卸,加快交接时清点数量的速度。它又可分为单件运输包装和集合运输包装。单件运输包装是指货物在运输过程中以箱、桶、袋、包、坛、罐、篓、笼、筐等单件容器对商品进行的包装。集合运输包装是指将若干个单件包装组合成一件大包装或装在一个大的包装容器内,又称为成组合运输包装。这种包装方法可以实现货物整批包装,有利于降低成本,提高工作效率。集合运输包装主要包括集装箱、集装袋和托盘。

2. 销售包装

销售包装又称内包装或小包装,是直接接触商品并随商品进入零售网点和消费者或用户直接见面的包装。因此,销售包装实际上是零售包装,它不仅要保护产品,更重要的是美化和宣传产品,便于陈列展销,吸引顾客,方便消费者认识、选购、携带和使用。销售包装应该包括商标或品牌、形状、颜色、图案、文字说明和材料等要素。其中,商标或品牌是包装中最重要的构成要素,应在包装中占据突出位置。

(三) 包装的作用

第一,保护商品。即保护商品质量安全和数量的完好无损,是商品包装的最原始、最基本的目的。商品在从生产领域向消费领域转移过程中，要经过多次运输和储存的环节，其中会出现震动、挤压、碰撞、日晒、变质等情况，造成一些不必要的损失。

第二，便于运输、携带、使用和储存。产品的物质形态有气态、液态、固态、胶态等，它们的物理化学性能也各异，可能是有毒的，有腐蚀性的或易挥发、易燃、易爆等，外形上可能有棱角、刃口等危及人身安全的形状。进行合理的包装，可便于商品的运输，从而节省流通时间及降低运输费用。经过合理包装的产品，便于储存和点检，有利于仓库作业，合理堆砌，保护商品品质，同时便于计数，有利于管理。

第三，美化商品，促进销售。产品采用包装后，首先进入消费者视觉的往往不是产品本身，而是包装。能否引起消费者的兴趣和激发购买动机，在一定程度上取决于产品的包装。一个好的包装可以增加产品的价值，引起或刺激消费者的兴趣，从而促进产品的销售。

第四，增强盈利。不同产品采用不同包装，或不同厂家、不同品牌的同类产品采用不同的包装，可以使消费者易于识别。同时，通过产品包装，企业可以与竞争者的同类产品有所不同，不易仿制和伪造，有利于维护企业信誉，增强企业竞争力，提高经济效益。

二、包装的策略

（一）类似包装策略

类似包装，亦称产品线包装，即指企业所生产的各种不同产品，在包装上采用共同或相似的图案、形状或其他共同的特征，使消费者容易发现是同一家企业的产品。类似包装具有和采用统一品牌策略一样的好处，可以节省包装设计的成本，有利于提高企业的整体声誉，壮大企业声誉，特别是新产品，容易进入市场。但如果企业产品品质相差太大，不宜采用这种策略。

（二）等级包装策略

等级包装策略，即按照产品的价值、品质分成若干等级，并实行不同的包装，使包装与产品的价值相称。比如优质包装与普通包装，豪华包装与简易包装等，有利于消费者辨别产品的档次差别和品质的优劣。它适用于产品相关性不大，产品档次、品质比较悬殊的企业。其优点是能实现产品的特点，并与产品质量协调一致；缺点是增加包装设计成本。

（三）分类包装策略

根据消费者购买的目的，消费者在不同时间、地点购买和购买量不同，对同一类产品采用重量、大小不同的包装。也有一些价格较贵的产品，实行小包装给消费者以便利感。还有一些新产品，为让消费者试用而采用小包装，其目的在于给消费者以便利感、便宜感、安全感。

（四）配套包装策略

配套包装策略指把使用时相互关联的多种商品纳入一个包装容器中，同时出售。比如家用药箱、针线包、工具包等。这种策略不仅有利于充分利用包装容器的空间，而且有利于同时满足同一消费者的多种需要，扩大销售。

（五）再使用包装策略

再使用包装策略指在原包装的产品使用完后，其包装物还可以用于其他方面。这样可以利用消费者一物多用的心理，使他们得到额外的使用价值；同时，包装物在使用过程中，也可起到广告宣传的作用，诱发消费者购买或引起重复购买。根据目的和用途不同，再使用包装可以分为两大类：一类是从回收再利用的角度来讲，企业可以重复利用原包装，如产品运储周转箱、啤酒瓶、饮料瓶等；另一类是从消费者角度来讲，商品使用后，消费者可以将其包装用于其他方面，以达到变废为宝的目的，而且包装上的企业标志还可以起到继续宣传的效果。例如，用手枪、熊猫、小猴等造型的塑料容器来包装糖果，糖果吃完后，其包装还可以当作小孩的玩具。

（六）附赠品包装策略

附赠品包装策略指在商品包装物内附赠给购买者一定的物品或奖券，或包装本身可以换取礼品，吸引顾客的惠顾，导致重复购买。例如，我国出口的“芭蕾珍珠膏”，每个包装盒附赠珍珠别针一枚，顾客购至50盒，即可串条美丽的珍珠项链，这使“芭蕾珍珠膏”在国际市场十分畅销。

（七）更新包装策略

更新包装策略指对原商品包装进行改进或更换，重新投入市场以吸引消费者；或者原商品声誉不是太好，销售量下降时，通过更换包装，重塑形象，保持市场占有率。采取该策略，可以重塑产品在消费者心中的形象，改变一些不良影响，但对于优质品牌产品，不宜采用这种策略。

（八）绿色包装策略

随着消费者环保意识的增强，绿色环保成为社会发展的主题，伴随着绿色产业、绿色消费而出现的绿色概念营销方式成为企业经营的主流。因此，在包装设计时，选择可重复利用或可再生、易回收处理、对环境无污染的包装材料，容易赢得消费者的好感与认同，也有利于环境保护和与国际包装技术标准接轨，从而为企业的发展带来良好的前景。例如，用纸质包装替代塑料袋装，羊毛材质衣物中夹放轻柔垫纸来取代硬质衬板，既美化了包装，又顺应了发展潮流，一举两得。

创新创业营销视角

创新创业项目的品牌建设要从“头”开始

强有力的品牌是与顾客建立可获利的牢固关系的基础。营销的正确焦点应当是运用品牌管理作为主要的营销工具，来建立顾客资产。

一、找到目标客户心中的位置，建构清晰的品牌定位

要在目标顾客心目中为其品牌进行清晰的定位。在最低层次，可以通过产品属性来进行。一般来说，这是品牌定位最不可取的层次，竞争者可以很轻易地模仿这些属性，消费者感兴趣的是这些产品属性能为自己带来什么利益。品牌可以将其名称与某种顾客渴求的利益相联系来更好地定位。最强的品牌定位层次定位于强大的信仰和价值，在深刻的情感层次上锁定顾客，品牌应该追求成为顾客的挚爱。进行品牌定位时，营销人员应当建立品牌使命和该品牌必须成为什么以及做些什么的愿景。品牌就是企业始终如一地向顾客传递的特征、利益、服务和体验的承诺。

二、重视品牌名称要素，给品牌取个好名字

一个好名字可以极大地促进一种产品的成功。为一个品牌命名部分是科学，部分是艺术，也是对营销者直觉的一种考量。理想的品牌名称具有以下几个属性：应当表明产品的质量以及其所带来的利益；应当易于发音、识别和记忆；应当独特；应当便于品牌延伸；应当易于翻译成其他语言；应当能够注册并得到法律保护。

三、重视全方位的品牌管理，持续地与顾客沟通品牌定位

要谨慎地、全方位地管理自己的品牌，要持续地与顾客沟通品牌的定位，创造顾客知晓以及顾客偏好和忠诚的条件。发起适宜的品牌沟通活动，注重品牌体验（Brand Experience）的管理。如今，顾客通过广泛的联系和接触点来了解某个品牌，既包括广告，也包括对该品牌的亲身体验、口碑传播、企业网页及其他很多方式。企业必须谨慎地管理好这些接触点。企业的品牌定位想要取得成功，还必须让员工都参与进来。因此，要培训全员树立"以顾客为中心"的思想，积极开展内部品牌建设，帮助员工理解企业的品牌承诺并对其保持热情；培训和鼓励分销商为顾客提供优质服务。

要定期审计品牌优势和劣势。为此，企业应经常问自己：我们的品牌是否能够传递对顾客真正有价值的利益？品牌是否被很好地定位？是否所有的消费者接触点都支持这一品牌定位？品牌经理是否知道品牌对消费者意味着什么？品牌是否能够得到合适的、持续的支持？通过品牌审计，可以了解哪些品牌需要更多的支持，哪些品牌应该被撤掉，哪些品牌由于消费者偏好的改变或者新竞争的出现而必须重新定位。

（资料来源：菲利普·科特勒，加里·阿姆斯特朗.市场营销原理与实践[M].第16版.楼尊，译.北京：中国人民大学出版社，2015.）

创新创业营销案例

红海竞争下，初创品牌营业额增长3倍

"赵大帅"是2019年年初创立于成都的一个串串火锅品类餐饮品牌，在创办初期存在品牌价值不清晰等问题。"赵大帅"以差异化价值作为品牌突破点，在红海竞争中成功地跳了出来。

破局：品牌战略价值提炼

结合顾客认知调研，确定以"牛肉串串"为爆品作为赵大帅的品牌突围点。原因如下：第一，该店及其他同类竞品的数据显示吃串串都会点牛肉串，有一定的需求量，而且牛肉具备大众认知基础，教育成本低；第二，牛肉具备高价值感知，与赵大帅的8毛/串定价相匹配；第三，区隔于其他同类竞品，提供顾客一个选择赵大帅的购买理由；第四，该价值点在门店可实现度很高，资源可配置。

产品结构调整，突出价值感知

要让顾客因为牛肉串串的价值而来，就一定要符合甚至是超出顾客的心理预期。那么，顾客对于赵大帅的牛肉串串会有哪些预期呢？一是牛肉串串产品质量上要更好；二是牛肉串串在种类和数量上要更多。赵大帅品牌采取了以下措施：一是供应链上把资源精力重点投入到牛肉的采购上，保证牛肉串串在食材源头上做得更好。二是增加牛肉串串的每串分量。三是标出牛肉串串的种类和增加数量。四是产品分类呈现，把产品柜当作菜单来调整

设计。这样基本超过了顾客进店前的预期，顾客满意度直线上升。

多维度塑造品牌价值，建立品牌竞争壁垒

赵大帅实施了"新鲜、好吃、干净"的品牌战略。具体措施如下：

第一，提出"新鲜好食材，牛肉现场穿"的战略口号。门店的门口旁设置了牛肉现穿区，直接让顾客感知到品牌的新鲜好吃的价值，暗喻现穿的牛肉串串才更好吃，同时也再次强化了牛肉串串主打的品牌差异化价值。第二，新鲜菜，只卖14个小时。因为赵大帅有供应链采购方面的优势和经验，这个确实也能做到。第三，承诺不用回收油，重塑"一次用油"的价值认知。提出"好锅底，不用蘸料也好吃"的价值，让顾客直接体验到赵大帅的锅底与其他锅底的巨大差别！这样既能培养顾客对赵大帅的干净卫生的价值认知，又能迅速弱化顾客对竞品的老油锅底的依赖。同时在店内重复宣传老油和一次用油的对比，不断增强顾客对"一次性用油＝好油＝干净好吃＝赵大帅"的认知。另外，使用一次性的签签，多维度强化"干净、新鲜好吃＝赵大帅"的价值认知。

品牌规划的设计呈现

在整个品牌规划的呈现上，主要做了以下落地措施：

第一，品类改名。将"赵大帅串串香"改为"赵大帅牛肉串串"，让顾客一看就知道品牌的差异化价值是什么，为什么选择这个品牌。**第二，调整广告语。**品牌广告语的本质是品牌策略性的表达，主要作用就是要让新的客户一看到就有想到店体验消费的冲动，让已消费的顾客容易帮你传播。赵大帅把最符合以上要求的一句战略口号作为新的品牌广告语：新鲜好食材，牛肉现场穿！在门头、店内、宣传海报、大众点评、相关渠道媒介上重复出现，不断地宣传，久而久之就会成为赵大帅独有的品牌资产。**第三，门头优化。**门头的设计要符合"三看"原则：一看见，二看懂，三看动。一看见：门头是门店的第一流量入口和广告位，所以门头要明显，扩大门头的获客范围。二看懂：门头上的信息要简单易懂，要让顾客在3秒内能够看懂门头上的信息。"趙大帅"品牌名的"趙"字改为简体字"赵"，降低顾客的认知成本，让顾客一眼就看懂这是什么字，怎么读，从而降低认知成本和传播成本。三看动：门头的呈现最终是为了吸引顾客进店，提高流量的转化率。所以对于一般的品牌来说，合格门头要包含以下有效信息：你是谁：品牌名(赵大帅)；你是什么：品类词(牛肉串串)；为什么选择你：你的差异化价值(新鲜好食材，牛肉现场穿)；如何证明：怎么让顾客相信你的价值是真的(门口有设置牛肉现穿区的明档台)。**第四，店内场景。**店内重复战略口号：在店内主要位置强调"新鲜好吃就是赵大帅"的认知；桌角台标强调"好锅底，不用蘸料也好吃"；围绕"帅"字，增加品牌层面的物料呈现。

顾客体验的优化设计

餐饮是体验驱动的行业，尤其是串串火锅这些强社交属性的品类，更是要打造良好的就餐体验和社交氛围。出于服务成本的考虑，赵大帅只在顾客价值感知最强的环节里设计消费者的体验感。经过研究证明，消费者对开头、中间某个峰值和结束三个时刻的记忆是最深刻的，这也是赵大帅重点打造的三个环节，利用"顾客体验打造图谱"，增加复购与留存率。赵大帅品牌还举办了周年庆的品牌宣传活动，越来越多的人知道赵大帅并且体验后，口碑传播度非常高。营业额很快就直接提高了3倍以上，从日均两三千元达到最高两万多元。经过近两个月方案落地和调整优化，在没有做任何促销活动的情况下，赵大帅品牌的营业额开始稳步上升，单月新增37％。

总结

赵大帅之所以能够实现突破恶性竞争重围，关键在于扬长避短，从顾客需求出发，根据自己的优势和竞争机会，发现自己的差异化价值。同时从多个维度塑造品牌价值，建立自己的竞争壁垒。

（资料来源：林良旭.红海竞争下，这个品牌营业额增长3倍[J].销售与市场（营销版），2020，7(78－82)，有删改）

问题讨论：

1. “赵大帅”品牌营销创新的核心问题是什么？
2. “赵大帅”的品牌规划及品牌设计有哪些创新？
3. “赵大帅”的品牌传播策略有哪些创新？
4. 在后疫情时代，“赵大帅”该如何保持其品牌优势？

创新创业营销实战训练

【训练目的】

掌握创新创业项目的品牌定位、品牌设计及品牌策略选择。

【训练内容】

选择一个拟自主创业或从身边（网络）寻找一个创新创业项目，以小组为单位，利用本章学习的品牌和包装策略分析方法，分析其品牌定位、品牌设计及品牌策略选择的现状和问题，设计该项目的新的品牌营销方案，包括品牌定位、品牌要素设计、品牌组合策略、品牌价值传播策略、包装策略的设计等，形成研究报告。教师也可以指定某一个创新创业项目，要求学生做出分析并形成研究报告。

【训练步骤】

(1) 从品牌定位、品牌设计、品牌策略选择等方面研究其现有的品牌营销活动的优势及问题；

(2) 设计该项目新的品牌营销方案，包括品牌定位、品牌要素设计、品牌组合策略、品牌价值传播策略、包装策略等；

(3) 总结提炼，理解品牌营销对企业竞争性营销的意义，形成品牌营销策略设计方案报告。

【注意事项】

(1) 3～4人一组，每组选出一位负责人，小组成员合理分工；

(2) 训练过程应结合本章所学理论知识，独立思考与小组讨论相结合；

(3) 条件许可的情况下可进行企业调研或实地走访；

(4) 品牌要素设计可以请设计专业的同学组成外援，实现跨专业合作设计训练；

(5) 研究报告以小组形式提交，注明每位同学承担的任务。

【成果与评价】

(1) 研究报告内容应包括但不限于：研究项目的品牌营销现状、品牌策略的优势和问题，新的品牌方案，包括品牌定位、品牌要素设计、品牌策略调整；

(2) 要求各部分内容充实，分析全面并重点突出；

(3) 文字流畅，符合规范化要求。

思考题

1. 品牌的含义是什么？如何理解深度品牌？
2. 在创新创业营销活动中，如何理解品牌的作用？
3. 在创新创业营销活动中，如何理解品牌资产？
4. 在创新创业营销活动中，如何理解品牌定位？如何进行品牌要素选择？
5. 如何理解品牌组合？品牌组合策略包含哪些具体内容？
6. 品牌发展的途径有哪些？在品牌创新发展过程中应注意什么问题？
7. 包装的含义和种类是什么？包装的作用有哪些？
8. 请你结合食品行业现状，谈谈包装策略创新的具体做法。

第十一章

整合营销传播

学习目标

1. 理解整合营销传播的概念和特点，了解整合营销传播的发展阶段。
2. 掌握整合营销传播的实施步骤，了解整合营销传播的管理。
3. 掌握整合营销传播各种实施工具的特征及使用策略。
4. 掌握创新创业项目的整合营销传播策略。

引　言

在今天信息爆炸的大环境下，如何让品牌有价值的内容和特定需求目标客群对接，正变得愈发重要和充满挑战。要想抢占人们的心智、真正影响用户的决策，必须有创意、技术、大数据、体验等一整套"组合拳"方可取胜。通过本章的学习，我们将熟悉整合营销传播的整体思想，让"有价值的信息找人"，让信息传播和品牌营销更有温度和情感。

第一节　整合营销传播概述

一、整合营销传播的概念和发展阶段

（一）整合营销传播的概念

整合营销传播（Integrated Marketing Communication，IMC）是美国西北大学教授唐·舒尔茨于1991年在其《整合营销传播》一书中首次提出的。唐·舒尔茨认为，整合营销传播是一种适合于所有企业中信息传播及内部沟通的管理体制，而这种传播与沟通就是尽可能与其潜在客户和其他一些公共群体（如雇员、立法者、媒体和金融团体）保持一种良好的、积极的关系。随着营销领域和大众传播环境的革命性变化，整合营销传播理论不断得到扩充。美国科罗拉多大学的汤姆·邓肯博士认为，整合营销传播是一个提高品牌价值、管理客户关系的过程，具体而言，就是通过战略性的控制或影响相关团体所接收到的信息，鼓励数据发展导向，有目的地与他们进行对话，从而创造并培养与客户和其他利益相关者之间可获利关系的一个跨职能的过程。自20世纪90年代以来，各类研究机构和营销学者从不同的角度提出他们对整合营销传播的看法。

综合来看，我们可以这样理解整合营销传播的内涵，它是企业通过将传播目标和企业目标进行协同从而加速投资回报的一个业务流程。它既是一种营销手段、理念和营销模式，也

是一种沟通手段和管理体制，对外具有整合各种信息综合传播企业信息和品牌的功能，对内则有通过各种沟通渠道和方式实现有效管理的作用。“一个观点、一个声音”和“全员参与”是它区别于传统的单一、分散的营销传播理念和模式的两项显著特征。

（二）整合营销传播的发展阶段

1. 战术性传播工作的协调

这一阶段，企业着重利用整合营销传播在其对外传播工作中实现“统一形象、统一声音和统一话语”的效果。其具体目标是更有效地协调向市场所传递的各种信息以及充分发挥每一种传播手段或技术的优势和强项，从而使整体结果远远大于各部分结果的简单相加。

2. 对营销传播工作范围的重新界定

在这一阶段，企业会将其重心由原先简单的战术性协作转移到更为全面深入的传播活动中。这种转变具体体现在企业不再只是关注营销传播部门所负责的营销传播工作，而是开始致力于覆盖顾客与企业互动的过程中需要的信息和产生信息的所有接触点。企业试图更加广泛深入地理解其顾客和潜在顾客的感知和行为特征。企业各部门间协调一致，努力在各个顾客接触点上识别、理解和创造跨职能的传播机会。

3. 信息技术的应用

在这一阶段，企业会利用自身的力量和信息技术的巨大潜能来提升在整合方面的绩效。企业会利用一套或者多套数据库来收集、存储和管理有关现有顾客和潜在顾客的信息，尤其是关于顾客可能给企业带来的经济价值方面的信息。利用新兴技术改进企业如何以及在什么时候向现有顾客、潜在顾客和其他目标对象传递信息。利用电子的传播手段促进内部针对顾客以及与顾客相关的信息的传播，帮助企业内部不同业务部门及时了解企业在进行什么样的营销和传播活动。

4. 财务和战略整合

在这一阶段，整合营销传播更多与高层管理者所面对的问题而不是营销传播部门所面对的问题有关。营销传播管理者必须采取更有战略性的眼光来看待自己的传播行为，考虑如何更加有效地来投资和分配企业的有效资源。整合营销传播的工具和原则需要运用到企业总体战略目标中，并且要更新评估传播活动有效性的各个系统和流程。

增值阅读

2020CAMA 中国广告营销大奖年度整合营销获奖名单

奖　项	获奖案例	申报单位
金奖	优衣库 UT 世界文创先锋 开启生活创造力	优衣库
金奖	中国银联“一块造福中国”	上海有门市场营销策划有限公司
银奖	“做自己，美有道理”全年营销	舞刀弄影
银奖	《长安十二时辰》跨界整合营销	优酷 Youku
银奖	优衣库服适人生启发健康生活力	优衣库
铜奖	快手×春晚项目传播	快手

续 表

奖 项	获奖案例	申报单位
铜奖	途锐×吴京创作你的特技大片	上海蕴世广告传媒有限公司
铜奖	全新 CIVIC 思域上市整合营销案例	旭通世纪(上海)广告有限公司武汉分公司
铜奖	凯旋 1664 啤酒	上海畅致文化传播有限公司
铜奖	看中国的风光 乘东风的风光	广州之外创意营销策划有限公司

(资料来源:2020CAMA 中国广告营销大奖获奖榜单.中国广告杂志 2020(8))

二、整合营销传播的步骤

(一) 确定目标受众

营销传播者可以将企业产品的潜在购买者、目前使用者、决策者或影响者等作为目标受众,也可以将个人、组织或特殊群体等作为目标受众。从建立品牌资产的角度来讲,“印象分析”有助于营销者对目标受众展开更深入、详细的观察和了解,从而在此基础上有针对性地实施有效传播。印象(Image)是一个人对某一对象所具有的信念、观念和感情的集合体。印象分析包括企业对目标受众的总体印象分析以及目标受众对产品和服务某特定属性的印象分析。目标受众对传播人员的决策有着极大的影响。

(二) 确定传播目标

预期实现的传播目标可以是针对传播过程中的某一个阶段设定,也可以横跨多个阶段设定。罗西德和波奇针对传播过程模型的不同阶段列出了四项可能的营销传播目标:品牌知名度,它和消费者在众多品牌中鉴别特定品牌的能力相关;品牌态度,指用当前相关需要的认知能力来评估品牌满足相关需要的能力;品牌购买意图,它是指顾客决定购买品牌或采取购买行动的意愿;类目需要,它是对满足潜在需求新产品或服务的传播内容信息的建设。

(三) 设计传播信息

1. 信息内容

营销传播者需要挖掘出恰当的传播诉求或者主题,一般来讲,可以将诉求的信息分为理性诉求、情感诉求和道德诉求三种类型。理性诉求强调的是产品或服务能给目标受众带来的功能利益。情感诉求旨在试图激发目标受众的某种否定或肯定的感情以促使购买。道义诉求用来指导目标受众分辨什么是正确的和适宜的,它常被用来规劝人们支持社会性事务。

2. 信息结构

信息的有效性既依靠其内容也依靠其结构。信息结构主要包含结论提出、单面与双面论证以及表达次序等要素。早期研究认为,将结论阐述给受众,比让受众自己寻求结论更为有效;但也有研究者认为最好的传播方式是提出问题,让读者和观众自己去得出结论。虽然单方面展示产品的优点,要比同时强调产品优点和暴露产品弱点的双面分析更有效,但双面信息在面向受过较高教育或最初反对的受众传播时将是必要的。信息表达的次序应与受众特征相结合,例如意欲抓住新顾客的注意力和兴趣,最好采用渐降的信息排列。

3. 信息形式

营销传播者必须为信息设计具有吸引力的传播形式。例如，在印刷广告中，需要决定标题、文稿、插图和颜色。如果传播信息在电台播出，还须仔细选择用词、音质、音调。如果信息是通过电视或人员传播的，那么除了上述因素外，还应考虑体态语言的设计，展示者须注意他们的表情、举止、服装、姿势和发型。如果信息由产品或其外包装传播，就必须注意产品或包装的颜色、质地、气味、尺寸和外形等。

4. 信息源

营销传播者选择信息源时需要考虑吸引力和可信度两个标准。有吸引力的信息源发出的信息通常可以获得目标受众更高程度的注意，留下更深刻的印象，这也是广告常常聘请名人作为代言人的原因。除了吸引力之外，信息源的可信度也是相当重要的，当信息由具有较高信誉的信息源进行传播时，就更有说服力。医药产品往往选择医生做其形象代言人是因为他们的专业性提升了受众对其传递信息的信赖程度。

（四）选择传播渠道

1. 人际传播

人的社会属性决定了人的生存和发展离不开和他人之间的交往。包括两个或者更多的人相互之间进行信息传播的方式即为“人际传播”。一般而言，人际传播渠道比较适用于下述两种情况：一种是产品价格较高，存在一定的购买风险且购买频率较低；另一种是该产品容易使人联想起使用者的状况或嗜好，此时，购买者会向其他人咨询，获取更多信息。值得指出的是，越来越多的企业开始注意口碑传播(Word of Mouth)的重要性，认为它是市场中最强大的控制力之一。口碑传播是指一个具有感知信息的非商业传播者和接收者关于一个产品、品牌、组织和服务的非正式的人际传播。在互联网时代，目标受众的口碑借助互联网共享技术能够以数倍于以往的速度得到迅速扩散，从而极大地影响企业的相关品牌形象。

2. 非人际传播

非人际传播指不直接面对某一位受众的传播，渠道方式包括大众媒体、购买环境(设施)、事件(体验)和公共关系等。非人际传播除了能够直接影响购买者的感知、态度和行为外，还可以通过大众媒体的舆论导向间接影响购买者。近年来，越来越多的企业通过策划、组织和利用名人效应、新闻价值以及社会影响的人物或事件，引起媒体、社会团体和消费者的兴趣与关注，以求提高企业或产品的知名度、美誉度，树立良好品牌形象，并最终促成产品或服务的销售。事件营销主要通过借势造势、明星效应、体育赞助、新闻报道、筹办活动、概念宣传等方式以获得特殊的信息传播效果。

（五）制定整合营销传播方案

制定整合营销传播方案的主要目的是使营销者能“组合和匹配”传播方案，以创建品牌资产。也就是说，选择一组具有相同含义、共同内容的不同传播手段、途径，借助互补性优势使这些传播手段实现“1＋1＞2”的效应。有六个相关评价标准，简称为“6C”，分别是覆盖率(Coverage)、贡献率(Coverage)、一致性(Contribution)、互补性(Commonality)、通用性(Complementarity)和成本(Cost)。根据各个营销传播方案所产生的反应、传播效果，以及整合营销传播六大标准，可以判断整合营销传播方案的选择和沟通的类型。

（六）编制总营销传播预算

营销传播预算是指企业在计划期内反映有关营销传播费用的预算。营销传播支出是一种费用，也是一种投资。在不同行业，营销传播费用的投入往往有着显著的差别，而同一行业中，各企业也会根据自身情况使用高低不等的营销传播费用。

目前经常使用的决定预算或分预算的一般方法有：① 量入支出法。将营销传播预算水平与企业的经济负担能力相联系。② 销售额百分比法。依据特定销售额（当期或预期）的百分比决定企业营销传播预算。③ 竞争平衡法。以主要竞争对手或平均的营销传播费用支出决定企业的营销传播预算。④ 目标任务法。要求企业营销管理者在明确企业特定营销目标的基础上，确定为实现这一目标所必须完成的各项营销传播任务以及核算出完成这些任务所需要的总体费用，从而制定出合理的营销传播预算。

三、整合营销传播的特点

第一，整合营销传播的目标是促进营销人员与顾客之间的对话与沟通。传统的营销传播往往是单向的，由营销人员主导；整合营销传播则是双向的，要在营销人员与顾客之间营造一种新型关系。在营销实践中，一方面，营销人员会积极主动地搜寻顾客的相关信息，并通过数据挖掘等研究手段加强商品品牌与顾客之间的联系；另一方面，顾客会搜寻有关品牌的信息，并努力改善与该品牌的关系。也就是说，顾客会对大众媒体传播的品牌信息进行适当加工，然后据此做出购买决策，或者在决策之前更多考虑亲戚或朋友的意见。因此，营销人员可以通过改善品牌与顾客之间的关系来增加品牌的附加值。营销人员应该为顾客提供更多与品牌互动的机会，如为提高品牌忠诚度实施会员制度以及激励顾客在消费过程中提供反馈意见等。

第二，整合营销传播更强调品牌信息的连续性与一致性。在编码及传递过程中，整合营销传播更加注重连续性的品牌信息（如品牌名称、包装、广告等信息）并努力确保顾客能够相对容易地接收相关信息。在今天这样高度分化的媒体环境下，顾客只能接受并保留有限的品牌信息。因此，相对于试图传递更多、更复杂的品牌信息的商家，努力传递简单的、统一的品牌信息的商家往往更容易获得竞争优势。例如，对快速消费品行业来说，广告的目的不是劝说顾客购买，而是强化顾客对品牌的满意度。因此，整合营销传播的目的是创造一种与顾客对品牌的期望相一致的信息，并通过各种传播与展示活动，最终在消费者心目中为企业及品牌成功地创造出“一种形象和一个声音”。

第三，整合营销传播考虑影响品牌与顾客沟通的所有方面，而不仅仅考虑传统促销工具（如广告、公共关系、销售促进、人员推销等）所涉及的因素。一方面，整合营销传播把传播过程从促销这个环节延伸到了产品（如品牌名称、标志与商品包装等）、定价和分销渠道等各个环节，即企业在整个营销过程中的每一个环节都需要与顾客进行沟通。除了众所周知的传统促销组合（如广告、公共关系和销售促进等）以外，其他环节（如商品设计、包装、店堂陈列和企业标志等）也是整合营销传播流程中的重要环节。甚至售后服务也是整合营销传播的构成要素之一。另一方面，人们需要把顾客的概念从消费者扩展到利益相关者，即把内部员工、管理者、供应商、经销商、股东和债权人等直接或间接影响顾客与品牌关系的人员或组织，都视为整合营销传播的对象来进行管理。

如今的消费者已经成为品牌资产创造的积极参与者之一，价值共创成为营销管理的重要命题，而整合营销传播是实现营销价值共创的重要渠道。2017 年，舒尔茨（Schultz）与马尔萨乌斯（Malthouse）提出了一个消费者网络与协商营销模型（Consumer Network and Negotiation Marcom Model）。该模型的核心思想是：在信息技术、传播理念不断发展和丰富的背景下，营销传播逐渐出现互联化、智能化、社交化、草根化、内容自创化的趋势，而这些趋势改变了传统营销时代大众传播的单向传播环境，使消费者变成信息的生产者和传播者，与企业共同推动了企业资产的形成。因此，为了形成更具市场竞争力的品牌，企业应该转变营销传播思维，将新兴媒介和渠道（如自媒体、社群等）引入传播手段，通过整合营销传播，为消费者提供信息创造、分享和合作的平台，促进更积极、活跃的价值共享生态。

四、整合营销传播的管理

真正的整合营销传播项目整合了一切对顾客行为产生影响的因素，其中包含使品牌或产品与顾客产生联系的各种营销传播手段。在具体的整合管理过程中，营销管理者有计划、有步骤地利用经过整合的传播手段，通过一系列信息接触点把经过整合的信息传递给经过整合的传播对象。受制于篇幅限制，整合营销传播的管理部分详见增值阅读。

第二节　整合营销传播的工具

企业在做完整合营销传播预算后就需要将这些预算分配给主要的营销传播工具。每种营销传播工具都有其特点和相应成本，由于整合营销传播的工具十分多样，下面重点介绍几个常用的传播工具。

一、广告

（一）广告的概念与作用

广告（Advertising）一词源于拉丁语（Advertere），有“注意”“诱导”“大喊大叫”和“广而告之”之意。广告作为一种传递信息的活动，是企业在整合营销传播促销中应用最广的传播方式。宽泛地说，市场营销学中的广告是广告主以促进销售为目的，付出一定的费用，通过特定的媒体传播商品或劳务等有关经济信息的大众传播活动。

在市场营销活动中，广告的作用主要有：第一，传送信息，沟通产需。广告能够把产品、劳务等信息传递给可能的顾客，迅速、有效地沟通产需，缩短产需之间的距离，加速产品的流转。第二，创造需求，刺激消费。广告通过各种传播媒体向顾客广泛介绍产品信息，不断向顾客介绍产品的性能、特色、适用范围、价格、销售地点及售后服务项目等，能起到强化顾客对产品的印象，刺激需求、创造需要的作用。第三，树立形象，利于竞争。当今的广告大战，从本质上可以说是不同的企业文化之间的较量和竞争。

（二）广告决策

营销职能部门制定广告方案时，要做出四个重要决策：确定广告目标、编制广告预算、制定广告策略（创意决策和媒介决策）和评估广告活动。

1. 确定广告目标

制定广告策略的第一步是确定广告目标。广告目标应根据企业既定的目标市场、定位和营销组合决策来确定。广告的总体目标是沟通顾客价值来帮助吸引顾客和建立顾客关系。具体来看,广告目标是在一定期限内针对特定目标对象而设定的一项具体的沟通任务。广告目标可依据告知、劝说和提醒等目的来分类。企业究竟选择什么样的广告目标,需要具体分析以下一些重要因素:① 企业的市场发展总策略,广告目标必须与之相协调。② 产品的市场生命周期,对于处于不同阶段的产品,广告目标也不同。③ 消费者特征及所处的消费行为决策阶段。广告要针对具体的情况和要求选择相应的目标。

2. 编制广告预算

广告预算从财务上决定了企业广告宣传的规模和类型。影响广告预算的因素主要有产品新颖程度、产品差别的可能性、产品竞争能力、目标市场的大小、竞争对手的强弱等。

广告预算的主要方法有:

① 倾力投掷法。在企业实力雄厚的情况下,广告预算采取广告费用需支付多少,就定多少的办法。其优点是有利于大力宣传企业的产品,易于迅速扩大知名度。缺点是广告费用支出不一定符合市场开发的需要,可能出现浪费的情况。② 销售额百分比法。按照销售额的一定百分比确定广告预算。其优点是广告费与销售额挂钩,使企业的每一笔广告费支出都与企业盈亏息息相关;缺点是倒果为因,把销售额的变动作为广告费变动的原因而不是结果,由于不区分市场情况,常依过去的经验采用同一百分比,缺乏机动性。③ 竞争对手法。以竞争对手的广告支出作为参照来确定企业的广告预算。其基于假定是竞争对手的支出行为在本行业中有一定的代表性,同时本企业有能力赶上竞争对手的广告努力。其优点是有利于企业竞争,缺点是竞争对手的广告费用不易确定,并且在很多方面难以模仿。④ 目标任务法。在确定广告预算时主要考虑企业广告所要达到的目标。首先尽可能地明确广告的目标,其次确定为实现这些目标所要从事的工作,最后估计每项工作所需的成本,各项成本相加即广告预算。其优点是逻辑上合理,使企业的特定目标与广告努力联系起来;缺点是广告目标不容易确定,预算也就不容易控制。

3. 制定广告策略

广告策略包括两个主要方面:广告创意和媒体策略。

不论广告预算水平的高低,只有能够赢得关注并且发挥良好的沟通作用的广告才是成功的。在如今耗资巨大且鱼龙混杂的广告环境中,出色的广告创意非常重要。广告创意要注重突破重围,要有完善的规划、丰富的想象力,并且对消费者而言更具娱乐性和情感联系。广告与娱乐的融合通常有两种形式:广告娱乐或品牌化的娱乐。广告娱乐的目的是使广告本身非常具有娱乐性或非常有用。品牌化的娱乐(或品牌整合)是使品牌成为其他形式的娱乐活动不可分割的一部分,其最常见的形式是产品植入——将品牌作为道具嵌入其他节目。许多公司甚至制作自己的品牌化娱乐节目。有效地进行广告创意必须决定适宜的广告信息和内容策略。广告信息要概括出广告主想要强调的品牌利益和定位点,设计出激发消费者兴趣的创新性概念,用富有特色、令人难忘的方法让创意策略变为现实。

广告媒体是在广告主与广告接受者之间起媒介作用的物体。广告所运用的媒体,有报纸、杂志、广播、电视等传统大众媒体,也有网络、移动终端(如智能手机)等新媒体。选择媒体的主要步骤包括确定广告的范围、频率和效果;选择主要的媒体类型;选择特定的媒体载体;选择媒体时段(或版面、位置空间)。根据各种媒体客观存在的优缺点,在选择时应着重考虑以下因素:① 产品因素。不同性质的产品,宜采用不同的媒体。② 消费者媒体接触习惯。各种消费群体对不同媒体的接触频率有很大差异,选择媒体应与目标消费者媒体接触的习惯相适应。③ 销售范围。广告的宣传传播范围应该与商品的销售范围基本一致。④ 广告主的经济承受能力。对于广告主来说,广告费用对其制约主要体现在两个方面:一是经济承受力;二是广告的经济效果,即广告费用的投入和产出之比。⑤ 广告媒体的渗透性、时效性和知名度因素。

4. 评估广告效果和广告投资回报

营销职能部门要定期评估两类广告效果:沟通效果和销售、利润效果。衡量一则广告或广告运动的沟通效果,就是判断该广告以及媒体是否很好地沟通了广告信息。衡量销售、利润效果可用销售量的变化来测定广告效果。其方法有:① 广告费用占销率法。主要是测定计划期内广告费用对产品销售量的影响。② 广告费用增销率法。主要是测定计划期内广告费用的增减对销售额的影响。③ 单位费用促销法。主要是测定单位广告费用促销商品的数量。计算公式:单位广告促销额=销售额÷广告费用。

二、公共关系

(一) 公共关系的含义和作用

公共关系(Public Relation)作为一门独立的学科,产生于20世纪的美国,20世纪80年代传入中国大陆。关于公共关系的含义有多种说法,综合各种观点,可以把公共关系概括为:企业在营销活动中,通过一定的方法和手段,正确处理与社会公众的关系,获取公众的信任和支持,树立良好的企业形象,从而促进产品销售的一种传播活动。从公共关系的含义可知,企业公共关系作为一种特殊促销传播形式,是指企业与相关的社会公众的相互关系,企业形象是企业公共关系的核心,企业公共关系的一切措施,都是很围绕着建立良好的企业形象来进行的。企业公共关系的最终目的,是促进商品销售,提高市场竞争力。

公共关系具有突出的作用,表现在多个方面:收集信息,检测环境;输出信息,扬名立万,要公众了解企业的最好途径就是输出信息,提高组织的知名度和美誉度;协调关系,增进合作,使企业与外部环境相适应;咨询建议,参与决策。公关部是公众向组织反馈信息的中间环节,收集到的信息都是来自社会各方面的与组织有关的真实信息,将信息有选择、有分析地传递给组织的决策者,为决策者的选择提供服务;危机管理,处理突发事件。公共关系在危机管理中的作用体现在:事先预报,避免发生;提前准备,减少损失;紧急关头,稳定人心;做好善后,挽回损失。

(二) 公共关系的对象

公共关系活动的对象是企业互相联系、互相作用的组织及个人的综合。企业的公共关系的对象主要有以下几个方面。

1. 内部成员

即社会组织的内部成员,主要包括领导者、管理层、员工和股东四种类型。其中,员工既是企业内部公共关系的客体,又是开展对外公关活动的主体。

2. 消费者

对企业来说,消费者是衣食父母,失去消费者就失去了生存的基本依托,企业要运用公共关系同社会沟通思想，增进了解，使消费者对企业形象和产品产生良好的感情。

3. 传播媒介

传播媒介主要包含报纸、杂志、电台、电视台、互联网以及社会化媒体等多种传播媒体的成员。媒体是企业开展对外公共活动的主要传播渠道，又是企业必须争取的首要公众。企业通过新闻媒体获取大量社会信息，知晓民情世事，为企业决策提供可靠的依据。同时企业可以利用新闻媒介的影响力、传播力来宣传企业的方针政策，推销商品和服务，接受社会舆论的监督和帮助。

4. 社会组织

社会组织包含学校、医院、科研机构、公益事业单位、社团等。组织是为了实现一定目的而形成的个体集合，因此社会组织对个人具有强大的约束力和影响力。企业与社会组织保持良好的互助关系，就能使公众对企业产生好感。

5. 政府

企业的生存和发展离不开政府的支持和帮助。政府是政策、法律、法规的制定和执行者，具有很高的权威性，政府对企业的态度会极大地影响公众的看法，也直接影响企业营销活动的开展。因此，政府是企业公共关系的一个重要对象。

此外，企业还应该处理好和竞争对手的关系。有不少企业开始认识到，与对手携手共进比那种殊死的拼争对双方都有利，企业应致力于建设健康的新型竞争关系。

（三）公共关系的形式

1. 利用新闻媒介

新闻媒介面向社会，涉及范围广，影响大，能够支配社会舆论，引导公众意向，因而具有很强的说服力，因此，企业应当争取一切机会和新闻界建立联系，及时将具有新闻价值的信息提供给这些新闻媒介，扩大在消费者中的影响，加深顾客印象。

2. 赞助和支持各项公益活动

这些活动往往万众瞩目，各种新闻媒介会进行广泛的报道，因此，企业能从中得到特殊的利益，建立一心为大众服务的形象。但在实践中，企业应注意自己的能力限度，以及活动的互惠性。

3. 参加各种社会活动

企业通过举办新闻发布会、展销会、看样订货会、博览会等各种社会活动，向公众进行市场教育，推荐产品，介绍知识，以获得公众的了解和支持，提高他们对企业产品的兴趣和信心。

4. 公关广告

公关广告即企业为形成某种进步的具有积极意义的社会风气和宣传某种新观念而做的广告。公关广告在客观效果上，能够有效地扩大企业的知名度和美誉度，树立企业关心社会公益事业的良好形象。

5. 印制宣传品

企业组织有关人员编辑介绍企业发展历史，宣传企业宗旨，介绍企业生产和经营的产品以及员工教育、企业经营现状及动态等内容的宣传品，也是企业向社会公众传播企业及产品信息，树立形象的重要途径。

6. 提供特种服务

企业的经营目的是在满足社会需要的基础上获得利润。因此,就应积极满足顾客的各种特殊需要,争取更大的长期利益。

7. 建立健全企业内部的公共关系制度

企业应当关心职工的福利,鼓励他们的工作积极性和创造性。要开展针对职工家属等的公共关系活动,如宴请、文艺招待会等,密切与社会各界的联系。

补充案例

中国银联的诗歌 POS 机公益活动

2020 CAMA 中国广告营销大奖 & 年度数字大奖颁奖盛典在南京举行。中国银联“诗歌 POS 机”公益行动(2019)摘得唯一一座全场大奖,同时获得了 2019 年度公益广告金奖。2020 年 8 月 29 日中国银联又携手中国宋庆龄基金会,发起了 2020 年度“中国银联诗歌 POS 机公益行动”,在湖南省张家界武陵源景区打造了“诗歌长河”大地艺术装置。中国银联捐赠 300 万元善款,用于修建公益图书馆及开设艺术素养教育课程。通过活动现场的银联诗歌 POS 机装置,游客在线下用云闪付 App、银联二维码等四种支付方式捐一元钱,就可以获得一张印有山里孩子诗歌的 POS 单。

中国银联还将活动从线下延伸到线上:一是,在云闪付 App 中推出“银联诗歌 POS 机”小程序。用户按下“点击帮助孩子”按钮,即可阅读、转发孩子的诗歌,所筹善款会全部通过中国宋庆龄基金会投入到山区儿童艺术素养教育中。二是,携手央视新闻在张家界进行“诗歌长河”公益直播,央视全程同步直播将这一事件的热度延展至线上,累计收获近 3 000 万观看量,进一步拓展了“诗歌长河”事件线上传播范围。此外,还推出了一款中国银联×农夫山泉合作的“诗歌瓶”。虽说“文案瓶”并不新奇,但借用“文案瓶”为公益群体广泛发声、使之成为公益传播载体,中国银联这次跨界可以说是做了全新尝试,创新助力公益行动顺利破圈。

从专业视角看,“被更多人看见”也是这次传播的核心目标。为达成这一目标,中国银联在三个方面付出了积极的探索:以更具话题度的传播创意,深化公益内涵;以更正向的传播理念,凸显公益价值观;以更加多元化的传播载体,传递公益能量。

(资料来源:文案君.银联“诗歌长河”,太震撼了!.微信公众号“WeAd 品牌实验室”.2020.8.31.有删改)

(四) 公共关系的决策

公共关系的决策过程一般可分为调查、计划、实施、检测四个部分。

1. 公共关系调查

公共关系调查是开展公共关系工作的基础和起点。通过调查,能了解和掌握社会公众对企业决策与行为的意见。公共关系调查的内容主要包括企业形象调查、企业环境调查和公共态度调查。

2. 公共关系计划

公共关系是一项长期性工作,合理的计划是公关工作持续高效的重要保证。制订公关计划，要以公关调查为前提，依据一定的原则，来确定公关工作的目标，并制定科学、合理而可行的工作方案，如具体的公关项目、公关策略等。公共关系计划与其他工作计划既有相同之处，又具有一定的特殊性。制订计划的原则是：实用性与可行性；重点性与平衡性；科学性与灵活性；创新性与独特性等。公共关系计划也应遵照一般计划的格式和内容的要求来设计和编写，所不同的就是具体内容上的差别。结合公共关系的特殊性，公共关系计划所包含的内容有年度公共关系工作计划和公共关系项目具体方案等。

3. 公共关系实施

公共关系实施侧重于塑造企业的整体形象，发挥企业整体形象对市场的影响力、号召力。侧重于营造良好的市场环境，为企业创造长期、稳定的营销条件，以保证企业的长远利益。由此可见，公共关系在整个促销过程中是作为一种软性手段或艺术而存在的。

公关计划的实施是整个公关活动的"高潮"。为确保公共关系实施的效果最佳，正确地选择公共关系媒介和确定公共关系的活动方式是十分必要的。公关媒介应依据公共关系工作的目标、要求、对象和传播内容以及经济条件来选择；确定公关的活动方式，宜根据企业的自身特点、不同发展阶段、不同的公众对象和不同的公关任务来选择最适合、最有效的活动方式。

4. 公共关系检测

公关计划实施效果的检测，主要依据社会公众的评价。通过检测，能衡量和评估公关活动的效果，在肯定成绩的同时，发现新问题，为制定和不断调整企业的公关目标、公关策略提供重要依据，也为使企业的公共关系成为有计划的持续性工作提供必要的保证。检测评估公共关系效果的方法主要包括公共关系形象效果检测、公共关系年度工作报告、公共关系社会效益评价、新闻舆论分析、公共关系广告效果的测量等。

检测评估公共关系效果的目的不仅是为了证实公共关系的成绩，更重要的是不断发现问题，预见新的趋势，为制订新的公共关系计划提供依据，以便不断地实行形象调整，使组织机构与整个社会环境变动同步。

三、营业推广

（一）营业推广的含义和作用

迄今为止，营业推广还没有一个具有充分说服力和统一的定义，科特勒(1999)指出：营业推广(Sales Promotion)包括各种多数属于短期性的刺激工具，用以刺激消费者和中间商迅速和较大量地购买某一种特定的产品或服务。美国消费者协会将之定义为：除了人员推销、广告、宣传以外的，刺激消费者购买和经销商效益的各种市场营销活动，如陈列、演示、展览会、示范表演以及其他推销努力。综合不同专家学者对营业推广的界定，我们将之表述为"营业推广是一种适宜于短期推销的促销方法，是企业为鼓励购买、销售商品和劳务而采取的除广告、公关和人员推销之外的所有营销活动的总称"。如果说广告提供了购买的理由，营业推广则提供了购买的刺激。

企业之所以对营业推广加倍青睐，是因为在日益激烈的市场竞争中，营业推广发挥着独特的作用。概括起来主要有加速新产品市场导入的进程、强化消费者重复购买的行为、刺激消费者迅速购买、抵御竞争者的促销活动等方面。由于营业推广只是一种战术性的营销手段，它的运用只是起到一种即时激励的作用，一般难以建立品牌忠诚度，维持本企业的市场份额。

（二）营业推广的形式

在我国，随着市场经济的发展，营业推广的方式也不断丰富，花样繁多，仅对消费者的营业推广，就多达上百种方式，下面仅对几种实践证明卓有成效的营业推广形式进行介绍。为了便于掌握，根据这些营业推广方式涉及的不同主题，概括为以价格、赠品、奖励和展示为核心的四个主题群。

1. 以价格为核心的营业推广

这种形式的营业推广以商品或服务的价格折扣作为刺激消费者的主要手段。其常见应用形式有：

（1）折价销售。

折价销售是对消费者营业推广中运用最普遍的手法之一，是商家在一定的时间里进行价格上的减让（如节假日半价折扣），特定时间一过又恢复原价。据统计，我国目前绝大多数商家都采用过折价销售的方法进行营业推广。

（2）优惠卡券。

优惠卡券是一种证明减价的凭证，持有者可在购物时享受一定数量的减价优惠。优惠券对那些购买频率高的商品促销效果较大。

（3）特价包装。

厂家对其商品的正常零售价以一定幅度的优惠，并将优惠额标示在商品包装或价格标签上。特价包装适用于购买频率高、价格水平低的商品的促销。使用这一推广工具时要注意使用频次，不能频繁出招，否则容易模糊商品的市场价位，甚至损害商品的品牌形象。

（4）退款优惠。

消费者购买商品后，可将商品证明连同购货凭证，到购买现场的指定地点，办理部分退还。退款优惠的功能与折价销售及优惠券卡等相似，它主要用于鼓励顾客试用新产品，其运作成本相对较低。

（5）以旧换新。

顾客在购买商品时交出同类产品的废旧品，便可以享受一定价格的优惠。以旧换新做法中，在品牌关联度上通常有两种做法：一是商品品牌必须相同，如美国博士伦公司每年在中国组织以旧换新活动，但要求“旧货”必须是博士伦隐形眼镜镜片，这种促销方法对巩固既得市场和更新产品有较好的效果；另一种是商品品牌不需要相同，类属相同即可，如家电类产品以旧换新活动。

2. 以赠送为核心的营业推广

赠送是厂家或商家为影响消费者行为，通过馈赠或派送便宜商品或免费品，来介绍产品的性能、特点和功效，建立与消费者之间友好感情联系的有效促销形式。以赠送为核心的营业推广形式主要包括以下几种：

（1）赠品。

在消费者购买某种商品后，免费或以较低的价格向顾客提供商品。赠品的形式多种多样，有的赠品就是商品本身；有的是与商品无直接关系的纪念品；有的赠品为相关商品，如买洗衣机赠送洗衣粉或熨衣架，买高档商品房赠豪华家具等；有的赠品为时尚新品，如买车送电脑、手机等。

（2）赠券。

当消费者购买某一商品时，企业给予一定数量的交易赠券，消费者将赠券积累到一定数额时，可到指定地点换取赠品。例如，一些游乐场所里，消费者每参加一项游艺活动都可获得或多或少的赠券，赠券越多，换取的赠品价值越高。

（3）样品。

在新产品导入期，通过向消费者免费提供样品供其试用，使之亲身体验产品所带来的利益，而后促使消费者购买产品的促销活动。

3. 以奖励为核心的营业推广

奖励是企业为激励消费者的购买行为而提供的现金、实物、荣誉称号等奖励方式。一般来说，以奖励为核心的营业推广形式主要有竞赛、抽奖和现场兑奖等方式。

（1）竞赛。

即由企业制定竞赛规程，让消费者按照竞赛要求参与活动并获得预定的奖金、实物、荣誉称号或旅游奖券等奖项。竞赛的内容一般要求与主办单位的自身特征和产品相关，如上海汽车推出了“流行我制造”MG3 改装设计大赛，吸引了众多的参赛者，参赛选手在充分展现自身兴趣爱好的同时，也将千篇一律的汽车改造一新，形成了独一无二的个性潮车。这种赛事内容与产品营销处处照应，赢得社会声誉的同时，也使产品的关注度提高了，进而提高了销量。

（2）抽奖。

当顾客进行消费时为其提供一个获奖的机会，获奖者既可以通过抽取票号来确定，也可以由摇转号码来确定。例如，可口可乐公司在其出售的饮料罐拉环里印有号码，最后在公证部门的公证下经摇转号码确定中奖号码，中奖者可获得丰厚的奖金或免费旅游的机会。

（3）现场兑奖。

即消费者根据消费额的多少领取奖券，现场刮号或揭底，中奖者可现场得奖。现场兑奖通常是将具有较强吸引力的奖品展销在销售场点，形成强烈的现场刺激，营造旺盛的人气。

4. 以展示为核心的营业推广

展示是让商品直接面对消费者，使商品与消费者进行心灵对话的直观性促销方式。以展示为核心的营业推广形式主要是展销会、售点陈列、现场示范等。

（1）展销会。

企业将商品分主题展示出来并进行现场售卖，以便于消费者了解商品信息，增加销售机会。常见的展销形式有为适应消费者季节购买特点而举办的季节性商品展销，以名优产品为龙头的名优产品展销，为新产品打开销路的新产品展销等。

（2）售点陈列。

有效的售点陈列是增强商品销售力的重要手段。售点陈列首先要选择好陈列点，一般来说，柜台后面与视线等高的货架上、台秤旁、收银台周围及柜台前面的空地等都是很好的陈列点。其次要考虑陈列的视觉吸引力，如同种商品堆放在一起显示气势，弱势品牌尽量陈列在第一品牌旁边，运用指示牌、插卡等手段有效传达商品信息等。最后要注意陈列品拿取的方便性。

(3) 现场示范。

销售人员在现场对产品的用途进行实际演示和解说,以吸引消费者注意、消除消费者对产品的疑虑。现场示范一般适用于新产品上市或产品功能改进宣传。由于展示是把商品直接呈现在消费者面前,因此要求采用此法进行营业推广的企业,其产品的质量必须绝对过硬,要经得起检验。

对消费者的营业推广形式经过变形改造,还可以作为对中间商和对销售人员的营业推广形式。对中间商的营业推广形式如产品展览、展销、订货会议、销售竞赛、价格折扣和赠品等,对销售人员常用的营业推广形式主要有销售提成、销售竞赛、销售培训及赠品等,都可以在对消费者的营业推广中找到影子。无论是对消费者、中间商还是推销人员的营业推广,企业在具体的促销过程中,一定要根据市场特点和消费者需求进行谨慎选择、巧妙安排,以确保企业营销目标的实现。

(三) 营业推广计划与实施

成功的营业推广仰仗成功的管理。企业必须做出周密计划并加以实施,这样才能使营业推广取得成功。

1. 确定目标

企业应当根据目标市场的特点和整体策略来制定推广目标,对消费者个人、中间商、企业单位应区别对待,短期目标和长期目标相结合。合适的营业推广目标应当根据市场营销目标制定,营业推广的具体目标取决于产品自身所处的环境。

2. 选择合适的营业推广方式

市场营销人员应该根据市场的类型、目标消费者的偏好、竞争状况和预算等,选择合适的营业推广的方式,以达到用尽可能少的促销费用获得尽可能大的促销目标的效果。

3. 制定和实施

制定具体的方案时,要确定活动所提供的刺激程度、推广对象、推广的时机、持续的时间等。要想获得促销成功,最低限度的刺激是必不可少的。随着刺激程度的提高,销售量会增加,但当刺激达到一定程度后,其效应则是递减的。另外,持续的时间要适度,促销时间太短,部分顾客来不及尝到推广的好处;如果持续时间太长,优惠条件就会失去吸引力,起不到应有的作用。

4. 评估

对方案进行评估很重要。评估应当包括是否实现目标,实现过程的成本效益如何。可以利用推销队伍的反馈情况,对展览效果进行度量,如销售数据的变化;如要验证培训项目,对渠道成员和消费者的调查能够显示对促销的满意程度;对活动直接衡量,如优惠券返还的数量、礼品发放的数量等。但是,这些指标不能孤立地看待,营销组合的其他因素和竞争对手的营业推广活动都会影响到整体的效果。

四、人员推销

(一) 人员推销的含义及形式

人员推销(Personnel Selling)是企业运用推销人员直接向顾客推销产品和劳务的一种促销活动。在人员推销活动中,推销人员、推销对象和推销品是三个基本要素,前两者是推销活动的主体,后者是推销活动的客体。通过推销人员与推销对象之间的接触、洽谈,让推销对象购买推销品,达成交易,实现既销售产品又满足顾客需求的目的。人员推销的形式主要包括上门推销、柜台推销、会议推销、电话推销、互联网推销等。

(二) 人员推销的作用、任务及特点

与其他促销形式相比,人员推销有其独特的长处。老练的推销人员面对面地向顾客推销产品的过程是一个双向沟通的过程:销售人员可以根据对方的具体需要介绍产品性能特点、使用方法等,进行最有效的传播;另一方面,顾客也可以提出自己的质疑、要求、意见。通过这种双向沟通,可以使供需双方互相了解、互相促进,提高效益。推销员作为与顾客直接接触的企业代表,不仅在推销企业的产品,同时也在推销着企业的形象。

现代企业推销人员的任务一般包括:① 收集市场情报;② 传播和沟通信息;③ 发现市场;④ 推销产品;⑤ 收取货款;⑥ 建立良好的人际关系和企业形象;⑦ 为推销对象提供最佳服务;⑧ 为推销对象提供产品知识。

人员推销具备以下特点:一是推销员与顾客可以面对面地交流,能根据顾客的心理变化调整推销的方法和技巧,增强工作的针对性;二是便于推销员与顾客培养良好的人际关系和友谊;三是推销员反应及时,便于提高推销效率;四是对推销人员的素质要求较高;五是宜于进行专业性强、性能复杂的工业用品的推销;六是必须用广告等非人员推销加以配合。人员推销不是万能的,不能单兵独进,需要非人员推销方式加以配合。

(三) 人员推销的步骤和策略

人员推销包括七个基本步骤:发掘潜在顾客和核查资格、销售准备、接近顾客、介绍和示范、处理异议、成交、跟进和维持。推销员应该根据不同目标市场顾客的需求特征及不同商品的具体情况,分别采用灵活的推销策略。

1. 试探性策略

试探性策略也称"刺激—反应"策略。它是在推销员不了解顾客的基本情况及购买观点和态度等情况下,根据可能出现的种种情况,事先准备好几套洽谈方案,待正式推销面谈时,视对方反应相应开展介绍。在摸清用户的需求和真实意图后,即采取刺激手段诱发购买动机,促使对方做出购买决定。

2. 针对性策略

针对性策略也称"配方—成交"策略。它是在已知顾客的需求和真实意图的前提下,推销员有针对性地制定一套洽谈方案,引导、启发顾客的购买兴趣,激发其购买欲望,迅速促成交易。

3. 诱导性策略

诱导性策略也称"需求—满足"策略。它是在顾客尚没有意识到自己有某些方面的需求时,推销员适时指出顾客客观存在这种需求,从而有效引起顾客的购买兴趣,产生购买行为。因此,这是一种"创造性的推销"。

(四) 推销人员队伍的建设和管理

1. 推销人员的选拔、分工和培训

(1) 推销人员的选聘。

推销人员的甄选,可选自企业内部,亦可对外公开招聘。从企业内部选择,由于被选择人员已经具备企业产品技术知识,对企业的政策及经营计划也比较清楚,可以减少培训的时

间和内容，迅速扩充销售力量。

(2) 推销人员的分工。

为提高推销的效率，要对推销人员进行合理的分工。分工的方法一般有以下三种：

第一，按区域分工。根据推销员的工作能力、能推动多少顾客和能负荷多大的地区工作量，分配其所管辖的地域。这是一种常用的方法，用这种方法可以使推销员与顾客建立深厚的联系，巩固好已经开发的市场。对于产品类别较少的企业，可以采用这种方法。

第二，按产品类别分工。按照企业的不同产品，让推销人员从事不同产品的推销。这种方法，便于推销人员熟练地针对某种产品采用特殊的推销技巧。对于生产多种产品，并且产品在技术上有较大差别的企业可以采用这种方法。

第三，按用户类型分工。按照产品使用者的不同来分工。这种方法便于推销员根据顾客的特点进行有针对性的推销。对于生产某一种类型的产品，而用户类型不同的企业可以采用这种方法。

(3) 推销人员的培训。

推销人员培训总目标一般是：以一定的推销成本获得最大的销售量；稳定推销队伍；达成良好的公共关系。推销训练的内容一般包括产品知识、企业知识、市场知识和推销技巧等。具体要结合推销目标、推销职务所需的条件、推销人员的现有素质、企业的市场策略等因素来确定。推销训练的方法可分集体训练和个别训练两种。

2. 人员推销的评价和激励

(1) 推销人员的评价。

推销人员的评价通常包括绩效评定、绩效比较和素养评估三种方式。绩效评定主要是评价推销计划的执行和完成情况、新增顾客的数目；绩效比较是对推销员的过去和现在的绩效进行比较，对推销员之间的工作绩效进行比较；素养评估是对推销员的风度、气质、言谈、仪表进行评估，对推销员进行产品、企业、顾客、竞争对手和职责了解状况的考核评估。

(2) 推销人员的激励。

对推销人员的激励主要从奖励和监督两个方面进行。奖励是指对推销员进行物质和精神两个方面的奖励，物质奖励是对推销工作圆满完成者给予相应的经济报酬，精神奖励是给予表扬、晋升、荣誉或放权压责等；监督是指通过严格的规章制度、推销计划和推销工作报告等对推销进行及时有效的监督和控制。

五、直复营销

直复营销是指企业直接与精心挑选的单个消费者或社群互动，以期获得顾客的即时响应和建立持久的顾客关系的一种销售方方式。企业运用直复营销针对精准界定的细分市场或个人的需求和兴趣度身定制产品或促销内容，借助这种方式，企业可以建立顾客契合、品牌社群和提高销售。传统的直复营销工具包括面对面销售、直接邮寄营销、购物目录营销、电话营销、电视直销、信息亭营销等。近年来，令人眼花缭乱的新型数字化直复营销工具大量涌入营销领域，包括网络营销（网站、网络广告和促销、电子邮件、网上视频和博客等）、社交媒体营销和移动营销。不管形式如何变化，重要的是：我们必须始终如一地记住所有这些工具——无论是新型数字化的还是更加传统的形式都必须充分地融入整合营销沟通计划。下面简要介绍几种常用的直复营销方式。

(一) 直邮

直复营销的最常见形式是直邮，即向一个有具体地址的人寄发报价单、通知、纪念品或其他物品。直邮的一种特殊形式是目录营销，是指以目录作为信息传播载体，通过直邮渠道向目标人群发布，从而获得对方直接反应的营销活动。

(二) 电话营销

电话营销是通过电话进行的营销行为，销售者通过电话推广产品的信息并了解消费者的反馈。酒店、旅行社、保险公司、航空公司、咨询公司和俱乐部比较适合利用电话来进行业务宣传和市场调查。

(三) 电视直销

电视直销由厂家或者代理商直接操作，以电视节目形式出现，经过精心设计和包装，既含信息，又有广告，欣赏性、娱乐性较强，一般在收视率较高的频道和时段插播。与电视直销相关的电视购物是指以在电视上播放广告片的方式宣传产品，通过屏幕上显示的免费电话达成订购的销售方式，它明显区别于只用于提高品牌知名度的一般商业广告。因此，电视购物是把电话营销与电视直销结合起来的一种销售方式。

(四) 网络直销

网络直销是指通过互联网发掘意向客户，同时在网上进行销售，通过网络完成最终销售订单或者通过网络完成销售引导环节，再通过线下销售促成订单的营销模式，大多以企业间(B2B)模式、企业与顾客间(B2C)模式为主。和网络直销相关的概念是网络营销。网络营销即以互联网为手段，达到营销的目的。

(五) 交互式媒体直销

目前，正在迅速吸引营销者注意的交互式媒体是无线沟通。例如，智能手机在直销中发挥越来越大的作用。

六、新型营销传播工具

随着营销环境的变化和信息技术的进步，营销传播模式、工具不断推陈出新，包括大数据营销、社会化媒体营销、内容营销等。本书第十四章详细介绍了大数据营销和社会化媒体营销，本部分以内容营销为例加以简要介绍。

内容营销(Content Marketing)是指包含创造、组织、分配、详述过程，涉及有趣、贴切、有用的内容，以特定的客户群展开有关内容的对话为目标的营销方法。内容营销是除传统的广告、公关等营销方式之外的一种能在品牌和客户间建立深层关系的工具。品牌拥护者转变成品牌故事的“传道士”。内容营销虽然可以被看作一种新型的广告，但两者的本质截然不同。广告是品牌销售产品和服务需传达的信息，而内容包含的则是客户达成自我和工作目标所需的信息。

从本质上来看，内容营销包括内容生产和内容分配两部分。有效的内容营销活动要求营销人员在室内或者从外部资源处生成原创内容，并通过最佳的渠道对内容进行分配。内容营销策略最常见的缺陷是不进行前期和后期活动就直接开始生产和分配活动。为了避免这一缺陷，营销人员需要在每一步都做好检查，以利于进入下一步。

内容营销有八大步骤:设定目标,即明确内容营销想要实现的效果;受众定位,即明确目标受众是谁、他们的需求和偏好是什么;内容创意和计划,即设定内容营销的整体计划,以指导内容营销活动;内容创作,即确定内容的发布者、发布时间、发布地点等;内容分配,即确定通过哪些渠道来传递这些内容;内容推广,即选择内容推广的方式,确定如何利用内容与顾客互动以达到效果;内容营销评估,即通过内容营销绩效指标以及目标达成情况,评估内容营销活动的收效;内容营销优化,即在上一步评估的基础上,对优势之处进行保留,调整、优化、改善不足之处。

创新创业营销视角

创新创业项目的新营销传播该怎么做?

关注平台。“双微一抖”好像成了新营销传播中必不可少的标配。微博能够产生话题和进行话题打榜,与明星代言人互动,成为广泛传播的起始源。微信更有利于进行内容的二次传播,以及 UGC 内容性的再创作,形成口碑效应。抖音是以短视频的形式,就某个话题、事件、挑战,进行模拟性或再创性的扩散。所以这三者在形式上以及传播路径上能够形成较强的互补,对同一内容进行不同形式的丰富演绎。

关注共鸣,具备网感。“共鸣”并不是 Social 兴起后才突然迸发的,内容的本质就是引起与消费者之间的情感共鸣。要追求内容的突破与创新,注重内容的合适度与匹配性。具备网感就是懂得不同年龄段人群的网络语言以及洞悉不同年龄段人群的特征差异。站在与消费者一致的价值观角度,并且用他们的网络语言系统和认知基础,是打动他们的方式。

关注场景化。要从场景出发洞悉消费者的需求痛点,从而“激起”或者“诱发”消费者的潜在心理需求进行体验。例如,农夫山泉推出运动盖瓶时,生动地展示了骑车、健身、游戏、带娃、挤地铁五种生活场景。

关注粉丝化,选择合适的 KOL(Key Opinion Leader,关键意见领袖)。要么大批量地使用 KOL,要么只锁定头部 KOL 深度合作。在移动互联网时代,可以说“得粉丝者得天下”。

关注实物化。这是社会化营销创造沟通的新形式,是营销和产品相结合有效的方式。比如,当年轻人要玩出个性的时候,奥利奥将落脚点放在了音乐和黑科技上,推出奥利奥 DJ 台,让人人都能用奥利奥饼干玩作曲,这是奥利奥对年轻人兴趣和社交行为的深刻洞察。

关注短视频化。从专业 PGC 专业原创内容短视频制作团队,到电商产品短视频展示,再到媒体平台的短视频频道,短视频已经开始向各个领域蔓延。最佳的营销方式是研究与其核心竞争力相对应的短视频内容,进行平台匹配。

关注电商化。曾经品牌宣传的漏斗承接收口是搜索平台,通过广告的认知然后转化到搜索平台的拦截。然而现在的品牌宣传直接承接的都是电商平台,更直接地进行销售转化,这些数据即使没有形成销售转化,也可以进行二次电商营销。所以,现在很多品牌前端的线上线下活动开展与电商平台的品牌日相捆绑,其转化力和有效性是非常直接和可观的。

新营销传播是一个创作精品内容的过程,实物化的本质是在产品包装上制造可以产生自我流量的关注度,或创新,或跨界。短视频平台是基于娱乐化互动的展现形式,本质上依旧是视频形式的沟通。品牌活动与电面平台的直接联动,目的是让前端收集的吸引与关注,能够更直接、更便捷地进行销售转化。粉丝经济实际上是归属到目标人群本身，是基于目标人群的兴趣营销。我们必须认识到，创新创业项目的新营销传播，是一个基于精品内容而进行的精品规划的系统传播工程，需要多方配合，实际上是一个小全案的策划与执行工作。

（资料来源：秦斐.要一夜刷屏？一开始你就错了！[J].中国广告杂志，2019(1)，96－98.有删改）

创新创业营销案例

可爱多×易烊千玺："第一步就是可爱"

2020年夏天，可爱多携手易烊千玺，推出了一波新品营销战役。借助代言人的能量，把可爱多所蕴藏的表白的小甜蜜表达得愉悦而美好。整场营销，消费者市场的反馈积极火热。

内容精准触达，带动电商销量

可爱多"独角兽"新品是此次营销战役的推广重点。创意代理商DDB以"吃货"和"恋爱向"的不同消费人群画像为原点，进行了精准的内容触达，分别演绎了《美食篇》和《恋爱小仙女篇》——在战役落地的电商渠道京东店铺上，"独角兽"相关系列已收到近百万条购买好评。在上市战役中，可爱多用一句独特的话来鼓励年轻消费者们："第一步就是可爱"。创意总监张建洲说："从创意角度看，可爱多是一个充满轻松、可爱、愉悦气质的产品，而易烊千玺的风格却很安静，他把可爱多变得很精致，整体画面感产生了很高级的化学反应。"

代言人和品牌的互益双赢

值得一提的是，在DDB为客户制作的首批物料开始投放，配合品牌微博官宣，仅＃易烊千玺代言可爱多＃的微博超话，就达到阅读量19.4亿次、讨论475.8万条的热度。易烊千玺的粉丝团延展出各种同人漫画，在微博超话中流传。可爱多"第一步就是可爱"的理念被完美诠释，而消费者不仅在内心"买单"，更付诸实际行动——去购买可爱多新品。可爱和勇气这件事情，通过代言人的影响力，和品牌资产非常好地糅合在一起，彼此助益，达到双赢。

疫情下，可爱多的全链路数字营销

回顾整个营销过程，全链路的营销战役从3月下旬官宣代言人开始预热，随后，DDB为可爱多创意的小程序启动——品牌将产品本身作为与消费者紧密连接及扩大传播的资产之一，消费者买到手里的每一个可爱多冰激凌，外包装上都有"一物一码"二维码，扫描即可得到红包，连接进入小程序，感受易烊千玺的番外，体验可爱多甜品站以及各种小互动在微博微信的宣传里，也直接为电商通道设置了京东自营店入口，消费者可以进入京东可爱多专场页面进行购买。微信公众号亦与可爱多小程序紧密绑定，可爱多小站鼓励消费者每日签到，积累积分，体验各种设置。一个简单的CRM系统也因此建立。同期，易烊千玺在《朋友请听好》中的综艺花絮也不断被植入可爱多属性；其中许多小花絮还被应用到可爱多的小程序甜品站里，为消费者创造了一个闭环体验。天气渐热，冰激凌营销大战即将进入高峰期。这波"第一步就是可爱"的营销战役从4月全面打响，已经帮助可爱多品牌抢得市场先机。

（资料来源：林莹.可爱多×易烊千玺："第一步就是可爱多"[J].中国广告杂志，2020(7).）

问题讨论：

1. 可爱多"独角兽"新品的目标客户是哪些消费人群？他们的媒体接触习惯是什么？

2. 易烊千玺的品牌代言对可爱多“独角兽”新品的传播价值有哪些?
3. 本案例使用了哪些整合营销传播工具?与竞争对手相比,是否有创新?
4. 本案例体现了整合营销传播的哪些特点?该如何继续创新?

创新创业营销实战训练

【训练目的】

掌握创新创业项目的整合营销传播策略。

【训练内容】

选择一个拟自主创业或从身边(网络)寻找一个创新创业项目,以小组为单位,利用本章学习的整合营销传播策略分析方法,分析该项目的营销传播策略、活动的现状及问题;分析设计该项目的新的整合营销传播策略方案。教师也可以指定某一个创新创业项目,要求学生做出分析并形成研究报告。

【训练步骤】

(1) 研究项目现有的目标市场、市场定位,分析现有营销传播的具体策略、工具使用情况、活动方式的优劣势;

(2) 分析、设计一个或更多的适用于该项目的整合营销传播创新方案;

(3) 总结提炼,理解整合营销传播策略对创新创业项目的重要性,撰写项目的整合营销传播策略方案。

【注意事项】

(1) 可沿用第二章选择的创新创业项目;

(2) 3~4 人一组,每组选出一位负责人,小组成员合理分工;

(3) 训练过程应结合本章所学理论知识,独立思考与小组讨论相结合;

(4) 条件许可的情况下可进行企业调研或实地走访;

(5) 研究报告以小组形式提交,注明每位同学承担的任务。

【成果与评价】

(1) 研究报告内容应包括但不限于:研究项目市场营销传播具体策略、传播工具使用情况、传播活动现状及问题,项目的整合营销传播策略的创新方案;

(2) 要求各部分内容充实,分析全面并重点突出;

(3) 文字流畅,符合规范化要求。

思考题

1. 什么是整合营销传播?整合营销传播有哪些特点?
2. 整合营销传播的实施步骤有哪些?
3. 整合营销传播的常用工具有哪些?各有何特点?
4. 在创新创业营销活动中,企业如何实施整合营销传播?

第六篇　交付顾客价值

第十二章

分销策略

学习目标

1. 掌握分销渠道的概念、类型及其特点。
2. 掌握影响分销渠道设计的因素，理解分销渠道结构设计的步骤。
3. 理解分销渠道成员的选择和渠道方案的评估标准。
4. 理解批发商和零售商的概念、特点和类型。
5. 理解网络分销渠道的结构类型及网络分销渠道的冲突与协调。
6. 掌握创新创业项目分销渠道结构设计和渠道成员选择。

引　言

分销渠道是企业交付顾客价值的基本手段。分销渠道管理不仅仅是个别企业的营销组合策略问题，而且是产品和服务在不同企业流转过程中如何发挥"跨企业团队竞争力"的问题。特别是在互联网技术快速发展、全渠道购物已成为"新常态"的当下，如何强化分销渠道的创新设计与管理，确保顾客价值的高效传递，已成为营销管理实践中的焦点。

第一节　分销渠道概述

一、分销渠道的含义

渠道(Channel)一词来源于拉丁语 Canalis，原意为运河，后来引申为路线、途径、系统、方法、手段等。

在市场营销理论中，有两个与渠道有关的术语经常不加区分地交替使用，这就是市场营销渠道与分销渠道。

营销渠道(Marketing Channel)的定义从参与者的角度出发，就是由相互依赖的组织所构成的商业结构，包括产供销整个过程中涉及的所有企业和个人。从流通角度出发，就是帮助产品从生产者手中流转到消费者手中或最终用户手中，包括供应商、生产者、买卖中间商、代理商、辅助商(支持分销活动，他们既不取得商品的所有权，也不参与买或卖的谈判，被叫作辅助商,如运输公司、独立仓储、银行和广告代理商等)、消费者等为产品所有权从生产者到消费者的流转提供途径的任何中间组织。

分销渠道(Distribution Channel)通常是指促使某种产品和服务能顺利地经由市场交换过程,转移到消费者手中或最终用户手中消费使用的一整套相互依存的组织。其成员包括从生产者向消费者转移过程中,取得这种产品和服务的所有权或帮助所有权转移的所有企业和个人。因此,分销渠道包括商人中间商和代理中间商及其处于渠道起点和终点的生产者和最终消费者或用户,但不包括供应商和辅助商。

二、分销渠道的职能

通过分销渠道,产品从生产者手中转移到消费者手中,其目的在于消除产品(或服务)与使用者之间的分离,达到供给与需求相互匹配,使整体经济节约化。具体来说分销渠道的职能主要有以下几个。

(一) 调查研究(Research)

分销渠道成员收集、整理有关消费者、竞争者、替代品、其他参与者及营销环境其他方面的信息,并及时向分销渠道内的其他成员传递,实现渠道内的信息共享。

(二) 促销(Sales Promotion)

渠道成员在生产商的支持下,通过新产品展示会、季节性促销活动等促销方式,以对消费者有吸引力的形式,把产品或服务的有关信息传递给消费者,激发消费者的消费欲望,促成交易成功。

(三) 谈判(Negotiation)

分销渠道成员之间为了转移货物的所有权,而就其价格及其他有关条件,通过谈判达成最后协议。

(四) 编配分装(Allocation)

分销渠道按照买方要求分类整理商品,比如按产品相关性分类组合,改变包装大小、分级摆设等。

(五) 订货(Order)

分销渠道成员向生产者进行有购买意向的反向沟通行为。

(六) 物流(Logistics)

分销渠道成员承担的产品实体的运输和储存功能。

(七) 风险承担(Risk Exposure)

分销渠道各成员和生产商在分享利益的同时,共同承担由商品销售、市场波动等各种不可控因素所带来的各种风险。

(八) 融资(Finance)

融资指生产商或者分销渠道成员对资金的取得。在交易过程中,如果生产商的话语权很强,就可以要求渠道商先付全款订货,这样就相当于生产商进行了融资;如果渠道商话语权比较强,就可以要求生产商先供货,只付一部分货款,余款等以后再付,这就相当于渠道商融资了。

(九) 服务(Service)

服务指分销渠道成员提供的附加服务支持,如信用、安装、修理等。

分销商这些功能的存在,大大地促进了销售的实现,提高了交易的效率,降低了交易的成本和风险,所以,纵然当前直接渠道变得越来越发达,但是,分销渠道的作用仍然非常重要。

三、分销渠道的类型

图 12-1 和图 12-2 是分销渠道结构的简单示意图。从图中可以看出,生产商的产品或服务可以通过多种渠道结构到达消费者或用户手中。有的渠道经过的环节比较多,涉及较多的中间组织;而有的渠道经过的中间环节较少,渠道结构相对较简单。消费品分销渠道中,中间商主要由批发商和零售商构成,而工业品分销渠道的中间商主要由批发商和代理商构成。

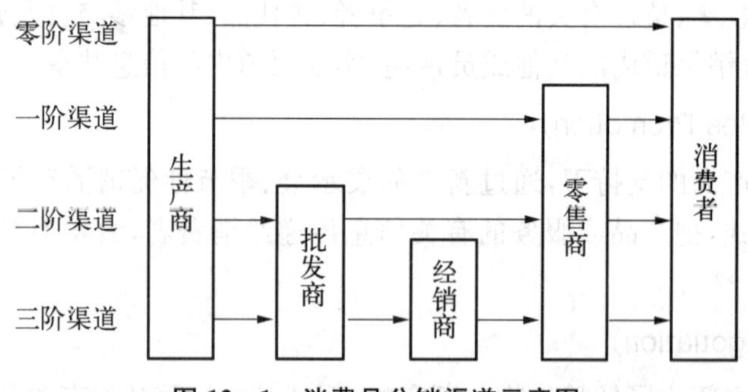

图 12-1　消费品分销渠道示意图

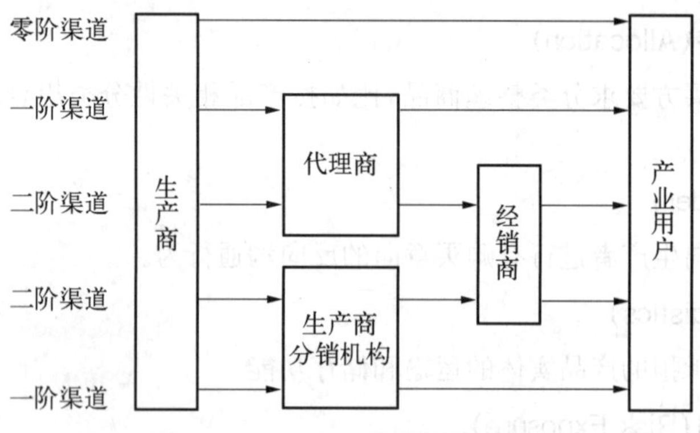

图 12-2　工业品分销渠道示意图

从不同角度,可以对分销渠道进行不同的分类。

(一) 按渠道的长度划分

渠道的长度也称渠道的阶数(或者级数),是指渠道中生产者和消费者之间的中间商的层次数。按渠道的长度划分,可以分为直接渠道和间接渠道。

1. 直接渠道

直接渠道是指生产商将产品直接销售给消费者的渠道类型，通常也叫作零阶或零级渠道。它的特点是没有中间商参与转手。

直接渠道的优点在于：① 由于没有中间商参与转手，不增加额外的流通费用，产品成本可以有效控制；② 生产商和消费者直接接触，有利于生产商得到一手的市场信息；③ 生产商和消费者直接接触，有利于生产商与消费者形成密切关系，提供最好的咨询和服务等。

直接渠道的缺点是由于没有中间商的参与，渠道的覆盖能力会受到很多的限制，渠道的分销能力比较弱。

工业品中的大型设备、专用工具通常采用直接渠道进行销售，常用的方式包括销售人员上门推销、自设销售分公司、销售办事处等。随着互联网技术的完善，消费品也越来越多地使用直接渠道进行销售，网络营销、社群营销、邮购、自动售货机等都是消费品常用的直接销售方式。

2. 间接渠道

间接渠道是指生产商通过中间商将产品销售给消费者的渠道类型。根据生产者和消费者之间的中间商的层次数的多少，可以分为一阶（一级）渠道、二阶（二级）渠道、三阶（三级）渠道等。

一般来说，渠道层次数越少，渠道成员越容易协调和控制，渠道成本越低，但市场的覆盖能力就会相对较弱；反过来，渠道层级越多，市场的覆盖能力就会越强，但往往比较难协调和控制，渠道成本也会相应增加。

在讲到渠道长度的时候，通常还有长渠道和短渠道两个概念。长渠道是指产品分销过程中经过较多的中间商，通常包括二阶渠道、三阶渠道或更高阶渠道；短渠道是指产品分销过程中采用直接渠道或较少中间环节的分销渠道，通常包括零阶和一阶渠道。

短渠道和长渠道的概念是相对的，一般来说，工业品分销渠道层级数量少于消费品分销渠道。因此，对于某些大型的工业设备，可能二级渠道就是长分销渠道了；但对于消费品，特别是日常用品，二级渠道就是一个很短的分销渠道。

（二）按渠道的宽度划分

渠道的宽度是指渠道的每一层阶使用同类型中间商数量的多少。按渠道的宽度划分，可以分为密集分销渠道、选择分销渠道和独家分销渠道。

1. 密集分销渠道

密集分销渠道也称宽渠道，指生产商选择尽可能多的中间商分销其产品。密集分销渠道市场覆盖面广，能有效地提高产品的分销能力。消费品中的便利品和产业用品中的供应品，通常选择密集分销渠道。

2. 选择分销渠道

选择分销渠道指生产商在某一地区仅选择若干个实力较强的中间商分销其产品。选择分销渠道由于成员数量有限，通常易于协调和控制，能有效地维护生产商品牌信誉，建立稳定的市场和竞争优势。消费品中的选购品和特殊品，工业品中的材料和部件通常采取选择分销渠道。

3. 独家分销渠道

独家分销渠道也称窄渠道，指生产商在某一地区仅选择一家中间商分销其产品。产品和市场具有特异性的生产商，比如有专门的技术、特别的品牌优势、专业用户等，通常采用独家分销渠道。

（三）按渠道成员相互联系的紧密程度划分

按渠道成员相互联系的紧密程度划分，可以分为传统渠道系统和整合渠道系统。

分销渠道的系统结构如图 12－3 所示。

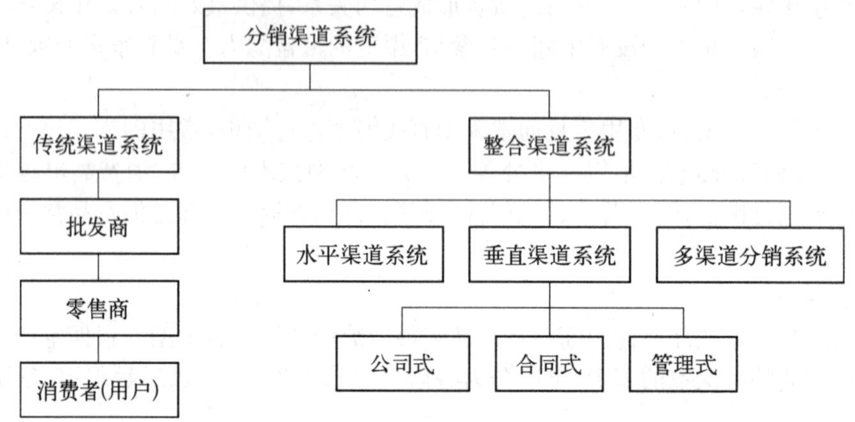

图 12－3　分销渠道系统结构图

1. 传统渠道系统

传统渠道系统是指由独立的生产商、批发商、零售商和消费者组成的分销渠道。传统渠道成员之间的关系是松散的，每一个渠道成员均是独立的经济个体，都为自身利益的最大化而努力，几乎没有一个成员能完全控制或基本控制其他成员。

2. 整合渠道系统

整合渠道系统是指渠道成员通过不同程度的一体化经营，整合形成的分销渠道。整合渠道系统主要有三种形式：垂直渠道系统、水平渠道系统和多渠道分销系统。

（1）垂直渠道系统。

垂直渠道系统是由生产商、批发商和零售商纵向整合组成的统一渠道系统。系统中渠道成员或属于同一家公司，或将专卖特许权授予其他成员，或有足够的能力使其他成员合作，因而能控制渠道成员行为，消除某些冲突。

垂直渠道系统有三种主要形式：公司式、管理式和合同式。① 公司式。公司式是指由同一个所有者名下的相关企业或部门所组成的渠道体系，或者是一家公司直接投资建立的销售分支机构，或者是一家公司对其他渠道成员控股或者参股。这是垂直渠道系统中最紧密的一种形式。例如，格力电器就是通过和各地大经销商合资建立区域销售公司来组建自己的渠道系统的。② 管理式。管理式是指通过渠道中某个有实力的成员，也叫渠道领袖，来协调整个产销通路的渠道系统，出面协调批发商、零售商的经营业务和政策，采取共同一致的行动。这种渠道模式最接近传统渠道系统，是垂直渠道系统中最松散的一种形式。通常，拥有知名品牌的生产企业比较容易从其他渠道成员那里得到强有力的合作和支持。比如吉列、宝洁等制造商经常出面协调渠道系统的经营业务和政策。③ 合同式。合同式是指不同层次的独立的生产商和中间商，通过法律合同确定彼此之间的分销权利和义务，从而形成的垂直渠道系统。特许经营组织就是一种典型的合同式垂直渠道系统，以特许经营合同的形式将企业的商标、经营模式、专利技术等授予其他渠道成员使用，通过对其分销权利和义务的限制，控制整个渠道系统。

垂直渠道系统的优点是可以加强渠道成员之间的合作，减少由于渠道成员之间的利益摩擦带来的利益损失。

(2) 水平渠道系统。

水平渠道系统是指两家或两家以上的企业横向联合，利用各自的优势和资源，共同联合开发的渠道系统。合作的企业可以是不同行业的，特别是具有上下游或者互补关系的企业，也可以是同行企业间的合作。同行企业间的合作通常发生在同行业但不同细分市场的产品中，比如食品行业中的饮料企业和冰激凌企业之间共建的渠道联盟。

(3) 多渠道分销系统。

多渠道分销系统是指企业采用多条渠道向消费者销售产品的分销体系。例如，某家电生产企业的产品不但由独立的零售商(如百货公司、折扣商店、家电零售企业)进行销售，也自建专卖店，并同时通过网络渠道进行销售。多渠道分销系统的优点是通过多条渠道满足了不同消费者的需求，也扩大了产品的市场覆盖面，但同时也容易造成不同渠道之间的冲突，给渠道控制和管理工作带来更大难度。

第二节 分销渠道策略

分销渠道策略包括渠道结构设计、渠道成员选择、渠道方案评估和分销渠道管理等内容。受篇幅限制，这里主要对渠道结构设计、渠道成员选择和渠道方案评估进行讨论。

一、渠道结构设计

渠道结构设计是指根据顾客的需求设计分销渠道的长度、宽度。设计渠道结构前，首先应考虑影响渠道结构设计的因素。

(一) 影响渠道结构设计的因素

影响分销渠道结构设计的因素主要包括产品本身、市场状况、企业实力等。

1. 产品因素

不同产品适合采用不同的分销渠道，这是企业选择分销渠道时必须首先考虑的。产品因素通常包括以下几个方面：

(1) 产品价格。

一般说来，单位产品价格高的产品，宜采用短渠道，尽量减少流通环节，降低流通费用；而单位产品价格低的产品，则宜采用较长和较宽的分销渠道，以方便消费者购买。

(2) 产品的时尚性。

对于时尚性强、款式花色变化快的产品，应选用短渠道，以免产品过时；而款式花色变化较小的产品，渠道可长一些。

(3) 产品的物理和化学性质。

首先是产品的重量和体积。体积过大和重量过重的商品，宜采用短渠道，以减少商品损失，节约储运费用；反之，可选择采用较长渠道。

其次是产品的易腐、易毁性。易腐、易毁产品，如鲜活产品、陶瓷制品、玻璃制品及有效期短的产品，应尽可能选择短而宽的渠道，以保持产品新鲜，减少腐坏损失。

(4) 产品的技术服务要求。

技术复杂、售后服务要求高的产品，宜采用短渠道，由企业自销或由专业代理商销售，以便提供周到服务。相反，技术服务要求低的产品，则可选择长渠道。

(5) 产品的通用性。

通用产品由于产量大、使用面广，分销渠道一般较长、较宽；定制产品由于具有特殊要求，最好由企业直接销售。产品的标准化程度高、通用性强，可选择较长、较宽的销售渠道；而非标准化的专用性产品，则应选择较短的销售渠道。

(6) 产品所处的生命周期阶段。

处于引入期的产品，因为新产品初入市场，许多中间商往往不愿经销，生产企业不得不直接销售，分销渠道往往短而窄。处于成长期和成熟期的产品，通常应选择长而宽的渠道，以扩大产品覆盖面，提高市场占有率。

2. 市场因素

市场状况直接影响产品销售，因此，它是影响分销渠道策略选择的又一重要因素。从消费者的角度看，市场因素主要包括以下几个方面：

(1) 目标市场范围。

市场范围大的产品，消费者地区分布较广泛，企业不可能直接销售，因而渠道较长较宽；若目标市场范围较小，则可采用短渠道。例如，产品只在当地销售，则生产企业通过自销即可。

(2) 市场的集中程度。

市场比较集中的产品，可采用短渠道；若顾客比较分散，则需要更多地发挥中间商的分销功能，采用较宽、较长的渠道。

(3) 每次的销售批量。

每次销售批量大的产品，可采用短渠道；批量小及零星购买的产品，交易次数频繁，则需要采用较长较宽的渠道。

(4) 消费者购买习惯。

消费者的购买习惯直接影响着企业分销渠道的选择。例如，消费品中的便利品，消费者要求购买方便，随时随地都能买到，因此需要通过众多中间商销售产品，渠道长而宽；消费品中的特殊品，消费者习惯上愿意花较多时间和精力去挑选，生产者一般只通过少数几个精心选择的中间商销售其产品，因此渠道窄而短。

(5) 需求的季节性。

季节性商品由于时间性强，要求供货快销售也快，因此要充分利用中间商进行销售，渠道相应就宽些。

从竞争者和中间商的角度看，市场因素还包括：

(1) 竞争状况。

消费者购买产品往往喜欢在不同的品牌间进行比较，所以，有的企业会选择使用与竞争者相同的分销渠道，以利于顾客进行全面的比较、挑选，这要求企业的产品以及资金实力足以与竞争对手抗衡；有的企业选择避免“正面交锋”，选择与竞争对手不同的分销渠道，以通过渠道差异化取得竞争优势。

(2) 中间商因素。

中间商规模大小不同,分销能力不同,中间商能力强,覆盖面广,就可以考虑短而窄的渠道;反之,则要考虑长而宽的渠道。

3. 企业因素

影响渠道策略选择的企业因素主要有以下几个方面:

(1) 企业的规模和声誉。

企业规模大、声誉高、资金雄厚、销售力量强,具备管理销售业务的经验和能力,在渠道选择上主动权就大,甚至可以建立自己的销售机构,渠道就短一些。反之,就要更多地依靠中间商进行销售。

(2) 企业的营销经验及能力。

一般而言,企业市场营销经验丰富,则可考虑较短的分销渠道。反之,缺乏营销管理能力及经验的企业,就只有依靠中间商来销售。

(3) 企业的服务能力。

如果生产企业有能力为最终消费者提供各项服务,如安装、调试、维修及操作服务等,则可取消一些中间环节,采用短渠道。如果服务能力有限,则应充分发挥中间商的作用。

(4) 企业控制渠道的愿望。

企业控制分销渠道的愿望各不相同。有的企业希望控制分销渠道,以便有效控制产品价格和进行宣传促销,因而倾向于选择短渠道。而有些企业则无意控制分销渠道,因此采用宽而长的渠道。

4. 其他因素

(1) 经济形势。

社会经济景气,发展快,市场繁荣、需求上升时,生产商应考虑扩大其分销渠道,而在经济萧条、需求下降时,则需减少流通环节,以降低成本和销售价格。

(2) 法律法规。

国家有关的法律法规对某些产品的生产和销售有明确规定,如专卖制度、反垄断法规、税法等,也会影响分销渠道的选择。在一些实施医药、烟草和酒类专营和专卖的国家,这些产品分销渠道选择,就会受到很大的限制。

(二) 渠道结构设计的步骤

分销渠道结构的设计主要包括三个步骤:分析顾客需要的服务水平、确定分销渠道的长度、确定分销渠道的宽度。

1. 分析顾客需要的服务水平

分销渠道结构的设计首先要考虑最终顾客的需求,对分销渠道来说,顾客的需求表现为对购买方式的要求,也就是服务需求,主要内容包括批量大小、等候时间、空间便利、产品品种、服务支持等五个方面。

(1) 批量大小。

批量大小是指分销渠道允许顾客购买的最小单位。从消费者的角度讲,组织市场的购买批量较大,而一般消费者购买以小批量为多。从分销渠道角度讲,提供大批量服务成本低，但可能顾客数量少；提供小批量服务顾客数量多，但服务的成本高。

(2) 等候时间。

等候时间是指顾客从订货到拿到货物的平均等待时间。一般来说，顾客更喜欢快速交货渠道，但这就意味着更高的渠道成本。

(3) 空间便利。

空间便利是指消费者购买产品的容易程度。例如，大部分仓储式购物中心位于郊外，空间便利性比较差。消费者对空间便利性的要求因商品的不同而各异，如对购买日常用品的空间便利要求比较高，对购买汽车、房子等高价值产品的空间便利要求就比较低。一般来说，空间便利性越强，渠道提供给消费者的服务产出水平也越高，但渠道成本也会相应增加。

(4) 产品品种。

产品品种是分销渠道提供的产品组合的广度和长度。一般来说，顾客喜欢广而宽的产品组合，因为这样更容易挑选到满意的商品。对渠道来说，产品组合越丰富，渠道提供给消费者的服务产出水平也就越高。

(5) 服务支持。

服务支持是渠道提供的附加的服务(信贷、安装、维修等)。服务支持越强，提供给消费者的服务产出水平越高。

理想的分销渠道，要尽可能达到较高的顾客服务水平。但是，提高服务水平，就意味着渠道成本的增加，成本的增加意味着产品价格的上升，顾客又不一定能接受，所以，对企业来说，要合理判断企业的目标市场顾客、他们的购买习惯以及对服务的期望水平，提供合适的顾客服务水平。

2. 确定分销渠道的长度

确定分销渠道的长度即确定生产商到消费者之间的层级数。在上一节我们讲过，渠道长度受产品本身、市场状况、企业实力和经济形势、政府政策等其他因素的影响。所以，渠道长度的选择需要在分析消费者需要的服务水平的基础上，根据企业、产品和市场的特点，权衡利弊，合理确定。

3. 确定分销渠道的宽度

确定分销渠道的宽度即确定每个渠道层次使用多少个分销商。在上一节我们讲过，根据渠道宽度，分销渠道可以分为密集分销、选择分销和独家分销三种形式，三种分销形式在市场的覆盖面、产品的分销能力和对渠道的控制方面各有不同。企业应根据自身目标和产品特点进行合理选择。

二、渠道成员选择

渠道成员选择包括确定渠道成员的条件和义务以及选择合适的渠道成员两部分内容。

(一) 确定渠道成员的条件和义务

生产商在确定了渠道的长度和宽度之后，需要进一步规定渠道成员的条件和彼此应尽的义务，通过协议来明确各方的权利与义务。一般来说，协议主要涉及价格政策、销售条件、地区权利以及每一方为对方提供的服务及应尽的责任义务。

1. 价格政策

价格政策是指生产商对不同地区、不同类型的分销商提供价目表和价格折扣表。

2. 销售条件

销售条件是指生产商的承诺保证和分销商的付款条件。例如,生产商对及时全部付清货款的分销商给予现金折扣,向分销商提供有关产品质量保证和跌价保证等。

3. 地区权利

地区权利是指对分销商经营区域的规定。明确分销商的经营区域,可以保护分销商在所辖区域内的销售权益,同时,也有利于生产商对分销渠道的管理和控制。

4. 其他条件和义务

分销协议还应该包括对交货时间、结算条件、售后服务、市场推广等方面的义务和责任的规定。

(二) 选择渠道成员

生产商和分销商之间是选择和被选择的关系,一般来说,声誉好、产品竞争优势明显的生产商比较容易找到分销商;反之,则会比较困难。生产商选择渠道成员时,应主要考虑以下因素。

1. 服务对象

不同生产商有不同的目标市场和定位,不同分销商有不同的服务对象和定位。企业要选择目标市场和定位与自身相一致的分销商,这样才能更好地服务于目标市场。

2. 地理位置

分销商的地理位置直接影响到产品能否顺利到达目标顾客手中。因此,选择分销商必须要考虑其地理分布情况,要求既要接近消费者,又要便于运输、储存及调度。

3. 经营范围

要注意考察分销商是否分销主要竞争对手的产品,如果企业的产品和实力不具有足够的竞争力,一般应避免选择经营主要竞争对手产品的分销商,以避免不必要的正面竞争。

4. 销售能力

要考察分销商是否有稳定的、高水平的销售队伍,健全的销售机构,完善的营销网络和丰富的营销经验等。

5. 物质设施与服务条件

部分特殊商品要求一定的物质设施和贮运条件,这就要求分销商具备这种物质贮运条件。另外,有些商品需要提供一系列的售中和售后服务,这也同样对分销商提出了要求。

6. 财务状况

分销商财务状况的好坏,直接关系到其是否可以按期付款,甚至预付货款等问题。企业在选择分销商时,必须对此严加考察。

7. 合作诚意

若没有良好的合作诚意,再有实力的分销商也不能选择。

8. 营销经验

生产者要尽可能选择营销经验丰富的分销商,以便产品顺利地通过分销商推销出去。如果中间商不具备较好的经营知识和能力,则不宜选用。

三、渠道方案评估

分销渠道方案确定后,生产商需要根据一定的标准对各种备选方案进行评估,找出最优的渠道方案。通常,渠道评估的标准有三个:经济性、可控性和适应性。其中最重要的是经济性标准。

(一) 经济性标准

经济性标准是评估渠道方案时最重要的标准,主要是比较每个方案可能达到的销售量及费用水平。

(二) 可控性标准

分销渠道稳定与否对企业能否维持并扩大市场份额关系重大,因此,企业应充分考虑对分销商的可控程度。一般说来,特许经营、独家代理关系的分销商比较容易控制,但这种情况下,分销商的销售能力对企业的影响又很大,选择时必须十分慎重。如果利用多家中间商在同一地区进行销售,企业利益风险比较小,但对中间商的控制能力就会相应削弱。

对分销渠道的控制应讲究适度,将控制的必要性与控制成本加以比较,以求达到最佳的控制效果。

(三) 适应性标准

适应性标准要求企业在选择分销渠道时保留适度弹性,根据市场形势的变化,灵活调整。

首先是地区的适应性。在某一特定的地区建立商品的分销渠道,应与该地区的市场环境、消费水平、生活习惯等相适应。

其次是时间的适应性。根据产品在市场上不同时期的适销状况,采取不同的分销渠道与之相适应。比如季节性商品在非当令季节比较适合于利用中间商的吸收和辐射能力进行销售;而在当令季节就比较适合于扩大自销比重。

第三是中间商适应性,即企业应根据各个市场上中间商的不同状态采取不同的分销渠道。如果在某一市场有一两个销售能力特别强的中间商,渠道就可以窄一点;如果不存在能力特别突出的中间商,则可采取较宽的渠道。

第三节　分销渠道成员

分销渠道成员通常也被称为渠道商或中间商,是指处于生产者和消费者之间,参与产品交易活动,促进买卖行为发生和实现的具有法人资格的经济组织或个人。分销渠道成员是生产者和消费者之间的纽带与桥梁。实际上,分销渠道策略的中心问题就是中间商的选择以及生产者与中间商、最终消费者或用户之间关系的协调问题。

按其在流通过程中所起的不同作用,分销渠道成员可以分为批发商和零售商。

一、批发商

(一) 批发商的概念及特点

批发商是指从生产单位或其他经营单位购进商品,然后卖给其他批发商、零售商或组织市场用户的商业企业。批发商的销售对象是其他批发商、零售商或组织市场用户,所以,批发交易行为结束后，商品流通过程并没有结束，而是将商品转到了另一企业单位继续销售或进行进一步制作加工。

批发商与零售商相比，它有自身的显著特点：

(1) 批发商处于商品流通的起点，批发商只与商业组织而非最终消费者打交道。

(2) 批发交易行为结束后，商品流通过程并没有结束，而是将商品转到另一企业单位继续销售或进行进一步制作加工。

(3) 批发商所从事的都是大宗交易活动，交易次数少，数量大，并有一定的批量起点。

(4) 批发商的规模因所在地区的不同而有差别。大型批发商通常集中在中心城市，中小型批发商通常集中在中小城市，农产品采购批发商往往分散在产地农村集镇。

(二) 批发商的主要类型

批发商主要有两种类型，独立的批发商和生产商所有的批发商。

1. 独立的批发商

独立的批发商主要有商业批发商、经纪人和代理商三种类型。

(1) 商业批发商。

商业批发商，是指专业从事批发业务，在取得商品所有权后再批发出售的独立的商业企业。商业批发商是批发商最主要的类型。商业批发商拥有商品所有权，这意味着：首先，取得商品前，商业批发商支付了全部货款或者按照合同规定取得所有权的要求支付了部分货款；其次，取得商品后，商业批发商有权独立处置这部分商品，独立承担商品滞销等风险，有合同特别约定的除外。

(2) 经纪人。

经纪人又称掮客，是为买卖双方牵线搭桥，进行购销谈判的中间商，一般不备有存货、不参与融资、没有商品的所有权，不承担商品交易的风险。经纪人既可以是个人，也可以是具有法人资格的经济组织。

(3) 代理商。

代理商是指受生产制造商的委托，代理销售其商品的中间商。和经纪人一样，代理商对其经营的产品没有所有权，利润主要来源于佣金。

2. 生产商所有的批发商

生产商所有的批发商主要指生产商的分销机构和销售办事处。生产商设置分销机构和销售办事处的目的在于改进存货控制、销售和促销业务。

随着生产制造企业和零售企业的大型化，越来越多的生产制造企业越过批发商直接与零售商建立联系，而越来越多的大型零售商也要求制造商越过批发商直接向其供货，加上网络等直接销售渠道的日益普及，批发商受到来自渠道上下游成员的挤压，活动空间受到了很大的压缩。但是，批发商拥有便捷的信息网络和丰富的客户资源，能够比生产制造商和零售商更高效地完成很多渠道功能，因此，批发商在当代市场中仍然发挥着重要的作用。

补充案例

义乌购(www.yiwugo.com)是义乌小商品批发市场的官方网站，网上有7万个商铺与实体商铺一一对应，以B2R(Business to Retailer)的商业模式为零售商提供小商品批发服务，使遍布全国各地的小商品零售商可以以最快的速度批发到生产厂家的货物。零售商通过B2R网络平台下单，义乌购则通过全国各地的仓储将货物当天送达零售商手中。该模式帮助生产厂家跳过一级、二级，甚至三级批发商，缩短了小商品流通的中间环节，提高了企业竞争力，也使零售商在获得更低价格商品的同时，避免了线下采购的辛苦与麻烦，让采购更轻松、更快捷、更方便。

二、零售商

零售是指向最终消费者直接销售产品和服务，用于个人及非商业性用途的活动。不论是生产商、批发商还是零售商，也不论这些产品和服务如何销售，在何处销售，只要符合向最终消费者直接销售产品和服务，且是用于个人消费而非商业性的，这种活动都属于零售范畴。

(一) 零售商的特点和作用

零售商直接服务于最终消费者，其基本特征是直接与消费者或产品的最终用户相联系，只有零售业务才能把产品输入消费领域。零售商的作用主要表现在以下几个方面：

(1) 广泛分销。

这是零售商最主要的作用。众多的零售商以灵活机动的营业时间和地点，以形式多样的服务方式，通过丰富多彩的商品品种和数量来满足消费者购买的需要，能使商品广泛分销。

(2) 促进销售。

零售商通过橱窗、柜台的商品陈列、店堂内的装饰广告，以及直接向顾客提供咨询服务，展示商品用途等手段来指导消费，有力地促进了商品的销售。

(3) 销售服务。

零售商在向消费者提供适销对路的商品的同时，还要在售中和售后为消费者提供各种服务，如储存运输商品、承担退货、维修保养、分期付款等，这些服务既可促进销售，又弥补了生产商或批发商的能力不足。

(4) 沟通信息。

零售商在销售中与消费者广泛接触，最了解消费者的需要和市场行情，他们不仅能引导消费者的需求，而且能向生产者和批发商提出各种合理化建议，为生产者和批发商的经营活动起导向作用。

(二) 零售商的类型

在理论研究和实践中，零售商常用的分类方法是按照零售业态进行分类。零售业态是指零售企业为满足不同的消费需求进行相应的要素组合而形成的不同经营形态。

2004年，商务部组织有关单位发布了新的零售业态国家标准《零售业态分类》(GB/T 18106—2004)。在该标准中，根据零售店铺的结构特点、经营方式、商品结构、服务功能，以及选址、商圈、规模、店堂设施、目标顾客和有无固定营业场所等，将零售业态总体上分为有店铺零售和无店铺零售两类。

有店铺零售是指有固定的进行商品陈列和销售所需要的场所和空间，并且消费者的购买行为主要在这一场所内完成的零售业态，包括食杂店、便利店、折扣店、超市、大型超市、仓储会员店、百货店、专业店、专卖店、家居建材商店、购物中心、工厂直销中心等12种业态。

无店铺零售是指不通过店铺销售，由厂家或商家直接将商品递送给消费者的零售业态，包括电视购物、邮购、网上商店、自动售货亭、电话购物等5种业态。

（三）零售业态的发展趋势

零售业直接与消费者接触，在不断地适应消费者消费和购买习惯的过程中，呈现了很多新的发展趋势，主要表现为以下几点。

1. 新的零售形式不断涌现

从历史上看，百货商店、超级市场、连锁超市、专业卖场，都曾以其新的特点威胁并摧毁了若干旧的零售方式。今天，一些创造性的零售方式仍在不断涌现，如体验店、快闪店、无人零售、直播带货等新零售方式迅速发展。

2. 零售业态的生命周期不断缩短

零售业态和它们所销售的商品和服务一样，也存在明显的创新、成长、成熟和衰退的生命周期阶段。据学者研究，百货商店从开始出现到成熟经历了80年时间，超级市场为35年，便利店为20年，超级专营商店为10年，而新的零售形式的生命周期更是在明显缩短。

3. 无店铺零售迅速发展

互联网时代为无店铺零售提供了广阔的发展空间。公开资料显示，2013年至2019年，中国网购交易金额从2 679亿元增长至66 610亿元，6年增长了近25倍。

4. 垂直渠道系统迅速发展

垂直渠道管理系统是指由生产商、批发商、零售商和消费者纵向整合而成的统一的渠道系统。随着企业渠道管理专业化程度的提高，大公司对分销渠道的控制越来越强，独立的小型商店正在被不断地排挤出去。

5. 零售经营手段日益现代化

使用信息技术进行现代化零售管理的零售商越来越多，如利用信息技术控制仓储成本、向供应商订货、在商店之间传递信息、利用资金电子转账系统等，大大地提高了商品销售的效率。

新零售

新零售是指个人、企业以互联网为依托，通过运用大数据、人工智能等先进技术手段，对商品的生产、流通与销售过程进行升级改造，进而重塑业态结构与生态圈，并对线上服务、线下体验以及现代物流进行深度融合的零售新模式。

“新零售”的商业生态构件将涵盖网上页面、实体店面、支付终端、数据体系、物流平台、营销路径等诸多方面，并嵌入购物、娱乐、阅读、学习等多元化功能，进而推动企业线上服务、线下体验、金融支持、物流支撑等能力的全面提升。新零售将打破传统经营模式下所存在的时空边界、产品边界等现实阻隔，消费者的购物入口将变得非常分散、灵活、可变与多元，人们可以在任意的时间、地点以任意的可能方式，随心尽兴地通过诸如实体店铺、网上商城、电视营销中心、自媒体平台甚至智能家居等一系列丰富多样的渠道，与企业或者其他消费者进行全方位的咨询互动、交流讨论、产品体验、情境模拟以及购买商品和服务。

第四节　网络分销渠道

随着互联网的普及和信息技术的快速发展，网络分销渠道已越来越成为消费者和用户购买产品和服务的重要选择。网络分销渠道具有快速响应顾客需求和个性化定制的特点，在顾客价值的传递和交付中发挥着重要的作用。

一、网络分销渠道的含义

网络分销渠道，也称电子化渠道，是指企业以互联网方式或其他与互联网相接的电子设备寻找、接近顾客，或是顾客或用户通过互联网或其他与互联网相连接的电子设备寻找供应者，从而产生购买行为的分销渠道。

在网络分销的情况下，生产制造商和消费者或用户之间沟通的主要媒介是电脑或其他与互联网相连接的电子设备，如智能手机、平板电脑等。消费者或用户从网络上获得产品信息，完成交易和货款支付，企业通过网下的物流和商流（少数音乐、文字等电子类产品除外），完成整个网络营销的过程。

二、网络分销渠道的结构

网络分销渠道有网络直接渠道和网络间接渠道两种结构类型。

（一）网络直接渠道

网络直接渠道也称为网络直销，是指生产商通过自建的官方网上商城直接将产品销售给消费者或用户。企业通过申请域名、制作主页和销售网页建立官方网上商城，由企业的专职人员处理有关产品的销售事务。很多生产制造商都有自建的官方网上商城销售自己的产品，如华为官方商城、小米官方商城、联想官方商城等。

网络直接渠道能够使生产制造商与消费者或用户直接接触，有利于企业与消费者或用户建立起良好的互动关系，建立双向的信息沟通和更加便捷的相关服务，如网上支付服务、网上售后服务和技术支持等。同时，网上直接渠道可以大大减少过去传统渠道中的流通环节，有效降低渠道成本，使企业能以较低价格销售产品，顾客也能从中获得价格的优惠。

（二）网络间接渠道

网络间接渠道，也称为网络中间商渠道，是指在制造商和消费者或用户之间存在一个电子中间商。网络中间商是连接买卖双方的枢纽，使买卖双方可以通过网络中间商的网络交易系统发生买卖关系。

网络间接渠道主要有平台类中间商、自营类中间商和新型消费者虚拟社区三种类型。

1. 平台类中间商

平台类中间商，相当于现实中的交易市场，为那些想要进行商品交易的人提供一个虚拟的交易场所。平台提供商主要有电子交易市场和电子拍卖市场两种形式。

电子交易市场通过搭建电子商务平台，运用先进的互联网技术及设备为企业或消费者提供权威的网上交易的电子交易平台及数据库管理。它们只是提供虚拟的贸易市场而本身并不参与商家和消费的买卖交易。同时，这个虚拟的贸易市场提供了交易方式、交易保证及组件成熟的信誉管理系统。淘宝、天猫商城是典型的平台类中间商。

电子拍卖市场通过提供交易场所和组织拍卖活动而获得销售佣金和广告收入。该中间商或者销售商在网站上提供商品信息，但不确定商品的价格，商品价格通过拍卖的形式由注册的会员在网络上互相叫价确定，在规定时间段内出价最高者就可以购买该商品。比如，全球最成功的电子拍卖市场 eBay。

2. 自营类中间商

自营类中间商类似现实中传统的零售商，它本身并不生产商品，而是基于对消费者需求的判断自行采购商品，并在自建的平台上把这些商品直接销售给最终消费者，从中赚取利润。

自营类中间商可以分成两大类。第一类是传统的零售商顺应网络营销发展趋势建立的网上零售平台，如苏宁易购；随着网络营销的日益普及，越来越多的传统零售商通过自建 App 或微信公众号的方式建立网络零售平台，如苏果到家 App、山姆会员商店微信公众号等。第二类是新型的网络零售商，面向特定的市场与目标客户群，通过自行采购，向消费者提供产品或服务，如京东商城、当当网、亚马逊等网络零售企业初创时期都是自营类中间商。

3. 新型消费者虚拟社区

消费者虚拟社区是由具有共同的消费兴趣或共同的消费经历的消费者组成的，通过互联网进行沟通、交往、购买的群体。消费者虚拟社区作为新型的分销渠道，对企业营销管理的价值主要体现在：吸引和识别顾客；了解顾客需求；增加企业的商业机会；通过为顾客提供个性化的服务和体验并降低服务成本来增加利润；帮助实现产品的创新和优化；识别和留住优质顾客，提升顾客对品牌的信任和忠诚度；在顾客中建立和发展良好的口碑等。

由于意识到消费者虚拟社区对于企业市场营销的战略价值，越来越多的企业开始主动介入消费者虚拟社区的创建、维护和管理过程，如建立基于微信群和 QQ 群的即时通信、博客或微博、电子邮件群等，与顾客进行沟通交流，并实现产品销售。

三、网络分销渠道的冲突与协调

（一）网络分销渠道冲突的表现形式

网络分销渠道和传统分销渠道之间会争夺企业的内部资源（如营销开支）和外部资源（如顾客），即出现渠道冲突。网络分销渠道冲突主要表现为三种形式：

第一，生产制造商自建电子网络直销渠道，从而产生网络直销渠道与传统渠道之争；

第二，生产制造商通过原有渠道之外的网络中间商销售，从而产生网络中间商渠道与传统渠道之争；

第三，生产制造商的产品被原有的某些中间商在网上销售，出现传统渠道中使用网络渠道的成员与未使用网络渠道的成员之间的争斗。

这三种情形还可能组合出现，网络营销可以帮助企业降低成本，进入新的细分市场，为企业提供全球范围的市场信息。然而，网络营销在带来众多利益的同时，也会带来多重渠道冲突。企业在实施网络营销战略时面对的最严重的问题就是渠道冲突问题。

(二) 渠道冲突的协调

1. 多重渠道区隔策略

渠道区隔策略的主要措施是进行品牌差异化,即分别为网络分销渠道销售的产品和传统分销渠道销售的产品设计不同的营销组合。

(1) 使用不同的产品类型。

多样的产品或产品类型可以使企业通过多重渠道满足不同细分市场的需求。企业可以通过管理他们网上销售的产品类型来降低不良渠道冲突。例如,只在网上销售传统渠道中没有的产品。

(2) 采取不同的定价策略。

为了降低多重渠道冲突,企业在网络分销销售的定价不能低于传统分销渠道中的价格,这样才不会引起网络分销渠道和传统分销渠道之间的竞争。拍卖定价也是降低多重渠道冲突的策略之一。拍卖定价有很强的不确定性,顾客会认为该产品的网络分销渠道价格和传统分销渠道中的价格是不同的。传统分销渠道也不会认为网络分销渠道的价格比零售价格定得低。因此,拍卖定价给企业提供了在网络分销渠道定低价而不导致渠道冲突的可能。

(3) 使用不同的品牌名称。

很多学者建议通过使用不同的品牌名称来降低多重渠道冲突。通过使用不同的品牌名称,可以避免网络分销渠道和传统分销渠道的直接竞争,从而降低外部多重渠道冲突。

2. 多重渠道整合策略

现在的消费者已经习惯于通过多个渠道购买,完全把渠道区隔开是不可能的。因此,在对外部渠道成员进行区隔的同时,还必须在企业内部进行多重渠道管理组织间的整合。与渠道冲突的原因相对应,多重渠道整合的策略有在内部使用高级目标、渠道管理组织间有效的内部协调、内部沟通等三种。

(1) 在内部使用高级目标。

从企业内部来说,企业总体目标经常会被分解为每个渠道部门的职能目标,而职能目标可能会相互冲突。高级目标是"所有群体迫切期望的目标,这一目标的实现需要多个群体的资源和努力"。在企业内部,所有渠道管理组织都应以渠道整体绩效作为高级目标,这可以避免为了自身组织的利益相互争夺和恶性竞争。

(2) 协调内部渠道组织的行为。

渠道协调措施主要包括成立专门的渠道管理团队和制定约束性的书面文件。渠道管理团队专门负责内部渠道组织的协调问题,并负责企业总体渠道策略的制定和执行;书面文件详细规定每个渠道组织的角色、职责和目标市场,对每个渠道管理组织部门都有约束力,避免了职责、区域划分不清带来的渠道冲突。

(3) 加强内部渠道管理组织间的沟通。

企业应该针对每个渠道的角色、职责和市场范围进行沟通和传播,并制定制度化的措施来加强内部渠道管理组织之间的沟通,将其网络营销战略很好地传达给各渠道组织。在这种沟通下,每个分销渠道成员都可以更加明确自身的目标顾客,了解企业的网络营销策略对整体渠道绩效的作用。

都市丽人O2O跨渠道销售模式

都市丽人是广东的一家内衣制造企业。面对网络销售渠道的冲击，企业管理层认真分析了消费者购买内衣产品的特点：与普通服饰相比，消费者在购买内衣产品时更注重穿着的舒适度，消费者虽然在线上购买内衣，但到实体店试穿是必不可少的一环。

为此，都市丽人制定了“线下体验、线上触达”的跨渠道销售模式。2014年2月，企业发布了自建电商平台www.cosmo-lady.com，并与天猫、京东、唯品会等电商平台开展了合作，上线了微信小程序、线上直播等，制定了线上线下统一价格。同时，加快线下门店升级步伐，引导消费者线下体验，线上购买。

创新创业营销视角

创新创业企业渠道建设要点

渠道建设需要企业与众多经销商合作，共同把产品推向市场，实现顾客价值的交付。即使在互联网高度发达的今天，大量能够为顾客提供产品体验、触达和购买的经销商仍必不可少。

对于规模小、资源有限的创新创业企业，在进行渠道建设时，主要要考虑三个层面的问题：一是如何利用互联网实现产品的广泛传播，实现消费端的拉动消费；二是如何低成本地吸引经销商，使其有意愿与企业合作共同开发市场；三是如何将产品快速地分销到终端，实现终端的火爆销售。基于这样三个基本问题，创新创业企业在进行渠道建设时应抓住以下要点。

1. 网络——用全渠道思维规划营销

互联网时代，消费者的行为发生了根本的改变，他们对信息饥渴、对价格敏感，又被互联网技术赋予了更多的能力。他们可以同时利用所有的渠道——包括线下门店、企业网站、电商平台、微信社群和移动终端等——随时浏览、购买、接收产品。创新创业企业在设计渠道结构时，一定要注意线上线下渠道的融合，利用互联网加强与消费者的沟通和互动，实现线上传播、线下体验、多渠道购买。

2. 招商——让更多经销商帮你销售产品

市场营销的规律是：渠道宽度与市场覆盖面呈正比，渠道商种类和数量越多，企业产品的市场覆盖面就越宽。因此，想要产品畅销，就必须吸引足够多数量的经销商。对于创新创业企业，首先应该检查企业的渠道宽度，检视企业是否具有足够多数量的经销商，如果渠道商数量不够，或者推出了新产品需要吸纳新的经销商，那就要想尽办法进行招商，吸引更多的经销商来销售企业产品。例如，可以按终端形态的不同而选择相对专业的经销商，也可以按区域划分选择适合的经销商。

招商的方法有很多种，对于创新创业企业来说，人员招商是成本最低的招商办法之一，只要训练好招商人员，策划好市场热销的产品，那么找到更多经销商合作就不是难事。

3. 样板——区域市场第一原则

创新创业企业由于规模小资源有限，通常没有办法短时间内在全国市场同时铺开，这时，企业可以选择一个较小的市场，如地级市场、县级市场乃至更小的区域市场，然后，将企业有限的精力和资源集中投入进去，做到在该区域市场内的销售力和影响力第一，这样既可以为其他区域经销商摸索成功的分销方法，又可以为病毒式营销创造可供传播的信息源，将区域影响扩大到全国。

4. 终端——临门一脚的真功夫

很多企业或者经销商，费了好大的劲将产品进入了各种各样的销售终端，有些甚至将产品进入了大型KA卖场，但终端的表现却不尽如人意，主要原因是缺乏对终端的管理。终端货架好比是战争中的阵地，企业可以没有飞机大炮(广告促销)，但必须具备锋利的刺刀(好产品)和坚守阵地(终端管理)的能力。坚守阵地就是产品在终端有显眼的陈列和POP资料，如果是重要的阵地，甚至要派上专业的促销人员，这样才能在终端吸引消费者。

5. 管理——让渠道保持健康的活力

在确保渠道尽量扁平和丰满的前提下，企业要对渠道进行严格专业的管理，这个问题可以分两步走：首先，要为经销商配备足够的分销力量，帮助经销商进行分销和渠道管理；其次，在渠道模式运行一段时间以后，要对渠道成员进行评估，根据考核标准，检查、衡量渠道成员是否达到某些标准。对未达标和忠诚度不高的经销商，要进行调整和删减，促使渠道保持健康的活力。

6. 团队——完成渠道任务的保障

创新创业企业往往没有太多的钱或者根本没有钱投入广告，那么大量的销售工作就需要销售人员去做。世上没有销售天才，只有懂得并掌握销售规律的人，既然销售有规律，那就将全体营销人员训练成懂得并完全掌握销售规律的人，从而成为天才销售团队而非个人。

销售的关键是沟通，沟通的关键是信任。通过跟踪优秀销售人员，观察他们的销售习惯，分析他们如何取得顾客信任，提炼最优秀的部分，剔除不需要的或者形成障碍的部分，使其成为最高效的销售精要，然后对全体销售人员进行严格的训练，进行基因复制。一支天才的销售队伍就是这样练成的。

(资料来源：创业公司如何把渠道做精？微信公众号“万易创业园”.2016.6.7.有删改)

创新创业营销案例

龙头白酒企业的渠道模式创新

渠道力是白酒企业核心竞争优势之一。白酒企业典型的渠道模式是：生产厂家(含生产厂家下设销售机构)—经销商(一级批发商、二级批发商)—终端(一般包括烟酒专卖店、商超、餐饮渠道、政企团购客户四大类)，如图12-4所示。

在典型渠道模式的基础上，各白酒企业根据自身的目标市场、产品定位、所处的发展阶段、资源优势，纷纷进行了富有特色的渠道创新改革，形成了独特的渠道模式和与经销商的合作关系。总体来说，大致可以分为三类：

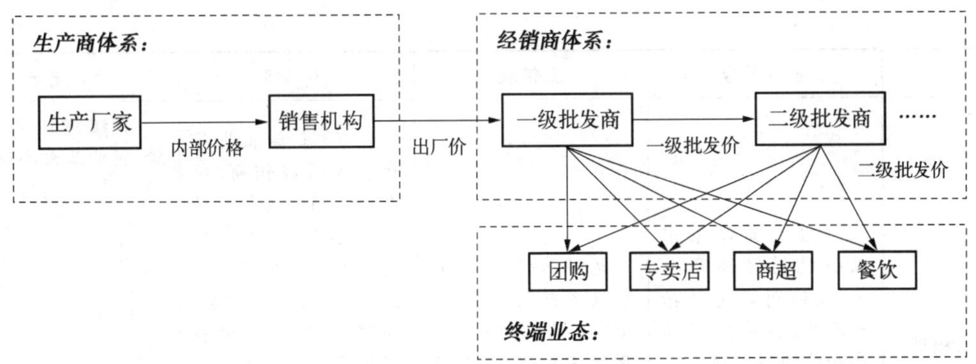

图 12-4　典型的白酒企业渠道模式

(1) 厂家主导模式:这种模式可以分成两种类型。**第一类是品牌力强势的企业**,这类品牌在消费者心智中已经形成了稳固的龙头地位,厂家在整个产业链中处于绝对强势地位。最典型的便是茅台的"小经销商模式",茅台虽然不直接掌控终端,但由于其强势的品牌力,其在整个产业链中处于绝对主导地位,经销商更多是扮演配送商的角色而非市场开发者的角色。**第二类是品牌相对较弱但希望通过强势的渠道力实现市场扩张的企业。**最典型的是以洋河为代表的"1+1"模式,在这一模式中企业品牌力虽然相对弱势,但是力求通过强势的渠道力实现竞争突围,企业自身对市场开发的费用投入极大,对终端渠道有强势的掌控力,经销商往往在市场开拓前期被倚重,但其地位随着企业市场的壮大会被逐渐弱化从而沦为配送商的角色。

(2) 经销商主导模式:这是白酒企业中最主要的模式,在分销体系中以经销为主导,这一模式中厂家在当地的市场开发责任往往被移交给经销商,厂家自身则专注于产品生产及品牌的总体宣传,不再针对每个区域市场进行深度的渠道开拓。这一模式包括五粮液的"大商制模式"、口子窖的"区域总代模式"、以水井坊为代表的"新总代模式"(经销商主导、厂家配合),以及以伊力特为代表的"买断式模式"。

(3) 厂家与经销商合作共赢模式:这种模式的典型特点是生产厂家和经销商收益共享,以充分激励经销商。在这一模式中,厂家制定出某种制度(或股权、或产品、或现金分红的形式),让经销商在为企业开拓市场的同时亦能分享企业成长的红利。这一模式包括曾经让泸州老窖实现快速增长的"期权模式"以及废弃期权模式后重新推出的"品牌专营模式",虽然两大模式不尽相同,但最终目的均是实现厂家和渠道的共赢。同时,还包括五粮液部分中低端品牌的"定制合作模式"(企业为经销商提供 OEM,经销商负责市场开发,最终利益由厂家和经销商共同分享)。

表 12-1 以茅台、五粮液、洋河、泸州老窖四家龙头白酒企业为例,深入分析了不同渠道模式的特点。

表 12-1　四家龙头白酒企业渠道模式对比

	贵州茅台	五粮液	洋　河	泸州老窖
渠道模式	厂家主导的小商模式+自营渠道	经销商主导的大商模式	厂家主导的"1+1"模式,厂家直控终端	厂家与经销商合作,从期权模式到品牌专营模式

续 表

	贵州茅台	五粮液	洋　河	泸州老窖
模式概述	1. 经销商体系中以小规模经销商为主，经销商渠道包括专卖店、区域总经销商和特约经销商。 2. 自营渠道主要以自营店和线上形式为主	也叫总代模式，厂家以省或区为单位，指定实力强的大经销商担任总代，由其全权代理所在区域的产品销售活动	1. 厂家委派业务代表入驻经销商，或在经销商的主导市场设立办事处，其中分公司或办事处直接做市场，承担市场开发、品牌推广、消费者教育等责任，经销商主要负责物流和资金周转。 2. 所有经销商由厂家直控，厂家直接供货，不存在二三级经销商	1. 组建国窖、窖龄、特曲三大品牌专营公司，分别负责三大品牌酒的市场运作，专营公司下设区域子公司，负责所在区域销售和宣传推广。 2. 品牌专营公司全部由经销商持股，销售人员和管理层由泸州老窖任命。 3. 品牌专营公司供货至经销商或者直接供货至终端
渠道利润来源	1. 出厂价与一级批发价的价差。 2. 一级批发价与零售价的价差	1. 出厂价与一级批发价的价差，厂家返利、补贴。 2. 一级批发价与零售价的价差	出厂价与零售价的价差	价差、品牌专营公司分红、提价
优势	1. 小经销商销售任务、资金周转和库存压力小，不易产生压货、窜货等扰乱市场秩序行为；小经销商更容易形成涨价期惜售行为，有利于企业产品价格提升。 2. 在加强终端控制、保持对终端市场的感知力等方面更占优势	1. 厂家可借助总代渠道资源实现低成本的快速扩张。 2. 经销商利润由其营销能力和积极性决定，渠道积极性高	厂家对经销渠道控制力强，对价格、库存等有很好的控制，对市场变化感知更强	1. 更贴合泸州老窖的大单体战略，避免经销商只销售赚钱的单品，造成不赚钱的单品积压。 2. 渠道层级减少为三级，对终端控制力强。 3. 绑定经销商和厂家的利益
劣势	小经销商的资金实力、营销能力不如大经销商	1. 大经销商追求资金周转率，往往低价出货，不利于挺价。 2. 厂家对经销商控制不强，价格体系容易发生混乱，进而导致区域间窜货	1. 对厂家管理要求较高，市场开发费用大。 2. 厂家强大、掌握市场后，经销商地位弱化，沦为配送商的角色，经销商的积极性容易被打击	1. 相对于厂家主导模式，对经销商渠道的控制不强，价格体系容易发生混乱。 2. 厂家对经销商依赖程度较高

通过以上的对比分析，可以看出：

(1) 厂家主导模式最有利于实现生产厂家对渠道的控制。以洋河为代表的“1+1”模式是生产厂家对渠道的控制力最强的，渠道商的库存、价格，包括市场的需求情况都在厂家的掌控之中，厂家的销售策略也能很好地被渠道商贯彻下去。茅台的“小经销商模式+自营渠道”也能够实现对渠道商的控制,得益于茅台强大的品牌力,以及出厂价与零售价之间的巨大价差,渠道商必然要听从厂家的命令,否则就可能被处罚甚至被取消经销商资格;而且茅台以小经销商为主,小经销商基本没有跟厂家抗衡的实力。

(2) 大经销商主导模式是一种相对粗放的分销模式,厂家可以当甩手掌柜,完全交给大经销商去安排所负责区域内的销售。这种模式能激发渠道商的积极性,但是渠道商规模大了以后,就有了与厂家抗衡的实力;而且整个渠道库存、价格和市场动态对于厂家来说并不透明,信息反馈并不及时,容易造成厂家对形势的误判,比如2013年五粮液逆市提价;再者,由于厂家对渠道掌控力不足,容易出现渠道商低价甩货、区域间窜货等问题。从过去多年的运行经验来看,对于需要维护自身品牌形象的高端白酒企业,这种销售模式弊大于利。因此,近年来,五粮液一直致力数字化渠道改革,就是要掌控渠道的库存、价格情况,如果能成功实行,将是对这种模式的很大改进。

(3) 品牌专营模式本质上与大经销商主导模式类似,厂家对渠道商的掌控有限。在品牌专营模式下,厂家依然无法有效地避免经销商低价甩货、区域间窜货等问题,但是这种品牌专营模式确实可以避免经销商只销售赚钱的产品,造成不赚钱的产品大量积压;另一点好处就是这种模式经销商层级较少,品牌专营公司直供终端,对终端的掌控也更好一些。

总体来说,近年来,白酒企业的渠道创新改革主要围绕两个方面进行:

一是加强对渠道的掌控。主要是对价格、库存的掌控,避免经销商随意定价造成价格体系的混乱,比如,茅台加大直营比例,五粮液开始营销渠道数字化管控等。

二是继续下沉渠道。随着消费升级的深入,四五线城市(包括县城)对高端白酒的消费也在增长,因此,高端白酒企业纷纷下沉渠道,积极在广大的县城甚至乡镇建设专卖店,最典型的是五粮液的“百城千县万店”工程。

(资料来源:长江证券研究所.中国白酒渠道模式研究报告[R].有删改)

问题讨论:

1. 结合案例,并查阅相关资料,谈谈白酒企业渠道创新改革的背景及原因。
2. 白酒企业三种渠道模式的特点是什么?分别有什么优势和劣势?
3. 四家龙头白酒企业渠道模式的改革对其他同类企业进行渠道创新有何借鉴意义?

创新创业营销实战训练

【训练目的】

掌握创新创业项目分销渠道结构设计和渠道成员选择。

【训练内容】

以小组为单位,利用本章学习的分销渠道策略方法,分析影响创新创业项目分销渠道设计的因素和目标顾客需要的服务水平,确定分销渠道的长度和宽度;分析影响渠道成员选择的因素,确定渠道成员的类型;形成研究报告。教师也可以指定某一个创新创业项目,要求学生做出分析并形成研究报告。

【训练步骤】

(1) 从产品、市场、企业等角度分析其对创新创业项目分销渠道结构设计的影响;

(2) 分析创新创业项目目标顾客需要的服务水平,确定分销渠道的长度和宽度;

(3) 从服务对象、地理位置、经营范围等角度,分析其对创新创业项目渠道成员选择的影响;

(4) 确定渠道成员的类型;

(5) 形成研究项目市场竞争分析研究报告。

【注意事项】

(1) 可沿用第二章选择的创新创业项目;

(2) 3～4人一组,每组选出一位负责人,小组成员合理分工;

(3) 训练过程应结合本章所学理论知识,独立思考与小组讨论相结合;

(4) 条件许可的情况下可进行企业调研或实地走访;

(5) 研究报告以小组形式提交,注明每位同学承担的任务。

【成果与评价】

(1) 研究报告内容应包括但不限于:影响研究项目分销渠道设计的因素,目标顾客需要的服务水平,确定分销渠道长度和宽度;影响研究项目渠道成员选择的因素,确定渠道成员的类型;

(2) 要求结构完整、思路清晰,体现分析和判断能力,各部分内容充实,有详细数据支持;

(3) 文字流畅,符合规范化要求。

思考题

1. 什么是分销渠道? 分销渠道与营销渠道的区别是什么?
2. 分销渠道的类型有哪些? 各自的优缺点是什么?
3. 企业应如何设计与选择合适的分销渠道结构?
4. 企业选择分销渠道成员时应考虑哪些因素?
5. 分销渠道成员主要有哪些类型? 各自在产品分销中起什么作用?
6. 渠道方案的评估标准有哪些?
7. 网络分销渠道的结构类型主要有哪些? 如何协调网络分销渠道和传统分销渠道的冲突?
8. 创新创业企业进行渠道建设时应考虑哪些要点问题?

第七篇　提升顾客价值

第十三章

市场营销计划、组织与控制

学习目标

1. 掌握市场营销计划、组织、控制的基本概念。
2. 掌握市场营销计划的内容及拟定方法。
3. 了解市场营销计划的制订原则、营销组织的演变及其形式。
4. 了解影响市场营销计划有效实施的具体因素及控制方法。
5. 了解“互联网+”时代创新创业企业市场营销组织和控制的新特点。

引　言

市场营销管理是企业通过为顾客创造价值并建立牢固的顾客关系，从而从顾客那里获得价值作为回报而对市场营销活动进行组织、计划和控制的过程。面对快速发展变化的外部环境，不管是传统企业还是创新创业企业都面临着市场营销管理创新的问题。企业必须认真分析外部环境和内部资源，制订与企业发展战略相适应的市场营销计划、组建高效的市场营销组织，分析营销部门与其他部门之间的关系，从而使企业的营销活动朝着有利的方向发展。

第一节　市场营销计划

市场营销计划是对企业市场营销活动方案的具体描述，规定了企业各项营销活动的任务、策略、目标、具体指标和措施，使企业的市场营销工作按照既定的计划有条不紊地循序渐进，从而最大限度地避免了营销活动的混乱和盲目性。

一、制订市场营销计划的原则

（一）充分体现企业的市场发展战略

市场营销计划是市场营销战略的具体化、程序化和科学化的运行方案，是指导、协调市场营销活动的主要依据。因此，企业在制订计划时必须要注意：一是营销计划与企业战略方向的一致性。二是营销计划的具体性与可实现性。

（二）遵循市场规律

企业在制订营销计划时应对企业面临的环境进行认真的调研，这是制订计划的基础或准备阶段。在这一阶段企业必须充分了解并掌握企业自身的实际情况，根据企业内部资源情况，反复征询各方意见，以使营销计划真正切合企业实际，更准确地反映市场运行规律。

（三）重点突出，表述明确

市场营销计划应对关键问题进行具体而明确的规定或要求，避免用模糊的语言进行表述。对于可以量化的指标尽量采用定量化的标准予以界定和表述，对不能或不宜量化的目标任务，应用文字简明而准确地予以表达。

（四）切实可行，适应性强

营销计划的可行性是实施计划的基础和保障。一般来说，营销计划一旦制订并颁行，应相对稳定，不能朝令夕改。在计划实施过程中，当企业外部环境发生未预料的变化时，应对计划做出相应调整，这也是保证计划能够切实可行的最重要保证。

二、市场营销计划的种类

（一）按计划的形式划分

按计划的形式划分，市场营销计划可分为正式市场营销计划和非正式市场营销计划。正式市场营销计划是由企业专门计划人员或管理人员按一定程序制订，并形成格式相对规范的计划书文本，作为企业营销管理的指导性准则。

非正式市场营销计划一般由企业高级管理人员制订，并根据市场环境的变化而随时调整、修改的设想和打算，一般不形成文件式的文本。但它经过修改和完善，可成为制订正式市场营销计划的基础。

（二）按企业机构层次划分

按企业机构层次划分，营销计划可划分为企业整体计划和各部门围绕营销而制订的计划。

（三）按内容和功能划分

按内容和功能划分，营销计划可分为综合营销计划、产品营销计划、市场拓展及事业发展计划、促销计划、分销渠道计划、技术服务计划、价格计划、包装计划、品牌计划、新产品开发计划等。

三、市场营销计划的内容

市场营销计划内容的详细程度因企业要求的不同而不同。大多数市场营销计划主要包括计划概要、市场营销现状分析、机会与威胁分析、拟定营销目标、市场营销战略、市场营销组合策略、财务预算和营销控制。

（一）计划概要

计划概要是对本计划的主要市场营销目标做简短的概述，目的是要让企业高级的管理人员或有关人员能够很快了解、掌握计划的核心内容。

(二) 市场营销现状分析

这一部分负责提供与企业所面临的宏观环境和市场情况、产品销售情况、竞争状况、分销状况等相关的营销计划背景资料,并对这些背景资料做逐一的剖析。

(三) 机会与威胁分析

通过对来自外部可以左右企业发展的因素进行分析,找出企业所面临的主要机会与威胁。通过对企业内部的资源状况进行分析,找出企业的优势与劣势。比较企业自身优势与劣势,使企业更客观地找出自己在市场中的位置,制定更有效的决策,实现企业的营销目标。

(四) 拟定营销目标

营销目标是营销计划的核心部分。首先,每一个目标应该有一个既明确又能测量的形式,并且有一个应该完成的规定限期。其次,各个目标应该具有内部统一性。再次,各类目标应该有层次性,如果可能,目标应该从高到低非常清楚地排列。最后,这些目标是可以达到的,但是,它们具有足够的挑战性,能激发员工的最大努力。计划目标一般可分为两类:财务目标和市场营销目标。财务目标主要由短期利润指标和长期投资收益率目标组成,财务目标必须转换成营销目标,如销售额、市场占有率、分销网覆盖面、单价水平等。

(五) 市场营销战略

市场营销战略是对企业如何实现计划目标的总体筹划。市场营销战略主要有以下两个部分:一是目标市场营销战略,包括市场细分、目标市场选择和产品定位等; 二是竞争性市场营销战略,包括一般竞争性市场营销战略、市场地位竞争战略和市场营销战略联盟等。在市场营销战略制定的过程中,市场营销部门要与其他有关部门进行沟通、合作,以确保战略能够实施。

(六) 市场营销组合策略

市场营销组合策略是将市场营销战略具体化为整套的战术或具体行动,主要包括:一是包括产品和服务策略、价格策略、分销渠道策略、品牌和包装策略以及整合营销传播策略在内的一体化最佳组合方案;二是市场营销策略具体执行方案,即从每个策略做什么、什么时候做、谁去做、将花多少费用以及达到什么要求等方面进行阐述。

(七) 财务预算

行动方案需有关管理人员能汇编一个支持该方案的财务预算。在财务预算的收入栏,列出预计的销售数量和平均净价;在支出栏,列出分成细目的生产成本和储运成本以及各种市场营销费用。收入与支出之差就是预计利润,上级管理部门将审查这个预算并加以批准或修改。

(八) 营销控制

营销计划的最后一部分为控制,指的是对营销计划的执行过程和进度如何进行管理而予以的说明。通常,目标和预算都是按月或按季度来制定的。这样上级管理部门就能检查各个阶段的成果并发现未能达到目标的企业部门。这些落后部门需解释未能达标的原因和他们完成计划所要采取的行动。

有些营销计划的控制部分还包括针对意外事件的应急预案。意外应急预案扼要列出可能发生的某些不利情况、管理部门采取的预防措施和必须准备的善后措施。制订应急计划的目的是要管理人员预先考虑可能出现的各种困难。

第二节　市场营销组织

管理的实质在于使人们为了共同的目标而有效地合作,企业市场营销管理同样离不开特定的组织结构,合理的组织有利于市场营销人员的协调和合作,因此,设计一个有效的市场营销管理组织,就成为市场营销管理的基础。

一、市场营销组织的概念

市场营销组织是指企业内部涉及市场营销活动的各个职位及其结构,是为了实现企业的目标,制定和实施市场营销计划的职能部门。市场营销组织主要包括两种类型:企业内部推进营销活动的组织和企业外部的商品销售组织。

二、营销组织结构的演变

现代企业的营销部门是随着市场营销观念的发展,长期演变而形成的产物,其发展过程至少可划分为五个阶段。

(一) 单纯的销售部门

20 世纪 30 年代以前,社会生产力水平较低,产品供不应求,企业以产品生产为中心,不重视市场营销,在西方,企业以生产观念与产品观念作为指导思想,其营销组织大都是单纯的销售部门。销售部门的职能仅仅是销售产品,无权决定生产什么、销售什么、生产多少、销售多少等。产品的生产、库存管理等基本由生产部门决定,销售部门对产品的种类、规格、数量等问题,几乎没有发言权。

(二) 销售部门兼有营销功能

20 世纪 30 年代以后,市场竞争日趋激烈。大多数企业开始以推销观念为指导思想,需要一些经常性的市场调研、广告和其他促销活动。这时主管销售的副总经理就需要聘请一些专家来执行这些功能。副总经理除了领导推销员队伍外还可以聘请一名营销主任,负责其他营销职能的规划与管理,但其营销工作在销售部门中是辅助性的。

(三) 独立的营销部门

随着生产力水平的不断提高,竞争的加剧,原来作为辅助性职能的营销工作,诸如营销调研、新产品开发、广告和销售促进、顾客服务等的重要性相对销售来说日益增加。营销成为一个相对独立的职能部门。作为营销主管的营销副总经理,同负责推销工作的推销副总经理一样,直接由总经理领导,推销和营销成为平行的职能部门,在具体的工作上,两个部门要密切配合,为企业的进一步发展而努力。

(四) 现代市场营销部门

虽然销售部门和营销部门的工作目标应是一致的,但是这种并列又独立的部门之间在竞争的同时互不信任，矛盾重重。例如，销售部门往往以短期目标为导向，致力于完成当年的销售任务，不愿意销售队伍在营销组合中的重要性有所降低；而营销部门一般通过营销调研，努力确定和了解细分市场，以长期目标为导向，致力于安排能满足顾客长期需求的合适产品和营销策略。营销经理的任务是确定市场机会，制订营销战略和计划，销售人员的职能是执行这些计划。这种矛盾实际上是经营思想上销售观念和营销观念的矛盾，最终导致将二者合并为一个部门，由营销副总经理统一领导销售部门和营销部门。

（五）现代市场营销企业

现代营销企业取决于企业所有的管理人员，甚至每一位员工对待营销职能的态度。只有所有的管理人员和每一位员工都认识到，企业所有部门和每一个人的工作都是“为顾客服务”，“营销”不仅是一个职能、一个部门的称谓，而且是一个企业的经营哲学，这个企业才算成为一个“以顾客为中心”的现代市场营销企业。

三、市场营销组织形式

现代企业的营销部门，有各种各样的组织形式。所有的营销组织都必须与营销活动功能、地理地域、产品和市场相适应。一般来说，营销组织的基本形式有如下几种。

（一）职能型营销组织

这是最常见、最普通的营销部门组织形式。它由各种营销职能专家组成，他们分别对营销副总经理负责，营销副总经理负责协调他们的活动。这种组织里有五种专家：营销行政经理、广告与促销经理、销售总经理、营销调研经理和新产品经理。其形式如图 13－1 所示。此外，还可以根据需要增加其他专家，如顾客服务经理、营销规划经理和实体分配经理。

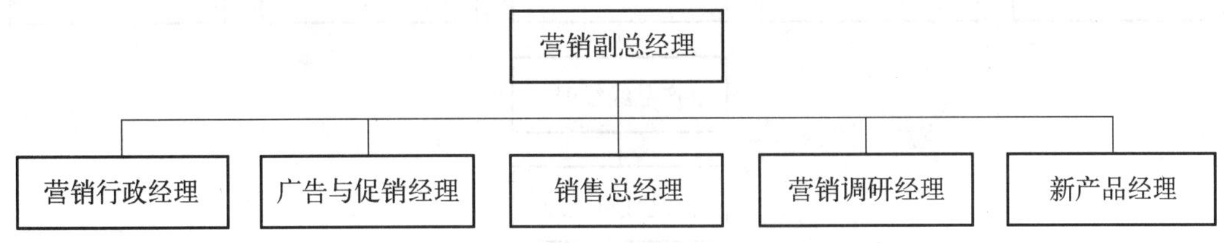

图 13－1　按职能设置的营销组织

按照营销功能设置的营销组织有管理层次少，组织协调方便，易于管理的优点，比较适合于产品品种少或销售地区集中的企业。

（二）区域型营销组织

对于业务涉及全国甚至更大范围的企业，可以按照地理区域安排和组织其市场销售力量。这类企业除了设置职能部门经理外，还可按照地理区域范围大小，分层次地设置地理区域性经理，层层负责，如图 13－2 所示。

区域型营销组织所有营销职能由营销副总经理统一领导，地区经理负责为在该地区打开企业产品销路制订长、短计划，并负责贯彻实行。随着销售地区扩大，每一地区经理下还可以分出新层次，形成一个覆盖产品所有销售地区的网络，而且销售网络自上而下逐步扩大，使较高层级主管人员有更多的时间管理其直接下属，使形成的网络在管理上较为严密和有效。

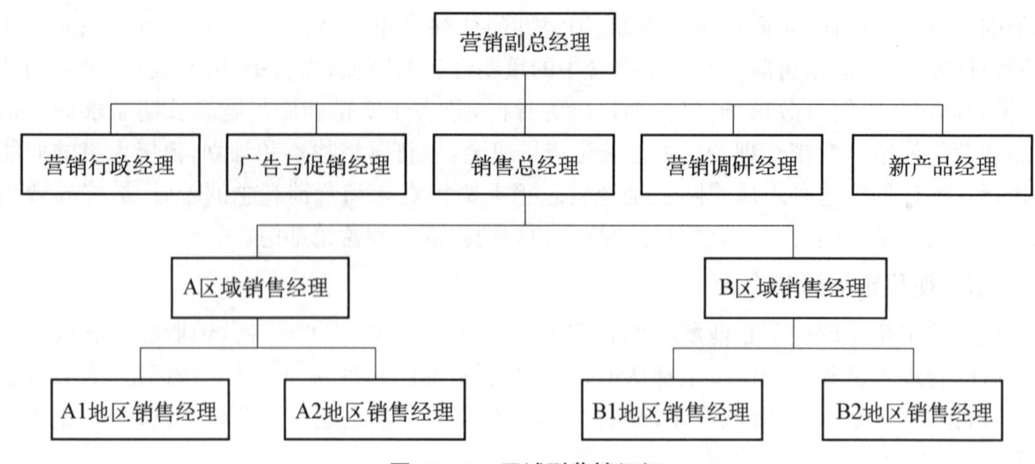

图 13－2　区域型营销组织

(三) 产品(品牌)管理型营销组织

对于生产多种类型或多品牌产品的企业,通常按产品或品牌建立营销组织。这种营销组织通常在一名产品经理的领导下,按每类产品(品牌)分设一名经理,再按具体品种设一名经理,分层管理,如图 13－3 所示。

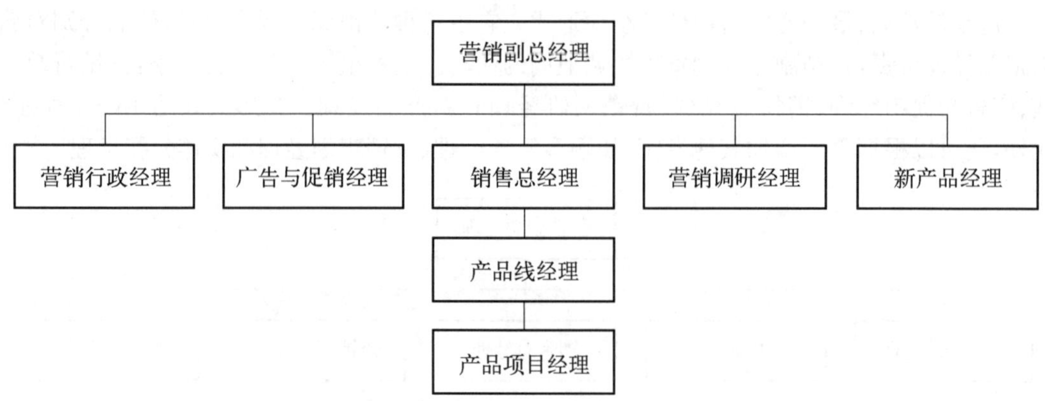

图 13－3　产品(品牌)管理型营销组织

产品经理的任务是研究、制订并不断改进和完善产品营销计划,负责全面实施计划和控制执行结果,具体有如下六个方面的任务:制定产品长期战略和竞争策略;制订年度营销计划并进行销售预测;与广告代理商和商品经销商共同草拟广告文稿、广告纲要和广告活动;激励销售人员和经销商对产品产生兴趣并给予支持;收集有关产品的性能、顾客与经销商的态度以及新的问题与机会等情报;提出产品改进意见,以迎合经常变化的市场需求。

(四) 市场管理型营销组织

市场管理型营销组织指的是按市场专业化设立市场经理来建立营销组织的组织形式。适合于目标市场不是唯一的,一条产品线生产出的产品面对不同类型的目标市场的企业。这种组织形式如图 13－4 所示。与产品(品牌)管理型营销组织形式相似,它由一个市场经理管理若干个细分市场经理。市场经理的职责除包括产品经理的职责外,还需负责市场拓展、顾客服务、不同市场独具特色的营销战略与策略的制定等。其工作绩效不以目前主管市场上的盈利水平来衡量，而是看市场份额是否逐渐提高。

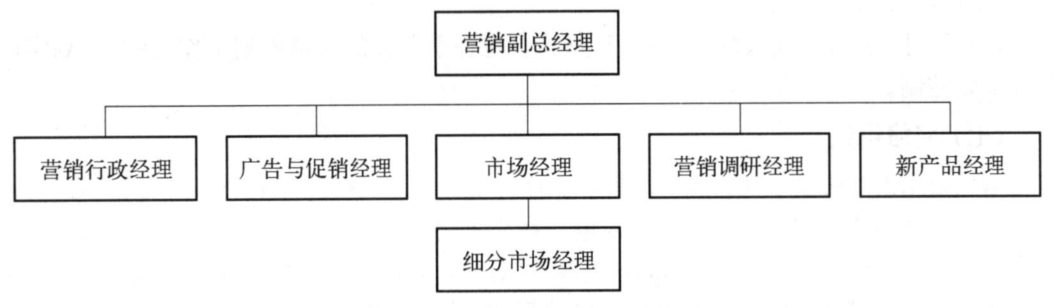

图 13－4　市场管理型营销组织

（五）产品—市场管理型营销组织

产品—市场管理型营销组织指的是在营销组织中同时设置产品经理和市场经理的组织形式。适合于生产多种产品并向多个市场销售产品，既不适合采用产品（品牌）管理型营销组织形式，也不适合采用市场管理型营销组织形式的企业。这时，最合适的选择就是把产品管理型和市场管理型两种组织形式结合起来，同时设置产品经理和市场经理，形成一种矩阵组织形式。其组织形式如图 13－5 所示。

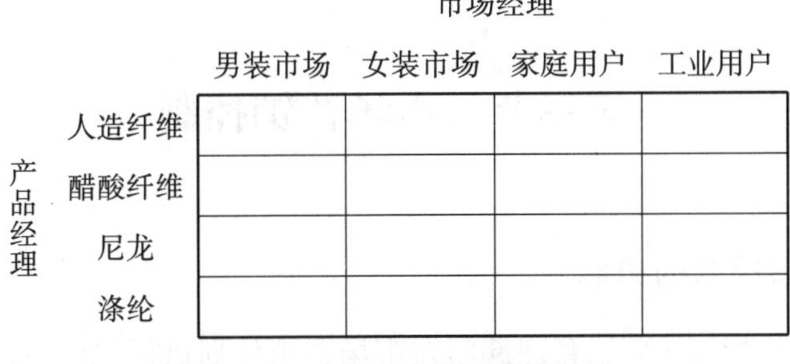

图 13－5　产品—市场型营销组织

这种组织形式，克服产品经理对企业其他产品市场不够熟悉，市场经理对各种产品了解不够充分的缺憾。在这种组织形式中，产品经理负责产品的销售利润和销售计划，寻找产品的更多用途；市场经理则负责开发市场，着眼于市场的长期需求，而不是推销某种具体产品。这种组织主要是用于多元化经营的企业。存在的问题是费用高、矛盾多、权责难以界定清楚。例如，销售队伍应该如何设置，是按产品还是按市场来分别组织销售队伍等问题。

（六）公司事业部营销组织

在从事多角化经营的大公司，随着规模的进一步扩大，其组织结构采用事业部制，不管是产品事业部制还是区域事业部制，这些事业部都各自独立，组织机构也自成体系，设有自己的职能部门，由此产生了营销职能如何在公司总部与事业部之间划分的问题。一般有以下几种选择：

（1）公司总部不再设营销部门，营销职能完全由各事业部自己负责。

（2）公司总部设规模很小的营销部门，只承担很有限的营销职能。其主要职责是为最高主管对市场机会或威胁做出评估，督促公司其他部门接受现代营销观念的指导等。

(3) 公司总部设适当规模的营销部门,为各事业部提供多种营销服务,如广告、公关促销、营销调研、人员培训等。

(4) 公司总部设置庞大的营销部门,直接参与各事业部的营销规划工作,并对计划实施过程加以控制。

(七) 网络组织

信息技术发展带动了社会经济环境和制度环境变革,也深度影响了企业的组织和运行。信息、知识、能力成为企业竞争的决胜因素。在当下的 VUCA(Volatile,不稳定;Uncertain,不确定;Complex,复杂性;Ambiguous,模糊性)时代,传统企业组织的局限性逐渐凸显,学者们开始关注复杂模糊环境下企业组织的发展形式。平等、开放、协作是互联网的本质,使得"无组织的组织""无界的组织""高度扁平化"等管理思想的进化出现。总体而言,目前学者们总结传统企业组织的变化趋势主要有组织结构扁平化、组织结构的去边界化、组织结构的柔性化和虚拟化以及组织结构的网络化。互联网时代的多个企业组织,打破传统组织对资源观的狭隘认识,建立以协同为核心的新资源价值体系,在多个组织之间实现资源协同,尤其是依靠大组织引力将优秀资源吸引到组织中来。进而,又将其他组织吸引到组织周围来,形成群聚。在此背景下,营销部门的组织运行方式也发生了变化,同样是扁平、众包、外包、无边界式的方式,甚至营销部门会与研发部门合并,或者以项目运营方式成为以顾客利益为中心的学习型组织。

第三节　市场营销控制

一、市场营销控制的概念

市场营销控制是指市场营销管理部门在市场营销计划执行过程中,对偏离市场营销计划的行为加以限制和纠正,使市场营销活动向着预定目标进行的管理活动。

在市场营销计划的实施过程中,常常会出现执行情况偏离营销计划,因此必须进行营销控制。营销控制与营销计划是相互关联的两项管理活动,营销活动的第一步是制订营销计划,然后是实施计划和实施过程中的营销控制。营销计划是进行营销控制的标准,营销控制不仅要对营销目标的执行情况进行监控,纠正偏差,必要时还需对营销计划的合理性、可行性进行检验,如发现原营销计划制订不妥,还需要经过一定程序对原计划进行必要的调整。

二、市场营销控制的程序

营销控制的动态性、系统性和循环性是市场营销控制程序的基本特征。该程序包含的具体步骤如下。

(一) 确定控制目标

确定控制目标即设定应控制的对象。确定控制目标既是营销控制的起点,也是营销控制的归宿。在确定目标时,应评价市场营销活动的各个方面,以使控制目标确定得切实可行。控制目标一般包括人员、计划、职能、策略等,也有的企业评价市场营销全部业务的工作效果。当然,控制目标的确定不应当是泛泛的,而应根据需要各有侧重。

(二) 确定衡量标准

营销控制的衡量标准是企业的主要战略目标,以及为达到战略目标而规定的战术目标,如利润、销售量、销售额、市场占有率、顾客满意程度等各种指标。在确定衡量标准时,应注意标准的量化,注意不同企业有不同的评价标准。此外,评价标准也不是固定不变的,同一企业不同时期的评价标准可能不一样。总之,评价标准应根据企业的具体需要而设立。

(三) 确定控制检查的方法

评价绩效最基本的方法是企业建立并积累营销活动及与此相关的原始资料,如营销信息系统中所储存的信息,包括各种资料报告、报表、原始账单等。它们能准确、及时、全面、系统地记载并反映企业营销的绩效。还有一种重要的检查方法,即直接观察法。企业采用哪种检查方法,应根据实际情况而定。适当的检查方法对正确结果的获得是至关重要的,对下一步控制也起着十分重要的作用。

(四) 依照标准检查实际工作绩效

通过对实际工作绩效与营销计划进行对比,分析企业营销计划的执行情况,对完成得好的要予以总结,在以后的实践中加以推广;对完成得较差的要查找原因。

(五) 提出分析和改进的对策建议

营销绩效偏离营销计划的原因查找出来以后,营销控制便进入纠正偏差的阶段,这也是营销控制的最关键的环节。营销管理部门通过对工作绩效进行差异分析,编写分析报告,提出改进方案。

营销控制是一个循环的过程,一个阶段的营销控制工作结束了,下一个阶段的工作又开始了,周而复始。企业在履行市场营销控制职能时应注意:营销控制必须与企业的组织系统相协调;营销控制必须符合经济性原则;营销控制的指标要有可比性;营销控制必须迅速报告差异;营销控制必须使偏差得到纠正。

三、营销控制方法

营销控制常用的方法包括年度计划控制、盈利能力控制、营销效率控制和战略控制。

(一) 年度计划控制

年度计划控制是由企业高层管理者和中层管理者负责完成的,其目的是确保年度计划所确定的销售额、利润和其他指标的实现。年度计划控制分为四个步骤:首先,将年度计划目标指标分解成季度目标或月度目标;其次,随时掌握营销计划的执行情况;再次,及时发现营销计划实际执行情况与营销计划目标之间的差距,并找出产生差距的原因;最后,采取必要的补救或调整措施,努力使营销计划执行情况与营销计划相一致。

年度计划控制的主要内容是从销售额、市场占有率、市场营销费用等方面进行控制。

1. 销售分析

销售分析指的是根据销售目标来衡量和评估实际销售情况,找出实际销售额与计划销售额之间的差距。具体有两种方法:

(1) 销售差距分析。即分析造成销售目标在执行中未完成销售额的各种因素,及各因素对造成销售差距的影响程度。

(2) 地区销售量分析。即从产品和销售地区等方面分析未能完成预期销售额的原因。

2. 市场占有率分析

销售分析可以说明企业自身的销售业绩,但反映不出企业在市场竞争中的地位情况。因此,企业还要分析市场占有率,揭示企业与竞争对手之间的相互关系。例如,一家企业销售额的增长,可能是它的市场营销绩效较竞争对手有所提高,也可能是因为整个宏观经济环境改善,使得市场上所有企业都从中受益,而这家企业和对手之间的相对关系并无变化。企业需要密切注意市场占有率的变化情况。在正常情况下,市场占有率上升表示市场营销绩效提高,在市场竞争中处于优势;反之,说明在竞争中失利。

市场占有率分析一般有以下三种标准:

(1) 行业市场占有率,也称总的市场份额,是指企业的销售额占全行业销售额的百分比,反映了企业在本行业的竞争地位。

(2) 服务市场占有率,也称可达市场占有率或目标市场占有率,是指企业的销售额占其所服务市场的总销售额的比例。所谓可达市场,指企业最合适的市场或企业市场营销努力所及的市场。

(3) 相对市场占有率,它是指企业的销售额与市场领导者或三个最大的竞争者的销售额的比例。一种是相对于本行业三个最大竞争者的市场占有率,即以企业销售额对最大三个竞争者的销售额总和的百分比来表示。例如,某企业市场占有率为30%,本行业内三个最大竞争者的市场份额分别为20%、10%、10%,则该企业的相对市场占有率为75%[=30%÷(20%+10%+10%)]。一般情况下,相对市场占有率高于33%即被认为是强势企业。另一种是相对于市场领导者的市场占有率,即以企业销售额对市场领导者的销售额的百分比来表示。相对市场占有率超过100%,表明该企业是市场领导者;相对市场占有率等于100%,表明企业与市场领导者竞争,同为市场领导者。

3. 市场营销费用率分析

年度计划控制要求在实现营销目标的同时,营销费用的支出控制在适宜的范围之内。因此,需要对营销费用率加以分析,并控制在一定限度。如果费用率变化不大,在预计范围内,可以不采取任何措施;如果变化幅度过大,上升速度过快,接近或超出上限,就必须采取有效措施。

4. 财务分析

市场营销人员通过对不同的费用与销售额的比率和其他的比率进行全面的财务分析,以决定企业如何以及在何处开展活动,获得盈利。尤其是利用财务分析来判别影响企业资本净值收益率的各种因素。

5. 顾客态度追踪

年度计划控制除了前面所述的进行定量分析以外,还可以利用定性分析的方法。通过建立一套系统来追踪其顾客、经销商以及其他营销系统参与者的态度,这套系统包括投诉和建议系统、固定顾客样本和顾客调查等内容。如果发现顾客对本企业和产品态度发生了变化,企业管理者就能早采取行动,争取主动。

(二) 盈利能力控制

除了年度计划控制之外,企业还需要运用盈利能力控制来测定不同产品、不同销售地区、不同顾客群、不同分销渠道和不同订货规模的盈利能力。通过盈利能力控制所获取的信息帮助企业决策者制定市场营销组合决策。

1. 市场营销成本

市场营销成本是指与市场营销活动有关的各项费用支出，它直接影响企业的利润。市场营销成本由直接推销费用、促销费用、仓储费用、运输费用、其他营销费用构成。市场营销成本连同企业的生产成本构成了企业的总成本，直接影响到企业的经济效益。

2. 盈利能力的考察指标

取得利润是任何企业的最重要的目标之一，盈利能力控制在市场营销控制中占有十分重要的地位。对其考察的指标主要有销售利润率、资产收益率、资产收益率、资产周转率、存货周转率等。

（三）营销效率控制

当企业通过销售分析或盈利能力分析发现某一地区或产品市场获利能力情况不好时，可以通过营销效率分析来进一步找到改进的办法。营销效率控制主要侧重对销售人员、广告、促销、分销等营销活动的效率进行控制。

1. 销售人员效率控制

企业的各地区的销售经理要记录本地区内销售人员效率的几项主要指标，这些指标包括每个销售人员每天平均的销售访问次数；每次的平均访问时间；每次销售访问的平均收益；每次销售访问的平均成本；每次销售访问预订购的百分比；每个期间流失的顾客数；销售成本对总销售额的百分比等。

2. 广告效率

企业应该做好如下统计：每一媒体类型、每一媒体工具接触每千名购买者所花费的广告成本；顾客对每一媒体工具注意、联想和阅读的百分比；顾客对广告内容和效果的意见；顾客在广告前后对产品态度的变化；顾客受广告刺激而引起的询问次数。

3. 营业推广效率

为了提高营业推广的效率，企业管理者应该对每一营业推广的成本和对销售的影响做记录。注意做好如下统计：由于优惠而销售的百分比；每一销售额的陈列成本；赠券回收的百分比；因示范而引起询问的次数。

4. 分销效率

分销效率主要是对企业存货水准、仓库位置及运输方式进行分析和改进，以达到最佳配置并寻找最佳运输方式和途径。

5. 流量转化率

互联网时代，企业为了吸引消费者，会使用大量的引流方式，促使顾客能够触达营销活动，一般用点击数来测量流量的大小。营销目的可能是知晓、传播、购买等，流量转化率已经成为衡量一个网站成熟度的核心指标。

效率控制的目的在于提高人员推销、广告、营业推广和分销等市场营销活动的效率。市场营销者必须重视若干关键比率，这些比率表明上述市场营销功能执行的有效性以及应该如何改进执行情况。

（四）战略控制

战略控制指的是对整体营销效果进行全面分析，以确保企业制定的目标、政策、战略和计划与市场营销环境相协调的管理活动。对于营销战略控制一般采取如下两种方法:营销效果等级评定和营销审计。

营销效果等级评定指的是对市场份额和盈利等方面所做的考评。企业可从营销导向的五种主要属性上反映出来:顾客哲学、整合营销组织、营销信息、营销战略导向和营销工作效率。营销效果等级评定可以这五种属性为基础编制营销效果等级考核表,由营销经理和有关部门经理填写,然后将得分相加,就得到考核结果。

所谓营销审计,是对一个企业营销环境、目标、战略、组织、方法、程序和业务等进行综合的、系统的、独立的和定期的检查。营销审计的目的在于发现问题和机会,提出行动计划与建议,改进营销管理效果。

创新创业营销视角

公司创业活动中的组织模式创新

近年来,许多传统企业纷纷开启公司创业模式,以自有资源为主要依托,在现有组织内部创建新业务或新团队,通过公司创业这一复杂的、动态的组织过程,探索组织管理创新模式,进而适应环境变化并推动企业持续发展。

与独立创业不同,公司创业是发端于现有企业内部的创业行为,其现有企业的日常运营过程,同时也是内部潜在创业者及其创业活动的培养和孵化过程。当创业能力孵化完成后,在外部环境和个性特质的匹配和支持下,潜在创业者很有可能转化为真正的创业者,成立新创企业。因此,脱胎于公司创业的新创企业,其创业过程主要由"大型企业创业孵化—潜在创业者能力培养—创业者离职创建新企业"3 个步骤组成。其生成路径如下。

1. 运营微型组织

互联网环境多变且复杂,用户需求更加趋于个性化和多样化,为适应环境变化,母体企业在维持已有业务稳定发展的同时,积极向互联网企业转型,以获取新的事业增长点:① 企业功能平台化,从封闭的企业转变为开放的创业生态圈;② 组织运营微型化,依托集团资源支持小微企业创立,从大型管控型组织演化为微型组织聚合体;③ 员工经营创客化,员工从执行者变成创客,自建微型组织并负责其日常运营。同时,母体企业构建可提供孵化支撑的网络式平台结构,以此驱动内部各价值链条节点自主经营并激发内部创新创业活力。

2. 嵌入社会网络

新业务的顺利展开不仅需要整合集团内部各方资源,还要深谙外部环境和新形势下社会网络的变化。面对外部环境不断变化所引起的用户需求的更迭,"微型组织"将精力聚焦于解决原有需求和现有需求的差异。母体企业原有的人事管理及资源管理手段与集团创新机制同步更新,从而实现了与外部网络的良好协作。创业平台不仅为利益相关者提供了线上线下双行的交互空间,同时也利用自身丰富的社会资源为创业团队提供了开放式的组建途径。各"微型组织"成为社会网络的节点,助力用户生态圈的构建,以实现多方共赢。

3. 聚焦用户价值

在创新管理机制的指导下,各"微型组织"以母体企业的"社会化转型"战略为指导方向,借助母体企业的开放式创业平台中以用户为中心的交互渠道获取信息,识别用户痛点并快速响应形成创意。在充分获取资源及用户信息后，“微型组织”将这些资源和信息快速整合并内化，准确制定自身盈利机制与商业模式，新创企业初具雏形。

4. 调控自身定位

“微型组织”在母体企业战略的引导下，通过对产业的未来发展趋势及用户需求痛点的把握，调整在集团内部及外部市场中的战略，调控自身的定位，并与母体企业展开合作。在“微型组织”适应了行业环境的动态性及复杂性之后，借助母体企业强大的线下资源和网络信息，准确预测行业发展趋势，审视现处行业地位，寻找发展新动力，以期获得竞争主动权。

5. 完备竞争优势

母体企业创新管理机制，将价值链的采购、制造、物流、销售、售后等主要活动与生成的“微型组织”进行并联，通过市场交易的方式紧密连接，同时引入风投资源以稳定“微型组织”的发展。人力、财务、研发等支持活动在提供资源支持的同时也参与用户交互，协助构建以用户价值为中心的生态群落，不断改进价值链管理方式，优化业务流程，使各个价值链节点可以持续输出共享资源，获取剩余价值。经过以上一系列流程，“微型组织”逐渐形成了适合自身的独具特色的商业模式。

6. 生成新创企业

母体企业授予新创企业一定程度上的用人权、财务权和决策权，给予新创企业极大的自主性，使其具备独立运营新创事业的能力，而后跟进投资，为新业务裂变独立增强自信，并为最终生成新创企业奠定了坚实基础。

新创企业的生成路径如图 13－6 所示。

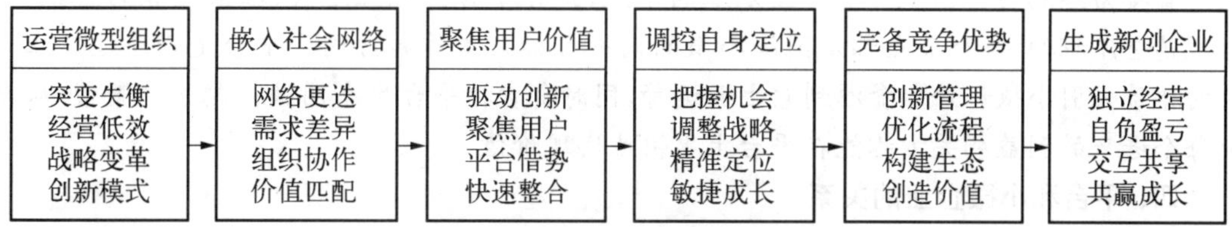

图 13－6　新创企业的生成路径

作为一种全新且有效的公司创业机制，孵化型裂变创业统筹融合了大公司的资源优势和新创企业的激励优势，能够放大母体企业的孵化效应，拓宽新创企业的发展空间从而使母体企业转型为平台企业，在构建共享经济和打造商业生态系统的过程中，实现母体企业与新创企业的双赢发展。

（资料来源：李志刚，何诗宁，于秋实，张敬伟. 海尔集团小微企业的生成路径及其模式分类研究——基于扎根理论方法的探索[J].管理学报，2019，16(06)：791－800.有删改）

创新创业营销案例

在自我颠覆中进化：海尔的组织创新探索

海尔集团创立于 1984 年，从开始单一生产冰箱起步，拓展到家电、通信、IT 数码产品、家居、物流、金融、房地产、生物制药等领域，成为全球领先的美好生活解决方案提供商。一直以来，海尔视创新为企业的文化基因，积极把握时代变革、探索新的管理模式。目前海尔正在向互联网时代的平台型企业过渡，即从制造产品转型为制造创客的平台，平台上聚合了海量创客及创业小微企业(以下简称“小微”)，他们在开放的平台上利用海尔的生态圈资源实现创新成长。通过变革，海尔获得了如初创企业一般的发展活力和创新能力。

一、海尔过去 30 多年的发展历程

从 1984 年创立至今，海尔集团经过了名牌战略发展阶段(1984—1991 年)、多元化战略发展阶段(1991—1998 年)、国际化战略发展阶段(1998—2005 年)、全球化品牌战略发展阶段(2005—2012 年)，2012 年 12 月，宣布进入第五个发展阶段，即网络化战略阶段。每个战略阶段有不同的目标，而随着目标的变化组织也相应发生变化。

二、互联网时代推动海尔再次组织转型

首先，互联网时代信息是透明的、对称的，要求生产服务与用户零距离。其次，从 1984 年一个很小的集体制工厂，海尔发展成为现在的跨国公司，众所周知，大企业存在各种各样的问题：传统的多层级组织减慢了对市场的反应速度，滞后的市场信息转化成的产品往往已不能满足用户需求；大企业的部门职责往往太过精细固化，容易滋生推诿扯皮的官僚主义。最后，从员工的角度来说，员工的驱动力也发生了变化，他们不再满足于只做执行者，而是渴望自主，渴望有个平台可以帮助他们实现理想和自我价值。

三、海尔现阶段的组织结构特点

互联网时代的到来颠覆了传统经济的发展模式，而新模式的基础和运行则体现在网络化上，市场和企业更多地呈现出网络化特征。现在海尔由小微企业和平台两部分组成。小微是直接为终端用户创造价值的最基本的单元，是在平台上独立运营、独立核算的自组织。小微是全流程的，每个节点都是围绕小微的同一目标来工作和协同。平台是指通过建立开放的体系吸引小微和外部资源到它上面运营，同时负责把平台生态圈做得越来越繁荣，从而使每个进来的利益相关方都能在平台上更快地实现价值。

四、平台和小微企业的关系

平台开放吸引各类资源，为小微提供共享的资源和服务。战略方向也是平台制定的，确保在平台上的小微发展方向是一致的。同时，平台通过公开透明的信息化系统来支持和显示小微的活动，确保“活而不乱”。

小微主要分为两类：转型小微和创业孵化小微。转型小微是在海尔生态圈里，通过模式颠覆、完全市场化机制，实现从小到大的自组织，主要是从成熟产业如冰箱、空调、洗衣机等平台上自立产生的自主经营、自负盈亏的自组织。和传统组织相比，转型小微最大的不同是它的全流程节点从原来的串联流程变成现在的并联开放流程，所有各方并联在一起共同为市场创造价值。以营销为例，以前是产品生产出来之后，负责卖出去就好了，现在它要事前参与到用户交互、用户最佳体验等环节中，在产品生产出来之前，就能事先承诺用户资源和用户量。这是最大的差别。创业孵化小微的主要特点就是聚焦新机会、新事业，从 0 到 1，是通过新的点子和创意产生的小微。它不是谁布局出来的，而是根据用户需求自生成的、完全市场化的创业团队。创业孵化小微采用的是创业团队对赌跟投的合伙人机制。开放和吸引外部资本与创业团队对赌出资、跟投，体现资本社会化和人力社会化。在这样的团队里，员工变成创业者，对赌短期、中期、长期的目标，在每个节点对赌的目标达成后，可以分享自己创造出来的那部分价值。

五、激励和管理小微

转型小微的激励原则是“同一目标同一薪源”。“同一薪源”即小微全体成员的薪酬来源于他们创造的价值。在小微实践的过程中，有小微探索出了“0030”模式。“0030”中的第一个“0”是0底薪，第二个“0”是0费用，然后“30”就是“30％的事先预留的风险金”。0底薪，0费用的基本原则就是小微的薪酬和费用都是根据创造的用户价值自己挣出来的，不是组织分配的。超利分享的30％作为风险金，70％会用于小微团队、平台及其利益相关方的当期及未来的分享。小微的成员是根据自己实际创造出来的用户价值、对小微的贡献，来决定自己的薪酬和分享，“高价值高酬”；所有成员的薪酬必须是在小微自主经营范围之内来兑现的。对于孵化小微采用的是对赌跟投机制，是一种完全市场化、社会化的激励机制。

人力方面通过e-HR系统管理，e-HR系统中有小微自注册系统、小微人单合一对赌承诺系统、人单薪酬系统等，因此小微从创立开始的每一步都会有记录，这些系统保障了小微在人力方面能够自组织、自运行、自驱动。海尔的大共享平台还有财务等相应的系统，支持和管理平台上的小微。

（资料来源：Matthew Smith，唐蓓.在自我颠覆中进化：海尔的组织创新探索.微信公众号“麦肯锡”.2016-07-17.有修改）

问题讨论：

1. 结合案例，并查阅相关资料，谈谈海尔进行组织创新的背景及原因。
2. 海尔现阶段组织结构的特点是什么？它是如何对小微企业进行支持、激励和管理的？
3. 海尔组织结构创新对其他大型传统企业进行组织结构改革有何借鉴意义？

创新创业营销实战训练

【训练目的】

掌握创新创业项目市场营销方案中的营销计划、组织和控制策略的制定。

【训练内容】

选择一个拟自主创业或从身边（网络）寻找一个创新创业项目，以小组为单位，利用本章学习的目标市场营销计划制订方法制订组织的发展计划，根据企业的资源能力与外部环境分析确定适合企业的组织方式，选择适合企业的考核评价指标，为可能的计划偏差设计应对方案，与前面章节的方案做逻辑上的检查，形成完整的市场营销方案。

【训练步骤】

（1）分析企业资源能力，总结企业外部环境，制订企业创新创业营销计划；

（2）根据企业的资源能力与外部环境，设计适合企业的组织方式；

（3）根据企业的资源能力与外部环境，设计适合企业的考核评价指标，并为可能的计划偏差设计应对方案；

（4）与前面章节的方案做逻辑上的检查，形成完整的创新创业营销方案。

【注意事项】

（1）可沿用第二章选择的创新创业项目；

（2）3～4人一组，每组选出一位负责人，小组成员合理分工；

（3）训练过程应结合本章所学理论知识，独立思考与小组讨论相结合；

(4) 条件许可的情况下可进行企业调研或实地走访;

(5) 研究报告以小组形式提交,注明每位同学承担的任务。

【成果与评价】

(1) 研究报告内容应包括但不限于:制订企业创新创业营销计划,设计适合企业的组织方式,设计适合企业的考核评价指标,并为可能的计划偏差设计应对方案;

(2) 要求结构完整、思路清晰,体现分析和判断能力,各部分内容充实,有详细数据支持;

(3) 文字流畅,符合规范化要求。

思考题

1. 什么是市场营销计划、组织、控制?

2. 市场营销计划包括哪些内容?

3. 简述市场营销组织结构的演变。"互联网+"时代,创新创业企业的市场营销组织有哪些新的影响因素?

4. 简述各种不同市场营销组织形式的特点。创新创业企业的市场营销组织设计应遵循哪些原则?

5. 市场营销控制的基本内容和方法有哪些?

第十四章

市场营销创新

学习目标

1. 了解关系营销与顾客关系、大数据营销、社会化媒体营销的产生背景。
2. 理解关系营销与顾客关系、大数据营销、社会化媒体营销的内涵和特征。
3. 理解开展关系营销与顾客关系、大数据营销、社会化媒体营销的要点。
4. 理解关系营销与顾客关系、大数据营销、社会化媒体营销在创新创业项目中的应用。

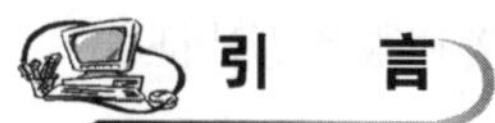

引　言

技术变革带来了经济环境的巨大变化,与之相适应的企业营销活动也发生了巨变:营销目标从企业追求市场占有率转向注重客户体验和顾客价值,并与客户建立长期稳定的顾客关系;大数据和基于数据的社会化媒体营销贯穿于企业营销活动中;沟通媒介从大众媒体转向层出不穷的社会化媒体等。营销实践的改变推动着市场营销理论的迅速发展,在此选择一些目前普遍关注的市场营销发展的新领域进行探讨。

第一节　关系营销与顾客关系

一、关系营销概述

(一) 关系营销的内涵

所谓关系营销就是把营销活动看成是一个企业与消费者、供应商、分销商、竞争者、政府机构及其他公众发生互动作用的过程,企业营销活动的核心是建立并发展与这些公众的良好关系。

狭义的关系营销是指企业与客户之间的关系营销,其本质特征是企业与顾客、企业与企业间的双向的信息交流,是企业与顾客、企业与企业间的合作协同为基础的战略过程,是关系双方以互惠互利为目标的营销活动,是利用控制反馈的手段不断完善产品和服务的管理系统。广义的关系营销是指企业通过识别、获得、建立、维护和增进与客户及其利益相关人员的关系,通过诚实的交换和服务,与消费者、供应商、分销商、竞争者、政府机构及其他公众建立一种长期稳定的、相互信任的、互惠互利的关系,以使各方的目标在关系营销过程中得以实现。

关系营销是建立在以消费者为中心的基础上的,其核心是"关系",最终目的是通过关系营销,建立顾客关系,形成顾客忠诚,并最终实现顾客资产的最大化。

（二）关系营销与传统交易营销的区别

关系营销与交易营销有很大区别，交易营销的主要内容是4P，而关系营销以4R为主要框架，它把企业的经营活动扩展到了一个更广更深的领域。两者之间的区别主要表现在以下几个方面。

1. 获利的核心思想不同

交易营销的核心是“交易”，企业通过诱使客户发生交易活动从中获利，在这一过程中不涉及销售成本的节约和总体利益的增加；而关系营销的核心是“关系”，企业通过与客户建立良好的合作关系，一方面可以节约企业的销售成本，另一方面可以通过双赢来提升整个价值链的总价值，而这正是企业获利的主要源泉。

2. 对老客户的关注程度不同

交易营销主要围绕着如何创造客户而展开，交易成功后则不再过多地关注客户的使用情况。所以，虽然市场份额可能在扩大，但往往造成老客户的流失；而关系营销更为强调维持老顾客，并在此基础上不断创造新客户，更有利于形成顾客忠诚。调查数字表明，发掘一个新客户的成本是维系一个老客户的六倍。关系营销对客户具有关注、信任、承诺和服务等特征。

3. 关注的目标群体不同

交易营销将视野局限于企业目标市场上，即各种客户群；而关系营销所涉及的范围则广泛得多，包括顾客、供应商、分销商、竞争对手、银行、政府及企业内部员工等，更为注重整个价值链总价值的提升。

4. 与客户的紧密程度不同

交易营销是有限的顾客参与和适度的顾客联系，企业和客户之间只在某一时期、某个方面具有一定的交易关系；而关系营销更加强调顾客参与和客户之间相互渗入，增加双方的共同利益点，致力于发展健康、紧密、稳定和持久的关系。

5. 对顾客的承诺程度不同

交易营销因企业与顾客之间是交易关系，他们对于顾客往往只有少量的承诺，而关系营销要与顾客有持久的关系则对顾客有充分的承诺。

6. 关注产品质量的部门不同

一般来说，交易营销主要与客户发生联系的为企业的营销部门，营销部门与企业其他部门之间缺乏横向联系，因此，交易营销认为产品质量应是生产部门所关心的。而关系营销认为，企业营销部门的营销对象不仅包括客户、供应商、中间商，也包括企业的各个部门及其员工，营销部门与企业其他部门之间关系密切，因此，关系营销认为企业的所有部门都应关注质量问题。

二、关系营销的市场模型

关系营销的市场模型概括了关系营销的市场活动范围。在关系营销理念下，企业必须处理好与下面六个子市场的关系，如图14－1所示。

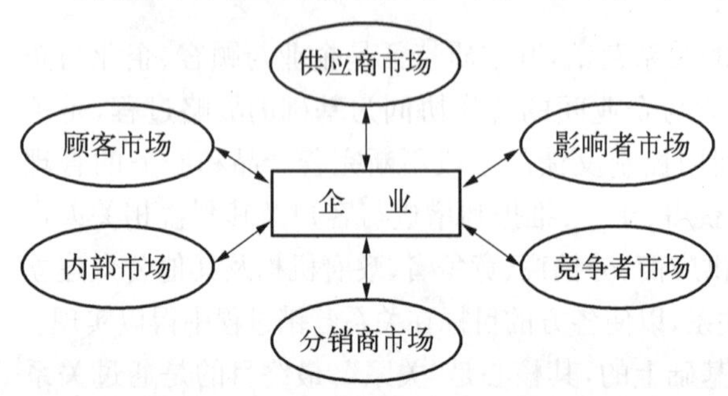

图14－1　关系营销的六个子市场

(一) 供应商市场

与供应商的关系决定了企业所能获得的资源数量、质量及获得的速度。企业与供应商必须结成紧密的合作关系,进行必要的资源交换,同时企业在市场上的声誉也部分来源于与供应商所形成的关系。

(二) 内部市场

任何一家企业,要想让外部顾客满意,首先得让内部员工满意。只有工作满意的员工,才可能以更高的效率和效益为外部顾客提供更加优质的服务,并最终让外部顾客感到满意。

(三) 竞争者市场

在竞争者市场上,企业营销活动的主要目的是争取与那些拥有与自己具有互补性资源的竞争者的协作,实现知识的转移、资源的共享。

(四) 分销商市场

由于竞争的加剧,零售商和批发商的实力日益强大,特别是零售商正在成为整个供应—销售链的主导,它们在很大程度上控制着产品的定价,因此,制造商必须采取积极的营销策略来协调分销商对资源的合理分配。

(五) 顾客市场

顾客是企业存在和发展的基础,市场竞争的实质是对顾客的争夺。企业可以通过数据库营销、发展会员关系、社群营销等多种形式,更好地满足顾客需求,增加顾客信任,密切双方关系。

增值阅读

漏桶理论

丹尼尔·查迈高(Daniel Charmichel)博士用一只水桶来表达顾客流失的原因,说明顾客关系的重要性。他画了一只水桶,水桶上画了很多洞,这些洞被看成是企业与顾客互动时的失误:鲁莽粗暴、缺少存量、服务粗劣、质量欠佳、缺少选择以及平庸的员工等,把从洞中流出的水比喻为顾客。形象地指出,企业为了提高销售额和提升市场份额,潜意识里都更重视营销新客户,自然而然地忽视了老客户的贡献。这好比要保持漏桶的水位,就需要向漏桶源源不断地注入新水,不管是从时间成本还是经营成本来看,这个过程都是永无止境的。殊不知拓展新客户的费用至少是维系存量客户的五倍。这就是营销学中著名的漏桶理论。

(资料来源:安贺新.从漏桶理论看商业银行提高客户忠诚度的营销战略[J].经济管理,2007(05):88-92.)

(六) 影响者市场

金融机构、新闻媒体、政府、社区,以及诸如消费者权益保护组织、环保组织等各种社会团体,对于企业的生存和发展都会产生重要的影响。企业有必要把它们作为一个市场来对待,制定以公共关系为主要手段的营销策略,保持、改善及加强与影响者市场的关系。

三、顾客关系概述

关系营销的最终目标就是追求长期稳定优质的顾客关系,将其变为顾客资产,延续企业与顾客之间的关系。

(一) 顾客关系和顾客关系管理

顾客关系，也被称为“客户关系”，一般是指产品和服务的购买者和消费者之间的关系。借鉴杨雪莲(2012)对营销关系的阐述，本书将顾客关系定义为企业与顾客之间建立在多次重复交易基础上，以互惠互利为原则的，相互之间通过互信、承诺等实现长期合作关系的营销导向。

顾客关系管理是企业的一种经营哲学和总体战略。在数字化时代，企业采用先进的信息工具和技术获取顾客数据，运用发达的数据分析工具分析顾客数据，挖掘顾客的行为模式以及需求和偏好的变化趋势，从而有针对性地为不同顾客提供优质的定制化产品或服务，对处于不同生命周期的顾客关系及其组合进行差异化管理，并通过有效的顾客互动来提高企业与顾客之间的关系质量，最终实现顾客价值最大化和企业收益最大化之间的合理平衡。

(二) 顾客关系管理的重点

顾客关系管理强调企业要鉴别有利可图的顾客关系和没有价值的顾客关系，并加以区别，发展与特定顾客之间的长期关系，剔除没有培养前景的、毫无价值的顾客关系。企业进行顾客关系管理应重点关注三个方面的内容，即顾客价值、关系价值和数字化技术。

首先，实现顾客价值最大化是顾客关系管理的出发点，也是企业发展长期顾客关系的必然要求。实现顾客价值最大化、增加顾客满意能够增强顾客对企业的忠诚度，发展长期的顾客关系。

其次，关系价值是企业关心的通过建立和维护与特定顾客的关系为企业带来的价值。关系价值的高低主要取决于能够给企业带来高利润或者潜在高利润的顾客关系。因此，终止价值低、没有价值或没有培养前景的顾客关系是企业提升关系价值的明智选择。

第三，数字化技术是顾客关系管理的支持因素，数字化技术的出现使企业能够有效分析顾客数据，积累和共享顾客知识，根据不同的顾客提供差异化产品和服务，从而提高顾客价值。

实际上，顾客价值和关系价值之间存在密切的互动关系。企业应利用数字化技术对顾客进行分析，结合顾客关系管理，将资源和能力集中在最具顾客价值的客户身上，为其提供高质量的产品或服务，满足其需求，进而实现顾客价值的最大化。同时，从顾客的角度而言，顾客价值能够提高企业与顾客之间的关系质量，如顾客对企业更加满意，增强顾客对企业的信任和承诺，从而令顾客更加忠诚，提升企业绩效。

四、顾客关系发展的维度

营销学者王永贵总结文献后指出，顾客关系管理的终极目标是实现顾客资产的最大化。为了实现这一终极目标，顾客关系管理的主要任务是从顾客关系数量、顾客关系维系时间和顾客关系质量三个维度实现顾客关系更多、更久、更深的发展，如图 14－2 所示。

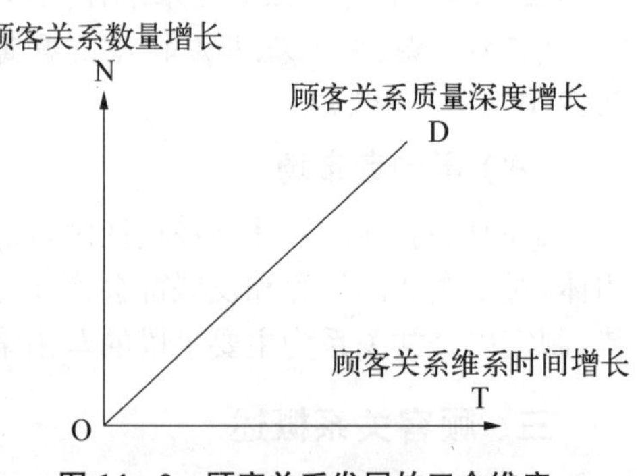

图 14－2 顾客关系发展的三个维度

(一) 顾客关系数量增长

顾客关系数量的增长是指通过获取新的顾客、赢返(Win-Back)流失的顾客和识别新的细分市场等来增加企业拥有的顾客关系数量。

1. 挖掘和获取新客户使企业增加顾客

对大多数企业而言,获取新顾客是企业扩大顾客基础,实现企业成长的一种重要手段。获取新顾客就是探询新的顾客关系、评估潜在顾客的需求与市场供应物的匹配程度、确定重点,进行首次销售和完成订单并使顾客完全满意的过程。

2. 赢返流失顾客

所谓赢返流失顾客,指的是恢复和重建与已流失顾客的关系,主要针对的是那些曾经是企业顾客、出于某种原因终止与企业关系的顾客。对于此类顾客,一方面,企业拥有大量数据,便于其分析顾客行为特征和购买偏好等。另一方面,由于此类顾客可能是因不满意企业的产品和服务质量而离开的,因此需改变企业在该类顾客心目中的形象。

3. 识别新的细分市场

识别新的细分市场可以有效地增加企业的顾客关系数量。例如,强生公司原来的细分市场是婴儿用品市场,后来经过新的关系细分,增加了新的细分市场——成人市场,即向成人推销婴儿护肤品,从而开发新的市场和新的客户。

(二) 顾客关系维系延长

顾客关系维系延长是指通过培养顾客忠诚、挽留有价值的顾客关系、减少顾客叛逃和流失、改变或放弃无潜在价值的顾客等来延长关系生命周期的平均长度,发展与顾客的长期关系。

1. 顾客忠诚

顾客忠诚包括行为和态度两个层面的忠诚,它意味着顾客对自己偏爱的产品和服务具有强烈的在未来持续购买的愿望,并且付诸实践进行重复购买。这种顾客不会因为外部环境变化或竞争对手的营销活动而改变行为。格雷芬(Griffin)和劳恩斯坦(Lowenstein)认为忠诚的顾客具有五个特征:① 有规律的重复购买行为;② 愿意购买供应商的多种产品和服务;③ 经常向其他人推荐;④ 对竞争对手的拉拢和诱惑具有免疫力;⑤ 能够忍受供应商偶尔的失误,不会流失。

2. 顾客挽留

顾客挽留的基本做法是实时监控和评估顾客与企业的关系质量。在实施顾客挽留计划的过程中,营销管理者主要关注以下活动:① 对顾客挽留情况进行追踪;② 评估顾客流失的原因;③ 分析抱怨和服务数据;④ 建立流失响应程序;⑤ 重新设计与创造预期市场供应物。

(三) 顾客关系质量提高

顾客关系质量提高是指通过交叉销售和刺激顾客购买等手段,使顾客购买的数量更多、购买的品种和范围更广,从而加深企业与顾客之间的关系,提高每个顾客关系的质量。

1. 交叉销售

交叉销售(Cross Selling)指的是借助顾客关系管理发现现有顾客的多种需求,并为满足他们的需求销售多种不同产品或服务的销售方式,是使顾客使用同一企业的产品或服务的销售方法。事实证明，顾客往往倾向于从同一企业购买更多种类的产品。

交叉销售是一种培养稳固顾客关系的重要工具。交叉销售不仅可以增加现有顾客对不同产品的购买，拓宽与现有顾客的接触范围，增强对顾客关系的支撑力度，分散关系破裂的风险，而且可以大幅提升顾客对企业的忠诚度，减少顾客转移到竞争对手那里的可能性，使顾客关系更为牢固，从而提高顾客关系的质量。

2. 追加销售与购买升级

追加销售与购买升级强调的是顾客消费行为的升级，以及顾客由购买低盈利性产品转向购买更高盈利性产品的现象。其特点是向顾客提供的新产品或服务是建立在顾客现有消费的产品或服务的基础上的。例如，购买海尔电脑的顾客会从海尔公司购买电脑外围设备和家庭影院系统。

第二节　大数据营销

随着互联网技术的迅速发展，数据已经渗透到当今每一个行业和业务职能领域，成为重要的生产因素。尤其是在新冠肺炎疫情的外部环境影响下，大数据营销在各行各业得以广泛应用，大数据营销能力已经成为一部分企业建立新的竞争优势的来源。

一、大数据和大数据营销的内涵

（一）大数据

大数据（Big Data）是指无法在一定时间范围内用常规软件工具进行捕捉、管理和处理的数据集合，是需要新处理模式才能具有更强的决策力、洞察发现力和流程优化能力的海量、高增长率和多样化的信息资产。因此，大数据是一种规模大到在获取、管理、分析方面远远超出传统数据库软件工具能力范围的数据集合。大数据具有4V特点：大量（Volume）、高速（Velocity）、多样（Variety）、价值（Value），即海量的数据规模、快速的数据流转、多样的数据类型和较低的价值密度。

（二）大数据营销

大数据营销是指在大数据分析的基础上，描述、预测、分析、引导消费者行为，帮助企业制定有针对性的营销战略战术的过程。大数据营销的核心是借助大数据技术的应用，基于企业对消费者或用户的了解，把希望推送的产品和服务通过合适的载体，以合适的方式，在合适的时间，推送给合适的人。

以企业促销实践为例，以往都是选择知名度高、浏览量大的媒体进行投放。如今，大数据技术可让企业了解目标受众身处何方，关注什么位置的什么屏幕等详细信息。因此，大数据营销可以做到当不同用户关注同一媒体的相同界面时，广告内容有所不同。

二、大数据营销的主要模式

（一）关联推荐模式

借助人脑的视觉思维能力，通过挖掘数据之间重要的关联关系将若干关联性的可视化数据进行汇总处理，揭示出大量数据中隐含的规律和发展趋势，借以提升大数据对精准营销的预测支持能力。关联推荐模式是指由 A 找到 B，从数据中找到关联。

例如，在美国的沃尔玛大卖场，当收银员扫描完顾客所选购的商品后，POS 机上会显示出一些附加信息，然后售货员会友好地提醒顾客："我们商场刚进了两三种配酒小菜，并正在促销，位于 D5 货架上，您要购买吗？"这时，顾客也许会惊讶地说："啊，谢谢你，我正想要，刚才一直没找到，那我现在去买。"这就是沃尔玛在大数据系统支持下实现"顾问式营销"的一个实例。

（二）精准定向模式

利用关联分析（Conjoint Analysis，也称交互分析）等相关技术对用户社交信息进行分析，通过挖掘用户的社交关系、所在群体来提高用户的保有率，有助于企业实现交叉销售和向上销售，也有助于营销人员识别社交网络中的"头羊"、跟随者以及其他成员，识别目标市场中最有挖掘潜力的用户，从而开展更富有成效的精准营销。精准定向模式是指从 A、B、C 等一群人中找到企业最想要的 A，这也是所有需求方平台（Demand Side Platform，DSP）广告所惯用的模式。

在营销调研中一个经常遇到的问题是：在众多的产品或服务中，具有哪些特征的产品最能得到消费者的欢迎。关联分析是用于评估不同属性对消费者的相对重要性，以及不同属性水平给消费者带来的效用的统计分析方法。关联分析始于消费者对产品或服务（刺激物）的总体偏好判断（渴望程度评分、购买意向、偏好排序等），从消费者对不同属性及其水平组成的产品的总体评价（权衡）中可以得到关联分析所需要的信息。

（三）动态调整模式

动态调整将用户行为列入大数据维度，以动态的运算结果来指导目标市场的选择以及营销组合策略的实施，最终目标是实现营销绩效的最大化。动态调整模式是指计划要推 A，但是在实际的场景交互中，数据反馈的结果发现 B 更受欢迎，因此调整计划改推 B。

动态调整模式也适用于这样一种情况，当不知道哪种营销策略最合适时，可以先准备几个不同的方案，同时放到市场去检验，谷歌会很快告诉你哪个广告片更受欢迎，然后就可以主推最受欢迎的版本了。

（四）瞬时倍增模式

瞬时倍增模式是指利用积累的大量人群数据，根据已经拥有的 A，找到更多的一群 A。

找到 1 000 个忠实的目标消费者也许不难。如何把这个数量由 1 000 变为 10 000，1 000 000 甚至更大呢？这 100，1 000 又如何从好几亿人中挑选呢？阿里巴巴集团旗下的阿里妈妈为此构建了一个 Lookalike 模型，它被形象地称为"粉丝爆炸器"，可以做到"给定一小群人，自动找到 10 倍、20 倍规模相似人群"，实现瞬时倍增。

与"啤酒和尿不湿"不同的是，"粉丝爆炸器"更注重人的综合行为特性，而不是把重点集中在产品或服务之间的关联性上。因此，"粉丝爆炸器"会找出新任父亲这样的特性，而这样的人通常会买啤酒、尿不湿、奶粉、婴儿护肤品、产后保养品等。但如果我们只考虑关联性，则会由于消费者购买了啤酒，所以推荐关联性最高的红酒、尿不湿、饮料等。抓住人的这种相似性往往会产生更精准的效果。

通过大数据算法对全网用户应用“粉丝爆炸器”,实际上更像是把全网消费者和商家的已购消费者之间的关联可能性进行精准排序。商家给定某一小部分忠实用户人群以后,系统可以给出最像这群人的前1万人、前10万人、前100万人或更多。此时,便可根据商业目标来选择合适规模的人群进行营销活动。

三、大数据营销的流程

大数据营销的基本流程包括数据采集、数据存储、数据处理、寻找目标消费者、使用数据、完善数据等六个步骤,如图14-3所示。

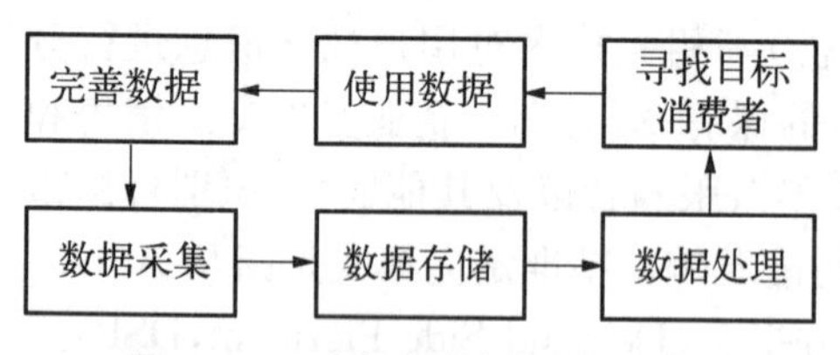

图14-3 大数据营销的基本步骤

(一) 数据采集

数据采集主要有两个来源,一是企业内部信息资料,二是企业外部信息资料。企业内部记录着顾客的基本信息,如年龄、地址、电话号码、业务编码(工商业户)等,更是记录了顾客在与企业交易中的各项行为,如点击、查询、购买、消费售后等活动记录;企业外部信息来源有的是来自专项市场调查的消费者信息,亦可能来自大型的电子商务平台。例如,大部分淘宝卖家都使用淘宝开发的生意参谋工具,有人就将阿里巴巴的淘宝平台视为向其注册商家销售数据的信息服务公司。

(二) 数据存储

大型电子商务平台中,消费者围绕着自己的生活点滴消费,这些生活点滴的大数据就能反推消费者的个性、兴趣、意见等。所以将企业内外收集的大数据,把每一个消费者视为一个细分市场,建立起消费者数据库,这些数据库的信息又成为向外交流数据的基础。

(三) 数据处理

从企业外部获取的数据大多数都不是专门为了解决企业当下的问题而搜集的,这些海量的数据几乎都是杂乱无章的、难以理解的,要利用理论模型和算法对数据加工,推导出对企业营销有价值、有意义的数据。通过顾客行为分析,可以挖掘这样一些信息:可以发现顾客的消费行为规律,如哪些顾客具有这样的购买行为;顾客分布地区;此类顾客给企业带来多少利润;忠诚度如何;顾客拥有企业的哪些产品;何时是顾客购买高峰期;等等。同时,还可以将顾客根据一定的标准进行分组,分析不同组间的行为差别和对企业贡献的大小,这些分析将为企业在确定市场活动的时间、地点、对象等方面提供确凿的依据。

此外,顾客分析还应包括以下内容:顾客关注点分析,包括顾客接触与顾客服务的分析;顾客忠诚度分析,包括对顾客持久性、牢固性及稳定性分析,找出最易流失的客户,并用有效的方式来维持他们的品牌忠诚度;消费者未来行为的预测;等等。

(四) 寻找目标消费者

大数据营销最大的特点在于能够实现把每一个顾客看成一个细分市场,也就是精准化营销。在数据的基础上,利用顾客数据中的人口统计变量、消费习惯和他的行为规律等进行分析研究,利用大数据分析挖掘工具深入分析,结合多方数据验证,绘制完整的用户视图,实现精准化传达营销信息。

互联网时代，企业与顾客之间交易的成本结构和成本数量都面临变化，商品储存、流通、渠道都越发便捷，原来的小众顾客慢慢成为利润主要来源，这部分顾客各自的需求不大，叠加在一起的数额巨大，且由于需求不同于大众消费品，企业更是可以向其使用高价策略，实现更大的利润。对一部分小众客户来说，企业需要精准地找到他们，精准地识别需求，精准地营销投放。

（五）使用数据

短期来说，通过个性化精准推荐产品或服务、精准的广告投放、精准的促销手段发送、实时监测传播效果等，数据分析的结果帮助企业寻找合适的目标客户，也有利于更好地服务于现有客户。此外，数据分析的结果还有利于企业销售预测和仓储管理，做到柔性制造、以销定产。长期来讲，通过原始数据、建模数据和算法得出结论并长期积累，可以对消费者进行深度洞察和顾客资产生命周期管理。

其次，通过数据，还可以进行营销活动的绩效评估和市场预测。通过数据分析，跟踪市场变化，从促销效果、销售渠道、销售方式等不同方面对营销活动的效果进行评估。通过对消费者历史购买数据和其他相关动态数据的分析，预测市场需求，帮助企业合理安排生产、减少库存，达到减少经营风险的目的。

（六）完善数据

随着以消费者为中心的营销活动不断增多，基于消费者为单元的数据库记录不断增加，依赖足迹收集来的信息不断增加和完善，使数据不断得到更新。及时反映消费者的变化趋势，长期记录、跟踪、扫描，补充增添新资料，及时删除不符合要求的过时信息等内容，适应企业经营需要。

第三节　社会化媒体营销

社会化媒体营销是伴随新媒体的发展而兴起的，如今正在经历爆发式增长，多种社交化媒体正在加速社会生态的整合，以社交为基础的沟通、娱乐、生活、购物和学习的在线一站式服务平台不断形成，成了数字化时代强大的营销工具。

一、社会化媒体的含义和分类

（一）社会化媒体的含义

社会化媒体（Social Media，SM）是一种通过社会化的互动，有计划地散布信息的网络媒体平台，它易于参与并能使得传播中的信息不断被加工。社会化媒体具有产品销售、品牌推广、活动推广、维护客户关系和危机公关等功能。社会化媒体具有以下特点：内容生产与社会交往的结合性；用户主体及用户的交互性；平台的开放性与信息的连通性；建立联系的高精准性和低成本性。

（二）社会化媒体的分类

2016 年 8 月，坎特传媒咨询公司（Kantar Media CIC）发布了 2016 中国社会化媒体的全景图，对社会化媒体做了详细的分类。总体上，中国的社会化媒体由功能性细分平台和移动兴趣社区两部分组成，功能性细分平台有博客、社交、通信、电子商务、音频、视频等15大类；移动兴趣社区有美妆、时尚、汽车、育儿、健康、运动等7大类。新浪微博、淘宝、百度及微信是4个最大的社会化媒体平台。

总体来说，常用的社会化媒体分为以下6大类：

(1) 社交网络类。即SNS，是Social Network Service的缩写，指的是人们在互联网上进行社交的工具。用户可以在社交网络平台与好友进行聊天，随时随地分享动态，相互进行评论点赞等行为。目前，使用较多的社交网络应用主要有QQ、微信、微博等。

(2) 博客类。即Blog，包括博客和微博两大类。博客是一种由使用者自己管理、不定期更新文章的网站。微博是一种通过选择关注进而分享简短实时信息的广播式的社交网络平台。博客类的影响力主要是来自粉丝对发布内容的点击率以及转发率，同时粉丝数量越多表示其人气越高，影响力越大。目前，使用广泛的有新浪博客、新浪微博等。

(3) 视频音频类。这类社会化媒体主要是提供视频和音频给用户，用户可随时随地使用其产品，用户也能将自己制作的视频、音频上传至网络平台，供其他用户观看分享。这类视频、音频的分享平台受到很多用户的喜欢，目前常见的此类平台有优酷、搜狐视频、抖音、快手、QQ音乐、网易云音乐等。

(4) 百科问答类。这类社会化媒体充分发挥了用户的力量，利用社会大众的知识积累实现知识的取与得。用户可以在这类应用上进行提问，任何用户都可以进行回答，而且所有的回答均可对“外”开放，实现了问题共解、结果分享的目的。目前运用比较广泛的这种平台有百度百科、知乎、分答等。

(5) 电子商务类。这类平台依托互联网技术，使得大量存在商务交往的用户聚集在一起，是传统的商品交换活动信息化、电子化、虚拟化的表现。用户可以足不出户就能购买到需求的商品，便利性是此类社会化媒体最大的特点。目前广泛使用的有淘宝、天猫、当当、京东购物等。

(6) 论坛社区类。即BBS(Bulletin Board System)，是互联网上的一种电子信息服务系统。它是一种交互性很强的系统，用户可以在其中实现信息发布、问题讨论、聊天等需要。这类平台出现得较早，且活跃度一直在上升，涉及美妆、时尚、汽车、育儿、健康等多个领域，受到广大网络用户的喜爱。目前比较常见的有天涯论坛、百度贴吧、58同城、Keep健身等。

二、社会化媒体营销的内涵及实施

(一) 社会化媒体营销的内涵

社会化媒体营销也称社会化营销、社交媒体营销等，是指利用社会化媒体，如在线社区、微信微博、百科或者其他互联网协作平台媒体进行营销，以提升企业、品牌、产品、个人或组织的知名度、认可度，从而达到直接或间接营销的目的。

社会化媒体营销与传统营销之间存在很大区别：从企业角度来看，社会化媒体营销给企业的调研及传播渠道都带来了创新；从消费者而言，社会化媒体营销改变了消费者的消费模式，具体如表14-1所示。

表14-1　社会化媒体营销与传统营销的区别

	社会化媒体营销	传统营销
企业调研与传播渠道（企业视角）	低成本；互动沟通；广泛且不可控；用户生成内容	高成本；单向传播；范围有限由企业引导；企业生成内容
消费者消费模式（消费者视角）	从社会化媒体获取信息；购买决策受多方交互影响，更为复杂；消费者乐于进行购后分享，为他人提供信息、实现自我	多数通过口碑，传统媒体广告获取信息；购买决策大多受自身心理、同伴的影响；消费者购后分享范围狭窄，较少进行购后分享

（资料来源：邓乔茜，等. 社会化媒体营销研究述评[J]. 外国经济与管理，2015(37)：34.）

补充案例

小米的粉丝营销

互联网时代，粉丝支持偶像的行为不仅发生在娱乐领域，还延伸到了游戏、科技各个领域。粉丝不仅是优质的目标消费者，也是最忠诚的消费者。粉丝不是一般爱好者，而是对品牌有些狂热的痴迷者。谁掌握了粉丝，谁就找到了致富的金矿。小米对于粉丝营销的极致与纯熟运用，国内几乎无第二个品牌能企及。小米在粉丝营销上的做法主要有以下几点：

1. 调集粉丝。小米主要通过三个途径调集粉丝：运用微博获取新用户；运用论坛维护用户活跃度；运用微信做客服。

2. 增强参与感。以开发MIUI为例，让米粉参与其间，提出建议和需求，由工程师改进。这极大地增强了用户的主人翁感。

3. 增加自我认同感。小米通过爆米花论坛、米粉节、同城会等活动，固化用户“我是主角”的感受。

4. 全民客服。小米从领导到员工都是客服，都与粉丝持续对话，让其觉得自己是被重视的，有问题第一时间解决。

（二）社会化媒体营销的实施

由于社会化媒体形式繁多，企业在实施社会化媒体营销战略时，应结合自身情境，确定合适的社会化媒体平台，开展特定的营销活动。

1. 战略定位

为保证社会化媒体营销的有效实施，企业首先需要明确社会化媒体营销的战略定位，把握好社会化媒体营销的方向性、全局性和长期性。通过结合已有的研究成果，Constantinides提出了两种社会化媒体营销战略：一是消极战略，即将社会化媒体视为顾客心声和市场情报的来源；二是积极战略，即把社会化媒体作为直销和公关渠道，作为传递顾客影响力的渠道和定制个性化产品的工具，最后还要将社会化媒体发展成为顾客创新平台和共同合作平台。

Constantinides认为，在积极战略中，社会化媒体平台不仅作为管理公共关系、直销以及顾客影响力的工具，也是定制顾客体验和开发顾客创造力的工具。一方面，积极战略要求企业利用社会化媒体与公众进行线上对话，快速处理公关危机，改善公共关系，同时在该平台上直销产品，并有效利用顾客个人影响力（线上意见领袖和名人）来推介产品、品牌信息，创造及时、免费的宣传与良好口碑。另一方面，为满足顾客差异化需求或偏好，实施积极战略的企业应实现顾客线上体验个性化，提供定制化产品，并鼓励顾客参与，将顾客纳入企业创新过程，利用顾客智慧与创造力，进而促进顾客忠诚，提升企业获取与维持顾客的能力。

随着社会化媒体的普及，社会化媒体的营销工具性价值更加凸显，社会化媒体营销积极战略更受企业青睐。

2. 平台选择

在明确社会化媒体营销战略后，企业需以此为依据，结合各社会化媒体平台特点来决定营销运行平台的选择。不同的社会化媒体营销战略细化出差异的营销目标，对社会化媒体运行平台提出了不同的要求，如表 14 - 2 所示。

表 14 - 2　基于不同社会化媒体战略的平台选择

战略类别	目　标	平台要求	典型平台
消极战略	潜听顾客心声与采集市场情报	方便顾客间良好互动，提供信息，发布产品评论，交流体验，推介产品或品牌，能使企业倾听或关注，甚至参与线上对话，且成本低和即时	多数社会化媒体平台（博客、微博、社交网络、论坛、在线社区、内容社区）
积极战略	公共关系管理与直销	能吸引公众线上对话，便于企业调整言论，直接回应顾客问题，及时发布信息（产品或企业），进行直销	多数社会化媒体平台（博客、微博、论坛、社交网络、专用在线社区、内容社区、内容聚合网站）
	利用意见领袖和名人推介产品、品牌	容易催生线上意见领袖和名人，便于企业与之联系	博客、微博、论坛
	实现顾客体验个性化和产品定制	支持公开评论，具备社交功能和较好的顾客个性化设置功能	具备线上论坛和社交功能的企业 Web 站点、社交网络、内容聚合网站、虚拟世界
	利用群体智慧和创造力，鼓励顾客参与（产品的检测、评估概念提出），将顾客纳入创新过程	具有强交互性、高开放性和高社交性，便于创建虚拟顾客环境（Virtual Customer Environments）	具备顾客产品测评功能的交互性电子商务网站、具备构建顾客社交网络或社区功能的企业社交网站、线上顾客自建社区、虚拟世界

同时，选择社会化媒体营销平台还需考虑目标顾客偏好、习惯。社会化媒体营销的有效性与社会化媒体营销平台的选择也取决于目标顾客选择何种类型的社会化媒体去搜寻产品和服务信息。企业需获知目标顾客的社会化媒体偏好或使用习惯，了解他们集中于哪一类社会化媒体上、何时活跃在该平台上等，依此考量营销运行平台的选择，以保证顾客流量。

3. 内容生成与双重互动

内容和互动都是社会化媒体营销的基本构成要素之一。内容与互动密切相关，内容能引起互动发生，互动则可导致内容生成或创造。社会化媒体营销的一个重要目标是生成可集聚注意力并刺激受众在其社交网络中传播的相关内容，促进企业与顾客、顾客与顾客间的双重互动。因此，企业所生成的内容应具有吸引力和可分享性。

综合一些学者的观点，具体而言，企业所生成的内容应具有新颖性、可理解性、有益（价值)性、真实性、实时性、与顾客相关性、流行性、趣味性、经济性以及竞争性等特点。为更好地吸引顾客参与,企业应根据顾客当前需要和平台特点来定制社会化媒体内容,企业所生成的内容只有反映顾客当前需要(功能需要和社交需要)才能引起顾客关注。

随着社会化媒体兴起,顾客已成为积极的内容创造者,通过多种社会化媒体表达和分享关于产品、品牌和企业等的观点、思想和感知。企业不仅应从顾客内容中提炼出有用的市场消息,还需接受社会化媒体开放性特质,开放创新过程,鼓励顾客生成关于产品测评、产品概念、广告创意等内容,与顾客共同创造价值,这将有利于企业获取和维持顾客。

4. 整合策略

为了有效参与日益激烈的线上市场竞争,企业通常利用多个接触点来建立、管理与现有和潜在线上顾客的关系,以促进销售,包括多个社会化媒体平台相结合、社会化媒体平台与其他媒体平台相结合等。

由于社会化媒体形式多样,目标顾客通常分散于多个平台,并且其注意力可能在不同平台间频繁转移,特别是年轻消费者通常使用多种类型的社交工具,为了接触更多目标受众和达到更好的营销效果,社会化媒体营销应在多平台上展开,综合各平台优势,创建高交互性的媒介环境,从而有效实现营销目标。

同时,企业还需要将社会化媒体营销与传统营销以及其他新兴营销方式相结合。现阶段,传统媒体仍以其独特优势而无法被完全替代,整个媒体环境呈现传统媒体渠道与社会化媒体渠道共存状态。所以,企业不应单独运用社会化媒体营销策略,而应将其与传统营销方式进行整合。

社会化媒体营销并非是"无源之水,无本之木",它与直销、内容营销、互动营销、关系营销、定制营销、数据库营销、病毒营销、事件营销等多种营销方式都密切相关。因此,企业在实施社会化媒体营销时应整合相关营销中的先进理念与方法来优化社会化媒体营销过程。

创新创业营销视角

新时期创新创业升级趋势

一、创业群体多元化与两极化

当前,创新创业环境日益完善,空间、资本、市场环境、创业服务等要素日趋完备,为催生伟大创业者和促进更广泛创业群体提供了良好的基础条件。未来,我国的创业大军将逐步形成以科学家、职业经理人、风险投资家等高端人才组成的联合创业群体为引领,以连续创业者、跨区域创业者等高质量专业型创业群体为核心,以普通创业人群为基础的多元化结构,并出现伟大创业者越来越多和人人皆可创业的两极化现象。

二、产业变革趋势决定着创新创业的领域和方向

随着新一代科技革命和产业变革加速演进,基于多重技术的交叉融合,新应用场景和新商业模式不断衍生,全球新经济发展正处于从技术革命向产业革命落地的前夜。这意味着未来创新创业的基础、条件和趋势正在发生着颠覆性的变化。未来,我国创新创业的热点领域和方向将集中出现在跨界融合领域、前沿未来产业领域、基础研究领域,催生更多具有战略性、创新性、颠覆性的新企业、新业态。

三、数字经济促使大量平台型创业出现

数字经济促使人类社会的网络世界和物理世界日益融合，推动生产组织方式由“标准＋集中”向“定制＋分布”转变，平台成为数字经济的主体。目前，围绕数字经济与生活消费深度融合领域的创业已衍生出一批头部平台；未来，围绕产业、城市发展等方面的数字平台将是创新创业的重要方向。

四、场景创新带来创业需求、机会和市场

“场景”精准定位市场需求，创造巨大的新需求、新机会与新市场。未来，“场景”将成为新经济创新创业的重要源头。在场景中，将集聚多种类型企业，实现促进跨界融合创新，形成新技术的价值网络，支撑产业的跨界融通和商业模式创新。不断涌现的新场景为人类的衣、食、住、行、游、购、医、娱等带来了颠覆性的体验，创造了广阔的蓝海市场，为新经济初创企业发展提供巨大空间和难得机遇。

五、硬科技创业是成果转化的新范式

硬科技创业是以前沿技术商业化为基础，以市场需求为导向，科学家、企业家、投资者深度合作的高端创业，是创业式创新的典型代表形式之一，成为科研机构成果转化最有效的途径。未来，以新研发为核心的硬科技创业，不仅将催生出大量爆发式成长硬科技企业，还将推动创新创业基础技术条件与研发生态环境的颠覆性变化。

六、跨区域创业在创新全球化条件下更加频繁

跨区域创业者指频繁来往于两个以上地区从事创业或投资的人群，跨区域创业是创业者通过多元创业活动，整合全球范围内关键创新要素的过程，是创新全球化的新模式。未来的跨区域创业行为将会更加普遍、活动方式日益多元化，并进一步促进各类创新要素在全球的流动，使我国创新创业快速融入全球新经济发展。

七、专业化众创空间提供创新创业一体化的实现路径

建设专业化众创空间是企业、高校院所、新型研发机构等创新主体平衡低成本技术创新与实现高经济价值的有效方式。龙头企业围绕企业主营业务领域建设专业化众创空间，围绕产业链上下游开展创业孵化，通过联合研发、共享品牌渠道资源、开展投资并购等方式，为创业企业赋能，实现企业自身的转型升级和新业务的拓展。高校建设专业化众创空间，充分发挥高校学科优势，聚焦人工智能、生物医药、量子计算等前沿产业领域，开放共享学校的科研设施、导师团队、技术积累，重视发掘学生及科研人员的创新潜力，探索新产业发展方向。新型研发机构充分发挥产业创新和体制机制优势建设专业化众创空间，提供科研条件平台、供应链资源对接、检验检测、创业投资、创业导师等行业专业化服务，推动技术成果与市场进行的有效结合。

八、平台型企业促成更多高水平创业

新经济时代，平台作为创新资源的连接器，成为企业、市场之外组织资源的第三种有效形式。平台企业从传统的生产者、交付者角色逐步转变为连接者、整合者的角色；一些平台巨头已实现从模式创新向技术创新转型的发展路径，推动技术不断迭代创新。未来，平台企业将带动前沿科技的创新，并形成“平台＋个人”的创业孵化模式，激发小微个体创业群体中出现更多的高水平创业。

九、创业服务平台走向专业化、多样化、市场化和国际化

创业服务平台呈现四大发展趋势：一是服务内容趋向专业化，服务切入的创业环节更加

垂直,创业服务平台与实体经济的结合愈加紧密,能够为创业者提供的服务更加专业化、个性化、定制化。二是建设主体及服务模式多元化,政府、高校、科研院所、地产公司、投资机构、龙头企业等机构利用自身资源建设不同类型的创业服务平台,为创业者提供不同类型的服务。三是服务主体及手段趋向市场化,越来越多的市场化机构加入创业服务平台,建立起适应市场的激励机制,并通过服务收费、服务入股、股权投资等灵活的市场化方式获取服务收益。四是平台发展日趋国际化,在全球范围整合双创资源,通过建立海外孵化基地,链接全球高校院所、其他服务机构的孵化资源,吸引并服务全球创业者。

十、创新创业金融体系日趋完善

目前,我国创新创业的金融服务体系日益完善,形成了以创业风险投资为主体,科技资本市场、科技贷款、科技保险等为补充的基本框架。科技支行等一批专业服务于初创企业的金融机构出现,有效改善了传统金融体系在科技型中小微企业金融服务方面长期缺位的局面;同时出现了体系完整、涵盖多种服务的综合金融服务平台,为企业提供多类型的金融服务。同时,随着创新创业金融不断深入科技创新链条的前端、与互联网等新技术融合,出现众筹金融平台、互联网+供应链金融等新兴业态。

(资料来源:长城战略咨询.双创升级的理论模型与十大趋势[R].企业研究报告(总第335期),2019.3.有删改)

创新创业营销案例

"啤酒之王"数字化之道

百威亚太的母公司百威集团拥有600多年的历史,是全球第一大啤酒集团。自踏入中国市场以来,百威亚太在中国以及整个亚太区实现了20多年的持续增长,并凭借科罗娜、百威、福佳、哈尔滨等50多个标志性品牌,成为亚太主要国家的啤酒市场引领者。回顾百威亚太所走过的成长之路,关键在于不断地创新与提升运营效率。过去两年中,百威亚太对电子商务团队进行了升级,通过深度应用数据科学,激发变革式创新,成功实现数字化转型。

一、数字化技术化解营销痛点

随着数字化营销向纵深方向发展,百威亚太充分利用社交网络的传播力,深入挖掘啤酒作为"社交纽带"的功能,拓展品牌的内涵与影响力,增加品牌黏度。百威亚太近年来推出了一系列炫目多彩的营销活动,如百威啤酒每年一度的农历新年营销、哈尔滨啤酒的纽约时装周"国潮贺岁"等,受到了消费者的喜爱。而在这些创新活动的背后,是基于大数据的消费者洞察,将洞察转换为营销行动,以及百威亚太新的电子商务团队与市场传播、深度分销等部门的密切合作。

1. 百威空间站(BUDSPACE)营造粉丝社群

这是百威啤酒在微信App上构建的一个忠诚客户计划,它邀请百威啤酒的消费者成为社群的一部分,进行细分并推送他们最感兴趣的内容。推出不到5个月,就吸引了约300万社群成员,而这些都是百威啤酒的忠诚消费者,具有很高的复购率。

2. 与腾讯的多维度合作

百威亚太与腾讯在体育、社交、电子游戏、大数据等多个领域进行了合作。例如,大数据挖掘方面，在2018年的FIFA世界杯系列活动中，百威集团是世界杯30多年来的全球赞助商，百威与腾讯的团队一起，对中国足球迷按照他们最喜欢的国家球队进行分类，设计了巴西、德国、比利时等8种特别版的铝罐啤酒，很快就在电商渠道上脱销了。

3. 与阿里合作打开新市场

作为新零售浪潮的引领者，阿里的大数据具有独特价值，百威常常将创新产品在天猫上投放渠道。2018年7月14日，百威宣布与天猫酒水新零售达成战略合作，销售鹅岛、拳击猫等精酿品牌。2019年7月，百威推出的新品福佳玫瑰红啤酒开始在天猫上销售，仅仅3个月，这款精酿在天猫的果啤品类销售中就冲到了第二名。

二、数字化技术淬炼金牌品质与智慧供应链

"这一口早在进入喉咙之前就开始了……这种带有泡沫的金黄色物质，由于气泡而变得更为清凉……这第一口显得多么长啊！你慢慢地欣赏着那颜色，那近似于蜂蜜的颜色，那冰冷的阳光的颜色。"这段细腻美好的文字，摘录自法国作家菲利普·德莱姆(Philippe Delerm)20年前出版的《第一口啤酒》。百威的每一口啤酒都来之不易，而让数据成为新生产要素是根本的战略支撑。

1. 高度数字化的糖化阶段和包装控制

啤酒品质掌控于糖化中控车间，百威亚太以BRAUMAT+BPA智能系统，进行双重把关。BRAUMAT系统实时监控在线体积、温度、电导率等信息，BPA(啤酒过程分析系统)则负责实时记录生产工序中的数据。通过BRAUMAT和BPA对过程数据的含量严格控制，保证啤酒品质。百威工厂采用尖端科技EBI电子验瓶机技术。啤酒灌装前，EBI将每个瓶子分成9个区域进行高速扫描成像，识别程度精确到毫米，灌装后及贴标后的啤酒需要经过液位、盖缺陷、漏气等检测，EBI会将有缺陷的瓶子全部挑拣出来。

2. 四小时溯源体系保证高品质

百威亚太的溯源体系非常细致，每一瓶啤酒都印有溯源码，可以做到在4小时内溯源追踪所用麦芽批次，包括生产时间、在仓库的储藏仓位等。此外，百威亚太严格采用VPO(Voyage of Plant Optimization)工厂最优化管理检测项目，利用全球250家酿造厂网络，每月用超过30个KPI指标，来对比检测公司在亚太各地酿造厂的生产率、啤酒质量与口味等。另外，百威每天有品酒师进行品酒，对酒的味道进行具体分析，然后将结果转化成代码输入系统中。

3. 依托数字技术的智慧供应链管理

百威的金牌品质，与不断提升的供应链效率密不可分。近两年来，百威亚太在中国的数字化物流体系建设主要包括智慧仓储、协同运输、反向物流以及控制塔。其中智慧仓储是百威亚太数字化转型的重点，新的系统加入了人工智能引擎，基于深度学习不断改进算法，以优化任务分派等关键功能。在协同运输方面，百威在2015年升级迭代了10年前的系统，随后又引入最先进的TMS(Transportation Management System)产品，以提升运输计划与结费等方面的数字化水平，并通过控制塔的模块功能增强，实现全流程的数据可视化和跟踪。

三、占领高端阵地

在成功塑造了中国市场高端品牌的地位后，百威集团近年来仍然重视持续投入，如2017年8月百威集团与帝亚吉欧达成5年合约，拿下健力士在中国大陆地区的独家运营权；9月又将售价15元左右的低卡米凯罗啤酒引入中国，用健身、低热量等概念吸引追求健康的中

国年轻人。

在百威亚太高端化的历程中，重视精酿啤酒是战略性的一步。百威集团在2011年收购了源自芝加哥的鹅岛精酿，于2017年将鹅岛餐厅引入中国，同年又收购了上海著名的精酿品牌拳击猫。2018年1月，百威亚太投资6 000万人民币在武汉工厂内建造了一条精酿生产线。接下来，百威亚太将通过包装与打包创新、捕捉更多高端细分市场，以及开发无酒精啤酒、提神饮料等举措，继续拓展高端市场的规模。

（资料来源：王晓虹.百威亚太区总裁杨克："啤酒之王"的数字化之道[J].哈佛商业评论（中文版），2020(1)：50－53.有删改）

问题讨论：

1. 啤酒的"社交纽带"属性是如何应用在社会化媒体营销中的？

2. 百威亚太的数字营销之路中有哪些创新式变革？

创新创业营销实战训练

【训练目的】

初步掌握创新创业项目开展社会化媒体营销的方法。

【训练内容】

选择一个拟自主创业或从身边（网络）寻找一个创新创业项目，以小组为单位，利用本章学习的社会化营销方法，洞察创新创业项目目标消费群体，给出画像，结合目标消费群体的需求，形成社会化媒体营销的方案。教师也可以指定某一个创新创业项目，要求学生开展调查并形成研究分析报告。

【训练步骤】

(1) 根据创新创业项目具体情况，确定适合该项目的社会化媒体营销战略和所要达到的具体目标；

(2) 开展目标顾客社会化媒体使用偏好和习惯，选择恰当的社会化媒体平台；

(3) 分析顾客需求，生成传播内容，并在相关社会化媒体进行传播、分享；

(4) 整合各社会化媒体平台与其他媒体平台，为该项目设计社会化媒体营销方案；

(5) 形成创新创业项目的社会化媒体营销方案。

【注意事项】

(1) 可沿用第二章选择的创新创业项目；

(2) 3～4人一组，每组选出一位负责人，小组成员合理分工；

(3) 选择合适的社会化媒体平台，确保该平台营销的可行性；

(4) 训练过程应结合本章所学理论知识，独立思考与小组讨论相结合；

(5) 研究报告以小组形式提交，注明每位同学承担的任务。

【成果与评价】

(1) 研究报告内容应包括但不限于：项目的社会化媒体营销战略和所要达到的具体目标分析；目标顾客社会化媒体使用偏好和习惯分析，并选择恰当的社会化媒体平台；顾客需求分析，生成传播内容，进行内容传播；设计完整的社会化媒体营销方案；

(2) 要求结构完整、思路清晰，体现创新能力，各部分内容充实，有详细数据支持；

(3) 文字流畅,符合规范化要求。

思考题

1. 什么是关系营销?在关系营销理念下,企业应如何处理与各子市场的关系?

2. 什么是顾客关系?简述顾客关系发展的维度。

3. 什么是大数据营销?简述大数据营销的主要模式。

4. 什么是社会化媒体?社会化媒体与传统媒体有何区别?

5. 如今,创新创业企业的市场营销活动大多与"大数据"和"社会化媒体"有关,请结合具体行业,谈谈企业如何开展大数据和社会化媒体营销活动。

参考文献

[1] 加里・阿姆斯特朗，菲利普・科特勒. 市场营销学[M]. 王永贵，郑孝莹，译.北京：中国人民大学出版社，2017.

[2] 菲利普・科特勒，加里・阿姆斯特朗.市场营销原理与实践[M].第 16 版.楼尊，译.北京：中国人民大学出版社，2015.

[3] 凯文・莱恩・凯勒.战略品牌管理[M].第 4 版.吴水龙，何云，译.北京：中国人民大学出版社，2014.

[4] 王永贵.市场营销 [M].北京：中国人民大学出版社，2019.

[5] 郭国庆.市场营销学通论 [M].第 8 版.北京：中国人民大学出版社，2020.

[6] 吴晓云，等.市场营销学 [M].北京：高等教育出版社，2017.

[7] 吴健安，聂元昆.市场营销学 [M].第 6 版.北京：高等教育出版社，2017.

[8] 孔锐，等.市场营销——大数据背景下的营销决策与管理[M].第二版.北京：清华大学出版社，2020.

[9] 张闯.营销渠道管理 [M].第二版.北京：清华大学出版社，2020.

[10] 马连福.现代市场调查与预测[M].第 5 版.北京：首都经济贸易大学出版社，2016.

[11] 罗伯特 D.赫里斯，迈克尔 P.彼得斯，迪安 A.谢泼德.创业学 [M].第 9 版.蔡莉，葛宝山，译.北京：机械工业出版社，2016.

[12] 张玉利.创业管理(基础版)[M].第 4 版.北京：机械工业出版社，2017.

[13] Milgrom P. Auctions and Bidding: A Primer. [J]. Journal of Economic Perspectives，1989，3(3)：3 - 22.

[14] Paul Belleflamme，Thomas Lambert，Armin Schwienbacher. Crowdfunding: Tapping the Right crowd[J].Journal of Business Venturing，2014，29(5)，585 - 609.

[15] 刘征驰，马滔，周莎，何焰.极客经济、社群生态与互联网众筹产品定价[J].中国管理科学，2017，25(09)：107 - 115.

[16] 郑湛.大组织宏观动态管理理论研究[D].武汉：武汉大学经济与管理学院，2015.

[17] 朱明洋，张永强.社会化媒体营销研究：概念与实施[J].北京工商大学学报(社会科学版)，2017，32(6)：45 - 55.